堀池信夫著

老子注釈史の研究

桜邑文稿1

明治書院

目次

第一篇　魏晋六朝老子注釈史

第一章　王弼考

はじめに

王弼、字は輔嗣、魏の文帝の黄初七年（二二六）に生まれ、斉王芳の正始十年（二四九）の秋、二十四歳で夭折する。魏晋思想史上屈指の独創的思想家である。[1] 彼の生まれた黄初七年といえば、世は魏・呉・蜀の三国鼎争のまっただなか、その翌年、蜀年号で建興五年（二二七）は丞相諸葛孔明があの「出師表」を後主劉禅にたてまつり、漢中に出陣した年である。建興十一年（二三三）八月にいたり、山野を連戦した孔明が白秋涼風の五丈原に没する。この時、魏の大都督司馬仲達は死せる孔明木像の遺計に驚き逃げたため後世に汚名を残したが、本来智勇兼備の良将であった。彼は丞相亡き蜀すでに恐るに足らずとみるや、南方に機をうかがう呉をにらみつつも、むしろ魏王朝政府内での勢力扶植をはかりはじめる。この仲達こそ、のちに王弼の運命に重大なかかわりをもつことになる人物である。

仲達が勢力扶植をはかった魏王朝では、このころ統治層の貴族たちに「浮華」とよばれる風潮がさかんであった。彼らは戦乱下の経済策屯田法による経済的基礎の上に、戦乱・政治もどこ吹く風、もっぱら都の風流を楽しんでいたのだった。

魏帝室縁戚の貴公子何晏は光源氏はだしの好男子で、おしろいをぬり、自分の歩く影にうっとりとみとれ、色好みのために職務などはかえりみず、妻に迎えたのは貴族間に令名の高かった実の妹だった。[2]

また何曽という人物は厳格な礼教の実践で孔子の門弟の曽参・閔子騫になぞらえられ、「君子の儀表」とほめそやされていたが、彼の好むことといえば、なんと桁はずれの〃ぜいたく〃、「惟帳車服は綺麗を窮極し、厨膳の滋味は王者に過ぎ」、食費は「日に万銭」に達した。(3)

彼らはおたがいに知己を招きあい、管弦歌舞・美姫珍味の遊興三昧、そして丁々発止と才気口舌を競いあう議論に息をのむスリルを味わい、快哉を叫んでいた。貴族たちのかもしだす「浮華」の空気は、豪奢壮麗、空前のものがあった。

王弼は遊宴に出入し、音楽に心をゆだね、「投壺」という壺の中に矢を投げ入れるダーツに似たゲームを楽しみつつ談論する日々の中で、才能を注目され、有力な貴族・知識人の知遇のもとに思想をはぐくんでいた。彼は十代のころ、はじめて何晏をおとずれたが、その時いあわせて談論していた客の中に彼が参加すると、一座はたちまち彼の議論に支配されてしまった。また何晏が『老子』の注を完成し、彼に見せたところ、逆に彼の注を見せられて神伏し、「このような人とこそ、天人の際の哲学的議論をなすべきだった」として、自分の注を「道徳二論」という論文に変更してしまった。

王弼の活躍は天賦の才に加えて古典籍の知識にうらうちされていた。彼の家にはある経緯をへて後漢の大学者蔡邕の蔵書万巻が架蔵されていた。蔡邕は儒学者であり、詩人、自然科学者であった。恐らく珍重すべき典籍があったにちがいない。それを自由に閲読できた彼の知識は当代一流の域にあっただろう。青年王弼の意気はまさに軒昂たるものがあった。

しかし、若さゆえの傲慢さからか、才気を鼻にかけすぎることも多かった。初めて台郎に任官して政治の実権者曹爽に対面した時、「道」についての議論をとうとうと述べたててしまった。権勢者の顔色をうかがうすべを知らなかったのだ。曹爽の王弼への印象は悪く、のち黄門郎に空席ができた時、何晏のバックアップにもかかわらず、彼は補任されなかった。

がっかりして台郎の職にもやる気を失っていたころ、貴族間の内部対立が、表面のはなやかさとはうらはらに、徐々に深刻さを増し、不安は拡大しつつあった。その潮流の水先案内人こそ、あの司馬仲達であった。魏帝室から政権をうばわんがための彼の策謀は、正始十年の正月、ついに爆発し、曹爽とその一族は誅滅されてしまう。王弼は曹爽派の有力者何晏との関係から台郎の官も免ぜられ、その年の秋、失意のうちに死の床についたのである。このの ち司馬氏の魏朝簒奪の日程は急展開し、晋王朝の樹立まで、夏侯玄・毌丘倹・嵆康らの反司馬派の人々の血の粛清の日々がつづくのである。

王弼の著述としては『易注』『老子注』および易解釈の原則をまとめた『周易略例』が現在につたわる。その内容を思想史上に簡略に位置づけると次のようになる。

漢代の易学は象数易といって、占いの解釈は煩雑不合理なものだったが、彼の『易注』はそれを一転して日常的合理性の範囲で平明に解釈する方法を示した。『老子注』は漢代の自然科学、とくに宇宙論において、その哲学的基礎として展開していた道家思想を、思弁的存在論哲学に路線を切りかえた。『易注』での作業は超自然的不合理性を整理して理性的悟性的思弁のための条件作り、いわば整地工事で、『老子注』はこれに対してその基盤の上に論理的思弁による思想体系を構築する、いわば建築工事だった。全体として彼の思想は直截的な平明さと軽妙な論理とを身上として形成されている。

そこで、順序として易解釈の検討からはじめ、つづいて『老子注』の考察にすすむ。

一　易解釈の検討

一　出処進退の重視

王弼の易解釈の独自な平明さは、占う人のおかれている立場、主に人事的状況、を明確にし、出処進退を関心事[4]とする点に顕著である。たとえば『易』の「晋」䷢六二「晋如、愁如なり。貞にして吉。この介福をその王母に受く」への王注は次のようなものである。

進むに応なし、その徳昭らかならず、ゆえに「晋如、愁如なり」という。中に居りて位を得、順を履《ふ》みて正なり。無応をもってその志を回《ひるがえ》さず。晦に処りてよくその誠をいたすものなり。……ゆえに「貞にして吉」という。母は内に居りて徳を成すものなり。……誠を闇に立つれば闇もまた応ず。ゆえにその初めは愁如なるも、貞を履みて回さざれば、すなわちこの大福をその王母に受く。

「晋」六二は卦の下半分の下卦の中央にある陰爻で陰位のよろしきを得ている。ところが下から五番目の六五の爻（王母）が陰のため、陰と陰とでは「応」をなさない。つまり上位から才能を認めてくれるような応《たす》けがない。だから目的を達せられず「愁如」となる。が、下卦の「中」に居り、正位なのだから、志を堅持して自重していれば六五からの援助もおこり、大福を得るだろう、というわけである。

一般に出処進退への比況は地理的歴史的条件を越えて妥当する面をもつ。ことに近代以前の中国士大夫はこれに共感しただろう。そのわかりやすさ、平明さは漢易に比べると一層きわだつ。そこで漢代易家の代表的人物京房の解釈と、王弼の解釈とを比べてみよう。『漢書』「五行志」に、元始元年（一）に長安の女子が、体ひとつに両頭四手、尻の上に眼のある子供を生んだという記事を載せ、それにつづいて、

『京房易伝』にいう、睽孤、豕の泥を負うを見る（睽、上九）。その妖は人、両頭なるを生むなり。……二首なれば下壱ならざるなり。……およそ下体、上に生ずるは不敬なり。上体、下に生ずるは媟瀆なり。

という。京房の「睽」䷥上九の解釈を班固が両頭の子の誕生という不可思議を説明するために援用したものである。京房の解釈自体は「睽」（そむくもの）の一番上の爻に両頭の人間を想定し、両頭の反目で全体が調和しないことを示し、さらに「睽」の上卦☲（「離」―火）と下卦☱（「兌」―沢）が水火あいいれぬ点と、眼が下の方にある人間とからの類推で、「不敬・媟瀆」の判断を導くのである。この説明にはそれなりの理屈はある。また両頭の人間という表象は、あるいは「睽」象伝の「二女（「離」―中女・「兌」―少女）同居してその志、行を同じうせず」からもたらされたものか、または我々にとってもはや知りえぬ手つづきによって卦形から導出されたものかもしれない。しかしそれにしても両頭の人間をもちだしてくる解釈は日常的ではない。異常である。我々はシャム双生児のことを知っているからこれを不可思議には思わぬが、当代の人々にとってはまさに「妖」、畏怖すべき超自然的事象だったろう。(5) 京房の解釈は、このように当時の日常的合理性からの理解を絶した面をもっていた。

一方、同じ「睽」上九の王弼の解釈はこうである。ぶたが泥をかぶるとはじつにきたない。ところで「睽」の上九にあっては睽《そむ》き殊なるものも和通し、すべての疑いも亡《と》けるのだが、そこに到達するまでの行動は慎重にすべきだ、

そこでそのための警告としてきたないぶたを示したのだ、とする。このような比喩による解釈は日常的に理解しうる平明さをもつ。

二　解釈の技法

解釈の平明さを一貫するためには方法論が必要である。無方針のゆきあたりばったりでは一貫することは不可能だ。王弼の方法を要約するならば「言―象―意」、つまり「言」（辞―ことば）とか「象」（卦―そのかたち）とかは思考の過程では必要だが、局面（人事状況）の意味（卦に固有の意義―卦義）をとらえたならばもはや不必要、ということであった。『周易略例』「明象」にいう、

意を尽くすは象に若《し》くなく、象を尽くすは言に若くなし。……ゆえに言は象を明らむるゆえんなれば象を得れば言を忘る。象は意を存するゆえんなれば、意を得れば象を忘る。

と。そこでしばらくこの観念にそって解釈の技法を追ってゆく。まず「言」については「彖」の問題から見てみる。

それ彖とは何ぞや。一卦の体を統論し、その由る所の主を明らかにするものなり。（『周易略例』「明彖」）

「彖」とはこの場合、卦の説明文の卦辞のことである。卦辞は卦の全容を統論し、卦義が集約的にあらわれる所の「主」（卦主）を指し示す、とする。卦主の問題は「彖」に属するものであるから、あらためて後述するが、ともかく

右のことから、卦辞＝「言」は、「象」にむかうものであって、「意」に到達するための第一階梯であることがわかる。例外的には「言」によってただちに「意」をとらえうることもある。すなわち「卦の名を挙ぐれば、義に主あり、その象辞を観れば、すなわち思い半ばをすぎん」（『周易略例』「明象」）と。

そこで、つぎに「象」の考究にすすむ。彼の「象」は漢易象数のそれとは内容がちがう。漢易のそれは王弼が否定的に語るように「（「乾」の）義、いやしくも健に在るに、何ぞ必ずしも馬ならんや、（「坤」の）義、いやしくも順に在るに、何ぞ必ずしも牛ならんや」（『周易略例』「明象」）のごとく、「説卦伝」の、「乾」は馬、「坤」は牛という説明を、「乾・坤」の卦形に具体的に見出そうとするものだった。もちろん彼はそれをむなしい努力だと考える。では彼自身のいう「象」とは何か。

それは一卦内での上下の対応、各爻間の相関関係などである。そこでさきほど少しふれた卦主の問題を取りあげよう。卦主とは卦において意味の集約する一爻のことである。極端にいえば局面全体の意味はその一爻にあることになる。彼はいう、

六爻あい錯するも一を挙げてもって明らかにすべし。剛柔あい乗ずるも主を立ててもって定むべし。（『周易略例』「明象」）

では卦主はいったい卦中のどの爻にあるのか。彼は卦主決定方法をふたつあげる。第一は、一卦を上下三爻づつに分け、それぞれの中央に位置する中爻、[6] 彼は「繫辞下伝」の文をそのままもちいて「物を雑《あつ》むるに徳を撰び、是と非とを弁ずるは、その中爻にあらざればこれを備うるなし」（『周易略例』「明象」）と説く。では、上下どちらが卦主か。これには機械的決定法はない。たとえば「訟」䷅の卦主は九五で、王弼は九五の注に「処るに尊位を得たり。訟の

主となす」と簡単にいう。だがこの結論はそれほど簡単には導きえない。王弼は右の注につづけて「その中正を用いて枉直を断ず。……剛、溺る所なく、公、偏する所なきがゆえに訟、元吉」という。「訟」の上卦は「乾」☰で剛、その象伝に「剛、来たりて中を得る」といい、また九五爻辞に「訟は元吉」、象辞に「訟は元吉、中正をもってなり」という。つまり彼はこれらの経文をあれこれ勘案して卦主を決定したのである。「象」を得るために「言」が徹底活用されているわけである。

卦主決定第二の方法はまったく機械的で、彼のことばをそのまま記せばことたりる。「一卦五陽にして一陰なればすなわち一陰、これを主となす。五陰にして一陽なればすなわち一陽、これを主となす」（『周易略例』「明象」）と。

もちろんすべての卦が卦主をもつわけではない。卦主のない時、卦義（「意」）を得るためにもちいる方法に「二体」がある。すなわち「卦体一爻によらざればすなわちすべて二体の義をもってこれを明らかにす」（『周易略例』「略例下」）と。「二体」とはやはり卦を上下三爻づつに分け、上卦下卦のそれぞれに固有の意味を比較勘考して卦義を決する方法である。[7]『周易略例』「卦略」の次の文を例としよう。

䷶豊、この一卦、明にしてもって動の卦なり。光顕・宣揚・発暢においてするものを尚ぶなり。

これはまず「豊」象伝の「明もて動く」を根拠とする。その象伝は「豊」の上卦「震」☳、下卦「離」☲のそれぞれの意義を「説卦伝」の「震は動なり」と「離なるものは明なり」とから導いたものである。かくして「豊」の卦義は、明徳をもって内（下卦）より外（上卦）へむかい動き発展すること、となる。これが「二体」の方法である。

これらの技法を用いることによって「意」（卦義）が最終的に求められる。とすれば「意」は全体としてはかなり簡直に獲得しうるものであり、人間のおかれている局面、つまり人事状況、の意義もそれにしたがってかなり簡明に示されうる。王弼の易解釈法はこのように直截的明瞭なものであった。

三　「時」と「変」

王弼は「易」をたんに運命予知・人事処世の書にとどめず、広く哲学的思弁・世界観を導きうる書と考えていた。彼の直截平明な発想からして、その場合、局面（卦）の構造を可視的に示す「象」（卦爻関係）が「意」におとらず重要な役割をになっていたと思われる。彼はいう、

それ卦は時なり。爻は適時の変なるものなり。（『周易略例』「明卦適変通爻」）

と。この「時」と「変」とが問題である。これについては「卦は時を存し、爻は変を示す」（「明爻通変」）、「爻とは何ぞ、変を言うものなり」（同上）などともいう。このうち爻については「繫辞上伝」の「象は象を言うものなり、爻は変を言うものなり」の後半そのままである。したがって王弼の独創は、卦を「時」とする点と、「変」をその「時」との関連において規定した点にある。では、「時」「変」とは何か。

卦は「時」であり、「時」とは時間である。そもそも各卦は六爻から成り、その組みあわせのすべて六十四卦は全宇宙の存在・事象、森羅万象を象徴する。ひとつの卦はその顕現のひとつの場合であるから、森羅万象は卦のつぎつぎの継起的連鎖によって全容を現す。したがって時間はできごとの継起的連鎖の序列・秩序である。ところで卦中の六爻は卦の構成要素であるから、「時」の要素としての変化、「時に適する変」（適時の変）である。それは下から初二三四五上と序列をなす。したがって「時」は変化の序列から成る。つまり王弼の時間は、内部構造と外部への連関性

とにおいて（変化・できごとの）継起的序列・秩序であった。

また卦（「時」）はたんなる時間ではなく、空間でもある。卦が森羅万象のひとつの場合であるのなら、当然空間を含意するからだ。が、易の卦として、我々の日常感覚にしたがう空間表象はもとより不可能である。卦中の爻は下から初↓上の空間的配列・序列を示している。彼はこの序列を「位」と表現する。そして「位は貴賤を列するの地、才用を待つの宅なり」（「弁位」）と、「地・宅」などの空間表象をもちいる。貴賤有能さなどの価値と結合しているのは、彼の解釈の主調が出処進退にあるからである。そしてそれと時空構造の把握とは根本において結びついているのである。「位」は、「尊（位）は陽（爻）の処る所、卑（位）は陰（爻）の履む所」（「弁位」）というように空間的な位置を意味し、位置は爻によって具体的にある。これを易から現実に推し広げるなら、「同声あい応ずるも高下必ずしも均しからず、同気あい求むるも体質必ずしも斉《ひと》しからず、雲を召《まね》くものは竜、呂に命ずるものは律」（「明爻通変」）という、表面上は無関係にみえても、じつは有機的連関をなしている気の秩序が空間を形成している、と推測できる。

すると、この空間把握は、当時の宇宙構造理論の一つである宣夜説の内容とちょうど逆である。宣夜説とは、宇宙は無限の虚空間で、その中に相互に無関係に星辰が浮かび、その運動は気の動きにしたがって一定の理法はないとするものである。[8] 理法がないとする点で科学性を喪失してはいるが、宣夜説は少なくとも天文の経験的事実の説明理論であった。だから無限大の容器としての虚空間をもっての説明は、日常感覚からは了解しやすい。これに反して王弼では物質（気）の序列・秩序それ自体が空間を形成しているのだから、同じく非科学的とはいえ、空間を経験的感覚にしたがわせている宣夜説とは大きくことなる。

以上より、王弼においては、時間・空間は卦において不可分一体のものであり、卦ないし「時」といえばものごと（位置関係）の共存的秩序・配列と、できごと（前後関係）の継起的連鎖・序列とを不可分のものとする時空世界のことであった。それは上下先後左右に等質的に無限大の虚空間と、過去から未来へ流れ続ける独立的な時間とによって成るものではなかった。彼の時空世界（卦）は、爻の組みあわせによれば六十四通りしか起こりえず、その六十四卦はかぎられたものであり、根本的に循環の限定を越えてはいないのであるが、重複を許せば無限である。「巧暦といえどもその筭数を定むべからず、聖明といえどもこれが典要を為《つく》るべからず」（「明爻通変」）と。

さて、時空一体の卦爻把握ということは王弼の独創ではなく、じつは易学の思惟においては伝統的なものですらあった。たとえば「説卦伝」の八卦方位の「万物は震に出ず、震は東方なり。巽に斉《し》く、巽は東南なり……」が、『易緯乾鑿度』では「震は物を東方に生む。位は二月にあり。巽はこれを東南に散《し》く。位は四月にあり……」と時間的要素が付加されていることなどがそれである。また漢易[9]の辟卦方位では「復」が十一月・北、「臨」が十二月・東北と、十二辟卦すべてが時空に対応している。そのほか爻辰説は十二辰を十二方位と十二季とに対応させ、月体納甲説は十干十二支と方位との結合を基本とする。そして漢易で、こうした時空一体の把握がもっとも精細になるのが京房の分卦直日法であった。[10]

分卦直日法とは、「坎・離・震・兌」の四卦を夏冬至・春秋分に充当し、残余の六十卦それぞれを一年三百六十五日四分の一を六十分した六日と八十分の七（六日七分）に充当する。そして、ある六日七分に対応する卦がその六日七分の間の運命を示すものとする。つまり各卦は暦面の年間の各期間に序列的にわりつけられる。

分卦直日法はさらに具体的な占い技術の律管候気法[11]と結合する。その方法は、一オクターブを六十分した六十の音律を出す六十本の笛（律管）に灰を詰め、六十の方位にむけてセットし、六日七分を各一律に対応させその律管（方位）に対応する時期がいたるとその時期の気が管の灰を吹きあげ、その吹きぐあいによって運命を占うのである。この方法では律管の方位が空間的な共存的序列をなしている。

このように京房の分卦直日・律管候気には、時空一体の序列性がある。が、それは「典要」をなさぬほど錯綜する王弼の循環の序列に比べて、あらかじめわりつけられ決定されているある意味単純なものである。王弼のそれが動的、一般的方向に開かれているとすれば、京房のそれは静的、閉じられたものであった。

以上からするならば、王弼の時空世界は易的思惟の伝統に沿いつつ、易の枠組の中にしばられ限定されていた序列的時空把握を、より一般的方向に拡張したものだったといえるだろう。

それでは、以上の条件のもとに、さらにどのような論理の体系が構想されていたのか、『老子注』の考察にすすむことにしよう。

二　『老子注』の考察

一　「無」

王弼の『老子注』の考察において、従来から注意されてきたのは、「無」とか「道」とかであった。小稿も、これらはいかなるものかを検討することからはじめることとする。

王弼の「無」の用法上の特徴は、「およそ有は無に始まる―始於無」（一章注）[12]とか、「吾れ何をもって万物の無に始まるを知るや―始於無哉」（二十一章注）など、介詞構文にもちいられて主語とならないことである。古典語の介詞「於」は、現代語常用の介詞よりも介詞性が純粋であった。[13]介詞性とは、介詞の賓語による動詞の動作の限定の機能のことである。動詞の動作の限定は当然その文および主語の限定を意味する。そしてここでの問題の「於」の機能は、時間的空間的限定である。[14]そこで王弼の「無」は介詞「於」を通じて文とその主語を時空間的に限定する。主語たりうるもの（存在者）は、「無」によって時空間的限定をうける。つまり「無」は現にそのようにある存在者の時空間的存在形態を、換言すれば存在者に集約している時空世界を、存在者（その時空世界）に即して支えあらしめている。介詞の機能を通じてみれば、「無」はかかる性格をもっている。

つぎに、右にみたように「無」は主語とならないが、それは万物（有）を生成する主体とはならないということである。実際彼は〝無が有を生む〟とか〝有は無から生まれる〟などの表現をせず、必ず「有が始まる」という表現をもちいる。では「生」ではなく「始」であることの意味は何か。それを明らかにするのには『老子』四十章「天下万物は有より生まれ、有は無より生まる」への彼の注をてがかりとするのが都合がよい。

天下の物、みな有をもって生となす、有の始まる所、無をもって本となす。

この注での第一の注意点、本文では〝生まれる〟と動詞であった「生」を、〝生きているもの〟、もしくは〝存在しているもの〟と名詞的にとらえていること。第二、本文「無より生まる」を「有の始まる所」としていること。以上要するに、〝生まれる〟という表現が注意深く回避されている。「無」から、直接に現実に関与すべき能動性・積極性が取り除かれているわけである。すなわち、存在者は「無」によって生みだされるのではなく、それとは直接的に関与せずに存在を開始する。「始」が含意するのは、存在者は「無」とは直接的に関与しないということ、つまり「無」は存在者の精密な分析によって析出されてきたものではなく、むしろ論理的に設定されたものである、ということである。

では、「無」が有（存在者）を支えあらしめていることはどのように証明したらよいのか。彼は『易』「乾、文言」の注にいう、それ物の動を識れば、すなわち然るゆえんの理、みな知るべきなり。

と。「然るゆえんの理」（「無」が支えていること）は「物の動」において知りうる、つまり、「無」は存在者の存在と活動とに証示される、みずからを露わにする、と考えたのである。王弼が好んで多用する慣用句「有の利をなすゆえんは、必ず無をもって用をなす」（一章注その他）もそれを端的にいう。かくして「無」は継起的秩序をもって展開する存在者とその時空世界とに即し、それを支えあらしめる「本」なのである。

天地は本をもって心となす。……天地は大いに万物を富有せしめ、雷を動かしめ、風をゆかしめ、運化万変すといえども、寂然至无はこれその本か。（『易』「復」注）

天地広しといえども無をもって心となす。聖王大なりといえども虚をもって主となす。（三十八章注）

かくて「無」は存在者の「本」であり「心」「主」だから至高至大と考えうるのだが、これを『老子』二十五章注で確かめよう。

およそ物、称《よびな》有り名有れば、すなわちその極にあらざるなり。道といえば由る所有り、由る所有りてしかるのちにこれを道となすという。しからばすなわち是れ道は称中の大なり。無称の大に若《し》かざるなり。

ここでは「無」は「無称の大」とされている。「道」をふくめて有称有名なるもの（概念的把握をなしうるもの）を越えているからである。すると、ここまでの考察にもかかわらずそれは本来概念的把握はできぬことになる。その把握は直観によるしかない。しかしそれが「無」の特質としても、その直観は論理的思弁を究極したうえでのものでなければなるまい。というよりもむしろ、「無」は本来、至高至大なるものとして論理的に要請され設定されたものだから、究極的には直観的把握が必要だとしても、できうるかぎりの〝概念〟的説明がなされなければならないのである。しからば、「無称」とは名辞による限定を越えることを示すから、無限定である。無限定とは、普遍である。普遍ならばその〝概念〟の外延はあらゆる概念に上位するから至高至大であるといえる。そしてこの素朴な推理から、「無」は有に上位して至高至大であることがわかる。以上を補強する意味で『易』「復」の注をあげておく。

　動息《や》めばすなわち静なるも、静は動に対するものにあらざるなり。語息めばすなわち黙なるも、黙は語に対するものにあらざるなり。

「静・黙」は「無」のアレゴリである。それらは「動・語」に対するにあらざるもの、つまり経験的理解のように矛盾概念ではなく、「動・語」を、つまり有を、越えて上位するものだった。

以上をまとめると、「無」とは存在者と具体的に関与せずに、つまり論理的に要請されたものとして、存在者に即してそれを支えあらしめる至高至上なるもので、また存在者の存在と展開とに証示される、そのようなものであった。

それではこれに対して、「道」はどのようなものか。

二　「道」

王弼の「無」は「道」に上位する。(15)『老子』二十一章「孔徳の容《すがた》、惟《た》だ道に是れ従う」へ、王弼は「孔は空なり、惟だ空をもって徳となす。しかるのち能く動作して道に従う」と注した。大徳ある聖人にとっても「道」よりも「無(空)」の方が重要だということである。この事実は、王弼の思想において「無」と「道」とは同じだとする一般的考えに反する。が、実際、王弼の文章においてはこれらには明確な相異がある。第一に、「道は無形無名をもって万物を始成す」(一章注)「道は無形無為をもって万物を成済す」(二十三章注)など、主語となり、万物を具体的能動的に生み出すところの、主体的生成者である。これは『老子』本文の「道、一を生ず」(四十二章)「道これを生ず」(五十一章)などにおける「道」の思想を直接継承したものである。第二に、生み出される万物(有・存在者)に即してみれば、「道」は存在の直接の因由である。彼はこれを「由」るもの、と表現する。「万物みな道に由りて生ず」(三十四章注)「道は物の由る所なり」(五十一章注)など。この「由」る性格は『老子』本来のものではない。『荘子』の「且《そ》れ道は万物の由る所なり」(『荘子』「漁父」)に依拠して加上されたものである。『荘子』の文脈によれば「由」るものとしての「道」は、〝真理なるもの〟として万物の理法的性格のものである[16]。かくして王弼の「道」は『老』と『荘』との結合により、『老子』本来のそれよりも内容は拡張されている。

「道」は「無」とはことなり、あくまでも物が「由」り、そこから生まれるものであり、物と具体的に関与しているものである。「無」が彼の論理において要請されたものとしてあるのに対して、「道」は存在者を生成する根源者としての『老・荘』以来の伝統的性格を、拡張しつつも、ひきついだものだった。

ところで『老子』八章注に「道は無、水は有、ゆえに幾という」とあり、この訓詁風の注が従来一般的に、王弼の「無」と「道」とを同じものとする論拠だった。が、すでに検討してきた諸事実を、このくだりによって否定し去ることには躊躇する。彼は『老子』において「無」の内容だったものの一部を、彼自身の「道」の内容に受容継承しているからである。具体的にいおう。彼が「道」を「無形」としていたことはすでにみた。そして『老子』では「無」は、「その上は皦《あきら》かならず、その下は昧《くら》からず」(十四章)「これを迎えてその首《はじめ》を見ず、これに随いてその後《しりえ》を見ず」

（同上）のように不定形・無形としてあった。

では、王弼の〝無形〟とは、そもそも有であるのか、無なのか。彼の「無」と「道」との性格をはかるうえでこれは意味ある問題である。彼は十四章注に「道」についていう。

無といわんと欲するや、しかるに物は由りてもって成る。有といわんと欲するや、しかるにその形を見ず。ゆえに無状の状、無物の象という。

これを説明するなら、「道」は形がない、というよりも可感的ではないから、経験的な事実としては有ではない。しかし物はそれによって具体的に成る。具体的に由って成る以上まったくの無と決めこむことはできない。それはたしかに事実的には有ではない。だが存在するか否かという点からすれば、つまり存在的にみるならば、無ではなく有である、ということになろう。王弼の考えはこの方向に傾いていたとみるべきである。「無」は「無称の大」（無限定）だったが、以上からして「道」は「称中の大」（限定あるもの）にすぎないことを、彼は断定的にいう。

道は物として由らざる無きに取るなり。これ混成の中《うち》の言うべきの称の最大なるなり。（二十五章注）
吾れこれに字して道というゆえんは、その言うべきの称の最大なるに取るなり。（二十五章注）

さてここで、「道」による存在者の生成についてもう少しくわしく検討しよう。『老子』一章「無名は天地の始め」に王弼はこのように注した。

およそ有はみな無に始まる。ゆえに未形無名の時をばすなわち万物の始めとなす。その有形有名の時におよべばすなわちこれを長《やしな》いこれを育てこれを亭《ととの》えこれを毒《な》せば、その母となす。

この注は『老子』五十一章「道これを生み、徳これを畜い、これを長いこれを育てこれを亭えこれを毒す」に依拠しつつ「道」をふくめての存在者の生成展開をいうものである。まず、形も名もない「時」（局面）において有が始まる。その局面は本来「無」以外はなにもない（要するに事実的・存在的には、あるのではなく、まったくの無、なにもない）ので、「無に始まる」という。有はまだ経験的事実となっておらず、「無」に対してはたんに存在者と規定されるだけの存在的段階にある。その次に形も名もある局面にいたり、存在者は事実的に生まれ展開する、つまり「長い育て毒す」のである。その存在者の展開は継起的秩序をなす。空間は存在者の継起的秩序によって形成されるのだから、「道」のもとでの存在者の生成展開は、すなわち空間それ自体の拡張ないし縮小を意味している。

以上の事情を端的に表現する注が次の文である。

（万物は）無に始まりて、しかるのちに生ず。（一章注）

王弼が「無」と「道」とを区別したことには二つの意味があった。第一は思想体系内での論理的整合性に関するもの、第二は漢から魏に移行するに際しての思想史的展開に関するものである。

第一に、王弼の序列的時空においてはその性質上、それをつつみこみおおいつくすがごとき表象をもつ具体的至高者は考ええない。したがって存在者に相即し支えるものは、純粋に論理的であるべきである。つまり伝統的「道」の生成論的色彩を洗い落した、時空とは直接関与しない、それに対して超然たる論理的至高者が設定される必要があった。そして彼の「無」はこの要請を十分にみたしているものと評価してよいと思う。

第二に、論理的「無」が生成論的「道」の上位に位置することにより、漢末まで展開してきた道家思想の限界をつきやぶりえたことである。

その限界とは、簡単にいえば、万物を生む〝道〟、つまり〝無〟は、真の無ではない、それはじつは〝無形〟であって、万物を生み出す形なき何者かがあるのだ、ということであった。これを端的にいうと〝無は有である〟ということになってしまう。もちろんこれほど極端に断言したものはないが、『淮南子』注釈者の漢末の高誘などは、明らかにこの限界を認識していた。[17]「無」は王弼によって、あらためて「無」として確立しえたのである。

三　『老子』四十二章注と「斉物論」

王弼の『老子』解釈は忠実な祖述ではなく、『老子』本来の思想からは逸脱するものであった。だから当然本文との間に齟齬をきたしがちである。が、注釈形式をとる以上、齟齬は少ないほうがよほどよい。しかし彼も彼なりに平明な解釈をつらぬきとおそうとする。ならば生ずるであろう齟齬をうまく解決しなければならない。彼はどのように処理したのか。これをうかがっておくことはその思想の性格を理解するうえで有益なことである。

『老子』の「道」は、「道、一を生じ、一、二を生じ、二、三を生じ、三、万物を生ず」（四十二章）のごとく（生成論的な）存在論での根源者であった。だが王弼の「道」は「無」に下位し、存在論的根源者ではなかった。右の四十二章へ注することは、彼にとって、体系の整合性をつらぬくためには必須の作業であり、重要なアポリアを解決することにほかならなかった。彼は四十二章へ注するにあたり、工具として『荘子』「斉物論」をもちいた。

そこで王注と「斉物論」とを並列しつつ検討する。

『老子』四十二章王弼注

万物万形はその帰一なり。何に由りて一に致る。無に由るなり。無に由ればすなわち一、一は無と謂うべきも、すでにこれを一と謂わば、あに言無きを得んや。言有り一有りて二にあらざれば如何《いかん》。一有り二有りてついに三を生ず。無より有へゆきて（従無之有）、数はここに尽く。これを過ぎてより以往は道の流にあらず。

『荘子』「斉物論」

天地と我と並び生じて万物と我と一となる。すでに一となさば、且《そ》も言有るを得んや。すでにこれを一と謂わば、あに言無きを得んや。一と言とで二となる。二と一とで三となる。これより以往は巧暦すらも得るあたわず。いわんや凡なるものをや。ゆえに無より有へゆきて（自無適有）、三に至る。而るをいわんや有より有へゆくをや。ゆくなし。是に由るのみ。

王弼が「斉物論」に依拠したのは、その「自無適有」をもちいることによって、ともかくも「生ずる」の論を「無より有へゆく」ものに転換したかったからだと思われる。そこで順をおって検討を進めよう。

さて「万物万形、その帰一なり」であるが、「一」は「道」であり、万物は究極的に生成の始源の「道」に復帰することをいう。この観念は十六章「物芸芸《うんうん》としておのおのその根に復帰す」の注「おのおのその始まる所に返るなり」にも見えている。この復帰の観念は、彼の時空世界の継起的秩序がその錯綜性にもかかわらずついに循環の枠内にあったことと呼応する。

つづいて「一」と「無」との関係については「無に由ればすなわち一、一は無と謂うべきも、すでにこれを一と謂わば、あに言無きを得んや」という。つまり「一」は「無によれば」こそ「一」たりうる。しかるに「一」を「無」だと「謂」(=判断)おうとすると、「謂」う以上「言」(=表現)は〝無〟いのではなく〝有〟る(のだから「一」は「無」ではない)、という。明快だ。がしかし、少し考えると不自然な所――詭弁の翳り――がある。その不自然さは、じつは彼自身の論理へ「斉物論」をほぼそのまま組みこもうとした所に起因する。

第一に、「無に由ればすなわち一、一は無と謂うべし」の「べし—可」が問題である。「斉物論」にはこの文字はない。そしてこれはコンテクストからみても、断定可能命令その他、解釈が微妙である。すなわち、その語気にはみずからの論理と「斉物論」との接合における、ある種のためらいがうかがわれるように思われる。

第二に、『老子』本文は生成論ないし存在論であるから、注もこの方向でなされるべきだった。ところが「謂」(判断)とか「言」(表現)とかの認識論的要素が導入されている。これは「斉物論」が存在者の知的把握に関して述べた認識論だった影響である。[18] 詭弁の翳りはこうした点に起因する。が、それにとどまらずさらに根本的問題がある。

四十二章注において、彼は「道の流」と述べる以前には「一」ということばを用いており「道」ということばを発していない。四十二章本文の主題は「道」であるから、奇妙なことである。じつはこれは『老子』の「道」と彼のそれとの差異を解消せんがための消極的ながらも巧妙な布石だった。というよりも、端的にいえば論理的正攻法の解決がなされなかったのである。すなわち、文面から「道」の文字が消え、注意がそらされることによって、「道、一を生ず」の直接的解釈が回避され、生成論が影をひそめる。「道」が舞台裏に退くのといれかわりに、認識論的「自無適有」の殻をひきずりつつ、「従無之有」が、「無」こそ主役なり、と前面に躍り出てくる。この主役交代における正攻法の論理の回避、そこにはいっそう本質的な意味において、彼の思想のもつ詭弁性が露呈しているように思える。

彼の軽妙な論理には、思想の体系の整合性を貫徹するために、もっとも根本的な所での真率さの喪失があったのである。これと彼の思想をはぐくんだ土壌が「浮華」の風潮にあったこととは関係なしとはしえないだろう。

四 「無為」

(一) 「徳」

「道」は「氾濫して適《ゆ》かざる所なく」(三十四章注)、遍在するものである。ゆえに物と状況とをつらぬく理法ないし秩序的性格をもつ。[19] 王弼が『易注』に残す「道」の用例からみると、それは卦(局面・時空世界)の秩序としてある。すなわち、「禍福の祥は履む所に生ず。履の極に処れば履道成る」(「履」上九注)とか、「泰道まさに滅びんとし、……否道すでに成る」(「泰」上六注)など。

存在者はその「道」の秩序において生育展開する。「道」の機能は「徳」とよばれ、その機能の結果、存在者がもつ(得る)機能も「徳」とよばれる。「地、その形を守れば徳(機能)はその載《の》するを過ぐるあたわず、天、その像に慊《みちた》るれば徳はその覆うを過ぐるあたわず」(四章注)と。かかる機能は、物にとってはあくまでも得て所有すべきものだった。

道は物の由る所、徳は物の得る所、これに由ればすなわち得らる。(五十一章注)

この〝得る〟観念は「徳は得なり」の定訓による。ほとんど固定観念的に知識人の脳裏深く刻まれたこの声訓の、『老子』にかかわる典拠が『韓非』「解老」の「身全し、これを徳という。徳は身に得るなり」であることは周知のことである。王弼も三十三・三十八章にこの定訓をもちいてそのうえでさらにいう。

常に得て喪うことなく、利して害さざるがゆえに徳をもって名となす。何をもって徳を得るや、道に由るなり。何をもって徳を尽くすや、徳をもって用をなすなり。（三十八章注）

「徳をもって名とな」しうるものとは存在者にとって常に得のみで失なく、利のみで害なきもの、という。天が覆い地が載せるという機能は、天地のひとつの本質であるが、このように「徳」とはその機能をなすかぎり絶対に失・害のない本質的機能をさす。それは存在者自体には得と利とのみをもたらす。だからそれを否定するものは、存在者にとって、失・害とならざるをえないだろう。

(二)「無」の体得

『老子』において「自然」という語は重要であった。なぜなら、「人は地に法《のっと》り、地は天に法り、天は道に法り、道は自然に法る」（二十五章）という本文において、「道」が法るところの「自然」とはいったい何か、が問題だったからである。王弼ももちろんこれに注意をはらったが、その結論は周知のとおり〝おのずからしかる〟ということだった。彼は「自然」を「無称の言、窮極の辞」と、あくまでも言辞そのものであるのみのものととらえ、「道」と「自然」との「法」の関係は、人―地―天―道の関係としての文字通りの「法―のっとる」ものとはちがうとして、そこをより詳細に、

自然に法るとは、方に在りては方に法り、円に在りては円に法る。（二十五章注）

と解釈した。つまり、おのずからしかり、あるがままの状態のこととした。

かかる「自然」の状態はまた万物の「性」でもあった。「万物は自然をもって性となす」（二十九章注）と。それは「耳目口心、みなその性に順う」（十二章注）のように、個々の個物においてそれぞれ異なり、またその個物にとっては生得的・本質的個別性といってもよいものである。

彼はそれぞれがそれぞれの「自然」なる「性」にみずからをしたがわせることを「順自然」「任自然」「因自然」、また「因物之性」等々と表現し、これを「無為」と規定した。すなわち三十七章「道、常に無為」の注には「順自然」と述べ、二章「聖人、無為の事に処る」の注には「自然にしてすでに足るなり」と述べるとおりである。聖人の「無為」は、これを外側からみれば、本性のあるがままにまかせた無為拱黙の状態のことといえる。が、ここで聖人の心意の内側に立ち入って考えるならば、すなわち「聖人は自然の至に達し、万物の情に暢《いた》る」（二十九章注）というごとく、じつは万物の本性に没入しみずからをそれと一体化させることと考えうる。そしてこの一体化を万物の個々の水準をおしなべて、全体的に、根源的におこなうものとして、至上至高の「無」への一体化・冥合の構想がある。

王輔嗣……曰く、聖人は無を体す。無は、またもって訓《おし》うべからず。ゆえに言えば必ず有に及ぶ。老荘はいまだ有に免れず。つねにその足らざる所を訓う。（『世説新語』「文学」）

この著名な話柄によると、「無」はまず「体」―体得―するものである。存在論の構想では「無」は論理を究極したうえで論理を越えて把握するものだった。だが体得はそのような論理性をも越える。それは「無」の至上至高の価値を主体に直接獲得することである。体得の究極的境地へ至るための方途を、彼は十六章の注において語る（引用の都合上、番号を付す）。

(1)包通せざる所無きなり。
(2)包通せざる所無ければすなわち蕩然公平に至るなり。
(3)蕩然公平なればすなわち周普せざる所無きに至るなり。
(4)周普せざる所無ければすなわち天に同じうするに至るなり。
(5)天と徳を合し、道を体して大通すればすなわち虚無を極むるに至るなり。
(6)虚無を窮極して道の常を得れば、すなわち窮極せざるに至るなり。

右の引用の番号順に、すなわち「包通」「公平」「周普」「天」「道」「虚無」とその価値は高まる。論理を究極する構想に似ているようだが、この階梯はむしろみずからの真なる本質へと到達すべき、内面への深化の過程である。ただ、それがこのように分析的な形で示されるのが、いかにも王弼らしいのであるが。さて、ところで「虚無」を窮極するとは、みずからを「虚無」に没入させることであり、みずからと「虚無」との冥合・合一・一体化である。人間にとって至高の直接的体験であり、この体得によって人間は「窮極せざる」ものに転化する。限定的個体は一挙に自由無碍・無限定の至高者に飛翔する。そこでは、同時にみずからの内なる広大な世界がおのずから開示する。この体得はもはやあらゆる論理とか合理性とかを超えて、宗教的な神秘体験とよぶべきたぐいのものである。

(三)「無為」の治

ところが、王弼はこの体得の体験などはもたなかったようなのである。体得の宗教的性格にもかかわらず、そのための修養・修行などの宗教的実践の根跡は著作中にも伝記中にも乏しい。[20] それどころか、彼は体得の構想をアナロガスに「自然」にもとづく統治の構想に転換する。それは、「物の自然に因りて設けず施さず……物の性に因りて形をもって物を制さざるなり」(二十七章注)のように、万物の本性にしたがって統治する、つまりさきほどの王弼の規定からすれば、「無為」の治であった。体得を統治論に転じているこの事実は、彼が実際に深刻な体験をもたなかった証左である。そもそも、至高の体験への段階的接近の方途は、『荘子』「大宗師」にしばしば語られていることであり、王弼のそれはこの典拠にもとづく頭の中だけでの構想だったのではないだろうか。

体得による「無為」の治の構想は、万物を本性のあるがままにまかせておくべし、とするものであったので、「聖人は形名を立ててもってものを検《とら》えず」(二十七章注)など、有為に反対する方向にあった。だからそれは、

もしすなわちその法網多く、その刑罰を煩にし、その径路を塞ぎ、その幽宅を攻むれば、すなわち万物はその自然を失い、百姓はその手足を喪い、鳥は上に乱れ、魚は下に乱る。(四十九章注)

のように、魏朝の基本政策であった法治主義ともかなり遊離していた。

そして彼によると、「無為」の治では、かりに聖人が文字通りの無為拱黙であっても、周囲の万物はそれぞれの「性」にもとづき(「性」にしたがうかぎり、ことさらなる有為ではなく「無為」なる行為として)、「言う者はその知る所を言い、行う者はその能くする所をおこな」(四十九章注)って、「万物おのずから相い治理」(五章注)する調和ある社会が自動的に作りあげられると考えられていた。しかし、物の本性、とりわけ人間のそれは、現実に周囲を少しみまわせばわかるように、あたえられた生得的な性にしたがい安んずるどころか変革を望むこともあるやっかいなものである。彼はそこでこう考えた。それならばむしろ、人間の可能性をあらかじめ変革・改革にむかわぬように封じこめておいて、それを「性」として認定しておくならば、調和ある社会は万全ということになる、と。すなわち、彼は愚民政策ないし愚民教育を肯定するのである。

民の治めがたきはその多智をもってなり。まさに務めて兌（感覚）を塞ぎ、門（欲望）を閉じ、無知無欲ならしむべし。（六十五章注）

我々は、個物が本性にさからわずに行為することを「無為」と規定する点までは認めうると思う。だが、この愚民策までを「無為」といいえぬと思う。もはや蔑視すべき〝有為〟と考える。

愚民策はたしかに『老子』本文六十五章などに見えており、王弼もこれに触発されたのだろう。だが、王弼の口調は、まさに得たりや応とばかりの感がある。また『老子』の愚民政治のおよぶ範囲はにわとりや犬の声が聞こえるほどの「小国寡民」（八十章）、つまり村落程度であった。だから、有徳者の「無為」もそれなりに意味はあったろう。ところが王弼は「小国寡民」に注して、「国すでに小、民もまた寡なるも、なおいにしえに反らしむべし。いわんや国、大、民、衆なるをや。ゆえに小国を（例に）あげて言うなり」という。つまり一大統一国家が念頭にあっての愚民策なのである。このようなことが、実際にはほとんど不可能なことは、明々白々であろう。とすれば、王弼の「無為」の統治は生きた社会の真実を見通す眼を欠き、具体性を欠いた、粗雑な、幼稚なものにしかすぎなかったということになる。宗教体験が観念にとどまっていたのと同様、統治論も観念にとどまっていたのである。そして、それは、彼の生きた貴族社会の驕りを、きわめてストレートに反映したものといってかまわないものだった。

おわりに

「道」より発出し「道」に回帰する王弼の継起的序列の世界は、展開の全過程を「無」に支えられていた。その「無」は、彼自身の体験を経たものではなかったけれども、体得すべきものとして構想されていた。そして「無」を体得しえぬものには、精神の本質的自由はなかった。知識人たちが、たとえ礼制を無視し、それに反抗し、あるいは逆に礼教リゴリズムを過度にわたるほど遵守したとしても、「無」を体得せぬかぎり本質的自由はなかった。とすれば、人々は争って「無」を体得しようとするに至るだろう。事実、晋代の多くの士大夫がそのとおりのことをした。だがしかし、体得したならば真に本質的な自由を獲得しうるのだろうか。その保証はない。そもそも王弼自身も体得してはいなかったではないか。

王弼のかかる「無」、そして「無為」は、現実においてはむしろ毒薬だった。毒にあたった好例は、まさに西晋の士大夫たちで、彼らは「無」を標榜し、文字どおりの「無為」を実行して統治層としての責任を放棄したから、西晋朝は滅亡においこまれた。[21] この毒気は東晋に至ってもなお抜けきらず、范甯は、その元凶は王弼・何晏なりとして「王・何は典文を蔑棄して礼度に遵わず。游辞浮説して後生を波蕩す。華言を飾りて実を翳《おお》い、繁文を騁《は》せてもって世を惑わす」(『晋書』「范甯伝」)と批難をあびせている。

西晋末・東晋の敏感な士大夫たち、たとえば郭象・皇侃らの思想が礼玄の調和という方向へむかうのは、[22]「無」の毒を解毒し、士大夫としての精神の自由の余地と、また現実においては礼教の世界に生きなければならぬがために礼教の価値とを、確保しようと模索していたことを示すものである。『世説新語』「徳行」に載る東晋の楽広のことばはこれを語りつくしている。

——名教のうちにもおのずから楽地あり。

注

(1) 王弼の伝は主に『魏志』「鍾会伝」注と『世説新語』「文学」劉孝標注とによる。

(2) 『魏志』「曹爽伝」注。

（3）『晋書』「何曽伝」。
（4）本田済『易学』（平楽寺書店、一二一〇頁）参看。
（5）シャム双生児の記録はその後『続漢書』「五行志」に二件、『晋書』「五行志」に一件記されている。
（6）中爻の解釈は従来二説ある。その一は、二三四五の爻をいうとするもので、『本義』「繫辞下」では「雑物撰徳」条の「中爻」を解して「これ卦中の四爻なり」とする。『漢上易伝』巻八も同様で「中爻は崔憬のいわゆる二三四五、京房のいわゆる互体なり」とする。
一方その二は、上卦下卦の中央の爻を中爻とするもので、『本義』「序例、五賛稽類」に「二五を中となす。二は臣なり、五は君なり」とある。これが王弼のそれに近いと思う。

また中爻を卦主とする方法が『周易折中』に説かれているが、これは王弼の卦主と近似するかにみえるが、じつはちがう。たとえば『折中』「義例」に「恒」卦を例に引き、「恒なるものは、……二と五と中に居るも六五の柔の中には、なお九二の剛の中に如かざれば、すなわち二、卦主なり」とするが、王弼は「恒」の卦主はむしろ六五とみて「居るに尊位を得たり。恒の主となす」と注する。王弼と『折中』とは、体系を異にしているのである。
（7）「二体」の解釈は林麗真『王弼及其易学』（台湾大学文史叢刊四七、八一頁以下）に示されたところに従った。
（8）『晋書』「天文志」。
（9）以下は鈴木由次郎『漢易研究』（明徳出版社、二二六、二四〇、二四七～八頁）による。
（10）同右、一七〇頁以下に概説。また今井宇三郎「卦気説の分卦直日について」（『鈴木博士古希記念東洋学論叢』明徳出版社）において詳細な考証がなされている。
（11）『続漢書』「律暦志」。
（12）引用文の「章」は『老子』の分章、「注」は王弼注。
（13）王力『古代漢語』（第二分冊、中華書店、四二〇頁）。
（14）高名凱『漢語語法論』（北京科学出版社、二〇八頁）。

(15) このことは金谷治氏によってしばしば示唆されていた。金谷「老荘思想における無」(『理想』三八二号)、金谷『易の話』(講談社現代新書、一三三頁)。
(16) 福永光司『荘子』「雑篇」(朝日新聞社、四三三頁)。
(17) 拙稿「宇宙的思惟から内的思弁へ」(『筑波大学哲学・思想学系論集』昭和五十二年度) 参看。なお『漢魏思想史研究』(明治書院、一九八八) に所収。
(18) 福永光司『荘子』「内篇」(朝日新聞社、七四頁)。
(19) これは「道」概念の歴史的性格の反映である。金谷治『秦漢思想史研究』(学振、四八九頁以下) 参看。
(20) 明和本は「自物因然」に作るが、東条一堂『老子王注標識』によって改めた。なお四十一章注に「因物自然」とある。
(21) 拙稿「裴頠『崇有論』考」(『筑波大学哲学・思想学系論集』昭和五十年度) 参看。
(22) 木全徳雄「魏晋士大夫の思想性」(『東方宗教』一二号、六九頁以下) 参看。

第二章　王弼再考――亡と非存――

はじめに

一九七九年（昭和五十四年）に「王弼考」[1]という論文を書き、それを補筆したものを一九八八年（昭和六十三年）の『漢魏思想史研究』[2]に収載した（以下、「旧考」という）。

最初の「王弼考」からは三十六年経過し、『漢魏思想史研究』からは二十七年がすぎた。その間、研究上の興味がまったく別の方向に向かってしまったこともあって、漢魏の思想についての論文はあまり書いてこなかった。王弼についてもほとんど考えなかった。

いま久方ぶりに旧考を読みかえしてみると、議論は、及び腰なのに前のめり感があるという、なんとも未熟なものである。といっていまさらその補訂をおこなっても仕方がない。本稿では旧考とは異なる側面から王弼の思想をうかがってみることにしたい。

一　王弼の人物像

旧考では王弼の『易注』『周易略例』『老子注』などの著述から導出される論理的な課題を追うことに急すぎて、資料の扱いや王弼の人物像については、とおりいっぺんのことを述べただけだった。

王弼（二二六〜二四九）は二十四歳で病没している。夭折である。だが、その間に前述した三著に加えて『論語釈疑』『老子指略』など、意外に多くの著述を残している。若くして筆のたつ人だったのだろう。

彼はどのような性格の人だったのか。日頃はどのような行動をとっていたのか。

そういったことを知ると、彼の思考の筋道、論理の構造、発想の原点なども、もう少し見えてくるような気がする。とはいえ王弼を知るための資料はそれほど多くはない。それらはみんなが承知しているものなのかもしれないが、ここでは確認の意味もふくめてあらためて見てみたいと思う。

資料としてまず主となるのは『三国志』「魏書、鍾会伝」の裴松之注に引用されている何劭『王弼伝』である。副となるのは『世説新語』「文学」劉孝標注に引く『王弼別伝』である。『王弼別伝』は『王弼伝』と重複するところも多いが、『別伝』独自の記載もある。そのほかには『三国志』「魏書」や『世説新語』の中にいくつかの断片的記事があり、さらに『晋書』に二条、『文心雕竜』に一条の断片が載る。

主資料となる何劭『王弼伝』であるが、これは『三国志』の裴松之注に引用されているもので、『三国志』自体には王弼の本伝は立てられていない。『三国志』「魏書、裴潜伝」の裴松之注に「（裴徽の）事は荀粲・傅嘏・王弼・管輅の諸伝に見ゆ」との記事が見えていることから、『三国志』の撰者陳寿がもともと王弼の本伝を立てていた可能性はある。だが現行『三国志』にはそれは見られない。結局陳寿は、本伝を立てるほどの人物ではないと判断して削除してしまったのかもしれない[3]。

王弼とともに玄学の旗手と見なされている何晏は、『三国志』に本伝が立てられている。ただそれは、「晏は何進の孫なり。母は尹氏、太祖の夫人たり。晏は宮省にて長《（成長）》ず。又、公主を尚《めと》る。少《わか》きより才の秀でたるをもって名を知らる。老荘の言を好みて、道徳論および諸文賦を作る。著述は凡そ数十篇」というほどのものである。何晏は王弼とちがい貴顕であったから、これくらいの伝はあってしかるべきだろう。注意すべきは陳寿が何晏の玄学のことについて

「老荘の言を好みて、道徳論および諸文賦を作る」としか述べていないことである。陳寿の考えでは、玄学なんぞはこれぐらいで十分だ、ということだったのかもしれない。

いずれにしても陳寿にとっては、そして魏末～西晋のころの一般的な認識では、まだ記憶に新しい三国鼎争の歴史的大変動のダイナミズムの中にあっては、何晏やら王弼やら玄学などは、そうとりたてて注目しなくてもよいもの、その程度のものに見られていたのだろう。

一方裴松之は、『三国志』注釈において何劭『王弼伝』を引用した。その仕方は、「魏書、鍾会伝」に「初め、会、弱冠にして山陽の王弼と並びに名を知らる」という記事があって、ここはとくに王弼と鍾会との交渉を説く文脈ではないが、たまたま王弼の名が出てきたのでちょうどよいからここで王弼の説明をしておこう、という感じである。東晋～劉宋期になると玄学や何晏・王弼のことが徐々に知られてきていて、王弼情報を記しておく必要性があったのだろう。そういった需要があったことがうかがわれる。

この『王弼伝』の文章は陳寿の何晏伝本文に比べるとやや長い。『三国志』において何晏の名はあちらこちらに多数回見えているのだが（何晏は高位の官僚でさまざまな政治的場面に関与していたから、登場回数が多いのは当然である）その登場場面はもちろん政治家としての彼であって、玄学者的エピソードはあまりない。その点からすると裴松之の王弼情報はもう少しまとまっている（裴松之は何晏伝にもそこそこの長さの注釈を施している）。時代における王弼の評価として、まずまずの情報量があるとはいえるだろう。

さて何劭『王弼伝』には、「弼、幼きより察恵、年十余にして老氏を好み、弁を通じよく言う」とある。幼いころから頭がよく、十歳あまりで『老子』を好み、しかもよくしゃべる子だった。回転が早い子だったのはまちがいない。よく知られた話であるが、父王業の縁故により時の顕官裴徽に面晤した際のことである。

王輔嗣、弱冠にして裴徽に詣《いた》る。徽、問いて曰く、夫れ無は誠に万物の資《よ》るところなるに、聖人は肯《あ》えて言を致《いた》すなし。而るに老子はこれを申《の》べて已《や》む無きは何ぞや。弼曰く、聖人は無を体するも、無は又もって訓《おし》うべからず。故に言えば必ず有に及ぶ。老荘は未だ有に免れず。恒《つね》に其の足らざる所を謂うなり。（『世説新語』「文学」）

王弼のこの答えは、儒教と老荘という当時対立的に考えられていた二つの思想、すなわち『文心雕竜』論説篇によれば「何晏の徒、始めて玄論を盛んにす。是において聃(老子)・周(荘子)は路に当たり、尼父(孔子)と途《みち》を争う」というような状態を、儒教優位の論理で一貫統一してしまったという点でみごとなものだったといえる。人びとはその意外性にあっと驚きつつも、しかしみずからは中華帝国的儒教世界観に住み込んでいたのだから、まことにその通りだとしかいいようがなかっただろう。「弱冠」というからには、王弼二十歳ごろのことである。彼は二十四歳で死を迎えるから二十歳ならもう晩年ともいえる。だがこの裴徽への回答には、とても晩年とはいえない若さによる生きのよさとキレがある。

同じく『世説新語』「文学」に次のような話柄がある。

何晏、吏部尚書たりて位望あり。時に談客、坐に盈《み》つ。王弼、未だ弱冠ならざるに往《ゆ》きてこれに見《まみ》ゆ。晏、弼の名を聞き、因りて向者《さきごろ》の勝(すぐれた理論)理を条《うそぶ》き、弼に語りて曰く、この理、僕は極めて可なりと以為《おも》う。復た難ずることを得んや不《いな》や、と。弼、便《すなわ》ち難を作る。一坐の人、便ちもって屈となす。是において弼自ら客主となりて数番。皆一坐の及ばざるところなり。

何晏は当代随一の頭脳と目されていたし、そのサロンにつどっていた人たちも何晏の思想方向を了解していて、知的興味や水準がそれほど低い人たちではなかったろう。この時、王弼は裴徽面晤の時よりもっと若い「未だ弱冠ならざる」、つまり十代の若者だった。その若者が議論の場でこういうことになったのだから、そこにつどっていた人たちの通念からは思いもかけなかった視点からの議論をおこなったにちがいない。先の裴徽との問答もそうであったが、たぶん発想点が飛び離れていたのである。王弼は得手な議論（つまり論理的、ないし形而上性をもった議論）においては「弼の天才は卓出す。その得るところに当たれば能く奪うなし」（『三国志』「魏書」裴松之注）と、当たるところ敵なしだった。まさに天才だったのである。

しかし二十歳前後のときにこうだったとすると、この若造めといった感じもあって、知にはたらけば角がたってしまうのも古今東西の道理である。「頗《すこぶ》る長ずるところをもって人を笑う。故に、時の士の嫉《にく》むところとなる」（『世説新語』「文学」劉孝標注）。みんなからきらわれてしまった。

初めて任官したときのことである。「初めて除《（補任）》せらるるに、（曹）爽に覲《まみ》ゆるに、間《（静かな密談）》を請う。爽、ために左右を屏《しりぞ》け、弼と道を論じて時を移す。他に及ぶところなし。爽、此《ここ》をもってこれを嗤《わら》う」（『三国志』「魏書」裴松之注）と、当塗者である曹爽との面会で、「道」のことだけを懸命に言いつづけたのである。この時期の曹爽は司馬懿との暗闘のさなかにあった。熾烈な現実からみれば、「道」のことなどどうでもいい。せせら笑うだけのものだった。

そういったわけで「弼、門下に在るを得ず」（『三国志』「魏書」裴松之注）と、曹爽一派に属することができなかった。つまり出世ルートに乗れなかった。士大夫人生、失敗の道をゆくことになってしまったのである。王弼の才能を認めていた何晏は、「晏、之がために歎恨す」（『三国志』「魏書」裴松之注）と残念がったが、あとの祭りであった。

そのうえ「人となり浅くして物情を識らず。初め王黎と荀融と善《よ》し。黎、其の黄門郎を奪うと是において黎を恨む。融とも亦《ま》た終《つい》に好《よ》からず」（『世説新語』「文学」劉孝標注）ということになると、もうただのいやな奴である。

『三国志』「魏書」裴松之注引『王弼伝』には「性は和理、游宴を楽しみ、音律を解し、投壺を善くす」と、「和理」

つまり穏やかな性格だったと記されている。だが投壺好きというのは勝負事・賭け事好きということだから負けん気はかなり強かったと思われる。温和に見える性格の裏側はけっこうキツく、だから出世した人への嫉妬の炎も相当だったのだろう。そして日々「游宴を楽しむ」ような享楽的な貴族生活の中、「弼、功《職務への志》雅を事とするは長ずるところに非ざれば、ますます意に留《とど》めず」（『世説新語』「文学」劉孝標注）という具合になっていったのである。

ただこれでは、『老子』思想の重要側面である「無為自然」「柔弱」的な非社会ベクトル的な生活がとても良いものだということを、真底《しんそこ》、体感として理解できていたかは疑わしい。しかも彼の場合、無為自然的なところはほとんどが政治的解釈になっている。彼の才能は、無為自然や柔弱のように世の中から沈潜した境涯における人生の良さを感じとるような方向よりも、やはり尖鋭な論理、卓越した形而上的直観など、知の運用面に突出していたのだろう。

二　『老子指略』

ところで一九八〇年に楼宇烈『王弼集校釈』(4)が刊行された。一九七九年の旧考「王弼考」では参照できなかったが、一九八八年の『漢魏思想史研究』ではその書中に載る輯佚本『老子指略』を参照して若干の書き加えをおこなうことができた。だが『老子指略』の思想内容について踏みこんだ検討はできなかった。

『王弼集校釈』収載の『老子指略』は、王維誠という研究者が、『道蔵』「老子微旨略例」および『雲笈七籤』「老君指帰略例」から輯佚して『国学季刊』に載せたものを、(5)楼宇烈が校注を加えて再録したものである。そもそもの輯佚という性格上、これが王弼自著であるのか、また原来の『老子指略』の全体であるのかも不明である。ただ筆者はこの輯佚『老子指略』の内容は、おそらくはおおよそ王弼の主張と受けとりうるものと考え、以下の議論をおこなうものである。

『老子指略』は、『老子注』のように『老子』本文にしたがって解釈を進行するものではない。『老子』の文章・論理・語彙を下敷きにしつつ、『老子』を越えんとする王弼自身の思想を展開する論文である。その要点は「道」概念の分析的説明と、「道」にもとづく処世問題にある。ただ、いま王弼の処世論議にはあまり興味がない。彼の、「道」それ自体についての議論を少し考えてみたい。

『老子指略』の特徴的な一点は、文章全体としては「道」の思想を説くものであるにもかかわらず、「道」という文字の使用にはかなり抑制的で、「道」字が登場するまでの行文がしばしば長い点である。たとえば次の文。

> 夫《そ》れ物の生ずる所以《ゆえん》、功の成る所以は、必ず無形に生じ、無名による。無形無名なるものは万物の宗なり。温からず涼しからず、宮ならず商ならず。これを聴けども得て聞くべからず、これを視れども得て彰《あきら》かにすべからず、これを体して得て知るべからず、これを味わいて得て嘗《な》めるべからず。故にその物たるや則ち混成、象たるや則ち無形、音たるや則ち希声、味たるや則ち無呈《(あらわれない)》なり。……是を以て「道《みち》の道《い》うべきは常の道に非ず。名の名づくべきは常の道に非《あら》」(一章)ざるなり。(『老子指略』)

見てのとおり最後の部分で『老子』引用によって「道」字を使用するまで、まったく「道」はあらわれない。「……」で省略した部分は全一六九字分だが、引用文に示したのと似たような「道」の外挿的な形容記述がくりかえされている。そして、ことばがつくしにつくされたあと、劇的に「道」が登場してくる、そのような感じである。「道」は王弼において、かほどに丁重丁寧にあつかわれている。それは「無形」「無名」「混成」「希声」「無呈」「不温」「不涼」「不宮」「不商」等々の外挿的状容を示しつつ、「万物の宗」とされるものであった。そして「その物たるや則ち混成」とされる点からは、質料的なものであり、かつ質量性すらもうかがえるものであった。と同時に、その形相が「無」という否定形容によって規定されているものであることも分かるものであった。

　これと関連して王弼はまた「天、此をもってせざれば則ち物生ぜず。治、此をもってせざれば則ち功成らず」（『老子指略』）ともいっている。「天（宇宙）」すらも「道」によらなければ万物を生ずることができないのである。「道」は宇宙万物をも生み出す。すなわち「道」とは形相的無状性が有形相的宇宙万物を創生・規定するものなのである。ともあれここでは多くのことばがついやされ、無形の「道」が「万物の宗」であることがきわめて慎重に提示されているのである。

　王弼の「道」字への触れ方は、上記以外でも慎重である。次の文。

　夫《そ》れ奔電の疾《はや》きはなお以て一時《（季節のめぐり）》の周に足らざるがごとし。風を御しての行はなお以て一息《ひといき》の期に足らざるがごとし。善く速きは疾からざるに在り。善く至るは行かざるに在り。故に、道《い》うべきの盛んなるは未だ以て天地を官《す》ぶるに足らず、形有るの極も未だ以て万物を府《おお》うに足らず。是の故にこれを歎くものは斯《こ》の微を尽くす能わず、これを詠ずるものは斯の弘を暢《の》ぶる能わず。名の当たること能わざるは、称の既《つ》くすこと能わざればなり。名づくれば必ず分とするところ有るは、称すれば必ず由るところ有ればなり。分有れば則ち兼ねざる有り、由る有れば則ち尽くさざる有り。兼ねざれば則ち大いに其の真に殊《こと》なり、尽くさざれば則ち以て名づくべからざるは、此れ演《の》べて明らかにすべきなり。

　夫《そ》れ、道なるものは、万物の由るところに取るなり。玄なるものは幽冥の出づるところに取るなり。深なるものは探賾して究むべからざるに取るなり。大なるものは弥綸して極むべからざるに取るなり。遠なるものは綿邈として及ぶべからざるに取るなり。微なるものは幽微にして覩《み》るべからざるに取るなり。然らば則ち、道・玄・深・大・微・遠の言は、各々意義あるも未だその極を尽くさざるものなり。然らば無極を弥綸するは細と名づくべからず。微妙無形なるは大と名づくべからず。是を以て篇に、「これに字《あざな》して道と曰《い》い」（二十五章）「これを謂《い》いて玄と曰《い》う」（一章）と云《い》いて、名づけざるなり。（『老子指略』）

長文であるが文中「道」字は、「道《い》うべきの盛ん」「道なるものは、万物の由るところに取るなり」「道・玄・深・大・微・遠」の三か所と最後の『老子』二十五章の引用にしかあらわれない。やはり「道」字使用の抑制性がうかがわれるだろう。

この文の要点は、「道・玄・深・大・微・遠の言は、各々意義あるも未だその極を尽くさざるもの」であって、だから『老子』本文では「字《あざな》して道と曰《い》い」「謂《い》いて玄と曰《い》う」だけ、つまりトートロジーでその言明以上のことは言語化されていないとする点にある。『老子』の「道」は「万物の宗」ではあるけれども、最終的には「未だ極を尽くし」ていないと王弼はいうのである。ということは王弼自身は、『老子』の「道」以上の何かを考えていたらしい。そういうことがうかがわれるのである。

王弼はまた次のようにもいっている。

名なるものは、彼を定めるものなり。称なるものは従《よ》りて謂うものなり。名は彼より生じ、称は我れより出《い》づ。故に之を物として由らざる無きに渉《わた》せば、則ち之を称して道と曰うなり。……玄とは之《これ》が深きを謂うものなり。道とは称の大なるものなり。名号は形状より生じ、称謂は渉求より出づ。名号は虚しくは生ぜず、称謂は虚しくは出《い》でず。故に名号すれば則ち大いにその旨を失い、称謂すれば則ち未だその極を尽くさず。是を以て、玄と謂えば則ち「玄の又玄」（一章）、道と称すれば「域中、四大有」（二十五章）るなり。（『老子指略』）

ここでは「道とは称の大なるもの」「称謂すれば則ち未だその極を尽くさ」ざるものであるとする。「道」はやはり先ほど同様相対化されていて、最終的到達概念とはされていない。このように見てくると、王弼において「道」概念は最重要視されるものではなかったということがはっきりと浮き上がってくる。

そのあたりのことについて彼はさらに次のように、「聖人」（すなわち「孔子」）という概念を導入して『老子』それ自体の思想を相対化し、それが乗り越えられるものであることを示そうとするのである。

> 是《ここ》をもって聖人は、言を以て主と為さざれば則ちその常に違わず、名を以て常と為さざれば則ちその真を離れず、為を以て事と為さざれば則ちその性を敗《そこな》わず、執を以て制と為さざれば則ちその原を失わず。然らば則ち『老子』の文は弁じて詰《（問い詰める）》せんと欲すれば則ちその旨を失い、名づけて責めんと欲すれば則ちその義に違うなり。故にその大帰なるや、太始の原を論じて以て自然の性を明らかにし、幽冥の極を演《の》べて以て惑罔の迷を定む（るのみ）。因りて為さず、損じて施さず、本を崇《あが》めて末を息《いこ》わせ、母を守りて子を存し、賤夫の巧術は未だ有らざるに在りと為し、人に責《もと》むること無く、必ず諸《これ》を己《おのれ》に求む。此れその大要なり。（『老子指略』）

王弼によれば、聖人は『老子』本文の内容以上のものを備えている。『老子』本文は「太始の原を論じて以て自然の性を明らかにし、幽冥の極を演《の》べて以て惑罔の迷を定」めるほどに世界のあり方を探求、明らかにしたものであった。また「人に責《もと》むること無く、必ず諸《これ》を己《おのれ》に求」めるほどの内的倫理性の緊張を備えてもいた。が、しかし、聖人はそれ以上なのである。

この議論の骨組みは、王弼がかつて裴徽を訪れた際の議論、「聖人は無を体するも、無は又もって訓《おし》うべからず。……老荘は未だ有に免れず。……」（『世説新語』「文学」）とパラレルである。裴徽との議論では、聖人が体しているもの、『老子』の「道」以上に比定されるものは「無」であると、さらりと言ってのけていた。それでは『老子指略』においても、王弼はそのような「無」について論じているのだろうか。

三　「亡」と「非存」

その点をめぐる王弼の見解が以下である。

凡《およ》そ、物の存する所以《ゆえん》は乃ちその形に反し、功の尅《か》つ所以は乃ちその名に反するなり。夫れ存するものは存を以て存と為さず、その亡《な》きを忘れざるを以てなり。安んずるものは安を以て安と為さず、その危うきを忘れざるを以てなり。故にその存に保《やす》んずるものは亡《ほろ》び、亡《な》きを忘れざるものは存す。その位に安んずるものは危うく、危を忘れざるものは安し。善く力《つと》むるも秋毫を挙ぐるのみ、善く聴くも雷霆を聞くのみなるは、此れ道は形に反するものなればなり。

安んずるものの実安は而《すなわ》ち非安の安んずるところなりと曰《い》う。存するものの実存は而《すなわ》ち非存の存するところなりと曰う。侯王の実尊は而ち非尊の為すところなりと曰う。天地の実大は而ち非大の能くするところなりと曰う。聖功の実存は而ち絶聖の立つところなりと曰う。仁徳の実著は而ち棄仁の存するところなりと曰う。故に形を見て道に及ばざらしむるものはその言に忿《いか》らざるなし。（『老子指略』）

これは前半も後半も「道」についての言明である。前半に、「物の存する所以《ゆえん》は乃ちその形に反し」ており、また「道は形に反すればなり」ということであるから、「道」は物の存するゆえんということになると指摘する。後半ではいる。

「形を見て道に及ばざ」るものは「物の存する所以《ゆえん》」たる「道」を見ないものであるから、忿怒するしかないとして

そしてその両者をつなぐかなめは「存するもの」の「存」は「亡《な》」きにより、「存するものの実存」は「非存」によるという点にある。すなわち存在者の存在は「亡」により、「実存」は「非存」によるということである。

これら「亡」と「非存」とは、もちろん意味的には「ない」ということであるから、単純単線的に進んでしまって「無」ということにしてしまってもよさそうに思える。だがこうした話にそんなに単純で幸福な結論がまっているはずがない。バリアーはまだまだあるのである。

というのは王弼はこの『老子指略』においては、「無形」「無名」「無以至」などと否定詞・否定形容詞的には「無」字を多用するが、「無」一字をもちいて概念としての「無」に言及することは一切ないからである。(6)

「亡」といい「非存」というのは、「ない」という事態を言語的にそうとう切り刻んで分析的に思索し、「無」という語（文字）を使わずに、それをどのようにいいあらわしたらよいか、どのようにいいあてたらよいのかを、突きつめた表現であると考えられる。それはもちろんかぎりなく「無」に迫接している。あるいはほぼ「無」だといってしまってもいいものかもしれない。そういってしまえばせいせいするし、一天からりと日本晴れだ。

だが、『老子指略』では「道」は「無」とはされず、「亡」「非存」のままに留めおかれる。そのかぎりでは「亡」「非存」は「道」の属性のままの位置にある。どうあっても「無」とはいわない。「無」は慎重に取り置かれているのである。

ただしかしながら、王弼が「道」を「亡」「非存」というところにまで深鋭化したことは、思想史的にはすごい意味、画期的な意味があった。

それは『老子』の「有の以て利を為すは無の以て用を為せばなり」（十一章）「天下の物は有より生じ、有は無より

生ず」（四十章）以来の、存在への思索の筋道を、大きく転換してしまうことになるからである。

『老子』の「有は無より生ず」は、その後『荘子』『淮南子』そして漢の厳遵などへと展開した。その際の思索は「有」を生みだす「無」とはいかなるものであるのか、その実態・本質を論理的に探求し、突きつめようとする方向性が優先的にはたらいていた。その結果、「有」を生みだすおおもとの「無」を生みだすものは何か、さらにそのおおもとは、というぐあいに考えは深められていって、ついに「無のまた無」「無の無の無」などというふうなかたちに現象するようになっていった。

王弼はそれをばっさりと断ちきった。思索の方向性を、存在者が存在しているとはどういうことか、存在というこの基底・根源とはどういうことか、という方向に切りかえたのである。そして、その存在者を存在させている基底・根源とは、「亡」であり「非存」であると言いきったのである。それによって「無のまた無」や「無の無の無」的方向の知的な退嬰的非生産性をすっぱりと切りすてた。そこが思想史的にすごかったのである。

王弼の発想のすごさは（その発想のすごさという一点に絞ってのことであるが）、上記の文章に引きつづく部分にもみえている。

夫《そ》れ物の由る所を明らかにせんと欲すれば則ち顕といえども必ず幽よりして以て其の本を叙《の》ぶるなり。故に天地の外を取りて以て形骸《身体》の内を明らかにす。（『老子指略』）

ここで王弼は「物の由るところ」の一つのたとえを「天地の外」（宇宙の外側）と「形骸の内」（身体の内側）との対比で示している。注意したいのは「天地の外」である。王弼のもっていた天地（宇宙）の構造がどういうものだったかは厳密には不明である。(7)ただ「天地（宇宙）の外」とは、天地の外側に「ある」からこそ「天地の外」といえるのであり、だから論理的にはやはり「有」であって「無」ではない。とはいえここでの話向きは有無の問題ではない。注目すべきは、宇宙（天地）の外側という概念それ自体である。当時、詩歌で修飾的に「天地の外」とか「天外」(8)などという語はもちいられなかったわけではないが、そもそも宇宙（天）の外側などということがらにまじめに注意をはらった人がどれほどいたのだろうか。多かったとはとてもいえないだろう。

それでもここであえてもし当時の知識人が「天地（宇宙）の外」ということを考えたとしたなら、その宇宙外のイメージは、おそらく気（あるいは水）がもやもやっと充満していて、ときどき天が裂開して宇宙の内側にその気が流れ込んでくる（オーロラのことである）というものであったろう。(9) しかしやはり当時のふつうの知識人がそこまで考えていたのかどうかは怪しい。

ともかく宇宙の外側などという概念は尋常ではない。もしかすると当時においては「無」などよりももっと表象しづらいものだったかもしれない。そんな突飛な概念をさらっと提示する王弼という青年も相当なものである。

ともあれ「亡」「非存」によって古典生成論的な思索方法は断ちきられた。彼のその飛び離れた発想は、たぶん「天の外」概念の意外性にも通ずるものがあるだろう。

『老子指略』において「道」は「亡」「非存」とまで突きつめられた。その一方、「道」の主たる機能は、「無形」「無名」という形相的無状性から「万物」という有形相的質料者を創成するということであった。その場合の「道」は、「物たるや則ち混成」という質量的質料者であり、「道とは称の大なるもの」で、「称謂すれば則ち未だその極を尽く」せざるものであった。つまり相対的であり、最終的到達概念とはされえないものとなっていった。

一方、「亡」といい「非存」というのは、「ない」ということを言語的にそうとう突きつめ、また鋭利化したものと考えられた。それは「ない」ということについての王弼の思索の一つの到達点を示す言語表現だったといえるかもしれない。「亡」「非存」は、「無形」「無名」で万物を生成する「道」とは概念的にはまったく異質である。万物を生み出す「道」は、「形容として無」だとされたとしても根本的には「有」で、伝統的生成論の性質を濃く持ち、それゆえ受け入れられやすい概念だった。一方「亡」「非存」ということになると、有るものがないわけで、それがどうして有を生成できるのかというアポリアがすぐ隣に口を開けている。

王弼が「道」概念についてわりあい慎重に対応していた一因は、宇宙生成論と「亡」「非存」という異質の二つが同時に抱え込まれていたということが影響していたかもしれない。

では王弼はその、「道」の「亡」「非存」性と、宇宙生成者としての相対性・有性との折り合いをどのようにつけたのか。

ここで注意すべきは、存在者の存在するゆえんとしての「亡」「非存」の論理構造は、「道」の属性としておさめてもおさまりきれそうもないということである。論理的に「道」の属性に回収されるどころか、むしろそれ自体自立してしまう可能性をはらむものであった。なぜなら「亡」「非存」が「道」の「無形無名」などの他の属性と比して明らかに異質者である、そのことがそれを担保してしまっているからである。

そしてここでもう一度想起しておかなければならないのは、『老子指略』には「無」そのものの語・概念について一言も触れられていなかったという事実である。このことは王弼が「無」という概念についてセンシティブで、その語をもちいるのに非常に慎重だったということを示している。

四　『老子注』へ

『老子指略』は、存在の基底への思索、すなわち存在論的思索を、「道」を「亡」「非存」とするところにまで突きつめていたといえる。とはいうものの、「道」は「無」であるとはっきり断定するまでに至っていなかった。一方

「亡」「非存」はすでにそれ自体、生成論的性格の「道」からは離脱する方向にあるものだった。結局、「万物の宗（生成論的根源）」としての「道」の「有」性が、「亡」「非存」にまでできていた「道」を、「無」とするための大きな足かせとなっていたといえるだろう。

そこをどう突破すればよいのか。

答えはそれほどむずかしくない。この両者（「万物の宗」と「亡」「非存」）の同時抱え込みを破却し、「万物の宗」（「道」）を形相的無状性・質量的質料性に囲繞しておく。そしてそれを脱却した「亡」「非存」に特化した新概念を創出すればよい。早い話が「無」概念である。

ただ「無」概念が、晴れて「無」としてそれ自身を確立しきるためには、もう少し越えなければならないハードルがあった。そのハードルの所在点は、ほかならぬ「亡」と「非存」にある。「亡」と「非存」に特化した概念を作ったとしても、それがそのまま「無」となりうるのかという問題である。

「亡」と「非存」とはいずれも「ない」であるが、ただ「亡」の場合、それは有ったものが亡逸した「ない」である。「非存」の場合は、存在することではないこと、である。つまりなんにもないという「ない」である。「無（ない）」は、そうした「亡」的「ない」と「非存」的「ない」、つまり二つの「ない」を越えたものでなければならない。いいかえれば「無」は、ものごとの欠落状況的「ない」も、「なんにもない」も、それらを存在論的に引き受ける「ない」、「なんにも・なんにもない」でなければならない、ということである。

ただし『老子指略』においてはここに至るまで、まだそのことがそのようには解決されていなかった。課題は残されたままであった。そこで、そこのところを乗り越えて次のステップに踏みこんでいったのが『老子注』だったと考えられる。(10)

おわりに

『老子注』は注釈という作業上、「無」概念を集中的に論じているわけではない。しかし『老子注』においては、「無」と「道」をあつかう場合の指標はわりあいはっきりしている。

「無」は「無（ない）」である。いかなる存在者とも直接的・間接的連動性・連関性はもたない。いってみれば、「無」は存在者が有るか無いかという以前に、その問いの手前にすでに立ち上がってしまっている「ない」、そのような「ない」あるいは「なんにもない」、さらにいえば「なんにも・なんにもない」である。そんな「ない」はないにしよう、としても、(11) そのためにはまずはこの「ない」に立ちもどらなくてはならないような「ない」である。

もう少し端的にいおう。「無」は（「道」を越え、存在的「なんにもない」を越えて、あらゆる）存在者の存在の存在論的な「ない」である。それは存在論的「なんにもない」、さらには存在論的「なんにも・なんにもない」と表現してもよいかもしれない。だがいずれにせよ、それはただひたすらの「ない」、それ以外にはない「ない」ということである。「なんにもない」「なんにも・なんにもない」というような表現は、かつての「無の無の無」というような表現に通底していってしまうようなところがあるかにも思われ、その意味ではその表現自体に退嬰性が沈殿潜伏している可能性がある。できれば敬遠しておくにこしたことがなさそうな表現である。言語としてはただひたすらの「ない」ということ（せいぜい「なんにもない」程度）にとどめおいて、それがもつ存在論的意味を把握すること自体の方が重要なのである。

一方「道」は「道」として、天地万物生成の宇宙創造者である。まずは生成において、ついで哺育・形成・運動において、存在者との直接的連動性・連関性をもつ。伝統的な宇宙生成論的根源者といってよい。

『老子注』における「無」についてはこれ以上の議論はしない[12]。ただここまで「亡」「非存」から「無」へと踏みこえる一歩は、わりあい簡単でちょっとしたことでしかないような感じで記してきた。確かにそれはもうどうみてもそうなるしかないもののように思えた。必然にみえた。

ただそのことが簡単そうにみえたのは、われわれが今日の眼で見、今日の知で思索し、今日の文章表現の技術的進展の恩恵のもとにいるからである。

「道」を伝統的な宇宙生成論に閉塞しつつそこから脱却し、「存在」への思索に進むその一歩の踏みだしは（「存するものの実存」「非存」→「無」）、いってみれば当時の知の地平を飛び越える冒険的で、あるいはさらにいえば危険なものだったかもしれない。王弼の政治的失敗の生平はそれを象徴する。

しかし時代の知をとっぱずれて、はるか上空に浮翔してしまうような知性はいつの時代にも存在する。それは何かに突き動かされる衝動のようなものであるのかもしれない。王弼の知もそのようなものだったのだろうか。

注

（1）『筑波大学哲学・思想学系論集』第四号、一九七九。

（2）明治書院刊、一九八八。

（3）本田済「陳寿の三国志について」（『東方学』第二三輯、一九六二）によると、陳寿はおおむね清談玄談の士についてはあまり同情的ではなく、それに関連する記事も少ないという。

清の潘眉（一七七一～一八四一）『三国志攷証』は、この部分の裴松之の記事「事は荀粲・傅嘏・王弼・管輅の諸伝に見ゆ」の記述の仕方が不備であるとし、「もし陳志に拠《よ》りて言えば則ちまさに「徽の事は管輅伝に見ゆ」と云うべし。もし伝注を兼ねて言えば則ちまさに「荀彧・傅嘏・鍾会・管輅の諸伝に見ゆ」と云うべし。もし所出の書に拠りて言えば則ちまさに「荀粲・王弼・管輅伝および傅子に見ゆ」と云うべし」として、王弼の伝とは『三国志』本伝のことではなく、何劭『王

一理ある。

弼伝』のことではないかとみている。かなり春秋学的な形式主義ともいえるが、とはいえ『王弼伝』のことと見る点には

（4）北京中華書局刊、一九八〇。

（5）北京大学刊、第七巻第三号、一九五二。

（6）『老子指略』は輯逸本であるから、王弼の本来の原著にはもしかすると「無」の語はもちいられていたかもしれない。したがってこのあたりは断定できないのであるが、ただその是非は今は分からない。

（7）『周易略例』を分析すると、王弼の宇宙観は宣夜説に近いと考えられるが（『漢魏思想史研究』）、物質の無限延長としての宣夜空間では、宇宙（天地）の外側という概念は想定しにくい。「天地の外」側の概念は、有限宇宙、すなわち蓋天宇宙か渾天宇宙かにもとづく方が、ともかくわけのわからなさは小さくなるだろう。

（8）ことばの用例という意味でだけだが、「天外」の語が後漢の渾天宇宙論の大立ても張衡の「思玄賦」に見られるのは興味深い。

（9）『史記』「天官書」集解「孟康曰く、天裂けて物象見《あら》われ、天開きて県象を示すを謂うなり」。『晋書』「哀帝紀」・「天文志」、ニーダム『中国の科学と文明』第五巻「天の科学」参照。

（10）ここには『老子指略』と『老子注』の成立時期の先後問題が存在する。しかし今のところ、それを文献的に確証できるような資料はみあたらない。本稿は思想内容面から、『老子指略』から『老子注』への展開を見ようとする。

（11）王弼的な「無」などは無い、つまり存在者に先立つ「無」などという何者かを排除し、存在者それ自体を出発点にすえる議論を展開したのが、郭象『荘子注』である。『漢魏思想史研究』参照。

（12）旧考「王弼考」および『漢魏思想史研究』参照。

第三章　大衍小記——王弼の易解釈一斑——

一

『易』「繫辞伝」の、

大衍の数は五十にして、その用は四十九なり。

という文に関して、その解釈は古来より易学上の重要な問題点とされていた。というのは、右の「大衍の数」の文の近くに、(1)

天地の数は五十有五。

という文があり、この「天地の数＝五十五」と「大衍の数＝五十」とはいったいどのような関係があるのか、関係があるとしたらどのようにして整合疎通さすべきか、甲論乙駁の意見が提出されてきたからである。

まず、この問題をもう少しこまかく分けて具体的に説明しよう。

第一には、「天地の数」はなぜ五十五とされるのかという問題がある。その解答は比較的簡単に「繫辞伝」中に求めることができる。もちろん科学的実証的な根拠などはない。数のもつ呪術的魔力と中国人の世界観との結合の一例を示す、というのがその答となる。いっそう詳しくいうならば、「天一、地二、天三、地四……」（「繫辞伝」）と、一から十までの奇数を天、偶数を地として、天と地の数をすべて加えると、一から十までの整数列の和であるから、当然五十五となる。奇偶を天地に配当することは陽＝天＝奇数、陰＝地＝偶数という陰陽思想の反映であり、あとは単純な算術があるのみである。そしてそれが数の蠱惑的な魅力と陰陽的世界観との直接的な統合であることは見やすいことである。

第二の問題は、それでは「大衍の数」の五十はどのようにしてみちびかれるのか、である。その解答は「天地の数＝五十五」のようには「繫辞伝」中に明記されていない。

そこで後世の注釈家たちは競ってその正解を提出しようとしてきたのである。その解答の筋道は大きく見て二つの道があった。一は経学の理念の内において（数理的にも）天地の数と首尾結末をつけようとする立場、他は易の揲蓍技法の数理の上から、純数学的に解決しようとする立場である。前近代の注釈家たちのほとんどは前者の立場によって解決を目ざしたのであり、本稿の問題とする所もその歴史的立場につらなっている。後者の立場は近代になって追求されたもので、「大衍の数」が五十でなければ、数理的に易の蓍法は成立しえぬことを論証し、なぜに五十であるかを明快に説くことに成功している(2)。それゆえ後者の立場からは、もはやここで論ずる必要性は薄い。

さてそこで、「大衍の数」に関して、歴世の注釈者たちがどのように対処してきたのかがここから問題となるのであるが、それに先立ち、本稿の主題である魏の王弼の易学においてはそれはどのように解されてきたのか、まずそのことを見てみよう。王弼がこの「大衍の数」の条《くだり》に付した文はつぎのようなものであった(3)。

演天地之数、所頼者五十也。

そして王弼のこの注をめぐり、これをさらにどのように解読するかは、「大衍の数」解釈史上においてかなりの問題を孕むものであった。そして本稿は、王弼のその注の特異性と後世への影響とを見通しつつ、「大衍の数」解釈史上の王弼の独創的位置を明確にすることを目的とするものである。

二

まず、かの王注の文章は従来どのように読み解かれてきたのか。その注意点の多くは、「演」と「数」とが（文法的理解を含めて）どのように分析されうるかにあった。そこで代表的例を二つあげて検討しよう。

その一は、「演」の賓語《(目的語)》として「天地之数」を考える場合である。その場合、「演天地之数」全体は、名詞句として「所頼」以下への条件を形成するものとして解釈される。『国訳漢文大成』や『漢文大系』はこれを採用しており、近年刊行の注釈書の類でもこの読み方を採用して「大衍の数」を解釈するものはきわめて多い。ちなみにその訓読の標準例を示しておけば、「天地の数を演ずるに、頼《よ》る所のものは五十なり」となる。

その二は、「演」の賓語を「天地」のみとして「演天地」は「之」を介在させて「数」の修飾機能を果たしていると解釈する場合である。この場合、「演天地之数」は全体として主語的名詞句ということになる。本田済『易』（『中国古典選』朝日新聞社）・鈴木由次郎『漢易研究』（明徳出版社）などは明らかにこの読みをとり、本文を解釈している。しかし全体的にみるとこれは少数派である。訓読は、「天地を演ずるの数は、頼る所のものは五十なり」となる。

さて、この二つの区別は、問題の所在をよく明らかにしているものといえる。形式的には、「演」の賓語が何かということ、内容的には「演」ずるという動詞は、いったい何をどのようにするのかということ、ことばをかえれば演変するものは天地なのか数なのか、ということである。かくしてこの問題がどうやら「大衍」の本質にかかわる重要なものであるらしいことが、ある程度はっきりしてきたとはいえないだろうか。

三

そこでつぎに具体的な検討に入ることにしよう。まずオーソドックスに訓詁学的追求から始める。

王弼の解釈に示された「演」という文字であるが、これは「大衍」の「衍《えん》」の声訓（音通による解釈）であり、〝布衍（敷衍）し、推し演《ひろ》げる〟ことを意味する。この解釈が正当であるのは、「衍」を「布なり」とする学者（方信天『周易本義闡旨』）や、あるいは『周易正義』では「推演」という語彙をもちいていることからも確認できる。さらに、「大衍」の文脈における「衍とは演なり」の声訓の典拠をたどると、それを一般的に定着させたのは後漢の碩儒鄭玄であったようだ（『周易鄭氏注』張恵言訂本）。そして王弼は鄭玄以来のこの声訓を継承踏襲しているのである。

では、「演」が〝布衍推演〟の意であるとしたならば、その賓語は意味的にはどれを採用すればよいのか。つぎにその検討に入る。まず、かりに「天地の数」がそれであるとしてみよう。天地の数はさきにみたとおり、すでに五十五に決まっている。その五十五を〝推し演《ひろ》げる〟というと、それは具体的にはどのようなことを意味するのか、また、それを〝推演〟する場合、頼る数が五十であるとすると剰余の五はどうなるのか。この剰余については、王弼の説明は残存していないが、問題解決のきっかけにこの剰余の問題を少し考えてみよう。

剰余についてわかりやすい説明は鄭玄がおこなっている。

彼はいう、

天地の数は五十有五なり。五行の気をもって通ずれば、およそ五行もて五を減ず。（『周易正義』引鄭玄説）

五十五がうまく五十に整合されている。そこで王弼はこの説を襲ったのかというと、じつはそうではない。『周易正義』はげんにつぎのようにいっている。

王弼のこの説に拠るに、その意みな諸儒と同じからず。

すなわち王弼の学説は他の学者とはちがうというのだから、鄭玄を踏襲したとするわけにはゆかぬだろう。そこで鄭玄の説明自体にたちかえると、それは明解とはいえ、なぜに五行の五を五十五から減じなければならぬのか、根拠は完全にあやふやであり、いわばたんなる数あわせにすぎない。このことから「演」の賓語を「天地の数」と考える場合、「大衍の数」と「天地の数」との差異を整合化する作業がまず必須のものとなり、またその整合化によほど合理的な根拠がないと、〝推演〟することは容易ではないことがわかる。

では「演」の賓語を「天地」としてみよう。とすると、「演天地之数」とは〝天地（の働き）を布衍し推し演げるところの数〟となる。であるとするならば、これは「天地の数」それ自体ではなく、天地の働きを布衍推演するところの「天地の数」以外の数であることになる。したがって「大衍の数」は「天地の数」とは直接的な連関が消失し、五十と五十五の整合化を無理にすすめる必要はなくなる。「大衍の数」は「天地の数」とは独立的に考えられるべきものということになる。

以上、「演」の賓語についての二つの可能性を、図式化したわけだが、それではこれらの可能性は実際の解釈史上においていかように位置づけられ、また機能していたかをうかがってみよう。まず唐代の国定の疏解書『周易正義』の説を見る。同疏中には「推演天地之数」という用例が二か所にみえているが、これらのみからでは「推演」の賓語はこれである、との断定的な結論をひきだすことはできない。そこで二次的・間接的な方策として「天地の数、五十有五」への『正義』の疏をみてみる。と、そこには、「これ上文の天地を演ずるの策にあらず」とある。『正義』は、「大衍の数」の「数」を「策」、すなわち蓍法のめどき（の数）のことと捉えていたわけである。すなわち、『正義』は第二の説たる賓語を「天地」にかぎる立場から疏解していたことになる。

そこでさきの『正義』の「推演」の用例二か所にみえる「数」を「策」に置きかえて、読んでみよう。

○万物の策はおよそ万一千五百二十あり。そのこの策（＝万物の策）を用うるに、天地を推演するの数（↓策）は、ただ五十策を用うるのみなり。

○万物の籌策は万有一千五百二十といえども、もしこれを用うるに、天地を推演するの数（↓策）の頼《よ》る所のものは、ただ五十に頼るのみ。その余は頼らざるなり。

すなわち「数」を「策」に読みかえるならば、『正義』の文は蓍法を示すものとしてみごとに意は通ずる。とするならば、『正義』が「演」の賓語を「天地」と解していたことはもはや疑いないといえる。

そこで、『正義』に従って王弼の解釈を読んでみるならば、「天地を演ずるの数は、頼る所の数は五十なり」とするのが適切であろう。先に示した二つの可能性のうちの後者の読み方である。そして、『易』本文の「大衍之数」には王弼注「演天地之数」が対応しているわけだが、注釈作業の通例として、語対語（字対字）の直接解釈（訓・詁）としてその対応をみるならば（いわゆる「異言相代」である）、「大衍」に対しては「演天地」が応じていることになる。しからば王弼の「大衍」解釈の解答の第一段階は、それを「天地を演ずる」と敷衍した点にある、とすることができる。

そこでつぎにこの「大衍」↓「演天地」とした敷衍が、解釈史上、どのような意味をもっていたかの検討に入ることになる。

四

「大衍の数＝五十」と、「天地の数＝五十五」との差異が、歴史的に学者の頭を悩ましつづけた大問題であったことはすでに指摘したが、『正義』はこの事情について、

五十の数の義は、多家ありておのおのその説あり。いまだいずれか是なるを知らず。

と、客観的に述べている。そしてその事情は『正義』ののちも、あまり変化しなかった。もちろん『正義』に先立つ王弼においても重大問題だったはずであり、その点を明確に指摘したのは湯用彤であった。だが湯用彤は、その問題の重要性は認めつつも、内容面については「ここにくわしくはわからないので、しばらくペンディングとする」（『魏晋玄学論稿』）としてしまった。筆者は、そこでさきにみた「大衍↓演天地」の敷衍に関連して、右の課題（つまり「大衍の数」「天地の数」の「数」の部分の解釈）をすすめることとする。

さて、この問題における王弼の特徴を明確にするために、ここでは常套的ながら先行する学説を追跡してみることにしよう。王弼に先行する学説といえば、漢儒の説ということになる。

前漢京房の説は、

五十とは、十日・十二辰・二十八宿をいうなり。（『正義』引）

である。天文暦法の適宜の数値を引き抜いて、加えたものにすぎない。(10＋12＋28＝50)また右に「暦法」と述べたがこれから思いついて「三統暦」(＝劉歆)をみてみると、

五をもって十に乗ず。大衍の数なり。(『漢書』「律暦志」)

とあり、暦法数値とは無関係に、乗算の数値を述べている。何の根拠も見出せない、思いつきのままの乗算のようである。(5×10＝50)

さて、後漢の馬融の説はやや変わっている。

太極、両儀を生ず。両儀、日月を生ず。日月、四時を生ず。四時、五行を生ず。五行、十二月を生ず。十二月、二十四気を生ず。(『正義』引)

すなわち、それは生成論の体裁をそなえて、生成の進むごとに増加する数値を、すべて加えたものであった。(1＋2＋2＋4＋5＋12＋24＝50)

馬融の世界観を垣間見せるものとはいえるが、『易』の義理からしてみると、これもやはり恣意的と評する以外にない数の積み重ねであった。

荀爽は、

卦におのおの六爻あり。六八、四十八。乾坤の二用を加うれば、すべて五十あり。(『正義』引)

という。この説は易学に固有の六爻八卦を乗じた数に乾坤（天地）を加えたということで、易内部での数値の整合性を考えている点で、すでにみた天文暦法あるいは生成論による整合とは性格を異にするが、やはり本質的には合理的根拠を見出すことができない。（6×8＋2＝50）

その他、先にみた鄭玄の整合もあったが、やはり根拠の見出しがたい所説であった。そしてこれらに共通するのは、天地の間に現実的にある数値を加乗したり減じたりして五十を求めた点である。『易』本文の「天地の数」は、天一から地十までの加算であったから、漢儒の立場からすると、「大衍の数」と「天地の数」とは、天地間の数の積集という面において本質的に同類、あるいは変形したものにすぎなかったということになる。さきにみた京房・「三統暦」（＝劉歆）・馬融・荀爽そして鄭玄らに共通する易学の思想的背景はまさしくこれ——（「天地の数」と「大衍の数」の同質性）——であった、といえよう。かくしてついには「大衍の数」と「天地の数」とを完全に同義としてあつかっている実例を、我々は鄭玄の中に見出すことになるのである。

大衍の数は五十有五なり。五行はおのおの気を并《あわ》す。気を并するものの五を減じて、ただ五十あり。

（『正義』引）

驚くべきであるが、五十であった「大衍の数」は、いつのまにか五十五に増やされている。「天地の数」と「大衍の数」とを同義としてあつかっておかねばこのような解釈は生じうべくもない。かくして漢儒においては「大衍」と「天地」は同義語になっていた。また漢儒の所説を尊重した清朝考拠学の易学者たちの多くも、この観念に従った。

たとえば恵棟の『周易述』は、

天地の数を合して演じてこれを用うるがゆえに大衍という。

といい、さらにこれを疏解して、

大衍の数は即ち天地の数なり。天地の数は五十有五、大衍の数五十なるは、「明堂月令」にいわく……。

と述べている。「大衍の数」と「天地の数」が同じことを前提とし、なぜ同じになるのかを説明するのである。それによれば、すなわち「数」とは、絶対的なものではなく、状況、事情に応じて五十五か五十に分かれうるものとなる。そこでこの「数」の解釈にもとづいて王弼の「演天地之数」を照らすと、「天地の数」は完全に結合した（「天地」が「之」を介して「数」を修飾する名詞句）一語として読まざるをえず、「天地の数を演ずるに……」とするしかない。そこでこの読み方には、伝統的には決して理由のないことではなかったことがわかる。漢儒～清儒の所説に沿って王注を読むなら、「天地の数を演ずるに……」と読む方がむしろ自然だといってもよい。鈴木由次郎『漢易研究』は、王弼との関連から「大衍」にこだわった場合は、明らかに「天地を演ずるところの数」と読んでいるが、その晩年の漢易の知識を傾注した『易』(4)の訳注では逆に「天地の数を演ずる……」と読みをかえている。この事実はきわめて注目に値するものといえよう。

五

さて、漢儒の「数」の考えはわかった。ところが、王弼はそうは考えなかった。漢儒の説によれば、「数」は相対的であり、それを形容修飾する「大衍」と「天地」とは同じものとなるが、すでにみたように王弼は、「大衍」を「天地を演ずる」にまで敷衍していた。王弼が、この敷衍を引き出すについては、おそらく鄭玄の「衍とは演なり」の声訓を粗略には考えず、かなり深く根本的に考えつめたのではなかったか。そして彼は「大衍」をもっとも単純に「大演」、すなわち〝大いなる布衍・推演〟〝大いなる運変〟であるとしたのである。漢儒のようにその運変の主体たる天地にあてはめるのではなく、天地が運変すること、その変化自体、はたらきそのものと考えたのである。これが「天地を演ずる」ことの意味であった。したがって王弼はその数五十を、天地間に現実にあるいかなる数値とも関連づけなかった。ただ天地のはたらきそのものを象徴するものとして、五十本の策《めどき》の数がそれであると考えたのである。王弼において「数」は、その修飾語によって相対的に変化するものではなく、「大衍」にはめどきの数五十が絶対的に結合し、「天地」には陰陽合計五十五が結合していた。その意味からするならば『正義』が「数」を「策」に読みかえていたのは、王弼の意に沿う妥当な見解であったといえよう。

　以上より、王弼の「大衍の数」の解釈について、つぎのようなことがいえる。まず王弼の独創は、「大衍の数」を漢代の数理呪術から断ち切った点にある。それは「大衍の数」が「天地の数」とは関係しない、そして天地の運変自体の象徴たる、具体的にここにあるめどきの五十本、とした点に顕著である。この数理呪術の切断の事実は、また漢代の象数の立場から義理易への移向(5)をみごとに反映するものだったともいえよう。『易』自体は本来呪術的な占筮書であるから以下のようにいうのは失当かもしれぬが、王弼は「大衍の数」に一層の厚いヴェールをかぶせるのを拒否し、明確に合理化しようとしたのだ、といえよう。

　王弼のこの立場の後世への影響をみてみると、『正義』以後はあまり大きいものではなくなる。宋儒たちの基本的立場は『正義』の克服にあったからで、胡援・程伊川などはその先蹤的重要人物であった。(6)そして宋易の中心人物朱子の『易経本義』に眼をむけるならば、彼はむしろ王弼が切り捨てんとした数の魔術にすすんで飛び込んでゆくかに

みえる。『本義』はいう、

大衍の数五十とは、けだし河図中宮をもって、天五を地十に乗じてこれを得るなり。

この解釈は、「大衍の数」の要素を天地の間に存在するものとする点で漢儒一般に等しく、五と十を乗ずるのはとりわけ「三統暦」に同じである。朱子はそのうえ「河図」という数の魔術をあらたに導入した。「河図」はいうまでもなく魔方陣である。そして朱子は『易図』「河図」（『本義』所収）において「天地の数、五十有五……これ河図の数なり」としており、「河図」を媒介として「大衍の数」と「天地の数」との混同を一層深めたのである。この朱子の『本義』をさらに疏解しようとした後世の著作に清の方信天の『周易本義闡旨』があるが、この方信天は逆に『正義』的解釈に接近してしまった。

衍とは布なり。大衍とは天地人物のことを大いに布くなり。ゆえに揲蓍を大衍と名づく。

のように、めどき操作自体を天地の運変（の象徴）＝大衍としているのである。方信天は朱子の意を精密に疏解しようとして、その意図に反してこのような結果を得てしまったのだった。また清の御撰『周易折中』は王弼の注を引用するにあたり、「演天地之数者、五十也」と省略して引用している。これも語感としては（頼る所の）〈策の〉「数」を強調する省略のように思われるが、断定はできない。ただ王弼的発想も、宋易の末流において、ほそぼそとは存在していたといえよう。

六

王弼の大衍の論をめぐっては、もう一つ重要な問題があった。それは「大衍の数」たる五十本の策のうち、実際の筮占に使用しない不用の一策をどのように意味づけるのか、である。そしてこの問題は王弼における「太極」解釈と深く結びついていた。最後にこの問題についての私見を述べておこう。

問題となる文章は、やや長文だが、つぎのとおりである。

王弼いわく、天地を演ずるの数は、頼《よ》るところのものは五十なり。その用は四十有九なればすなわちその一は用いざるなり。不用にして用これをもって通じ、非数にして数これをもって成る。これ易の太極なり。四十有九の数の極なり。それ无は无をもって明らかにすべからず。かならず有に因るがゆえに、常に有物の極においてかならずその由る所の宗を明らかにするなり。(『易』「繫辞伝」韓康伯注引)

この文章について、『正義』はつぎのようにいう。

その一(策)を用いざるは、その虚無、用いる所にあらざるをもってなり。

この『正義』によれば、不用の一策は「太極」であるが、それはまた「無」ということになる。この解釈は『正義』以後もずっと継承され、ひとまず通説となっているといえよう(ただしその「無」がどのような性格をもつのか、

――真の「無」か、たんなる「無形」か。あるいは有無の関係は体用関係か否か――は一概に規定することはできず、各々の易学者の思想による差異が大きい)。

しかしながら筆者は、王弼において「太極」ははたして「無」ととらえられていたか否かには[7]疑問があると考えている。先の王弼の文章を、この点からもう一度検討しなおしてみよう。王弼によれば「太極」とはまず「四十有九の数の極」すなわち「有物の極」(＝有の極限的なもの)であるから、「無」ではないことになる。方向を変えて見てみるなら、「太極」とは当然「由る所の宗」それ自体ではなく、「由る所の宗を、明らかにする」もの、有の世界の背後、あるいは彼方にある宗を察するところの有の極限、であるといえる。[8]

これをめどきの問題におきかえて、さらにこの見解をつきつめてみよう。まず、天地を推演する策の数は五十であった。いいかえれば五十本の策が天地を推演するわけである。そこで「太極」たる不用の一策は、この五十本のうちから引き抜かれるものであるから、それは〝天地を推演する数〟のうちに包含されることになる。実際の占筮の揲蓍運用においては不用・非数とされるものであっても、論理としては天地運変の用・数のうちに入るのである。「太極」は、「有物の極」であり、「有物の極」とは有物のうちに入っている(包摂されている)ということにほかならない。揲蓍の問題としてみた時も、「太極」はやはり有のうちに入るのである。

かくして王弼においては「由る所の宗」とは、「太極＝有物の極」とは異なるものであった。「由る所の宗」は有物の極に至ることによってはじめてそういうものが有の背後にあることがわかるものであった。したがってそれは「有」を超えたものであった。また「そういうものがあることがわかる」ものであって、「有」を超えている以上、「そういうものがある」と事実的かつ断定的に確言することはできぬ、そのようなものであることになる。王弼における「太極」と「無」との関係は、『正義』以下の解釈が採用しているのとはことなり、同一者ではなかったのである。[9]

七

以上、王弼における「大衍」の解釈をめぐる二つの問題について、考察を試みてきたが、彼の解釈のいずれの問題についても、他の解釈者たちとはひと味ちがう特色ある独創性をもっていたことが明らかとなった。ここで論じた問題は王弼易全般からみるならばほんの一部にすぎないが、しかし彼の易解釈全体の独創性を推察させるには十分であろう。またその点が、唐代の国定教科書たる『正義』のテキストとして採用された理由の一端であったといえよう。そしてさらに宋儒の興隆——とりわけ朱子『本義』の登場——まで、王弼易が経学内での優位的解釈としての地位を保ちつづけた理由でもあったといえるだろう。

注

（1） たとえば『正義』と『本義』ではテキスト・クリティークがことなり、分章を異にしているので当該の文の位置が別々の場所に移されている。そのためこのような表現を用いた。

（2） 小林信明「大衍の数を論じて九・六に及ぶ」（『東洋の文化と社会』第七号）を参照。同論文の論証は、数理的に明解でかつ卓越している。その点については現段階で付加すべきものはない。ただし、大衍五十を九・六に収斂させてゆく時、二と三との数理関係が重要であることにまで問題をしぼりこんだにもかかわらず、その重要性の所拠を、「参天両地」あるいは孔穎達のナンセンスな析字の論理に帰し、奇偶の問題として処理してしまったのは惜しんで余りある所であったが、やむをえないことであったろう。すなわち現在の研究上の知見にもとづくならば、九六→三二の問題は、音響学（律学）における物理的かつ絶対的な三対二の音程関係が完整的循環的音律体系を形成する事実を、アナロガスに万物の存在の体系にまで敷衍拡大して適用し、ついには大宇宙体系を統括する基本的数値関係とまで考えられるようになった点に根源的由来がある、とすることができるであろう。

（3）王弼の「繋辞伝」への注釈は、韓康伯注に引用されているものによる。なお王弼自身が「繋辞伝注」を書いたか否かについては藤原高男「王弼繋辞伝注の存否について」（『漢文学会々報』第一八号）が、存在したとの考証をおこなっている。

（4）集英社刊『全釈漢文大系・易経』下。

（5）『哲学研究』一九八三年八期所収の王葆玹「《五行大義》所引王弼《周易大演論》佚文考釈」は、王弼は象数を否定していなかったとしているが、今はこの問題を扱う準備はないので、ひとまず通説による。また同論文は王弼は象数解釈をおこなったという観点から大衍の数は天五と地十の数を乗じたものという見解（『五行大義』引王氏説を論拠とする）を提示している（朱子の説に等しい）が、この問題についても、筆者は全面的に同意できぬので、今はこの見解をとらない。

（6）土田健次郎「伊川易伝の思想」（『宋代の社会と文化』）参看。

（7）この「無」はもちろん王弼哲学における「無」を意味する。拙稿「王弼考」（『筑波大学哲学・思想学系論集』第四号）。

（8）これについて土田前掲論文は「無それ自体は認識の対象になりえず有の極限に於て察する他ないといういわば認識論上の議論であり、構造論の場で有と無の相補性をいっているのではない」（同論文注（17））と、認識の問題としている。また藤原高男「王弼易注の体裁とその形而上学的意義」（『漢文学会々報』第一九号）は『晋書』「紀瞻伝」の「王氏云わく、太極は天地なり」の王氏を王弼と解している。「太極」が「天地」であるのなら、もちろん「無」たりうべからざること、明々白々といえよう。

（9）これは王弼哲学においては、「由る」ものとしてあるのは、じつは「道」であり、「由る所の宗」とは、有を越えつつ、有の極致（さらにはその先）にある「道」である。そして「無」は、実際はそのような有、「道＝由る所の宗」を含めた全ての有（存在的なもの）を越えた先にある、存在論的な「ない・なんにもない」ということである。前掲拙稿「王弼考」、また「王弼再考」参看。

第四章　老子道徳経序訣小考――第一段を中心に――

はじめに

『老子道徳経序訣』（以下『序訣』）は、『老子』「河上公注」の序文として（伝本によっては部分的に摘録する）流布し、「河上公注」の性格を要約して表すものとして重視されてきた。すなわち、この『序訣』にもとづいて「河上公注」を解するならば、その本質は神仙思想にほかならないというのである。(1) ところが近年、「河上公注」自体に即してその思想を考えるに、それはいわゆる神仙思想家によってまとめられたものではなくして、道家の思想家としてとらえられる人物の手になるものとの説が提起されてきた。(2) この二説を合わせ考えるならば、「河上公注」への序文としての『序訣』には神仙思想が濃厚であるが、一方「河上公注」自体にはいわゆる神仙思想は希薄である、ということになるだろう。この考え方からすると、『序訣』とは一つの目的（すなわち神仙思想）にもとづいて著述されたものであって、決して「河上公注」の内容を率直にまとめたものではない、ということになる。この考えの筋道は正しいのだろうか。そこで本稿では「河上公注」の検討に先立ち、『序訣』の思想について考えてみることにしたい。

ところで本稿で取り扱う『老子道徳経序訣』は、『道徳真経集注』（『道蔵』七〇六）の第二の序に葛玄撰として三段にわたってみえているものである。ところが、この三段に分かれる『序訣』は、もともとまとまったひとつづきの論説としてではなく、三種の独立的に別行していた論説を編纂して一論となしたもののようにみえる。その内容は全体が有機的にまとまってひとつの方向性を指し示しているとはとても思えない。このことは文献の形式的側面からもいいうると思われる。『序訣』は前記の三段分段以外に、敦煌本によって「太極隠訣」を含めて全四段とする考えもあり、またさらに第三段を二分して全五段とする考えもある。(3) いま、『序訣』を記すところのさまざまの資料をうかがってみるに、その全文がまとまってひとつになっているものは皆無である。わずかに、ペリオ二五八四の敦煌本が、これは第一段の一部を欠いているが、おそらく全文が載っていたであろうと推測できるぐらいである。通行している宋本系統の「河上公注」の序としての『序訣』にいたっては、第一と第二のわずか二段を載せるにすぎないのである。このようなわけで、『序訣』のアウトラインを知るには、まず各段を個別に、また簡略にうかがってみなければならないのである。

さてその第一段であるが、明の世徳堂刊本系統の「河上公注」では独立した葛玄序として扱われているという。(4) 先に指摘した通行宋本でも第二段とともにやはり葛玄序とされている。この第一段の内容はじつはきわめて特色あるものである。すなわちそれは神としての老子を論じ、神＝老子の超越性を強調し、それへの信仰、信仰にもとづく修養を主張するのである。ということは、はじめに神＝老子がある、というのであって、すべてはこの神がなければ始まらないということなのである。ゆえに、それは人間の仙化とか神仙的長寿とかを述べるものではない。いわゆる神仙思想とはその点で一線を引かなければならないのである。またこの段中には「河上公注」ないし河上公の名などはまったく見えていない。それゆえに、『序訣』第一段に関していえば、まず神仙思想を語るものと評価することはまったくできないし、さらに「河上公注」のために述作されたものであるかどうかも相当疑わしいとしなければならないだろう。それゆえ先学もすでに「是れ果たして河上公本の為めに作られし序なるや否や疑うべし」と指摘し、さらに『老子節解』という別の書のために作られたものではないかとの推測を述べている。(5) いま、この第一段が『老子節解』のために作られたものであるか否かはともかく、「河上公注」のためのものではないとみるその点は重要であろう。すなわち、現行「河上公注」序文第一段の文の、隋唐期の諸書における引用は、『三洞珠嚢』巻五には「葛仙翁五千文経序」とあり、巻九には「道徳序訣」とある。唐の張万福『伝授三洞経戒法籙略説』には「太極左仙公道徳経序訣」といい、杜光庭『道徳真経広聖義』巻一～三には「太極葛仙公道徳経序訣」として記載している。いずれも「河上公注」への序とは明言していないのである。六朝期道教における「五千文経」の主たるテキストは、『伝授業経戒儀注訣』「序次経法第一」、『伝授三洞経戒法籙略説』巻上などによると、『老子道徳経』、『老子』「河上公注」、『老子』「想爾注」の三種であった。そして『三洞珠嚢』の「五千文経序」がこれらのどれへの序を意味するのかは決して明らかとはいえないのである。しいて推測するならば、やはり『道徳経』経文のみのものへの序と考えるのが自然ではなかろうか。というのは、梁の元帝の『金楼子』巻四に、「河上公序」として、「周道既衰、老子疾時王之不為政。故著道徳経二篇、西入流沙」とあり、これは内容的には『序訣』第一段にみえるものに似たものではあるが、文章表現はまったくことなっており、したがって現行の『序訣』のみがもともとの「河上公注」への序ではなかった可能性はかなり高いからである。以上要するに、『序訣』第一段は神仙思想を語るものというよりも、神＝老子へのオマージュ的方向性をもつものであり、また本質的に「河上公注」との関係も大分希薄であるということになるだろう。

第二段は神仙あるいは神人たる河上公なるものが、漢の文帝に奇蹟を示したのち、文帝に『老子道徳経章句』を伝授するという説話である。〝河上公〟という名称は、この段においてはじめて登場してくるものであり、またこの段ののちにはもはやあらわれない。ということは、この第二段はまさに「河上公注」のために編まれたものということがいえるだろう。内容的にみるならば、文帝が「普天のもと王土に非ざるなく、率土の浜王臣に非ざるなし」との『詩』「小雅、北山」にもとづく世俗的価値観のもと、支配者として貧富貴賤は思いのままであるとして、河上公にその教えを強要しようとしたところ、公は手を打って空中にとびあがり、中空にとどまって帝に支配されるところのふつうの人間とはことなることを示したとする。また文帝に書を与えたのち、かき消すように姿をくらましている。さらに、河上公は太上道君が地上につかわした神使であり、神仙であるとされる。つまりこの段は明らかに神仙思想を信奉するものの手になるものであり、また「河上公注」が神仙思想を語るものであることを主張せんとしたものなのである。この第二段は『神仙伝』の「河上公伝」の文章と、多少の出入りはあるが、ほぼ重複するものであり、成立の先後についてはただちに明言することはできないが、[6]それが神仙思想と深い関係があることの傍証とはなるだろう。ところで、河上公は文帝に書を与えるに際して、「余、この経に注してより以来、千七百余年、およそ伝えるもの三人、子を連ねて四なり。その人に非ざれば示すなかれ」といっている。このような経典伝授のあり方は、それが『老子道徳経』や「河上公注」などが、経典として伝授されることがおこなわれるようになってから、それらの経典を秘蹟化せんとする意図のもとに作られたものであることを示すものといってよいだろう。[7]こうしたことからすると、第二段は必ずしも「河上公注」の内容を簡潔に要約したものとはいえず、むしろ神仙思想という目的にもとづいて、そうした立場で「河上公注」を読み解こうとする方向性を示すものであったといえよう。してみると、第二段は「河上公注」のためのものではあっても、その内容とは必ずしも緊密な照応関係をもつものとは断定できないのである。

第三段はふたつの部分に分かれる。この両部分をふたつの段にわけて第三段・第四段とする意見もあることはさきにも述べたが、ここでは『道徳真経集注』によってひとつのまとまったものとみておく。その第三段前半部分については、『序訣』では「太極左仙公葛玄曰」として、葛玄自身の言辞として記されている。『道徳真経集注』ではこの八字は删去されているが、これは三段にわたる全体に対して「左仙公葛玄撰」としているので、重複の必要を認めず删ったものと考える。さて、その内容であるが、老子歴代国師説の一部として周の国師となったということを記し、老子が西方に去るにあたって関令尹喜に『道徳経』を伝えた説話、文帝への伝授説話、それにテキスト校定のことなどを述べている。すでにみたとおり、第一段と第二段は全く関係ない内容をもつものであったが、この第三段前半部まで読みすすんでくると、その内容面からみても、また第一段第二段の語句と共通するものがみられることからも、第一段と第二段とを結びつける、いわば接着剤的機能をはたすものであることが理解できる。第三段は前両段をうまくひとつのものにまとめこむものといいうるだろう。またこの第三段前半部の別の特質として、尹喜が老子の渡関を察して「斎潔焼香」して「道真」を想見したとあるなど道教儀礼の反映が明確になっている点がある。[8] また「それ仙を学ばんとするもの、必ず能く幽賾を弘めよ」とあること、「神仙」の語が数か所にみえることから、第二段と同様に神仙思想の立場から「河上公注」を読み解こうとする人物によって著されたものであるということが理解できる。また第二段と比べるなら、儀礼のことなどもみえていることから道教教理により接近していた人物が書いた可能性も高い。さらにこの第三段前半部には『道徳経』のテキスト校定がおこなわれたことが記されている。それによると、「外儒の雑伝多設する所」となっていた『道徳経』を、「十方諸天神仙、天地鬼神の宗奉する所の文」に相い合致せしめるものであったという。これは明らかに宗教経典として確立する目的のもとでの校定であった。と同時に、この『序訣』全体の編纂目的もますますはっきりすることになるといえるだろう。

第三段後半部は、道士鄭思遠の言として彼の師である葛玄が徐来勒から『道徳経』を伝授され、また『道徳経』読誦の際の儀礼、読誦により昇仙しうることが伝えられたことなどが述べられている。こうした道教的儀礼の実態について、またここには注目すべき文がみえている。それは「日夕の朝拝の願念、具《すべ》て霊宝の法のごとし」とある点である。これは、明らかにこの文が道教の霊宝派の立場から書かれたものであることを示しており、[9] ひいては『序訣』全体の編纂が同派の影響下におこなわれたということを示唆しているのである。[10]

第四段（第五段）は、『道徳経』読誦の儀礼を、「太極隠訣」によって説明する。敦煌本によって補われた部分であって、第三段の補説的なものでもある。いまは考察を省略する。

以上『序訣』の各段の内容を簡略にうかがってきたが、全体として神仙思想を根底におく宗教思想のもとに編纂されたものであり、また「河上公注」をそうした方向で解釈しようとする立場からの論説であることがうかがえた。さらに、それは霊宝派の教理のもとにある人々によるものらしいということもうかがわれた。ところが、『序訣』を、全体的に右のようなものとしてとらえられるものとするとき、第一段がそうした方向とはきわめて異質なものであることも、また同時に浮かびあがってきて落着かぬ気分が残る。すなわち第一段は全体として神仙思想的方向を示す『序訣』中にあって、神仙的方向性をもたないものであるから、その編者は『序訣』全体から帰納される神仙的方向性とは異なる宗教的意味を、それを冒頭に置くことによって暗示しようとしていたのではないか、との考えが生ずるのである。そこで以下、こうした考えのもとに『序訣』第一段の思想を、もう少し精密にうかがってみようと思うのである。

一　神としての老子

第一段の特徴はさきにも述べたように、神としての老子の偉大性をえがきつくそうとする点にあった。しかしその偉大性とは具体的にどのようなものであるのだろうか。またそれはいかなる宗教的目的のもとに形成されたものなのであろうか。こうしたことを確かめるために、以下『序訣』における神＝老子の様相を検討し、あわせて老子を神格化する他資料とも比較しつつ、考えてみることとしたい。

さて、『序訣』はその冒頭、神＝老子の様相について、つぎのように述べる。

老子は自然を体（現）して然り、太無の先に生まれ、無因に起こる。天地を経暦するも終始は称《ことごと》く載《の》すべからず。無終に終わりて無窮に窮まり無極に極まるがゆえに、無極なり。

この文の主題である〝老子〟には読者の側にあらかじめ歴史的存在としてのイメージが濃厚であるため、どうしても〝人間的〟なイメージが先行してしまいがちである。しかしこの文に率直に即して〝老子〟を把握するならば、この老子からは人間的なイメージを喚起するのはすこぶる困難である。それよりも、超越するもの、超越のイメージが強い調子で迫ってくるのである。「自然」を体現してあるがままにある老子は、また「太無の先」に生まれたものでもある。「自然」をそれ自体のありようとし、「無」のさらにその先において存在を開始した老子とは、最初にこの世界にあらわれたものというよりも、まずはこの世界そのもの、宇宙自体であるといえようか。さらに『序訣』第一段は、「無因に起こる」というが、これは因果なくして存在しうるということである。(11) この世界のすべては因果的であるが、世界を超えたものにはこれはあてはまらない。通常の存在者とかけ離れたものであることを、これもあらわしているといえよう。つづいて、「天地を経《おさ》め厝《ととの》えて」と『序訣』はいう。これはのちに「天地を為る」とあるところからして、宇宙それ自体を作り出すところの超宇宙者であることを示している。すなわち老子とは宇宙そのものどころか、宇宙のさらに先にある根源的なものなのである。そしてまた「無終に終り無窮に窮まり無極に極まる」とは、現にある宇宙の時空間を越えることを具体的に文字表現したものといえよう。それは「太無の先」すなわちこの宇宙より以前からありつづけ、「無終」等に極まる、つまり宇宙以後もありつづける、無限者とでもいうほかないものである。またそれはたんに人間を越えている超越者というのではなく、人格的な姿をもつ神でもない。いわば宇宙の存在を基礎づける第一の「原理」といったおもむきのあるものである。それは右につづく文章にもはっきりとあらわれている。

大道と輪《とも》（倫）に化して、天地を為りて根を立つ。

老子は「道」と並んで（天地に先んじて）化生し、その後、天地を生み出し、その天地を基礎づける。したがってそれ自体は無限者として天地宇宙の限界をはるかに越えているのである。まことに哲学的ないし宗教的な理念そのもののごとくである。さらにいう。

道徳の至純（淳）を抱き、浩浩蕩蕩として名づくべからず。

ここにいう「道徳」とは、『道徳経』の「道徳」、すなわち書物『老子』の思想それ自体を指すと考えるが、その『老子』の思想の精髄を包摂し、人間にとって概念化しうるスケールをはるかに越えたもの（「名づくべからず」）がこの神たる老子であるというのである。その神＝老子を形容することばは、つぎのように圧倒的な言辞のオンパレードとしてあらわれる。

煥としてその文章有り、巍《そびえたち》巍としてその成功有り。淵としてそれ量《はか》るべからず。堂々として神明の宗たり。三（日月星）光を持してもって朗照し、天地は稟けてもって生を得、乾坤は運りてもって精を吐く。高ければ民なく、貴ければ位無く、覆い載せて窮まることなし。

神＝老子の存在によってこそ日月星辰はその光を発し、天地はその生命をあたえられ、乾坤（宇宙）は運行する。そのそびえるがごとき至高さのゆえに従うものなく、その貴さのゆえに（人間的な）身分位階などを越え飛んで万物にはるか超越しているのである。

さてここでこのような『序訣』第一段における神としての老子の特質を、他の資料におけるそれと比較することによって、より鮮明にしてみることにしよう。

老子の神格化がはじまるのはおおむね後漢のころとされており、(12)その資料としてはふつう辺韶『老子銘』(『隷釈』巻三)が指摘される。辺韶は桓帝の勅によって、当時一般に考えられていた二つのタイプの老子像をその『銘』の中にえがいた。ひとつは老子を人間的にとらえるものであり、もうひとつは神としてとらえるものである。前者はいわば当時の知識人の立場であって、辺韶は『漢書』の著者班固の考えとみずからの考えとの二通りを記している。班固のそれは「老子は聖を絶ち知を棄つるをもって、礼を乱の首《はじめ》と為し、仲尼と道を違う」とし、「抑えてこれを下す」と、老子を儒教の立場から批判するものであり、神とするどころではない。一方、辺韶自身の評価は「老子は周の末世に生まれ、玄虚静を守りて無名を楽しみ、不徳を守りて高官を危として下位に安んず、孔子に遺すに仁言をもってして、世を辟けて隠居し、姓名を変易してただ知らるるを恐る」のごとくやや好意的である。しかしそれは老子を周の世に生きた隠者として評価するものであり、知識人の処世のひとつのあり方として肯定するものであって、決して神格的にとらえるものではない。一方、老子を神格的にとらえるものたちを辺韶は「好道者」と表現し、そうした人々のことばとしてつぎのようなことを記している。

老子、混沌の気に離合するをもって三(日月星)光と終始をなす。天を観て、讖□を作り、□(斗)星に降升し、日に随いて九変し、時と消息す。三光を規矩して四(蒼竜・白虎・朱雀・玄武)霊を旁《かたわら》にす。丹田大一紫房を存想し、道成りて身化し、蟬蛻渡世す。羲農より以来、世々、聖者のために師となる。

この文で注目すべきはもちろん老子が神としてあつかわれているその点であるが、その神としての姿にはやはり『序訣』とはやや異なるところがある。『銘』によるならば、神=老子は天地未分の混沌の気とともにあり、また三光とともに窮尽することのない、天地と並びたつ存在である。さらに、その三光を統括し、四神獣をもつきしたがえる（天神として）至高の神格ともなっている。しかしとくに注意すべきは、その神としての老子がいかにして神たりえたかという説明をおこなっている点である。それは、もともとは人間であった老子が、丹田等を存思することにより、「道成り身化し」、「蟬蛻渡世」して神となったとする。これは神仙術的営為の結果として人間が神的存在（神仙）に転化したということである。つまり『銘』の老子は堪練修養によって人間から人間を越えるものに達したものであって前身は人間である。この点においてこの神は人間性の残映をその内に保っているといえる。老子を神格化する最古のものと考えられる辺韶の『老子銘』において神＝老子の姿は「このように神仙思想を背景にして人間との連続性のおもかげを残すものであった。『序訣』の神＝老子がその当初から絶対的な神性をそなえた超越的なものとしてえがかれている点と比べて、大きな差異のあるところといえるだろう。

老子の神性をめぐってはまだその他にも検討すべき資料がいくつかある。ひきつづきそうしたものをみてゆこう。スタインの敦煌文献中の『老子変化経』は隋の大業八年（六一二）の年号をもって書写されたものであるが、そこにみえている老子の神性はこうである。(13)

（老子は）これみな自然の至精、道の根霘、乘《じかん》の父母たり、天地の本根たり、生の梯端たり、神明の帝君たり、陰陽の祖首たり、万物の魂魄たり、條惕霊无、造化は因に応じ、八極を挨帝し、地を載せ天を懸け、日月を遊騁せしめ、星辰を廻走せしめて六甲に呵投す。

この老子の神性は「道」の根源であり宇宙の根本であって、「道」にすら超越するものとされる。その点では「道」と並立するという『序訣』の神性よりも高度であるといえる。またこの『変化経』には、人間であった老子が修養堪練によって神に転化したなどの『銘』にみられたような記述はみえず、むしろ「老子はもと九重《（うちゅう）》の外に生まれ、形は変化自然なり」のごとく、その存在の当初から超越的絶対性をもっていたとされる。また「日月を遊騁せしめ、星辰を廻走せしめ」るなどの表現には、圧倒的な神性が感じられる。『変化経』の神＝老子は、至高神として『序訣』より以上のものとしてえがかれているといえよう。

隋にさかのぼる北魏の明帝（五一六～五二六）の撰とされる『老子化胡経』の「賛」[14]にも神格化された老子がえがかれている。

混元いまだ始まらざるに、老君先となり、太初冥昧の前に長じ、師なく祖なく、自然に誕生し、真を滃えて材を散じ、乃ち微乃ち元、仰ぎてこれに攀りて霄乾に耀き、俯してこれを察して淵源に深く、二儀を敷きてもって布化し、三光を燭してもって天に列ぬ。

この文はこういう調子でしばらく続くのであるが、そこにえがかれている老子にはやはり人間的なおもかげはない。『序訣』と同様、その当初から超越的神性を与えられているものである。さらにこの文の特徴としては、『序訣』とよく似た文がみえていることがある。

〔序訣〕　これを汚すも辱ならず、これを飾るも栄ならず、これを撓《みだ》すも濁ならず、これを澄ますも清ならず。

〔明帝賛〕　これを撓すも濁ならず、これを澄ます清ならず、これを幽にするも昧からず、これを顕らかにするも栄ならず。

いまこれの先後関係をただちに断定することはできないが、老子の神性や用語の面からみて、『序訣』と「賛」との間には思想的に何らかの関係があったと考えてもよいかもしれない。

『太平御覧』巻一に東晋の王阜『聖母碑』[15]を引いてつぎのようにいう。

　老子とは「道」なり。乃ち無形の先に生まれ、太初の前に起こり、太素の元に行き、六虚に浮かび、幽冥に出入す。混合の未だ別れざるを観、清濁の未だ分れざるを窺う。

この場合の老子は、すでにみてきた多くのものと同様、超越的神性をもつものといえるが『序訣』の老子が「道」に匹敵するものであったこと、『変化経』の老子が「道」を越える神性をもっていたこと、これらのことと比べて、老子はすなわち「道」であるとする点に特色がある。

以上、いくつかの資料において老子の神性をみてきたが、それらは『序訣』の老子と若干の差異はみとめられつつも、超越的神性という点では共通していた。つまり、神としての老子は、多くの場合、人間から転化して神（神仙）になるという神仙思想的色彩は薄く、すでに完全な絶対的神として確立したものとされていた。では、こうした絶対的な性格をもつ神＝老子と、神仙思想とは全く関係ないのかというとそうではない。すでに辺韶『老子銘』には神仙的営為によって神に転化するとのことがみえていたが、一般的に宗教思想の発展洗練という立場からするとき、宗教的信仰形態は具体的なものから抽象的なものへと変化することがひとつの標識として指摘しうる。もちろん例外はある。たとえば葛洪『抱朴子』における神仙とは人間のままでありつつ不老長生を意味するものであった。

　或る人難じて曰く、「人中に老彭（老子・彭祖のごとき寿者）有るは、なお木中に松柏有るがごとし。これを自然に稟《う》けたれば、何ぞ学んで得べけんや」と。

抱朴子曰く、「それ造化を陶冶するは人より霊なるはなし。ゆえにその浅きに達するものは則ちよく万物を役用し、その深きを得るものは則ちよく長生久視し、上薬の延年を知るがゆえにその薬を服してもって仙を求め、亀鶴の遐寿を知るがゆえにその導引を効《なら》いてもって年を増す。かつ、かの松柏の枝葉と衆木とは則ち別あり、亀鶴の体貌と衆虫とは則ち殊なるも彭老に至りてはなおこれ人のごときものなるのみ。異類に非ざるに寿ひとり長きは得道に由るものにして自然に非ざるなり。衆木は松柏に法《なら》うあたわず。諸虫は亀鶴に学ぶあたわざれば、ここをもって短折なるのみ。人の明哲にしてよく彭老の道を修めるもの有らば、則ちこれと功を同じくすべし」と。

（『抱朴子』「対俗」）

葛洪のこの神仙観は、あくまでも学ぶことによって達することができるとするものであって、「異類」つまり人間でないものに変わるというのではない。その意味で葛洪のそれは、いわゆる神仙思想における〝神仙になる〟という宗教性を、日常的な水準に還元したものともいえるのであり、一種の合理化ともとらえうるであろう。あるいは「学ぶ」「修める」ものという点を強く主張していることからすると、葛洪のそれはとりわけ〝術〟（技術）的なものととらえているともいえるのである。こうした神仙〝術〟をいう葛洪の時代には、じつはすでにみたような宗教的な神＝老子は存在していたのであるから、宗教思想の発展は、必ずしも直線的にとらえてしまってよいものとはいえない。しかし、やはり一般的傾向として、具体的なものから抽象的なものへという方向性はひとつの標識たりうるだろう。とすると、老子の神性が、人間から直接転化したところの神仙的なものから、もはや神仙とは呼びがたい神格にまでしだいに深められていったのではないかと考えるのは、自然なことであろう。そして、そうした事情を垣間みせる資料として、『魏書』「釈老志」のつぎの話柄が注目される。

(寇)謙之、志を嵩岳に守り、精専して懈《おこた》らず。神瑞二年(四一五)十月乙卯をもって忽ち大神に遇う。雲に乗り竜に駕し、百霊・仙人・玉女・左右の侍衛を導き従え、集《つど》いて山頂に止《とど》まり、太上老君と称す。謙之に謂いて曰く、「……嵩岳の道士寇謙之、身を立つること理に直《あ》たり、行は自然に合し、才は軌範に任《た》えれば、師位に処る(可)首し。吾れゆえに来りて汝を観、汝に天師の位を授け、汝に『雲中音誦新科之誡』二十巻を賜らん」と。……言わく、「吾がこの経誡、天地開闢已来、世に伝わらず。今運数まさに出づべし。汝、吾が『新科』を宣《ひろ》め、道教を清整し、三張の偽法・粗米銭税および男女合気の術を除去せよ。大道は清虚なり、あにこの事あらんや。もっぱら礼度をもって首となし、而してこれに加うるに服食閉錬をもってせよ」と。……謙之に(長生のための)服気導引口訣の法を授く。ついに辟穀を得て、気盛んにして体軽く、顔色は殊に麗わし。弟子十余人、みなその(長生の)術を得たり。

今この話柄を先の視点からみるとき、問題点はつぎのようなところにあると思われる。すなわち、この話柄においては、絶対的な神性を付与されている老子(太上老君)と、神仙的な長生術とがまず区別され、そののちにひとつの論理のうちにまとめられているということである。もう少し説明するならば、老子(太上老君)は超越的な神となったがために人間ではなくなった、ゆえにきわめて人間的な要請である不老長生は神にとって無意味不要なものとなる、そこで長生術は人間のために人間に残し置かれる、というのである。絶対的な神にとってはもはや長生が意味をもたなくなることは、『序訣』第一段の老子の場合も同様である。

老子の号は玄に因りて出づ、天地の先に在れば衰老の期なきがゆえに、老子と曰う。

「釈老志」の太上老君の神性はこの点では『序訣』に近い。

「釈老志」において長生術が人間に残し置かれたという点をめぐって、老子の神性についてもう少し考察を進めてみる。絶対的な神は、絶対的超越的であるがゆえに、人間にとって日常的な場面においては本来、関係は希薄なものである。そうした神が人間にとって意味あるものとして認識されるためには、なんらかの人間との関係が明確に設定されていなければならない。一般的に神の降臨はそのような関係設定における――それは救済の契機にほかならないが――ひとつの典型的なパターンである。「釈老志」の場合は、老子＝太上老君が長生術を人間に残すことがその関係設定にあらわれるだろう。その他の資料における神と人間の関係設定は、おおむね降臨の形でおこなわれている。すでに辺韶の『老子銘』に、「羲農より以来、世々、聖者のために師となる」とみえていたように、非常に古くから老子国師説がおこなわれていたが、これこそまさに神＝老子における降臨説とでもいうべきものである。『序訣』にも当然この説はみえている。

開闢以前、復た下りて国師となり、代々休《や》まざるも、人よくこれを知るなし。匠して万物を成すといえども、我が為を言わざるは玄の徳なり。ゆえに衆聖の共に尊ぶ所なり。道尊徳貴、これに命《なつ》くるなく、常に自然なるは、惟《た》だ老氏のみか。

ただし『序訣』第一段のこの文によると、老子は天地開闢の以前に人間界に降臨してきたという。開闢以前に人間世界が存在したのかという点を衝くならばこれは矛盾である。あえて無矛盾的に説明するならば、〝神学的〟説明になってしまうが、開闢以前に可能的なものとして人間世界があり、そこに老子が降臨してその可能的世界から現実的世界を作りあげる――「匠して万物を成す」――のだとの論法も成りたつ。とまれ、『序訣』においてもこのように

「代々休《や》まざる」歴代国師の説がみえていた。この国師説はまたさまざまなヴァリエイションをともなうものであった。『三洞珠嚢』巻九「老子帝師品」に『老子伝授戒儀訣』を引いて、

老子とは道を得たる大聖にして、幽顕共に師とする所のものなり。

と述べて、その後に『化胡経』を引いて、

老子、伏羲の後に生まれて帝の師となり、号して究爽子と曰い、復た田野子と称す……。神農の時……大成子と曰い、復た郭成子と名のる……。祝融の時……伝豫子……広寿子……。黄帝の時……広成子……。帝嚳の時……緑図子……。帝堯の時……務成子……。帝舜の時……尹寿子……。夏王の時……李子胥……。湯王の時……錫則子……。文王の時……爕邑子……赤精子……。武王の時……郭叔子……続成子……、幽王の時……老子……。

のごとく老子が歴代の国師となった時代とその時の名称とを記している。これらの名称は、『神仙伝』「老子伝」、『猶竜伝』、『混元聖紀』などにも、若干の相違を示しつつも、同様にみえている。(16) また『韓詩外伝』や『風俗通』などの漢代文献には、同じ名称が老子とは関係なく登場してきている。(17) 歴代国師説はもともと老子とは関係しなかった伝承が、辺韶のころからしだいに習合してきたものであろう。ともあれ、かくして老子が歴代つぎつぎに転生して、人間の寿命とほぼ同じく死を迎えたとみせかけつつ、不死でありつづけて国師として世を導いてきたとするのは、ひとりの人間の形をずっと保ちつつ長生しているとするよりも、転生という契機を含むだけに、いっそう複雑微妙である。それゆえ、たんなる不老長生者というよりも、神としての超越性はきわだつことにもなる。神＝老子の降臨・転生は神

と人間との関係性の、きわめてすぐれた設定であったといえるだろう。老子の転生については『老子変化経』にも歴代師名がみえているが、名称がだいぶことなっているのでここではとりあげない。ただし歴代国師の降臨・転生という基本的構造は『変化経』もかわりはない。

さて、つぎの問題は剖母説話であるが、これもまた神＝老子の神性を際立たせる降臨譚のひとつのヴァリエイションである。『序訣』はいう。

周の時、また神李母に託して左腋を割きて生まる。生まれて即ち皓然たれば、号して老子と曰う。

この剖母説話[18]は『史記』「老子伝」の「正義」に、「李母より八十一年にして生まる。また『玄妙内篇』[19]に云う、李母懐胎して八十一載、李樹の下に逍遙してすなわち左腋を割きて生まる、と。又云う、玄妙玉女、夢に流星の口に入りて娠むこと有り、七十二年にして老子を生む、と云々」とあり、また『神仙伝』「老子伝」中にも、「あるいは云う、母これを懐きて七十二年にして乃ち生まる。生まるる時、母の左腋を割きて出づ」とある。きわめて著名な伝説であるし、妊娠の期間にも八十一年と七十二年の両系統の説があったようだが、これらはいずれも九の倍数であり、それは老子が天（神）の意志――神たる老子自身のことでもある――にもとづいて人間界にあらわれてきたものであることを示唆する。[20]これが神の降臨に他ならぬことは明らかだろう。このような神人降臨生誕の話柄にはしばしば処女懐胎のパターンがともなうものである。中国においても古くはすでに感精帝説があった。『史記』「正義」にみた流星を呑んだ玄妙玉女はまさにそのパターンである。玄妙玉女の孕んだ子供は、星の精、あるいは天神の転生と解釈できよう。剖母説話のヴァリエイションはその他にもいくつかがあるが、その特質は人間が化して神仙となったとするものではなくして、至高神の意志によって神的存在が人間界に降臨するという点にあったのである。

二　聖典としての『老子』

『序訣』の話柄は移行して、『史記』「老子伝」に伝えられる哲人老子の記事と、『序訣』の神＝老子とする立場との間に整合性をもとめつつ、老子の神性をいっそう強調する場面となる。以下の文は一部既引であるが論旨の都合上再引する。

老子の号は玄に因りて出づ。天地の先に在れば衰老の期なきがゆえに、老子と曰う。世人、老子はまさに周代より始まるべしと謂うも、老子の号は無数の劫甚より始まり、窈窈冥冥、眇邈久遠なり。(21)

この記述は神としての老子を前面におしだそうとする『序訣』の立場からすると、『史記』「老子伝」があまりにも知られすぎていることが、大きな壁であったことを物語っている。哲人としての老子のイメージは世人の認識中に定着しすぎているのである。そしてそのことは神としての老子の無限性を有限化してしまうことになる。そこで『序訣』においては、老子が周代のみにあった哲人ではなく、「代々休まざる」ものとして、悠久の太古から無限の未来にまで連綿とありつづけるもの、とするのである。『史記』における歴史的限定を否定するのである。しかしながら、周代にあらわれた老子は、歴代国師のひとつの化現ではあるものの、見逃すことのできない重要な業績を残している。すなわち書物『老子』五千文の著述である。『史記』に記されているこの事実は神＝老子を奉ずる立場のものにとっても決して無視されてよいものではなかった。それどころかそれは神＝老子が人間世界に降臨したことを証明する具体的な証拠なのである。さらに『老子』は、老子への信仰の導きの書でもあった。ゆえに『老子』の著述に関しては

『序訣』は『史記』を基本的には踏襲する。

世、衰え、大道行われざれば西して天下に遊ぶ。関令尹喜曰く、大道まさに隠れんとす、願わくは我がために書を著せ、と。ここにおいて道徳二篇五千文上下の経を作る。

しかしいかにも『史記』の内容がそのまま移記されているかにみえるこの『序訣』の文にも、『序訣』の著者の意図は隠微に滲みこんでいる。それは文中の関令尹喜のことばにおいてとくにはっきりする。『史記』の尹喜のことばは、「子、まさに隠れんとす」、つまり「あなたは、今隠遁しようとしている」という。これに対して『序訣』は、「大道、まさに隠れんとす」という。『史記』の「子」は『序訣』では「大道」に変更され、「大いなる道」が老子の西遊とともに去っていってしまうとの記事になっているのである。『史記』においては老子は哲人であり、『序訣』においては神である。『序訣』の尹喜は、神=老子が去ることによって、その神の保有する「大道」もともに失われてしまうことを恐れているのである。尹喜の恐れからするなら、書き残された五千文の価値は哲人の残した哲理という程度のものではない。それをはるかに越える価値をもつものなのである。『序訣』はいう。

それ五千文は道徳の源を宣《の》べ、大にして苞《か》ねざるなく、細にして入らざるなし。天人の自然の経なり。

『史記』には「道徳の意、五千余言」とあるが、『序訣』は「道徳の源」といいかえる。「道徳」とは『老子』の思想そのもののこととみてよいだろう。してみると『序訣』は『老子』の思想としてあらわれたものと、さらにその根源についてまでも、五千文は語っているとするのである。すなわち「大にして苞ねざるなく、細にして入らざるなし」である。そしてそれは「天人の自然の経」であるという。人間世界に向けて限定的に哲理を語る卑小な文献ではなくして、天人をつらぬき、宇宙の自然を統理するところの偉大なる聖典であるとするのである。

それではこの比類なき聖典に対して人間はどのような態度をとったらよいのか。『序訣』の著者は、五千文に接することはやがて老子への信仰を成就することにつながるとみたのである。そこでそのためにはどのようにふるまえばよいのかを説明する。

余の先師に言有り、精進してこれを研ずれば則ち声は太極に参《いた》らん。高上遥唱して、諸天歓楽すれば、則ち玄人に携契せん。

『序訣』の著者の先師なる人物が、[22] このように教戒した。真摯に五千文の書の研鑽につとめ、心をこめてそれを読誦するならば、その声はかの太極にまでも届き至るであろう。その声に応じて天上からの声もはるかに響き出し、諸天神も大いに歓娯するであろうから、さすればかの「玄人」（＝玄に因りて出でた人＝老子）とも手をたずさえうるだろう、と。この場合、『老子』の研鑽につとめるといっても、知的・分析的にそれを理解しようとするものではない。むしろただひたすらその書を読誦し、やがてその内容をまるごと身につけてしまう、そういう方向性をもつものである。[23] 知性による『老子』の理解を指向せず、またみずからが神的存在に転化するというのでもなく、五千文の読誦こそが信仰成就の道なのである。こうした読誦という信仰の方法は、すでに『魏志』「張魯伝」にみえる五斗米道の「五千文都習」以来のものであり、道教においては葛玄以来の伝統的方法でもあった。[24]『序訣』の読誦もこのような伝統上に位置づけられるものといえよう。

『序訣』の修業の方途はまだつづく。

静思して真を期すれば則ち衆妙感会し、形影を内観すれば則ち神炁長く存す。道徳を体洽すれば万神震伏す。

読誦のほかに「静思」「内観」等も修業者に要請される修業の方法である。静かなる冥想において神々の霊妙なる姿が修業者の前に立ちあらわれる。それは読誦の効用に等しい。またその冥想によるみずからの内部への凝視は所与の生を最大限に延長する。(25) そこには不死とはいえぬが長生の思想がある。この場合は修業者はあくまで信仰する者として人間のままでありつづけ、決して神に転化することはない。しかし「道徳」=『老子』の思想を体得した修業者はまさに「玄人と携契」した人物であり、諸神はその前に震伏するという。これは一種の内的宗教体験たる神秘的な合一を示唆するものである。『序訣』第一段には神仙的飛翔や昇天などの具体的表現はみえぬが、右のことと対応して注意すべきことであろう。このような修業者は神々との接近遭遇を経験した人間として、一般の人々に対してつぎのような利益をもたらすことができる。

禍は九陰に滅び、福は十方に生じ、国を安んじ家を寧んずるは、孰れかよく知らんや。

この文の特徴は、右のような利益をもたらすのは、決して知的な理解によるのではないことをいう点である。あくまでも、体験という直接的契機が優越するのである。しかし、体得した「道徳」や神との遭遇体験も、それをあからさまにひけらかすようなことをしたら、結局すべては水泡に帰してしまう。経験・体得したことは我が心中の奥深く蔵して、無為でありつづけてこそ、すべての真実は修業者自身の自然なるものとして身につくのである。

無為の文、これを汚すも辱ならず、これを飾るも栄ならず、これを撓《みだ》すも濁ならず、これを澄ますも清ならず、自然なるなり。

かくして「自然」の境地に到達しえた修業者は『老子』十六章の「明」および『荘子』にもみえる「明」(26)に達したものと称することができるのである。

道に応じて見、無窮に伝告するは常なるものなり。ゆえに常を知るを明という。

「大道」はそれ自体無為なるものである。それは常に在るものである。しかし「大道」がみずから、「大道ここに在り」と声を発するわけではない。したがって「大道」が常に在るということを人々に伝えることができるのは修養を積み、その常在を知りうる人々のみである。また、修業者は、それゆえにますます『老子』の奥義に精通しなければならない。『序訣』第一段の著者はいう、この一篇を選述したのは、そうした求道の人々がこれを宝として、奥義を窮め、それを弘布してほしいからにほかならないからだ、と。

大道は何をか為さんや。これを弘むるは人に由る。この文の尊妙、精を極めざるべけんや。一篇を粗述すれば、ただ道を有《まも》るもののみこれを宝とせよ。

この第一段の最後の数節にいたって、『序訣』の具体的な宗教的目的がはっきりでてきたといえよう。ここで『序訣』第一段を簡単に整理していえば、まず老子の神性についていわゆる神仙思想とはことなる、超越的絶対的な至高性をもつ神をさまざまに説き、そうした神性をそなえる老子と史書にあらわれた老子像との整合をはかり、そして老子への信仰修養の方途を説く、というものだった。そしてこの最後の信仰修養の方途を指示することこそ、『序訣』第一段を通じての基本的目的と考えられるのである。ではなぜ修業者はその方途のもとに修業するのかというと、『序訣』は、それは修業者には信仰を弘布するつとめがあるからだ、とする。つまり、修業者には『老子』の細部にまでわたって精通し、一般大衆の指導者となって教化をすすめることが期待されるのである。その点からすると、『序訣』第一段は、いわば宗教家養成のための指導書的なものとして位置づけられるものといえよう。そしてなぜ宗教家が養成される必要があったかといえば、その背後にはまさに大衆への布教というきわめて大きな目的が存在していたからであった、と考えられるのである。以下この点を考えつつ、『序訣』第一段の宗教的特質――とりわけいわゆる霊宝経典との関係をめぐって――考えてゆくことにしよう。

三　霊宝経典と老子

さて、それではその布教をすすめようとするところの信仰ないし宗教思想の内容とはいったいどのようなものであろうか。『序訣』第一段にはそれに答えるいくつかのヒントがある。

まず『序訣』第一段中にみえるいくつかの語、「十方」「諸天」などの語である。[27] これらはもともと仏教の用語であるが、霊宝経典にとりいれられて、そこにさかんに用いられている語である。いくつか例を引いておこう。

この時元始天尊・太上大道君・五老上帝・十方大神、南丹陽上館に会し……今まさに爾のために凝滞の十部妙経を解説し、爾をして十方諸天人民を救度せしむべし。（『太上洞玄霊宝赤書玉訣妙経』）

（霊宝経典を）諸天は宗奉し、おのおの科典あり。（陸修静『霊宝経自序』）

諸天遥唱して万帝礼を設く。（『霊宝無量度人上品妙経』巻一）

故にこれを誦すれば天下を飛するの観を致し、上帝遥唱して万神朝礼せん。（『霊宝無量度人上品妙経』巻一）

このような用語からみると、『序訣』第一段の目的の布教の背後にあるのは、霊宝経を奉持する信仰者の一派とみてよいのではないかと考えられるのである。[28] そこでこの点をよりはっきりとさせるために、霊宝経典の宗教思想と『序訣』との関係をもう一歩深めて考察してみる。

さて、霊宝経と一口にいっても、その種類は数多あり、『抱朴子』に引用されているものから『霊宝五符序』、そして陸修静によって整理された経典群まで、じつに多様である。いまここでは、陸修静編の古霊宝経典[29]のうちから、霊宝経と老子のかかわりがわりあいはっきりとしている『太上無極大道自然真一五称符上経』[30]（以下『五称符上経』）を検討してみよう。この資料はもちいられる用語に『序訣』と近似するものが多く、その点から近縁のものと考えられるものであるが、しかし先後関係についてはあまりはっきりしない。思想内容面について比べるなら、『序訣』第一段は、超越的神性を具えた至高神（老子）がいて、それへの信仰を説くものであった。またそこには人間が変化して神仙になるといういわゆる神仙思想はみえてはいなかった。一方『五称符上経』には、『序訣』第一段同様に超越的神（老君）が存在するが、『序訣』の信仰（主に読誦や静思による救済）とはことなり、神が人に一層具体的な利益を与えるとされており、さらに不老不死の神仙説もみえている。あるいは、霊宝経は呪術的威力をそなえているなども述べられており、『序訣』の理念とは大分へだたりがある。これは、『五称符上経』が、霊宝経に由来する五枚のおふだについて、その霊力を解説するものであるからであって、『五称符上経』の本来の目的はじつはそちらにあるのである。したがってこうした側面から『序訣』と『五称符上経』とを比べて同列にとりあつかうのはやや無理がある。しかし『五称符上経』の文脈上の『序訣』との類似性はかなりはっきりしたものであり、それらの比較により『序訣』

と霊宝経典とのつながり、あるいは差異の意味を明らかにしうるところがあり、その意味においてみのがせぬものがあるのである。

『五称符上経』によると、老君が超越的神格をもつのは、霊宝経の威力によるものとして、つぎのようにいう。

老君曰く、混沌の初、微妙の源、開闢以前、霊宝自然の真文、帝の先に象ること有るがごとし。吾れ霊宝大道の淵門たりて、その精妙を受け、すなわち天地人の神となる。

『序訣』において老子は「道」に匹敵する至高神であった。『五称符上経』の老君は、霊宝経によって超越的神たらしめられているものである。老子と霊宝経の関係は霊宝経が優越する。『序訣』第一段が霊宝経と関連するであろうことはさきに述べたが、『序訣』第一段は「霊宝」の名を直接あげてはいないし、老子が霊宝経によってあらしめられているのでもない。老子=神の位置において両者には差異があるといえよう。『五称符上経』はさらに霊宝経の威力をつぎのように説く。

老君曰く、太上霊宝は天地万物の先に生じ、無象空洞大道の常に乗じて無極に運る。無為にして混成し、自然にして貴なれば称すべからず、尊なれば上有ることなし。曰く、太上は大にして苞《か》ねざるなく、細にして経ざるなく、理妙にして尋《たず》ね回《がた》し。天地人の由る所なり。

この霊宝経賞賛の文は、『序訣』が『老子』を賞賛するつぎの文に大変よく似ている。

それ五千文は道徳の源を宣べ、大にして苞《か》ねざるなく、細にして入らざるなし。天人の自然の経なり。

いずれも経典の偉大性を説くものとして類似するものである。『五称符上経』には、また世俗の人々を救済しようとする、いわば大乗的な救済の思想がみえている。『序訣』ももちろん世俗の人々の救済という目的はあったが、直接的には一般大衆の指導者たる宗教者にむけたものであり、その点、内的精神的側面での救済に重点があった。これに対して『五称符上経』の対象は王侯から一般庶民に至るまで広いものであった。そしてそれゆえに現世利益的救済説の方に比重がかかっているといえよう。そこで『五称符上経』はいう。

老君曰く、国のまさに興らんとするや、この文を修致せよ。人の富貴不老を欲するや、よく霊宝を致せ、と。

これはきわめてスケールの大きい、国家的規模の利益から、個人的卑小な利益までを、すべて霊宝経に依拠することにより可能とするものである。この文はさらにこまかく次のように展開する。

天子これを得れば、鳳凰来儀し、五星度を合し、日月光輝し、四方は賓服し、天下は精安にして夭悪は生せず、諸侯は同《とも》に帰し、寿は天地に与《あずか》り、万兆も衰えず。諸侯これを得れば、列宿は光を含み、国に利《よろ》しく家に宜《よろ》しく、位は昇遷に至り、長生久視し、終《つい》に無殃を保つ。大夫これを得れば、長延して窮り無く、貴位重禄、侯王二千石に昇進す。小史より庶人に至るまで、仰看俯察して神霊に洞達すれば、心開き内に発し、未だ然らざるを逆《むか》え知るに、高官富貴にして環佩鏘鏘たり、延年して寿を益し、子孫は堂に盈ちん。女人これを得るに、君王に妃后たりて、玉童従出し、青腰は旁に侍す。既に貴子を生みて顔は玉英のごとく、寿は日月に与《あずか》り、色は三光に流るるなり。

天子より庶人女子に至るまで、霊宝経の前には現世的に救済されざるものはない。あまねく人間すべてに及ぶのであり、それはまさに大乗的な救済思想ともいうべき広範囲のものである。ただし注意すべきは、このようにあらゆる人間におよんでいるかにみえる救済・利益の対象のうち、宗教者たる道士が省かれているという点である。

老君曰く、諸百姓の天子より庶人に至るまで、本より道士に非ざればまさに宿恩あるべし。吾が霊宝経を得れば、命みなおのずから延びるを得ん。

老子はいう。天子を含む世俗の人々はみな世の中の宿命にまといつかれている。しかし道士は別である、と。後述するように道士はそのための特別な修練を経て世の中を解脱している人々であるからである。また右によると、世の一般の人々が宿命を脱却するにはひたすら霊宝経に依拠すればよい、定められた命数は霊宝経による回心によって転換しうるというのである。この場合、定められた命数とは人の寿命であり、その脱却とは不老長生のことであるとされる。それゆえ、『五称符上経』ではここに脱却の手段として神仙思想が導入されることになる。つまり世人の宿命回避には神仙思想が必須のことになるのである。

子、聖に通じて真文能く常にこれを服し、五嶽に遊戯して太空に逍遥すること有れば、五内を改易して形容を変化し、精朴を崇積して鬼神を執役し、十方に通徹して無常を隠見すれば、登高して雲に乗り、高清に遠遊して蓬萊の府に詣る。謁して真人となり、上りて紫宮に朝し、大聖尊神と功徳を合同せん。

『五称符上経』では、また宗教的エリートともいうべき道士の、神仙に転化せんがための修養についても語る。それは『五称符上経』の五枚のお札それぞれの説明にかかわる個所に、ほぼ同様の形式で記されている。

諸道士の神仙長生不老にして万神を役使せんと欲求するもの……徳を修めて道を行えば、その神おのずから詣らん。

ここには一般庶民の利益と同様に長生不老という物理的目的も提示されているが、その修養自体は「徳を修める」という内的なものであり、そうした修養を修《おさ》めたものの前に神は降臨するとするのである。この修養が内的なものであるのはつづく文が示すところである。

老君曰く、太上霊宝五称自然の符は、天に先んじて生じ、道気と同《とも》に化す。吾が道の真なり。よりて天地を出生するところにして、天地の万神みな霊宝に帰す。子、精宝を清潔にし、山居して神霊を致し、災を禳い害を却け、道と真を合せんと欲すれば、まさに霊宝の真文道の本を得べきなり。十方の仙人、天地の万神、来謁せざるなきなり。山精地霊、みな来りて朝拝せん。子、霊宝大道の淵門を服せんと欲し、身に五符を佩びれば、万神区区として已に来帰せん。

「十方の仙人……来謁せざるなきなり云々」とは『序訣』にいう「精進してこれを研ずれば則ち声は太極に参《いた》らん。高上遥唱して、諸天歓楽すれば、則ち玄人に携契せん」とほぼ同様の思想であり、克己による内的達成の境地を表すものといえよう。『五称符上経』のこの文では、霊宝経と五符とがほとんど呪術的な役割をはたしており、いわば、

それは他力による達成であるかにみえる。しかしそれが道士たちの克己修錬によるのは、

徳を修め法を行うに、一年にして気を易え、二年にして血を易え、三年にして肉を易え、四年にして肌を易え、五年にして髄を易え、八年にして髪を易え、九年にして形を易う。形体ことごとく易わりて、大道畢り、万神来朝し、霊宝皇張す。

ということからわかる。この場合は内的というよりは肉体的な修錬というべきものであるが、これらの肉体的修錬は呼吸吐納服薬食餌などによると同時に、それ以上に長年月をかけるという強い精神的努力が必要とされるものであり、そうしたことが説かれるのも、道士の克己がきわめて重視されるからに他ならない。

『五称符上経』は、以上のように主として老君のことばを通じて霊宝経による庶人の現世的救済、道士の仙化ないし内的達成を述べるものであった。とりわけその内的達成の面は重要であり、またその様相は『序訣』に近似するものであった。そしてこの『五称符上経』はその巻末に至ると、今までの霊宝経礼賛に代わり老君の権威を成り立たせているところの『老子』五千文それ自体を賞賛する言葉が登場する。そこでは『序訣』第一段と同様に五千文読誦のことがみえており、従来『序訣』の作者とされていた葛玄の名もみえている。なおその文からするならば、『老子』五千文は、先に述べてきたところの霊宝経の類に編入されるかのごとき観すらあるといってよいだろう。以下がその文である。

太上玄一真人曰く、『道徳』五千文は経の至賾なり。道の意を宣べ、真の数を正して尽きたるなり。煥たるかなその文、これを誦すること千日、心を虚しくして玄に注げば、白日昇天して太上四華真人とならん。これ高仙

の宗なり。

仙公（葛玄）曰く、五千文の経、之《こ》れ偉なるかな、その妙賾、辞を為しがたきものなり。

さて、以上みてきたところよりすると、『序訣』第一段の思想と『五称符上経』すなわち霊宝経典の思想との関係は必ずしも完全に一致するものとはいえないが、かなり近似するところがあったとしてよい。すなわち『五称符上経』は外的現世的利益の側面がかなり強い。また『序訣』第一段とはことなって神仙への転化の思想を濃くにじませている。しかし老子の神格化、また修業者の内的達成さらには宗教者に対する修養の要請等については、『序訣』に近いものがあったといえる。この点からして『序訣』第一段の特質をあらためて指摘するならば、それはやはり霊宝経典を奉持し、また『老子』を奉持する一派と関係をもつものであり、とくにその派のうちでも専門的宗教者を対象として著されたものと考えてよいと思われるのである。そして、『序訣』第一段と『五称符上経』との一致点を指摘するならば、それはやや専門的ないし高度の内容をもつ点にあり、一方、『五称符上経』における一般庶人に対するものと思われる現世利益などの雑多なものは『序訣』第一段とは全く一致していないのである。かくして、『序訣』第一段それ自体は直接大衆に目を向けるものではなかったが、その背後には霊宝経を奉持する人々の大衆布教の目的が存していたのは動かせぬところといってよいだろう。

注

（1）武内義雄『老子原始』（『全集』第五巻、三二一頁）。

（2）楠山春樹『老子伝説の研究』（創文社、一九七二、二一二頁以下）。

（3）全四段とするのは前掲武内書、福井康順「老子道徳経序訣の形成」（『東洋思想史研究』書籍文物流通会、一九六〇）。

全五段とするのは大淵忍爾「道徳経序訣の成立」(『道教史の研究』岡山大学共済会、一九六四)。
(4) 前掲武内書、二九頁。
(5) 同右武内書、三一頁。なお福井康順前掲論文はこれを『老子節解』の序とすることに反対する。
(6) 前掲武内書(四六頁)は第二段の作者を『神仙伝』の作者葛洪であるとし、福井前掲論文は、『神仙伝』にもとづいて第二段が制作されたとし、大淵論文は逆に第二段にもとづいて『神仙伝』が作られたとする。楠山春樹前掲書(一七一~一九五頁)は、福井説を承ける。小林正美「老子道徳経序訣の思想と成立」(『フィロソフィア』七三、一九八五)は『神仙伝』の成立は第二段の成立に先んじていたであろうとする。
(7) 小林正美「河上真人章句の思想と成立」(『東方宗教』六五、一九八五)によると、河上公説話は西晋以降、劉宋のはじめごろまでの間に作られたらしいとする(三六~三七頁)。
(8) 前掲小林「序訣」論文によると、この儀礼的要素の典拠は『太上洞玄霊宝真一勧誡法輪妙経』にあり、それによって霊宝経との密接な関係が示唆される(七七頁)。
(9) 『老子』と霊宝派との関係については小林正美「劉宋における霊宝経の形成」(『東洋文化』六二、一九八二、一三〇頁以下)参看。
(10) 前掲小林「河上真人」論文「序訣」論文は、その編者を天師道系の流れをひく正一派の道士だろうと推測している(八二~八三頁)。
(11) 小林「序訣」論文はこれを仏教の因果論に対抗するものととらえる(六九頁)。
(12) 吉岡義豊「老子変化思想の展開」(『道教と仏教』第一、国書刊行会、一九五九)、A・ザイデル「後漢末における老子の神格化について」(『道教研究』第三、豊島書房、一九六八)、前掲楠山『老子伝説の研究』(三〇一頁以下)。
(13) 前掲A・ザイデル「後漢末における老子の神格化について」付録景印『老子変化経』による。
(14) 『混元聖紀』巻五引。スタイン一八五七『老子化胡経序』もこれと同じものであるが、その書写年代は唐の開元ころという(前掲吉岡『道教と仏教』第一、七四頁)。

(15) 前掲楠山『老子伝説の研究』三一六頁以下に東晋永興元年（三〇四）と考証する。
(16) 同右楠山書、三五〇頁。
(17) 同右楠山書、三五二頁。
(18) 同右楠山書、三三九頁以下、仏教の影響を指摘する。
(19) 前掲大淵書、三五五頁には、その他『弘明集』所収「正二教篇」、北周の『笑道論』等にも引用ありという。
(20) 前掲楠山書、三四一頁によると、李母説話はこの『序訣』第一段を初出とするという。なお九の数については拙稿「京房の六十律」（『日本中国学会報』第三〇輯）参看。
(21) 「劫」について前掲大淵論文（三六四頁）は『甄正論』巻中を引き、仏法東来以前にこの字は「劫殺」「劫賊」の意にしか使用されていなかったとし、仏教との関係を指摘する。小林「序訣」論文（六六頁）も仏教の時間概念に由来するとする。
(22) 従来、第一段の著者について、前掲の武内・福井・大淵・楠山の各所論はすべて、葛玄であるとしていたがゆえに、この「先師」とは太極真人徐来勒であるとする。しかし本稿では、この第一段を必ずしも葛玄の作とは考えない（ただし葛玄作という伝承が『隋書』「経籍志」以来強い影響力をもっていたことは認める）ので、この「先師」の名を誰かと特定はできない。
(23) 前掲楠山書、一三四頁。
(24) 同右楠山書、一三四頁。
(25) 小林「序訣」論文（七〇頁）は体内神を存思することとする。筆者は後段に「万神震伏」とあるところから、これを必ずしもいわゆる五臓神を存思することに限定しなくてもよいと考える。
(26) 赤塚忠「古代事実と弁証的思弁」（『東京支那学報』第五号）。
(27) 小林「序訣」論文にすでに指摘する（六八頁）。
(28) 小林「河上真人」論文「序訣」論文は、すでに注（10）でもみたが、天師道系の道士の手になるとする。

(29) N. OFUCHI, 'On Ku Ling-pao-ching', ("Acta Asiatica," No. 27, 1974).

(30) 『道蔵』六七一。また『無上秘要』巻四三、巻八八に『洞玄自然五称経』として引き、ペリオ二四四〇は『霊宝真一五称経』とする。

第五章　老子河上公注考略

はじめに

『老子』「河上公注」は、かつては神仙思想による注釈書とされ[1]、近年では養生治国論の立場からの注釈との見解が[2]提起されてきている。神仙思想説は『老子道徳経序訣』（現行「河上公注」の序として通行している）の第二段以降を承けて唱えられたもので[3]、また「河上公注」十三章にも「道の自然を得て、軽挙して昇雲し……」との神仙的個所がある。それゆえ古く北宋の晁公武は「その書、すこぶる吐故納新、按摩導引の術を言いて、神仙家に近し」（『郡斎読書誌』巻一一、道家類）と説き、また『四庫提要』は「その詞を詳らかにするに、漢人に類せず、ほとんど道流（神仙道家の徒）の依托するところなるか」（一四六、子部道家類）と述べているのである。しかし「河上公注」全体は、いわれるほどに神仙色は濃厚ではない。それは通読すればおのずから明らかになることであり、実際右の十三章注以外にはそのような語句はみられないのである。

一方、養生治国の側面は、「河上公注」においてはきわめて重要なものである。一般に中国の古典は政治的関心のもとに著される場合が多く、『老子』自体にも「大国を治むるは小鮮を烹るがごとし」（六十章）との文がみえているほどである。「河上公注」も例外ではなく、冒頭第一章注に、「経術政教の道」を廃して「自然長生の道」によって「無事安民」をはかるという、養生論と政治論・治国論とをむすびつける論がみえているのである。この点は古来注意されてきたところであり、唐の陸徳明はこれを「治身治国の要を言う」（『経典釈文』「序録」）とし、同じ唐の司馬貞は「養神をもって宗となし、無為をもって体となす」(『唐会要』七七)と総括しているのである。これは「河上公注」の一本質を衝くものとみてよい。

しかし筆者は「河上公注」には、養生治身治国論の深層に、『老子』以来の「道」の思想の独特な展開があると考える。それは宇宙論・存在論から倫理政治に至るまでを一貫するものであり、治身治国論もこれと相互に関連しつつ考えられるものと思う。そこで本稿においてはその根底にある「道」の思想の独自な展開の様相を中心に考察をすすめ、ついで養生論にもおよぶこととしたい。

なお「河上公注」の成立時期についてであるが、筆者には今、それを狭い時期に追い込んで限定するだけの準備はない。現況の諸説を勘案し、おおむね後漢～六朝間のことと考えておきたい。

一　「道」について

「河上公注」の思想は、抽象的論理的な方向性が希薄で、具体的事実的な世界解釈をめざす傾向が強い。現実的世界とその世界内の人間のさまざまな営為を調和的に把握しようとするのである。宇宙論と治身治国論の統一的解釈といってもよいだろう。

その解釈の過程において、もっとも生き生きと機能しているものとして、「一」をあげることができる。それは「精気」とも「元気」ともいわれて、存在者の根本的マテリアとなるものである。また「一」はそれ自体、有機体のごとく自発的運動性を内包して世界を構成するものとされる。それゆえ「一」は「河上公注」の思想の中心的理念のひとつといえるのである。[4] したがって、「一」についても、のちに検討することとする。だが「道」はその「一」に先立ち、その根源であり、そして「気」「天」とも関連しあい、「河上公注」の諸問題の帰結点としてある。「河上公注」の『老子』解釈の基盤はやはり「道」にあるのである。ゆえにここではまず、「道」についての検討からはじめることにしよう。

「河上公注」では、その現実指向のゆえに、「一」ないし「精気」「元気」のごとき積極的具体的概念の活躍が目立つが、それはまず「道」のもとに展開しているものである。「河上公注」の世界の基本構成は、大概として「道―気」の関係において成っている。しかしその「道」と「気」の間には、じつは諸種の概念が複雑に入りこんでいる。そこが、「河上公注」の「道」の思想を見通しにくくしているのである。この点は明確にしなければならないだろう。

さて、「河上公注」において「道」は根源者であるが、その性質には奇妙にみえる点がある。それは、「道」は存在者一般（万物）を生成するとされるが、一方、存在者一般に対して直接的に主宰者的には関与しないとされることである。つまり一見そのあり方は矛盾的にみえるのである。まず生成者としての「道」である。

道は万物を生ず。（五十一章注）

万物はみな道を恃みて生ず。（三十四章注）

また「道」は生み出した万物を成長展開させる。

道の万物におけるや、ただこれを生ずるのみにあらず、すなわちまた長養成熟せしめ、覆育して性命を全うせしむ。（五十一章注）

こうした「道」は、『老子』本文を承けつつ、つぎのような表現もあたえられる。

道は淵として知るべからざるなり。万物の宗祖たるが似《ごと》し。（四章注）

道は天下万物の母たり。（五十一章注）

その一方で、「道」は主宰者的には万物に直接関与するものではない、との記述もある。

道は万物を長養するも、宰せず。（十三章注・五十一章注）

道は万物を生ずるも、取有する所なし。（十章注）

右の二条は、「道」は存在者を生成育養するが、その主宰たるものではないことをいう。だが、

吾れ、道は無為にして万物おのずから化成するを見る。（四十三章注）

の場合は、もう少しすすんで、「道」は万物に全く関与しないとも読みとりうる。

このように、根源者でありつつ、一方主宰者の位置にはないとは、どういうことなのか。「道」は存在者を生成養育しはするものの、一定の時間経過後はもはやそれに関与せず、あとは存在者の自発性にまかせるのだろうか。もちろんそうではない。右の諸引用を慎重に考えるならば、微妙ではあるが、「道」は生成の根源ではあるが、直接的直結的に、万物を生成するものではない、ということを意味していると思われるのである。しかしそれは「道」と存在者との生成関係が事実的なものではなく、論理的なものという（王弼の「無」のような）形而上性を意味するものではない。「河上公注」はもっと現実的である。具体的にいえば、「道」と存在者一般（万物）との間には、存在者の根本

的構成要素の「精気（気）」が導入されるのである。この精気の介在により、「道」からの生成は、万物に至るまで、精密な連続性をもって考えうるし、「道」の養育も精気を通じての存在者一般への実現としてとらえられるのである。

道は清浄にして言《ものいわ》ず。陰《ひそ》かに精気を行《めぐ》らせれば万物は自《おのず》から成るなり。（二十五章注）

道は万物の精気を育養す。母の子を養うがごとし。（二十五章注）

我れ何をもって道より気を承くるを知るや……今、万物みな道の精気を得て生ずるをもってなり。（万物の）動作起居、道にあらざれば然らず。(5)（二十一章注）

かくして「道」の生成者的性質と非主宰者的性質との矛盾的事態はひとまず解消されよう。すなわち、「道は万物を生ず」とは、広いレンジからの表現であり、子細に見れば「道」とは存在者一般の根本たる精気を直接的に生成するものであって、存在者一般には直接は関与していないということである。そして精気ないし「一」のはたらきは、このような「道」のもとにあっての積極性であるととらえられる。こうした精気ないし「一」の存在からすると、「道」は存在者一般に対して「無為をもって常となす」（三十七章注）ものとしてとらえられるのである。

二　「天地」について

しかし「河上公注」においては、存在者一般に対して「一」や精気よりももっと一層具体的に主宰者的位置にあると思われるものがある。まず事実的・現象的なものとして「天」あるいは「天地」がある。

天地は万物を生ず。（五章注）

万物、みな天地より生ず。（四十章注）

これらは表現としては「道」の生成とほとんど同様である。それは天・天地は存在者一般とはことなり、それらに先立つ、特別な位置にあることを示す。だが天地は「道」とはちがい、全存在者に先立つものではない。というのは、

天地は有形なり。（一章注）

有名とは天地を謂うなり。（一章注）

のごとくいわれ、「有名」とは、

有名は万物なり。（二十二章注）

であって、存在者のことである。ゆえに天地それ自体は、カテゴリーとしては存在者である。したがって存在者たる天地は、「道」との先後関係においては、もちろん「道」の後に位置する。

道は自《おのず》から天帝の前に在り。これ道は乃ち天地の生ずるに先んずるを言うなり。（四章注）

道は無形混沌にして万物を成す。すなわち天地の前に在り。（二十五章注）

以上より天地とは、存在者中にあって、存在者一般に対して優越する特別な位置にあるもの、ということが、ひとまず理解できる。そこで「道」と天地を通じての存在者の生成をもう少し詳しくみてみる。それは簡単にいえば、「天地の始めは、道、吐気布化す。虚無に出づるなり。天地の本始と為るなり」（一章注）というものである。すなわち「道」が生成した気がまず天地形成の始源となり、その後形成された天地は「道」から承けた気をその内に包摂しつつ、さらに万物を具体的にあらしめるというものである。天地は「道」からの万物生成の過程中、最初に吐出される気よりも、少々後段にあるものということになろう。とはいえ、それはやはり存在者一般をあらしめているものにはちがいないのである。すなわち、[6]

天地は気を含みて万物を生じ、長大成熟せしむること、母の子を養うがごとし。（一章注）
天地の内は空虚にして和気流行するがゆえに、万物は自から生ず。（五章注）

という。「道」より発出した天地はひとつの空間を形成し、そこにまた「気」を包摂する。それは「和気」の流行する空虚な空間であり、構造的には天と地とによってかこまれた閉鎖的空間である。その閉鎖空間内にあらゆる存在者が「母の子を養う」がごとく自発的に生起する。天地は根源的生成者ではなくして、「道」から承けた気をその内に、醞醸育養し、それをその内において事実的日常的存在者に転化せしめる。換言すれば、天地はその空間性において万物を限定する。天地が万物を主宰する位置にあるとはこの意味においてである。また天地のもつ空間的表象がそうした把握を補強しているといえるだろう。

三 「道」の表象

ここで天地の空間性――虚空と関連して、「道」の把握の問題を若干うかがってみたい。天地が有形有名であることに対して、「道」はまず「無形」と規定される。

道は無形なり。ゆえに名づくべからざるなり。(二章注)

また、その「無形」であることは、じつは、

道は無形、五色の青黄赤白黒有るが若く見るも、得べきにあらざるなり。(三十五章注)

のように、可感的具体的に把握することができないということである。すなわち日常的な形象相貌を絶し、言説を絶したものであるということを示すものである。その「道」はまた「空」とも表現される。

道は空なり。(十一章注)

そしてこの「空」とは、この注の前に「虚空なるものはすなわちもって盛んに万物を受くべきがゆえに、虚無は能く有形を制すると曰うなり」とあり、明らかに空虚の表象にもとづいている。それは我々の日常的に経験する虚空間

であり、より抽象的にいえば、「有」の欠如としての相対的な、しかし事実的ともいうべき〝無〟である。それは、

無有とは道を謂うなり。（四十三章注）

という表現をあたえられるものであり、また、

有をみて、無となすなり。（二章注）

のごときものであった。「河上公注」では、さらにまた容器中の空虚として具体的に表象される。

戸牖の空虚、人もって出入観視するを得。室中の空虚、人もって居処するを得。（十一章注）

「道」の無形性、あるいは「無」的性格とはかかる空間表象――つまりそれ自体の直接的な可感的事実性は否定されるが、存在者の存在によって対蹠的に把握される――において類推的に把握されるものであるといえよう。

ところでこの虚空間表象は、「河上公注」では、単純な「有」の欠如的表現から一歩進んで、つぎのような表象をあたえられる。

水は深くして空虚なり。（八章注）

これによると空虚（無）とはたんに可感的な「有」の欠如とはいえなくなる。ではこれをどのように考えるか。それは「有」の欠如した虚空間か、あるいはその虚空間に一定の媒質が一様に充満しているため他の材質によらなければその実体性が明確にならないもの、と考えたらどうだろうか。そしてこのように解するならば、つぎの文はきわめて示唆的なものと考えられることになろう。

水の内、影、形を照らして、その情を失わざるなり。（八章注）

すなわち水中において、光は媒質たる水以外の物質の形象を正確に映し出す。ゆえに一様に充満した水は「有」の欠如した空間と同質のものであるということになるのである。これは気の充満流行する空間の表象に連続する。以上のことから「道」の虚空間性・無形性を通じて「道」と「天地」との関係をみてみるならば、まず天地はふたつきの容器のごとく、生成展開する存在者をその内におおいこみ、その天地をさらに無形なる「道」がつつみこんでいる、というように表象される。

道の大なるは諸天地を包羅して容れざる所なければばなり。天の大なるは蓋わざる所なければばなり。地の大なるは載せざる所なければばなり。（二十五章注）

かくして「道」は、「万物」→「天地」→「道」のごとく階層的空間的表象において比喩的に把握することができるものということになるだろう。この点において天地の空間表象は、具体的に感覚できず、言語を絶するとされる「道」の、類比的表象ないし把握という点で、一定の意味をもつものである。くわえて、その表象の連鎖を通じて、万物を限定するところの天地をさらに越える「道」の位置も、よりはっきりすることになるのである。

ところで「道」が比喩的にでも表象されて把握されうるものであるのならば、それは事実的なものにすぎず、あるいは「道」以前にさらに事実性を越える根源的な何者かがあるのではないかとの疑問が生ずるかもしれない。すなわち「道」はそうした根源者に対して二次的であるからこそ表象可能なのではないか、と。だが「河上公注」はこれに対しては否定的である。やはり「道」は根源者であり、「道」以前には何もないとするのである。

天地の始めは、道、吐気布化す。（道は）虚無に出づるなり。天地の本始と為るなり。（一章注）

（天地は）みな道より生ず。道は無形なり。ゆえに無に生ずるなり。（四十章注）

「道」は依拠するものなく、他からの影響のまったくない、おのずからする自然なるものである。

道の性は自然にして法る所なきなり。（二十五章注）

ゆえに、「道」以前には一切何もなく、またそれは考えるべき問題でもないのである。

老子云わく、我れ、道のよりて生ずるところを知らざるなり。（四章注）

四 「気」と「和気」

さて、すでに「道」から存在者一般までの生成展開を支える物質的要素として「気」があることをみた。ここでは天地から一歩を進めて、存在者一般を物質的側面から規定するものとして、気をみてみよう。「道」の生成のはたらきは、まず吐気することであったが、これと同様のことがつぎのように表される。

道、稟与して万物始めて生ず。（万物は）道より気を受くるなり。（二十一章注）
（道は）気を天地に布《し》きて、通ぜざる所なし。（二十五章注）

そしてこの気によって存在者はその存在性を確立し、日常的存在者となる。人間もやはり気によって成る。

人よく気をもって根となす。（五十九章注）

そして気にはもちろん陰陽がある。その陰陽の相をもたらしているのも、もともと「道」による。

道よく陰せしめ陽せしむ。（三十二章注）

存在者中の気は陰陽相互の感応によって和気を生じ、その後すべての具体的存在者は確立する。確立した存在者はさらにさまざまの状況において感応しあい、現実の存在の様態となるのである。

陰陽生じて、和気清濁す。(7) 三気分れて天地人となる。（四十三章注）

物類相い帰し、同声相い応ず。雲は竜に従い、風は虎に従う。水は湿に流れ、火は燥に就く。自然の類なり。（二十三章注）

また和気はとりわけ生命をもつ存在者において重要な機能をはたす。七十六章「万物草木の生くるや柔弱」への注は、「和気存するなり」であり、同章「その死するや枯槁」への注は、「和気去るなり」である。和気が生命の根幹にかかわるものであることを明らかにするのである。いうまでもなく、人間においてもその存在の根本を支えるものである。

人の生くるや、和気を含む。（七十六章注）

人の死するや、和気竭くるなり。（七十六章注）

それゆえ、それはまた人間の行為の価値の基準ともなりうるものである。

人よく和気の柔弱にして人に有益なるを知らば、則ち道の常を知るとなす。（五十章注）

「道の常」とは気にもとづく世界の正常・恒常的なあり方・秩序である。人は和気を内に充実するならば、その

「道の常」を知るものといえる、というわけである。また天地は気からなる。そして気が世界と人間とをつらぬくこと、次の文にもいうとおりである。

天道と人道と同じきなり。天と人と相い通じて、精気相い貫くなり。（四十七章注）

世界の秩序と人間の倫理とは、「道」の吐出した気を根幹として、通貫しているのである。「道」に由来し、天人を統一的秩序によってつらぬいているその和気を去らせたり濁らせたりするような行為は、それゆえに人間として本来的にあるべき姿から遠ざかるものとなる。音楽に心を奪われて悦楽に耽ることや、人間同志相い争う戦争などが、その例とされる。

好んで五音を聴けば、則ち和気去る。（十二章注）
兵は精神を驚かし、和気を濁す。不善人の器なり。（三十一章注）

五　「一」と「守一」

さて、「一」は存在者をつらぬく気のうちで、もっとも純粋精妙なものである。そして和気は、一般に生命の根本であるが、「一」はその生命をいっそう純化する。具体的には生命をより延長せしめる。まずこの生命延長という点からみてみよう。

『老子』第十章には、「一を抱きてよく離るることなし」とあり、また二十二章には、「聖人、一を抱きて天下の式となる」とある。二十二章の注はこれを「聖人一を守る」という。「抱一」を「守一」とパラフレーズしているのである。「守一」については、

我れその一を守りて、もってその和に処る。ゆえに我れ身を修めて千二百歳、吾が形、未だかつて衰えず。

との『荘子』「在宥」篇の文が著名であり、この「守一」は明らかに長生久寿の要諦とされている。したがって「河上公注」は「抱一」を長生のことと解しているとみてよいであろう。また十章の注においては、「人よく一を抱いて身より離れざらしむれば、則ち長存す」ともいっている。

このような「守一」の思想は、道教の養生思想においてきわめて重要である。たとえば『抱朴子』「地真」篇には、「子、長生を欲すれば、守一、まさに明らかにすべし」とある。この場合の「一」は前後の脈絡からして神格的なものとうけとれ、「河上公注」とは同じくはない。とはいえ、このことは「河上公注」が道教の養生思想に関連することを示すものといえよう。

ここで「一」が精妙なる気であることについてみてみる。

「一」は「道」から最初に生み出されるものである。厳密にいえば、「道」からの存在者の展開において最初に存在する物質的なものである。つまり「道」から吐出される気のうちで、もっとも初めの気なのであった。

道の始めて生ずる所のものは一なり。（四十二章注）

それゆえにそれは、もっとも純粋な気、いわば気中の気、さきにみたところの精気なのである。

一とは道の始めて生ずる所なり。大和の精気なり。（十章注）

「一」は、かくのごとく「道」から直接生み出されたものであるため、「道」が母であるのに対して、「道の子」あるいはたんに「子」と呼ばれる。

一は無為にして道の子なり。（三十九章注）
道は天下万物の母なり。……子は一なり。（五十三章注）

前者の文では、「一」に「無為」という属性が与えられているが、この点には注意しなければならない。なぜなら、「一」は精気であって、〝もっとも純粋〟という特殊な性格はもつものの、気以外のものではないからである。気は存在者の形象化において主動的にはたらくものであるので、「無為」は少しそぐわぬように思われる。そして、この点を解決する鍵は、「一」は「道」から最初に生まれるものであるということにある。

「一」はもっとも「道」に近接するものである。そのため存在者一般からみればあたかも「道」と同等の位置にあるかにみえる。「一」は「道」を代替するかのようである。これは「河上公注」が「一」と「道」とを混同していたというわけではない。というよりも、「一」は存在者一般に優越するという点において、そしてさらに、気一般に優越するという点において、存在者の側からみるならば、「道」と相い似た面をもつものとされていたということであろう。それはたとえば十九章「万物、一をもって生ず」への注に、万物みな道を須《ま》ちてもって生成するなり。

のごとく本文の「一」を「道」にいいかえている所から証することができる。それはまた「一」の展開を「道」と称して「道」の直接的はたらきと承認する文、

一の出布せるを道と名づく。（一章注）

あるいは一章「常無欲もってその妙を観る」への注に、

人、常によく無欲なれば則ちもって道の要を観るべし。要とは一を謂うなり。

と述べて、「一」を「道」自体とはせず、「道」のはたらきのもっとも肝要なる位置という意味を与えているところから、たしかめられる。

さらにまた、「一」については、「無形」などの表象を与える文がみえている点に留意しなければならない。それは「河上公注」が、「一」と「道」とを重ねあわせるかのごとくに見通していたことをより明確にするからである。

一は形体なくして搏持してこれを得べからざるなり。（十四章注）

一は形体なくして万物のために形状をなすなり。（十四章注）

以上からすれば「道」と「一」とは、そのはたらきのゆえに重ねあわせてとらえられていた部分があった。とはいえ、両者の区別は、基本的にはやはり明瞭であるといえよう。ただし「一」と「道」との近接にはもうひとつ注意すべき点が生じるのである。それは「道」が「一」にひきつけられて、気としてとらえられる解釈の生ずる可能性があることである。

しかし重ねていうが、「河上公注」では「道」は決して「一」ないし気ではない。しかしこの、可能性として、「道」が気としてとらえうる方向がここにあらわれている点は、やがて六朝道教において「道」が気としてとらえられるようになることと、決して無関係ではないであろう。

さて、この「道」と区別される所の「一」は、「河上公注」ではまた「徳」のことともされる。「徳」を「道」との関係からみるなら、まず「道」の機能としてとらえられるものであって、(8) 存在者の存在性を規定するものである。それゆえ、存在者の価値とその当為の価値決定の基準となるものでもあった。「徳」はこのような一般的理解を前提としつつ、まずそれは気であり、また気によるはたらき(機能)をもあわせ示すものとされるのである。

徳は一なり。一は気を布き、畜養するを主どるなり。(五十一章注)

かくして存在者はその質料性はもちろんのこと、その価値的側面も気のあり方によって規定されるということになる。つまり存在者はそのすべてを「一」＝「徳」に負うことになるのである。そしてこの「一」＝「徳」に負うということは、「一」＝「徳」自体が「道」の生成になるものであるから、結局は「道」に帰結するということになるであろう。

徳、天と通ずれば、則ち道と合するなり。（十八章注）

六　医学の思想

人間について、さきには和気が生命の基本であること、「一（精気）」による「守一」「抱一」によって生命の延長がなされうること、これらをみた。ここではつづいて「精気」が人間においてはたす機能を、もう少し幅広くみてみることにしたい。

はじめに、考えるべき問題の端緒として、養生の思想がある。精気による肉体の久寿である。

自《みず》からその身を愛《お》しむに精気を保つをもってす。（七十二章注）

人よく自《みず》から節養してその所を失わずして、天の精気を受くれば則ちもって久しかるべし。（三十三章注）

さきにみた「抱一」「守一」はこの精気を身体中に保つことに等しいといえるだろう。この精気を保つということの、より具体的な様相は、

身を治むる者は、精気を呼吸し、耳をして聞かしむることなかれ。（十章注）

ということ、つまり呼吸による精気の体内への取り入れである。

「河上公注」では、人間の外なる気を内に取り入れる経路、つまり人間の内外をつなぐ回廊として鼻と口を重視する。鼻は主に天より下された気の導入口であり、口は地の生産物（食物）の導入口である。ゆえに鼻は天、口は地とされる。これはじつは『黄帝内経素問』の思想と関連するものであるが、[9]「河上公注」ではつぎのように語られる。六章「谷神死せず。これを玄牝という」への注である。

玄は天なり。人においては鼻となす。……天、人を食《やしな》うに五気をもってす。鼻より入りて心に蔵さる。牝は地なり。人においては口となす。……地、人を食うに五味をもってす。口より入りて胃に蔵さる。

このような鼻口を通じての気の体内への取り入れの呼吸法は、つぎのようにおこなわれる。

鼻口の呼噏喘息は、まさに綿綿微妙、存すべきが若くまた有る无《な》きが若くなるべし。（六章注）

気を用うるに、常に寛舒にしてまさに急疾勤労すべからざるなり。（六章注）

きわめてゆっくりと、絶えるがごとく絶えざるがごとく、細い糸が徐々にひきのばされてゆくように呼吸をし、そうやって天地の気を導き入れるのである。

体内に導入された気はやがて体内にみちわたり、体内の各臓器に貯蔵される。「河上公注」では、臓器は主に五つが想定され（当時の解剖学的知見ももちろん関係していただろう）、そこに貯留する気は神格化されて五蔵（臓）神としてとらえられる。六章「谷神死せず」の「神」こそがまさにその五蔵神であるとされる。

神とは五蔵の神を謂うなり。（六章注）

呼吸によって取り入れられた気は、体内の五蔵の神となる。「玄」「牝」はこの五蔵神を育養するための宇宙の気を、体内に取り入れるための通路ということである。「玄牝」による気の補入によって五臓神を永遠に体内に育養しつづける。それによって身体を永遠ならしめるのである。すなわち、

不死の有たるや、玄牝に在り。（六章注）

ということである。さらに、呼吸を通じて体内神を養育するのは、一般の気以外に、「一」つまり「精気」もある。

道を懐きて一を抱きて五神を守るなり。（三章注）

五蔵神の育養のため、和気からできるだけ純粋な気を取り入れ、またその際に気を濁らせることを避ける。

天地の間、空虚にして和気流行す。ゆえに万物おのずから生ず。人よく情欲を除き、滋味を節し、五蔵を清《す》まさば、則ち神明これに居る。（五章注）

「河上公注」の養生論的気の思想構造は、「道」―「一」―「体内（五蔵）神」という形をとり、その最終的段階の五蔵神の段階において人間の生命の不滅を具体的に獲得しようとする。すなわち「河上公注」の養生論は、具体的技

術的においては呼吸方と五蔵神の思想とに依拠している。いいかえれば、気による宇宙理論の具体的側面としての生命論の部分は五蔵神の思想が支えているということである。

ところで、五蔵神思想は、すでに指摘されているとおり(10)、中国の古代医学と関連する。さきにみた「守一」の思想は、道教的養生論の系譜につながるが、「河上公注」の「守一」「抱一」は、また五蔵神とのかかわりをもつ。「河上公注」の養生論は、道教思想の系譜に属するとともに、医学思想を積極的にとりいれているのである。そして「河上公注」の五蔵神システムが医書のそれと相似するのはつぎにみるとおりである。すなわち「河上公注」第六章の注文と、『黄帝内経素問』「六節蔵象論」の文である。まず「河上公注」であるが、『老子』本文を除いて注の文章のみを続けて引用する。(一部既引)

人、よく神を養えば死せざるなり。神とは五蔵の神を謂うなり。肝は魂を蔵し、肺は魄を蔵し、心は神を蔵し、腎は精を蔵し、脾は志を蔵す。五蔵ことごとく傷めば、則ち五神は去るなり。不死の有《たも》たるるや、玄牝に在り。玄は天なり、人において鼻となす。牝は地なり、人において口となす。天、人を食《やしな》うに五気をもってす。鼻より入りて心に蔵さる。五気は清微にして、精神の聡明と音声五性をなす。その鬼を魂という。魂は雄なり、出入を主《おさ》むるに、人鼻と天と通ずるがゆえに鼻を玄となすなり。地、人を食《やしな》うに五味をもってす。口より入りて胃に蔵さる。五性は濁辱にして、形骸骨肉と血脈六情をなす。その鬼を魄という。魄は雌なり。出入を主《おさ》むるに、(11)(於)口と地(12)とに通ずるがゆえに口を牝となすなり。

つぎに『黄帝内経素問』「六節蔵象論」である。

天、人を食《やしな》うに五気をもってし、地、人を食うに五味をもってす。五気、鼻に入りて心肺に蔵さる。上りて五色をして修明し、音声をしてよく彰らかならしむ。五味、口に入りて腸胃に蔵さる。味の蔵さるる所有りてもって五気を養う。気、和して津液を生じて相成り、神乃ち自《おのず》から生ず。……心とは生の本、神の変なり。……肺とは気の本、魄の処なり。……腎とは主蟄封蔵の本、精の処なり。……肝とは罷極の本、魂の居なり。……脾胃大腸小腸三焦膀胱は倉廩の本、営の居なり。

「六節蔵象論」における「精・神・魂・魄・栄」は「神乃ち自から生ず」と、「神」とされてはいるが、「河上公注」にくらべると、「気」としての性格がやや濃い。その点、「河上公注」の方が宗教性が一歩進展しているといえる。しかしこの点以外は、「河上公注」と「六節蔵象論」とは、ほとんど相似である。これらがほぼ同じ思想・理論の上にあるものであることは、誰もがただちに了解できるだろう。

しかし両者を子細にみてみると、臓器と神ないし気の対応関係には、若干の相異があるようである。「河上公注」が脾臓の神を「志」とするのに対して、『素問』は脾胃大腸小腸三焦膀胱の気を「営」とする。一方同じ『素問』の「宣明五気篇」には、

五蔵の蔵する所、心は神を蔵し、肺は魄を蔵し、肝は魂を蔵し、脾は意を蔵し、腎は志を蔵す。

とある。これは文体は「河上公注」に似るが、しかし、脾―「意」と、腎―「志」の対応は「河上公注」とはことなり、「六節蔵象論」ともことなる。「河上公注」や、また『素問』内部においても、だいぶ差異があるのである。しかしこのことは媒介的文献をおくことによって整合しうるように思われる。すなわち『黄帝内経太素』巻六[13]のつぎの記

事がそれである。

　肝は血を蔵し、血は魂を舎《やど》す。肝気虚なれば則ち恐れ、実《み》つれば則ち怒る。心は脈を蔵し、脈は神を舎す。心気虚なれば則ち悲しく、実つれば則ち笑いて休《や》まず。脾は営を蔵し、営は意を舎す。脾気虚なれば則ち四支(肢)用《はたら》かず、五蔵安からず。実つれば則ち脹《むく》みて経溲利せず。肺は気を蔵し、気は魄を舎す。肺気虚なれば則ち息利するに気少く、実つれば則ち喘喝胸憑き、仰いで息す。腎は精を蔵し、精は志を舎す。腎気虚なればすなわち厥け、実つれば則ち脹《むく》む。五蔵安からざるなり。

　これによるとまず脾臓と「志・営・意」という対応関係は、脾が「営（の気）」を蔵し、「営」が「意」をやどしているという、二段階の関係にあるとされ、『素問』「六節蔵象論」と「宣明五気篇」とは整合されうることがわかる。「河上公注」の「志」は、医書では腎の気になっていることからすると、「意」―「志」の類似によって置換されたと推測される。また腎についての「六節蔵象論」の「精」と「宣明五気篇」の「志」とは、『太素』においては「精（の気）」に「志」が宿るとされ、やはり整合されうる。さらに右の『太素』とほぼ同文が『黄帝内経霊枢』「本神」にもみえている。とするなら『太素』『霊枢』の五蔵の気の関係は同じものとみてよいと思われる。以上よりするなら、「河上公注」の五蔵神論は医書、とりわけ黄帝系の医書の説に関係深いものと考えられるのである。「河上公注」と医書との、五蔵神（気）の関係を表示すると、次ページのようになる。

「河上公注」と医学の思想との関連は以上で明らかであろうが、医学の視点からみるとき、「河上公注」中の矛盾的な注釈が、必ずしも矛盾ではないものとしてとらえうる場合が生ずる。たとえば、「五味」の問題がそれである。六章注において、「地、人を食《やしな》うに五味をもってす」と必須のものとされているのが、十二章注では、「人、五味を嗜めば、則ち口亡ぶ。言の道に失わるるなり」[14]のように否定的にとらえられている。三十五章注にも五味はみえており、「(道は)淡淡として五味の酸鹹苦甘辛のごときに非ざるなり」と、十二章注に近い把握の仕方である。『老子』十二章では「五味は人口をして爽《たが》わしむ」と本来的に否定的なものとしてあるのだから、否定的なものの方が『老子』への注解としては妥当であろう。しかしこれを医学の面からみると、ことなった様相がみえてくるのである。

	『老子』「河上公注」	『黄帝内経』			
		『素問』		『太素』第六巻	『霊枢』「本神」
		「六節蔵象論」	「宣明五気篇」		
心	神	神	神	脈(神)	
肺	魄	魄	魄	気(魄)	
腎	精	精	志	精(志)	
肝	魂	魂	魂	血(魂)	
脾(その他)	志	営	意	営(意)	

五味は医学においても実は全面的に肯定されるものではない。その危険性は医書でも、しばしばとりあげられる。例は多いが、酸についての一例をあげよう。

五味の口に入るや、おのおの病む所あり。酸は筋を走らす。多食なれば人をして癃(腎系統疾患)ならしむ。

……膀胱の胞、薄にして濡。酸を得れば即ち縮む。巻約《ちぢれる》にして通ぜず。水道通ぜざるがゆえに癃たり。（『太素』巻二）

しかし医学の場合、五味はまた五臓肉体の維持にとって根本的に必須のものであった。

五味は口に入りて胃に蔵され、もって五蔵の気を養う。（『素問』「五蔵別論」）
この五味とは、辛酸甘苦鹹あり。おのおの利する所あるなり。（『太素』巻二）

すなわち五味はその刺激のゆえに基本的に肉体にとっては不利なものではあるが、その刺激はまた肉体のスムーズな機能のためには絶対に必要とされざるをえないものなのである。塩分・糖分なども、明らかに健康に不利なものではあるが、適当に摂取しなくてはならぬものである。「河上公注」の五味の評価の表面的矛盾は、右のような医学の立場からするならば、必ずしも問題とはなりえぬといえよう。

また「魂魄」の問題もある。六章注には、肝は魂を蔵し、肺は魄を蔵す」との記述と、「その鬼を魂という。……出入を主《おさ》むるに、人鼻と天と通ずるがゆえに鼻を玄となすなり。……その鬼を魄という。……出入を主むるに口と地と通ずるがゆえに口を牝となすなり」との記述がある。後者の魂魄は、前者の五蔵神名とはことなり、天魂地魄のこととももうけとれ、ひとつの注釈中に矛盾的立場が導入されているとの疑問が存するのである。[15]天魂地魄とは『礼記』「郊特牲」の「魂気は天に帰し、魄気は地に帰す」によるものである。

ところで中国医学においては五臓と天地陰陽とは本質的に対応関係をもっている。「五蔵とは、天地に参じ、陰陽に副《そ》い、四時に連なり、五節を化するゆえんのものなり」（『太素』巻六）と。また天地の精気の人間の内部におけるうごきが、魂魄と表現される。「天の我れに在るものは徳なり。地の我れに在るものは気なり。（我は）徳の流れ、気の薄《せま》りて、生ずるものなり。ゆえに生の来たるや、これを精という。（天地の）両精あい搏つ、これを神という。神に随いて往来するもの、これを寬（魂）といい、精に並びて出入するものこれを魄という」（『霊枢』「本神」）というとおりである。そしてこれによると天地の精気の、たてとよこへの展開が魂魄ということになる。医学の思想においては、魂魄そして五臓は（天＝魂・地＝魄との明確な配当はみられぬが）関連しあうものとされているのである。魂魄の問題も医学の面から見ると、それほど大きな問題はないと考えられるのである。

五蔵神の思想は、古くは『漢書』「郊祀志」の谷永の上書中にみえるものであり、また道教の養生論においても重要な位置を占める。しかし「河上公注」の構想は後世の道教教理におけるそれとは、やや異なるように思われる。たとえば『黄庭内景経』「心神章」には、「心神は丹元、字は守霊、形は長九寸、丹錦飛裙なり。肺神は皓華、字は虚成、形は長八寸、素錦衣黄帝なり。……」と、華やかな名字を与えられ、美しい衣装をまとった五蔵神がえがかれている。しかしこうした絢爛豪華な宗教色をまとった五蔵神のあり方は、「河上公注」のそれが、医学の思想との関連においてほとんど作為を施さず、素朴ともいえるほどに密接であることは、ややことなると思われるのである。

「河上公注」の養生思想は、伝統的養生論たる「守一」の思想と、医学の五蔵の気との結合を重要な核とするものであったと考えられよう。それは、伝統的「守一」の思想に、生理学的視点を導入したものとの評価を与えうるものかもしれない。

七　治国論について

さて最後に治国論についてほんの少し言及しよう。「一」「精気」は、もっとも純粋な気であったが、人間個々の養生のみならず、拡張して社会全体の正常性も、それによって維持されるものと、「河上公注」は考えていた。その方法は、人間社会において、その社会の指導的地位に在るものが、「一」を把握することによって、その社会を正当な方向に導くというものであった。それは「一」自体のはたらきによるものでもあるし、また「一」によって正された（あるいは養生を成功しえた）ものが、みずからを感化の源泉として、社会を安定的に維持してゆくというものであった。

侯王、一を得るがゆえに、よく天下の平正をなす。（三十六章注）
聖人、一を守りて乃ち万事を知《おさ》む。ゆえによく天下の法式となる。（二十二章注）

すでにみたとおり、「一」は養生の根本であると同時に、右のとおり社会を維持する基本でもあった。養生と治国とは「一」において統一されるものだったといえよう。一般化していえば、当為はすべて「一」に根拠づけられるものということになるだろう。「河上公注」においては、「一」は「道」の重要性に匹敵しているといってよいのである。治国論についてはまだ問題にすべきことは多く、さらに詳細に検討しなければならぬが、今は、かかる基本のそのまた基本程度のことを、ほんのわずか述べるにとどめておく。

注

（1）武内義雄『老子原始』（『全集』第五巻、三一頁〜三二頁）。
（2）楠山春樹『老子伝説の研究』（創文社、一九七九、三一頁以下）。
（3）拙稿「『老子道徳経序訣』小考」（『筑波中国文化論叢』第八号、一九八八）。
（4）楠山春樹「老子河上公注の思想的考察——特に「一」の語を中心として——」（『東方宗教』第二八号、一九六六）参看。

（5）旧鈔本は「人動作起居」に作る。なお底本は通行の宋本を用い、旧鈔本によって補正する。用いた旧鈔本は天文二十一年（一五五二）の鈔本（筑波大学蔵）である。
（6）「天地始者道」の五字を旧鈔本によって補う。
（7）「清」字を旧鈔本により補う。
（8）「徳」を機能ととらえるのは、王弼も同様である。拙稿「王弼考」（『筑波大学哲学・思想学系論集』四、一九七九）参看。
（9）『黄帝内経素問』「太陰陽明論」に、「喉は天気を主り、咽は地気を主る」とある。喉・咽ともにのどであるが、喉は気道の入口にあたり、鼻に関係がある。咽は食道の入口であり、口に関係する。
（10）楠山前掲『老子伝説の研究』（六九頁以下）、小林正美「河上真人章句の思想と成立」（『東方宗教』第六五号、一九八五）。
（11）「於」字疑是衍。
（12）もと「天地」につくるが、旧鈔本によって「天」字を删る。
（13）村上嘉実「『黄帝内経太素』と道家思想」（『東方宗教』第七一号、一九八八）。
（14）もと「言失於道味也」に作るが、旧鈔本により「味」字を删る。
（15）楠山前掲『老子伝説の研究』（七五頁）。

第六章　生命論としての老子注――想爾注小考――

一

（一）

『老子』「想爾注」は、スタイン将来にかかる敦煌資料S六八二五の文書である。この書物に関しては、従来その存在は知られていた。古くは陸元朗の『経典釈文』「序録」に「想余注二巻」とみえ、杜光庭『道徳真経広聖義』「序」には「想爾二巻」とみえているからである。だがこれが広く研究の対象として取り上げられるようになったのは、一九五六年の饒宗頤『老子想爾注校牋』より以後のことである。

この書は『老子道徳経』の三章半ば（「河上公注」の分章による）から三十七章の末までの、経文と注との残巻本である。いわゆる『老子』の上篇ないし「道経」部分のほぼ全体にあたる。「想爾注」には、下篇ないし「徳経」部分は残っておらず、その点からするとこの注釈の全容をとらえるのはなかなかむずかしいということになる。しかし、現存する「道経」部分にも、相当量の注釈の文章があり、その内容的な特色もかなり見出すことができる状況にある。「想爾注」のもつ基本的性格は、その大概をうかがうことはできると考えてよいだろう。

（二）

饒宗頤『老子想爾注校牋』[1]は、『釈文』「序録」が作者について「一云張魯」といい、『広聖義』に「三天法師張道陵所注」とすることなどから、後漢末の張陵の手になる『老子』の注釈であり、五斗米道教団の宗教経典として用いられたものとした。『校牋』と同じ一九五六年に、陳世驤「想爾老子道経燉煌残巻論証」[2]という論文が発表されたが、これは『校牋』と同様、「想爾注」は後漢末五斗米道にかかわるものであると論ずるものであった。

一方、わが国ではその後漢成立説を承けて、肯定・否定の両方面からいくつかの研究が発表された[3]。しかしこうした方向での議論はその後やや沈静化する。それは「想爾注」をめぐる資料が稀少なため、客観的に成立の時期を決定するのが容易ではなかったということに因るものであると考えられる[4]。

一方、むしろ「想爾注」中に用いられている概念・用語等の分析を通じてその特質を追求する研究もおこなわれたが、そうした研究が指示したのは、「想爾注」の思想内容はむしろ六朝的方向につらなるということであった[5]。いずれにしても完全に決定的なものとはいいきれないのだが、本稿ではひとまずこれを六朝期の資料としてあつかうこととしたい。

（三）

右に指摘した所論考は、もちろん文献的研究をおこなう以外に、思想内容にわたる追及も当然行っている。そしてそのさまざまの立場からの研究によって、「想爾注」の諸特質もしだいに明らかとなってきている。本稿においてはそうした特質のひとつである「生命論」について、それを「想爾注」をつらぬく骨格的主題のひとつととらえて、以下に論及をすすめてゆくこととしたい。

(四)

「想爾注」が生命を重視する立場からの著作であることは、つぎのような点から明瞭に把握することができる。

それは「想爾注」本の本文(テキスト)が、「河上公注」本の本文や「王弼注」本の本文、さらに近年発見された馬王堆本の本文ともことなり、かなり独自性をもつものを採用していたということである。そして採用した独自な本文の表現に、その生命重視の立場を端的にみてとることができるのである(6)。

たとえば七章の「想爾注」本文は、

天は長く地は久し。天地の能く長久なるゆえんは、その自《おの》ずから生ぜざるをもってのゆえに、能く長久なり。是をもって聖人はその身を後にして身を先にす。その身を外にして身を存す。その无尸をもってのゆえに能くその尸を成す。

という。この最後のフレーズは「河上公注」本、「王弼注」本ともに、「その私無きをもってに非ずや。ゆえに能くその私を成す」に作る。つまり「想爾注」本は、河王両本の「私」を「尸」に変更している。またその前半が、河王両本では「非」によって反語となっているのに対して、「想爾注」本は順接的である。その解釈についてみると、たとえば「河上公注」は、「人々は自分のことばかりかたよって手厚く対処するが、聖人は自身のことをあとまわしにして公正無私であるので、かえってその身を成就する」とする。また「王弼注」は、「我が身に人為的作為を施さぬために、他人には優先せられ、重んぜられ、かえって我が身は成就する」と説く。「河上公注」は私心を去ることによる自己の実現をいい、「王弼注」は無為による自己の実現をいい、論旨は相い似る。これに対して「想爾注」は、

長生の道を知らざれば、身は皆尸行するのみ。道の行う所に非ざるは、悉く尸行するなり。道人の仙寿を得るゆえんは、尸行を行わず、俗と別異するがゆえに、よくその尸を成し、仙士たらしむるなり。

という。「尸行」とは尸解を得るための修養、あるいは端的にたんなる肉体的修業とも考えうる。また「尸」とは、十五章「それ唯だ盈たず。能く弊復《ま》た成る」への注に、「尸の死するを弊と為し、尸の生くるを成と為す」とあり、肉体自体の意にとることもできる。十八章注には「尸人」の語がみえ、これは仙を望む以外の邪を行う人ととらえている。つまり「想爾注」は、一般的な得仙方法たる「尸行」を否定し、その尸行をおこなわぬがゆえに、かえって肉体（的生命）の成就が可能であるとするのである。「想爾注」の生命を尊ぶ具体的な立場が、本文の変更に明瞭にあらわれているといってよいだろう。

また十六章の本文について「想爾注」本は、

容なれば能く公、公なれば能く生、生なれば能く天、天なれば能く道、道なれば能く久し。身を没するまで殆《あや》うからず。

とする。これに対して「河上公注」本、「王弼注」本ともに、「容なれば乃ち公、公なれば乃ち王、王なれば乃ち天、

天なれば乃ち道、道なれば乃ち久し。身を没するまで殆うからず」とする。「能」─「乃」の異同はともかく、河王両本の「王」を、「想爾注」本が「生」に改めている点は注意するに足る。これは、注釈を分析するまでもなく、「想爾注」の立場を明確にしている。「河上公注」「王弼注」が「王」という社会的ないし政治的概念を用いていることに対して、字形の類似からであろうが、「生」の字に変えて、その生命重視の立場を明らかにしているのである。

同じことが二十五章にもみられる。「河上公注」本、「王弼注」本ともに、「道、大。天、大。地、大。王も亦た大。域中、四大有り。而して王はその一に居る」とするが、「想爾注」本は、

道、大。天、大。地、大。生、大。域中四大有り。而して生は一に処る。

に作る。これも十六章と同様のことを意味するものである。

以上の本文《テキスト》の字句の、河王両本との異同からみると、「想爾注」が個別的人間の生命自体をまず重視する立場に立つものということは、ほぼ明らかであろう。

二

（一）

では「想爾注」は、なにゆえに生命をそのように尊重すべきものとしたのか。それについての回答は、「想爾注」

には、論理的に明確なものはあまりない。人間にとって生とは何か、死とは何か、あるいは生命より重要なものはありうるのか、こういう根源的な問いや反省はみられないのである。

尸《にくたい》の死するを弊と為し、尸の生くるを成と為す。（十五章注）

長生を大福と為す。（二十八章注）

仙寿天福を欲求するの要は、道を信ずるに在り。（二十四章注）

「想爾注」はこのように、ただひたすら、生を幸福とし、死を不幸とするのである。

死は是れ人の恐るる所なり。仙・王・士と俗人と、与《とも》に同じく死を畏れ生を楽しむを知る。（二十章注）

要するに「想爾注」の生命尊重の根拠となるものは、このようにふつうの人間が誰でももっている、本能的な死への恐怖の感情なのである。ほとんど自然的生物的レベルを基盤としているといってよい。その意味で、徹底的に日常的な認識に立っているがゆえに、一種批判を超越した絶対的な基準であるといえるかもしれない。死が人生にとってもつ意味を問うなどのことが、脆弱に思われてしまうほどに、徹底した無条件的な生命第一主義である。こうした思想の延長上に、「長生を大福と為す」ような、長生仙寿の位置付けがつらなったのである。

以上、「想爾注」の生命重視の立場であった。それでは「想爾注」は、その重視すべき生命それ自体の構造を、どのようにとらえていたのか。「想爾注」によると、それは「精」によって形成される。

精を積みて神成る。神成れば仙寿なり。（十三章注）
身は常にまさに自《おの》ずから生き、精神を安んじて本と為すべし。（二十三章注）
古の仙士は精を実《み》たしてもって生き、今の人は精を失いてもって死す。（二十一章注）
道は人に精を結び神を成すを教う。（九章注）
人の精気は蔵（臓）中に満つ。（九章注）

そして二十一章注「その精、甚だ真」への注に、

（精は）生死の官なり。精は甚だ真なれば、まさにこれを実《み》たすべし。

とある。さらに「精」についていうならば、これはたんに人間の生命にかかわるのみではない。万物全般においても「精」は根本とされるのである。十六章「万物並び作《おこ》る」への注に、

万物は道精を含む。並び作るは初めて生起するの時なり。（十六章注）

とあるが、この引用によると、「精」はまた「道精」と称される。「道精」という表現からみて、それは「道」と関連するものであることが予想される。またさきに「精気」という語がみえていたように、それは「気」のある種のあり方とも推測しうる。

（二）

そこで「精」についてもう少し考えをすすめてみる。十章「魄を載営し、一を抱きて能く離るる無かれ」への「想爾注」に、

𩲡《はく》（魄）は白《はく》なり。ゆえに精は白なり。精白と元（炁）と色を同じくす。

といい、また二十八章の注では、

精白と元炁と同じくして、色を同じくす。

という。「精」の文字は、エティモロジカルには、米を搗いて精製してあらわれる白い中心のこととされる。それゆえ「精白」とは、いわばエッセンス中のエッセンスのことと考えられよう。そしてその「精白」はまた「元気」と同じとされる。ここにおいても「精」が気であることが示唆される。

さらに右の十章注のつづきをみてみる。

身は精の車なり。精は落つる（ものである）がゆえに、まさにこれを載《の》せ営《いとな》むべし。神成りて気来たり、人身に載せ営む。

これによると、人間の生存には「精」が必須のものであり、人間は肉体から逃げやすい「精」を失わぬようにしつつ、生きてゆかねばならないのである。

「精」については、「道」とも関連するので、その点からも検討する必要がある。そこで「精」と「道」との関連のしかたとしては、つぎの、前者が後者に含まれるものとされる点が注意をひく。二十一章「窈冥の中に精有り」への注である。この場合の「窈冥」とはその前後の本文と注釈の文脈からみて、「道」のことと考えられるのだが、

大いに（「道」の）中を除《（分析）》するや、道精有り。これを分かちて万物に与うれば、万物と精とはそれ一体なり。

という。ここで「精」は「道」に含まれるという理解が得られるわけだが、その含まれるという点については単純に包含の意というわけではない。というのは、

所以《ゆえ》に精とは道の別気なり。人身中に入りて根本と為《な》る。（二十一章注）

とあり、「精」もじつは気であることが指摘され、さらにそれは「道の別気」という、「道」の特別のあり方としての気であることが示されるからである。たんに一般的な包含の意味ではないのである。「精」とは気であり、それは「道の別気」という特別な気である。つまりこれは「道」の気ということであり、「道」の気という考えをつきつめると、それは結局「道」そのものということになる。とすると、「道」は論理的には気ということになる[7]。そしてそれは正しいのであって、後述する「道気」という語はまさしく「道」は気であることを示すのである。また「窈冥（道）の中」を「除《（分析）》」してあらわれる「道精」とは、これも「道」ということになる。さらにパラフレイズするな

ら、「窈冥」とは気としての「道」の全体的形容であり、「精」はその特別な側面を示すものということになる。また、「精」は生命を構成するものであったのだから、

生は道の別躰なり。（二十五章注）

のように、生命とは「道」の特別な現象のしかたであるととらえられることになるのである。

ここで、「精を積みて神成る。神成れば仙寿なり」（十三章注）にいう「神」について若干検討しておく。これはまた「精を結びて神を成す」（九章注）などともいうものであるが、結論的にいえばやはり気の一種のあり方である。二十五章の「吾れ強《し》いてこれが名を為して大と曰う。大を逝と曰う」への注は、

逝は去なり。大は神なり。能く制するもの无ければ、便《すなわ》ち立《ただ》ちに能くこれを去るなり。

と、一種の物質的なものとしている。そして二十一章の「恍惚の中に物有り、慌惚の中に像《かたち》有り」への注に、

中に大神気有るが故に、嚢籥《ふいご》に喩《たと》うるなり。

とある。この「中に有る」は、さきに「窈冥の中に精有り」でみた「含まれる」の解釈と同様に考えるべきものである。かくて「神」も気であることが確認できる。

とすると、「想爾注」においては、「精」「神」はともに気であり、それはまた「道」でもあった。「道」と「精」

「神」、それに「気」というと、思いおこされるのは、いわゆる六朝道教の三一説である。南斉の顧歓は「精・神・気」を三気と称し、それによって超越的な一聖体（「道」）が形成されるとしたが、この三気は精神的なものから、客観的なものまでをあらわすととらえられていた。(8) 梁の臧玄静はこれを「精は霊智慧照の心、神は無方不測の用、気とは色像形相の法」(9)と、いっそう分析的に説明している。

しかし、「想爾注」の「精」「神」は、いずれも気ととらえられるものであって、その意味では顧歓や臧玄静のように、いわば形而上から形而下への傾斜をもつものではなかったと考えられる。「想爾注」はしばしば「精を結びて神を成す」というような表現を用いるが、これに加えて「神成りて気来たり、人身に載せ営む」（十章注）と推しすすめてもいる。これが示すのは、「精・神・気」が、気としての「道」のひとつの展開の過程としてとらえられているということであろう。

(三)

さて、「想爾注」において「道」とは気であることを指摘したが、これは「道」が具体的ないし現実的なものであることを示している。(10)「河上公注」以来、「道」の位置づけはさまざまな様式・方法において記述されているが、ほとんどの場合、一種の超越性をそなえるもの、あるいは形而上的なものと理解されてきた。では、「想爾注」の「道」は、そうした超越的・形而上的なものではないのか。その点について、ここでは「道気」という概念をめぐって検討することとする。

「道気」はまず、きわめて微妙、あるいは微少・微弱なものとされる。すなわち「微」である。

微とは道炁の清なるなり。（十四章注）

またそれは「微」であるがゆえに浸透・侵入しないところのない、宇宙に偏在するものとされる。

道気は微弱なり。故に久在して伏《ふく》さざる所なし。（三十六章注）

気としての微少・微妙さのゆえに、宇宙に偏在することはまたつぎのように説かれる。

道炁は常に上下し、天地内外を経営す。見えざるゆえんは、清微なるがゆえなり。（十四章注）

あるいは、

道気は間に在り。清微にして見えざるなり。（五章注）

とされる。「道気」は天地の間はもとより、さらにその外側にまで常にありつづけるものとしてあまねくゆきわたり、周流循環しつつ運動しているものとされるのである。このことは「想爾注」が「道」の別称である「一」について語るとき、全く同様のものとして表現される。

一とは道なり。（二十二章注）

一とは道なり。……一は天地の外に在り。入りては天地の間に在り。(十章注)

「道気」、あるいは「一」は、このようにみてくると、天地の外へのひろがりという、限界を考えることのできない、いわば無限性をもつものではあるが[11]、その本質は気であった。それゆえ「道」は超越的・形而上的というよりも、むしろ具体的・現実的なものといえよう。そのかぎりにおいては、「想爾注」の「道」は、「河上公注」以来の論議とは性質をたがえている。宇宙における事実的無限性にもかかわらず、存在論的には限定あるものである。超越的実在ではなく、感性的直観の対象であり、形而上者ではなく、形而下の存在者なのである。

では「想爾注」はなぜ「道」をこのように限定あるものととらえたのであろうか。その理由として考えられるのは、「道」が生命を形成するものであったということである。

気としての「道」が生命を形成するものであることは、「精」「道精」の検討においてすでにみたとおりであるが、ではその気は、具体的にはどのように生命を形成するのであろうか。その点に関しては、その一端を示すものとして、「人の精気は蔵中に満つ」(九章注)とか、「万物は道精を含みて並び作る」(十六章注)などのことをすでにみた。これらは、生命をもつものは体内に「道」を導入する、ないし取り入れるという形で生命を形成していることを示している。つまり生命は、一種の容器のようなものとして存在する肉体に、「道」が入り込むことによって成り立つのである。このことは、人体を車にたとえて説明する十章注の「身は精の車たり。……人身に載せ営む」とする点にもみえていたことであり、さらに、

腹は道の嚢なり。気、常に実《み》ちんと欲す。(三章注)

なども同様のことを示している。またそれが生命の根本となるものであることは、「所以《ゆえ》に精とは道の別気なり。人身中に入りて根本と為る」（二十一章注）とあったことからまったく明確である。そしてこのように肉体の中に入りこむ「道」は、またつぎのように説かれる。

一とは道なり。……一は人身に在らざるなり。諸々の身に附する者はことごとく世間の常に偽伎するなり。真道に非ざるなり。一は天地の外に在り、入りては天地の間に在り。但だ人身中を往来するのみ。都《す》べての皮と裏と、ことごとく是れなり。独り一処（にある）に非ざるなり。（十章注）

この気としての「道」とは、あくまでも肉体の外側にあり、外から内に取り入れられるものであった。すなわち、それは肉体中に本来的に固有的にそなわるものではないのである。「これ（道精）を分かちて万物に与え、万物と精とはそれ一体なり」（二十一章注）というのも、この意味においてである。またこの「道」とは、宇宙天地の内外を循環運動している「道」それ自体である。個別の肉体に固有的に、また個々に相対的なものではない。天地内外を経営する「一」たる（至高なる）「道」が、肉体内部にまで及んできて、そこに生命を形成するのである。

生命は抽象的あるいは形而上的なものではない。具体的事実的なものである。そしてその生命を形成する「道」が形而上的なものであるとするなら、「道」から生命に至るまでの生成の過程には、論理的には一種の断絶をとびこえるという、古典的生成論にしばしばあらわれるアポリアがふたたび頭をもたげることになるだろう。これに対して、生命を支える根源に、気としての「道」を設定するならば、「道」から生命に至る過程は、連続的なものとしてとらえられる。さらにいえば「道」と生命とは全く同質のものということにもなる。そうすれば「生は道の別躰なり」（二十五章注）とのことばは完全に、そして単純なものとしてとらえることができるだろう。すなわち、「想爾注」は、生命を絶対的に第一義なるものと重要視する立場からの『老子』への注釈であったが、まさにその立場のゆえに「道」の位置は生命と同列の具体的現実的なものとされるに至ったと考えられるのである。つまり根源的なものであり、「道、甚だ大」（二十五章注）あるいは「道、甚だ広大」（三十四章注）である「道」は、日常的現実に徹した生命観に対応して、限定あるものとされることになったといえるだろう。このことは「想爾注」におけるひとつの大きな思想的特質であるといってよい。

（四）

また「想爾注」の思想では、ここにおいてもうひとつの問題があらわれる。肉体それ自体の問題である。すなわち「精」を載せ営み、「道気」を充実する容器的なものととらえられ、また「道気」を循環させ、生命を具体的に実現するところの肉体それ自体は、「精」ないし「道気」とどういう関係にあるのかという問題である。ここまでみてきたところから考えると、肉体とは、生命とは独立的に、あるいは「精」「道」などとは独立的に、それ自体であるものとされているように思われる。つまり、肉体は生命（「道気」）の結び営まれる場であり、生命は肉体を前提するものとも考えられる。これはまた「道気」によって（もとづいて）肉体が成りたつのではない、ということをあらわしているように思われる。なぜならそれは、肉体は生命にもとづいて成りたつのではないということと同じことであり、もしも生命にもとづいて肉体が成り立つと考えるならば（論理として成り立たぬわけではないが）、それは日常的経験的事実に反するからである。つまり人間が生命を失ったのちも、しばらくは肉体は厳然として存在するという経験と矛盾することになるからである。

このことはまた天地についても同様にいえることである。つまり「道炁は……天地内外を経営す」（十四章注）というように、「道気」の循環は天地の存在を前提とすると考えられるからである。この考えを少し拡げるならば、存在者一般は、その生命とは別に、質料性において「道気」とは独立的に、あるいは並立的に存在するということになるだろう。これは論理的には「道気」（「道」）が唯一絶対の根源ではなくなるということを意味する。だが「想爾注」自体の議論はそこまでは踏み込んではいない。

道は常に無欲にして清静を楽しむ。ゆえに天地をして常に正さしむ。天地は道の臣なり。（三十七章注）

このようにまず天地が「道」の支配下にあるものとされる。また、

無名大道の巍巍たるや、真《まこと》に天下の母と歎ずるなり。（二十五章注）

と、天下（のものを生みだすところ）の「母」であるともされ、さらに、

道は天下万事の本なり。（十四章注）

ともいって、「道」が存在者にとって根本的な一者であることを明確にしている。これらに加えて、

万物は道精を含む。並び作るは、初めて生起するの時なり。（十六章注）

とか、さらにつぎのようにもいうのである。

天地は広大なり。常に道に法りてもって生ずるなり。(二十五章注)

玄とは天なり。(天の)常に道に法りて行くこと、かくの如し。(十章注)

天の能く久生なるは道に法るがゆえなり。(十六章注)

このように存在者は「道」によって、あるいは「道」にもとづいて、存在するものであることが指摘される。それゆえに、さきにみた「道気」とは独立的なものと前提される肉体・存在者と、「道」との関係の整合は、「想爾注」においてはあまり積極的になされているとはいえないのである。その問題自体は、重要と思われるのだが、言及はほとんどないのである。「想爾注」においては、なぜ生命は重要なのかということへの反省がなかったのと同様に、深い省察はない。「想爾注」では存在者、とりわけ人間の肉体は、もはや自明なものととらえられていたのだろう。

しかしながら、ここまで検討してきたことからすれば、「道気」と存在者とを一貫して把握する筋道も考えられるように思われる。すなわち「道」が万物の根本であるのなら、「道気」はその循環運動の前提となる天地・肉体をも、実際は構成しているものと考えることができる、ということである。「道気」は宇宙に普遍的に行きわたっているものであるが、見方を変えれば宇宙は「道気」それ自体であり、「道気」がなければ宇宙はないともいえる。循環集散などの運動により、種々の相をとりうる。存在者の存在はそうした気の集散によるあるひとつの相である。他方、生命とは、存在者中の特別なある種のものが保有するものであり、「道精」によって生起するものである。しかしこれも「道気」のあらわれ方のひとつの相にほかならない。すなわち「精とは道の別気なり」(二十一章注)「生は道の別躰なり」(二十五章注)とはそのことをいうものである。肉体と生命とは、「道気」の諸相が相互に媒介的に、あるいは相互に依拠的に、ひとつのものとして実現したものと考えることができるわけである。

三

（一）

「道」が形而下なるものであり、存在者であるということは、生命重視の立場から帰結するものであったが、同時に生命重視の具体的実践の面においても、重要な問題をはらむものであった。それは「道」との一体化という目標達成の方法が合理的なものとなるか、そうではなくなるかという問題である。まず長生願望にもとづく、さまざまに要請される実践についてみてみることにする。

能く古の仙寿をもって喩《たと》うるが若し。今自ら勉厲して道真を守る。（十四章注）

但だ志を道に帰し、唯だ長生を願う。（二十八章注）

悉くもし道を信ずれば、皆仙寿ならん。（三十章注）

道に法りて、常に先《ま》づ小と称し、後《の》ち必ず乃ち能く大たり。大たれば長生して道と寿を等しくす。（三十四章注）

これらによると、「道」を信じ、「道」に帰し、「道」に法り、「道」を守るという実践、すなわち「道」に到達帰順し、それに従うという実践が長生を達成することになる。この「道」が形而上者であるならば、「帰」し「守」り「法」るという実践は、きわめて精神性の濃い、そして知性・理性を超える悟達という方向においてなされなければならない。もちろん宗教的実践という面において、これは決して稀なことではない。それは、必ずしも合理的な思惟を否定するものではないが、深い内面への沈潜による内的修養とか、また方向を変えて、祭祀による自己解放と神性への到達、あるいは熱狂的信仰による没我など、日常的理性を放擲して至上の高みに到達する非合理的な宗教感情による達成である。

一方、「道」が気であるとするならば、その行為が宗教的性格をもつものであっても、把握到達すべき対象は具体的なものととらえられ、日常的理性において了解可能のものとなる。修養という行為の結果も、より具体的かつ現実的なものとしてあらわれうるということになる。「道」の把握あるいは到達への可能性は具体性が増大するということになるであろう。

ところで「道」がこのように形而下の有限なるものということになると、「道」自体は論理的には、個別的相対的な存在者ということになる。とすると、それは修養によって到達すべき至高の目標とは、単純にいえなくなる。それは至上なる神格・至高なる価値とはほど遠いものではないかとの疑問が、当然ながらおこるであろう。

しかしながら「想爾注」においては、その気としての「道」を至高のものと価値づけるのである。「道」の位置と価値とは、「河上公注」などとはことなり、パラレルなものとはなっていないのである。そしてこのことも、「想爾注」の生命重視の思想によってもたらされたものといえるのである。すなわち、もし「道」が形而上者であり超越者であるのなら、その価値は「道」自体からおのずからあらわれ出てくるものである。しかし「想爾注」の場合、それに至高の価値を与えたのはまさにそれが生命を構成する根本となるものであったからなのである。後述する「道」の神性は、このようにして与えられた至高性にもとづくものにほかならない。「道」が至高であると主張する「想爾注」

の文については、すでに「道、甚だ大」（二十五章注）や、「道、甚だ広大」（三十四章注）などを引用したところであるが、その他にも、

道は至尊なり。（十三章注）
道は尊にして且つ神なり。（三十五章注）
四大の中、何者か最大なるや。道、最大なり。（二十五章注）

などをあげることができる。この至尊最大なる「道」は、比喩的ながらも一種の人格的なものともとらえられることになる。『老子』本文に「我」ないし「吾」とあるとき、「想爾注」はこれを「道」の擬人的表現ととるのである。

吾れは道なり。（四・十六・二十一・二十五・二十九章注）
吾れは道なり。我れと吾れと同じきなり。（十三章注）
吾れ・我れ、道なり。（十三章注）

かかる道は、神格的なものとみてよいだろう。その点については、

一、形を散じて気と為り、形を聚《あつ》めて太上老君と為る。（十章注）

のように、「太上老君」という名称も示される。これは『魏書』「釈老志」における神格化された老子と名称を同じく

し、その点で「道」の神格化は明瞭である。(12)「道」が人間に相似しているとするのは、「人身は天地に像《かたど》る」(13)（十章注）「天地は道に像る」（五章注）などのことから、「想爾注」においてはそのようなひとつのイメージがあることはあったといえよう。しかし後述するように「想爾注」は、こうした神格的形象を直接えがいてそれを崇拝するようなことに対しては、根本的には否定的である。したがって、右の「太上老君」の句にひきつづいて、

　或いは虚無と言い、或いは自然と言い、或いは無名と言うも、皆な同一なるのみ。（十章注）

と、「虚无」とは文字どおりの虚无ではないにしても、「太上老君」の形象性を曖昧とするような記述をおこなっているのである。「道」に関する表現についてみてみるならば、

　道は至尊なり。微にして隠る。状貌形像无きなり。（十四章注）
　道、明らかに見知すべからず。形像无きなり。（十四章注）
　道は是《か》くのごとく見名すべからず。有る所无きが如し。（十四章注）

と形像性を否定するのである。このことは、「想爾注」が、「道」に対して固定的形状・形態を与えたり、さらに有形のものを指して「道」というような立場を、強硬に批判する点からもみてとれる。

　今、世間の偽伎、形を指して道と名づけ、服色名字と状貌の長拉（短）有らしむるは、非なり。ことごとく邪偽なるのみ。（十四章注）

世間は常に偽伎す。因りて教授を出して、形を指して道と名づけ、処所と肷（服）色・長拉（短）に、分の数有らしむ。（十六章注）

さて、「道」は気であった。それゆえ日常的水準において固定的形体をもつことができない。「道」はそれゆえ「無」ともいうべきものであった。しかし気であるために、そこには拡散・凝集がともなう。存在者・肉体の問題もそこに集中し、「太上老君」のような発想もそこに成り立った。しかし、「太上老君」、あるいは人身に相似した「道」などという表象は、結局は「道」を神格的にまで高めたことにともなう派生的な問題と、基本的にはみてよいと思われるのである。

（二）

「道」が神格的なものとされることは、「想爾注」の思想が基本的には宗教思想であることを示している。それはまた「道を信ずる」という表現にもあらわれている。

仙寿天福を欲求するの要は、道を信ずるにあり。（二十四章注）

生命久寿の達成の要点はこのように「道」を信ずることにある。「道」を信ずることによって、長生を成就することが信仰の目的である。もちろんこれは、「想爾注」の基本的立場であった。また同様のことについて、

悉くもし道を信ずれば、皆仙寿ならん。（三十章注）

ともいう。

このように「想爾注」は神格としての「道」、またそれへの信仰という宗教的構造をそなえているのである。しかし、奇妙なことであるが、一般に信仰を表現する方法として普通のことであると思われる祭祀などを、「想爾注」は否定するのである。

道を行う者は生き、道を失う者は死す。天の正法は祭餟禱祠に在らず。道、ゆえに祭餟禱祠を禁じ、これに重罰を与う。祭餟は邪と通同するがゆえに、余食器物有るも、道人終《つい》にこれを食用するを欲せざるなり。（二十四章注）

有道者は祭餟禱祠の間に処らず。（二十四章注）

一般に祭祀は、神の属性、祭をになう主体、目的、方法、機能などによってさまざまの構成要素を内包し、またそれゆえにその性格の分類方法も多様である。今、「想爾注」が否定する祭祀は、祭祀を行う主体が対他的に存在する神に対して願望を伝達し、利益（具体的には長生のこと）を要請するもの、と考えているように把握しうる。その祭祀を具体的に資料にみるならば、「近世の道士、取活するに方無く、人を帰信せんと欲するに、乃ち仏家の形像を制立するを学びて、天尊および左右二真人と仮号してこれを道堂に置き、もって衣食を憑《よ》す。梁の陸修静、これが形を為《つく》るなり」（法琳『弁正論』巻六引王淳『三教論』(14)）などの、釈迦三尊を模したとされる神像に対する祭祀を指摘しえよう。「想爾注」で否定する祭祀が、かかる意味でのものとすると、では「想爾注」において考えられている信仰の形態はどのようなものか。それは当然対自的なものであるということになる。つまり、修業・修養などの宗教的実践である。そしてその実践として具体的に示されるものとして、「守」ないし「抱一」がある。

今、道誡を布きて人を教う。誡を守りて違わざるを即ち守一と為す。その誡を行わざるを即ち失一と為すなり。（十章注）

一とは道なり。誡を設けて聖人これを行うを抱一と為す。（二十二章注）

「抱一」は『老子』十章・二十二章にみえる語であり、『荘子』「在宥」には長生久寿の要諦として「守一」の語がみえている。[15]「河上公注」では二十二章本文の「抱一」を「守一」と解してこれを長生のこととしている。また「守一」の語は『太平経』にも頻出する語である。[16]これらにおける「守一」の語の具体的内容はさまざまではあるが、長生を目的とするところにおいて一定の方向性をもつことを指摘しうる。しかし「想爾注」はそれらの内容のある種のものを否定している。たとえば五蔵神を「一」とみなしてそれを存思するような「守一」を批判する。

世間、常に偽伎し、五蔵を指して一と名づけ、瞑目思想して、従《よ》りて福を求めんと欲するは、非なり。（十章注）

これは「河上公注」三章への注である「道を懐《いだ》き、一を抱《いだ》きて五神を守るなり」に対応するものといえよう。また神格的老子ないし具体的に道を思い浮かべて思念するがごとき「守一」もある。『抱朴子』「雑応篇」に、「但だ老君の真形を諦念するのみ。老君の真形、見《あらわ》るれば則ち起《た》ちて再拝するなり。老君の真形なるものは、これを思うなり。

姓は李、名は聃、字は伯陽、身長九尺にして黄色、烏喙にして隆鼻、秀眉、長さ五寸、耳、長さ七寸なり」とあり、また「地真篇」には、「子、長生を欲すれば、守一、まさに明らかにすべし。一を思いて飢に至れば、一、これに糧を与う。一を思いて渇に至れば、一、これに漿を与う。一に姓字服色有り。男は長さ九分にして、女は長さ六分なり」と、「一」を思念することを説く。これに対して「想爾注」は、服色状貌を有し、その寸法までが示されるような「一」ないし「道」などを真向から否定するのである。「今、世間の偽伎、形を指して道と名づけ、服色名字と状貌の長拉（短）有らしむるは、非なり。ことごとく邪偽なるのみ」（十四章注）というとおりである。

しからば「想爾注」の主張する「守一」の内容はどのようなものであるのか。それは、「誡」とか「道誡」とか称せられる戒律を守る修養の行為であった(17)。すなわち、宗教的にみて、主体的に信仰にかかわってゆく実践ではあるが、特殊な修業行為を強く前面に出すものではなく、戒律を守るという日常的な実践を求めるものであったのである。

（三）

そこで「道誡」の実践、すなわち戒律を遵守することであるが、それを求める「想爾注」の文を以下にいくつか示すことにしよう。

人、挙動せんと欲するに、道誡に違う勿かれ。（八十一章注）

道誡を奉ずる者、長く吉にして凶ならざるに処るべし。（三十六章注）

人、事を挙げんと欲するに、先《ま》づこれを道誡に孝（考）う。（十五章注）

人、事を挙ぐるに道誡を懼怖せざれば、道意を失い、道、即ちこれを去る。（二十三章注）

人、誠を行い道を守らざれば、道去りて則ち死す。（三十六章注）
志を結びて生を求むるに、務めて道誠に従う。（二十七章注）
誠は淵たり。道はなお水のごとく、人はなお魚のごとし。（三十六章注）
人、道を行い誠を奉ずれば、微気これに帰し、気は淵淵深たるなり。（十五章注）
人、道を行いて誠に違わざれば、淵淵として道に似たり。（四章注）
天子王侯たるや、栄観有りて人の尊ぶ所となるといえども、務めて清静を重んじて道誠を奉行すべきなり。（二十六章注）
王者、尊といえども、なお常に道を畏れ、誠を奉じてこれを行うがごとし。（三十七章注）
王者、道に法りて誠を行えば、臣下ことごとく皆自《おの》ずから正し。（三十七章注）

この「道誠」は「道」から発出されたものである。

名と功とは身の仇なり。功名就《な》れば身は即ち滅ぶ。ゆえに道、これを誡《いまし》むるなり。（九章注）
道の言う所、一として棄つべきもの无きなり。（十七章注）
道の説く所は無私なり。（十九章注）

そしてこの「道誠」をなぜ守らなければならないかは、すでにみたように、その遵守は生死にかかわることであり、「道」がその生死を設定した主体であったからである。

道は生を設けて善を賞し、死を設けて悪を威《おど》す。（二十章注）

「想爾注」においては、生命はもっとも重要なものとされるが、「道」はそれを設定し、また監督するものでもある。したがって、そのような「道」によって要請される戒律を実践しないならば、生命に危険が生ずることになるだろう。これが「道誡」実践の根拠である。

(四)

では、遵守実践すべきその「道誡」の内容は何か。それはきわめて単純なことである。いってみれば、善なる行為をおこない、悪をおこなうべからず、ということ以外のことではない。「想爾注」自体はその内容まで説き及ぶことは少なく、抽象的につぎのようなことを述べるだけである。

彼の悪行を去り、此の道誡を取るなり。（十二章注）
悪人に見《しめ》すに、誠は善を説くと為す。（十七章注）

そこで、そのおこなうべき善行、否定すべき悪行とは具体的にはいかなるものかというと、じつは「想爾戒」と称せられる戒律と、それに類似する戒律が『道蔵』中にいくつかみえており、それによってある程度はうかがいみることができるのである。

まず、「想爾戒」という名称の、文献にみえるものとしては、『道教義枢』（『道蔵』七六一）の巻二「十二部義」に

「想爾九戒」とあるもの、および『伝授三洞経戒法籙略説』（『道蔵』九九〇）の「戒目」に「想爾二十七戒」とあるものがあげられる。(18)

具体的に内容を示すものとしては、「道徳尊経想爾戒」（『太上老君経律』、『道蔵』五六三）、「老君二十七戒」（『太上経戒』、『道蔵』五六二および『雲笈七籤』巻三八）、「老君禁戒（三十六戒）」（『要修科儀戒律鈔』、『道蔵』二〇四）が指摘されている。(19)これらの三つの「戒」の内容は、ほぼ同系である。そしてそのうちでも「道徳尊経想爾戒」が、もっとも原型に近いものであることも考究されている。(20)それは、『老子』本文にもっとも密接に述べられているものである。そこで、ここでは「道誡」の内容をみるのに、「道徳尊経想爾戒」を中心におこうと思う。(21)

この「道徳尊経想爾戒」は、形式的には九つの行（九行）と二十七の戒（二十七戒）との二つの部分から構成されている。この二部分は小題によって区別され、九行には「道徳尊経想爾戒」とある。これは上中下の三行づつにさらに下位区分される。二十七戒は「道徳尊経戒」とされ、やはり上中下の九戒づつに分かれる。九行はその内容からみて、なすべき行為の規定であって、いわば積極的戒律である。二十七戒は、してはならぬ行為の規定であって、消極的戒律ともいうべきものである。そしてこの「戒」は、これらの戒律を正しく実践するならば、人は不老長生に到達しうるというのである。

この九行は（『老子』）二篇八十一章の集会にして道舎を為すなり。尊卑とも科を同じくす。上の行を備《ことごと》くするものは神仙たらん。六行なるものは寿を倍せん。三行なるものは年を増し、横ざまに夭せざらん。（「道徳尊経想爾戒」）

この二十七戒は、上篇と共に合して道淵を為すなり。尊卑とも通じて行う。上を備くするものは神仙たらん。十八戒を持するものは寿を倍せん。九戒なるものは年を増し。横ざまに夭せざらん。（「道徳尊経想爾戒」）

このように不老長生が目的とされている点は、まずは「想爾注」の思想に一致するものとみてよいだろう。そこでその実践内容であるが、基本的に『老子』の記述を教えとして、それを日常的行動の規範とするものであった。それはとくに九行に判然としている。

①無為を行え。（二章ほか）
②柔弱を行え。（四十三章ほか）
③雌を守るを行い、先に動くこと勿かれ。（三十八章）
④無名を行え。（三十二章ほか）
⑤清静を行え。（四十五章）
⑥諸善を行え。（八章ほか）
⑦無欲を行え。（三章ほか）
⑧止だ足るを知るを行え。（四十六章）
⑨推譲を行え。（六十六章）

右の①～③は上三行、④～⑥は中三行、⑦～⑨は下三行であり、括弧内は関係する『老子』本文の章次である。この三行づつの区別の基準には明確なものは見出せない。しかし全体としては『老子』特有の消極無為・柔弱謙下の教訓であり、突出を避けること、過剰にわたることをいましめるものである。

二十七戒は、九行よりもやや具体的なものが多く、「貧賤をもって強いて富貴を求むること勿かれと戒しむ」「事を挙ぐるにまさに詳心すべく、惚惘なること勿かれと戒しむ」「諸悪を為すこと勿かれと戒しむ」と、『老子』とかかわるというよりも、いっそう一般的な訓戒となっている。また逆に「想爾注」に相即したものもある。「偽彼（伎）して形を指して道と名づくること勿かれと戒しむ」「鬼神を禱祀すること勿かれと戒しむ」などがそれである。

しかしながら、これらをみるに、その目的である長生不老を可能にするための具体的・技術的な方法はあまりみられない。不老長生を目ざす立場からすると、やや抽象的なものでありすぎるように思われる。ただし二十七戒中に、「喜邪すること勿かれ。喜と怒と同じければなり」「精気を費用すること勿かれ」「王気を傷むること勿かれ」などのものがみえており、これらは長生のための具体的内容を提示するものともとらえうる。[22] しかし「戒」の全体的内容は、その目的の物理性にもかかわらず、むしろ倫理的要請に傾いている。それは、結局、日常において、さきに述べたごとき消極無為・柔弱謙下を遵守実践することであった。「戒」の価値観からするならば、そのような日常こそが善行ということであった。人は長生のために「道」に一致することが求められるが、その方法は特殊な長生の技術ではなく、日常的な戒律の実行であったのである。以上は「道誡」の内容であった。

なお「想爾注」でも、やはり長生を得るための特殊な技術は否定されている。すなわち長生のための房中術などは否定されるのである。「想爾注」においては、一般の人間にとっては種としての生命継承のため、性的な事実は重要だとされるが、「道」を志す者にとっては無用無縁なものとする。

道は祠を継ぎ、種類絶えざるを重んじ、精を合して産生せしむるを欲するがゆえにこれを教うるなり。（六章注）

上徳の人、志操堅彊なれば、能く産生を結ぶを恋せず。少《わか》き時、便《すなわ》ち絶てり。（六章注）

いわんや、不自然な長生の技術などは全く問題とされないのである。

道は人に精を結び神を成すを教う。今、世間は偽伎して道を許称し、黄帝・玄女・龔子・容成（などの房中術をいうもの）の文に託して相い教う。女に従いて施さず、還精補脳（脳）を思う。心神は一ならず、その守る所を失う。揣悦と為して長く宝とすべからず。（九章注）

四

（一）

『老子』「想爾注」は、日常に徹した生命論の立場から『老子』を解釈したものであったが、そうした特性のためもあって、いくつかの注目すべき思想があらわれていた。

まず、生命の根源としての「道」が形而上的・超越的実在ではなく、現実的な気であるとした点である。「道」は気であるため、気を基盤とする生命は「道」と同次元にあるものということになり、生命と「道」とは一貫するものとなる。『老子』十六章「静を復命と曰い、復命を常と曰う」への注に、

万物、道精を含みて並び作る。初めて生起する時なり。吾は道なり。その精の復するの時を観るに、みなその根に帰す。ゆえに人をして根を宝慎せしむるなり。道気、根に帰すれば、いよいよまさに清浄なるべし。宝根清静を知るは、復命の常法なり。

とあるように、同一の地平における生起と展開と回帰とが可能となるのである。これは自己に固有の気を修錬修養によって「道」の気に近づけ等質化してゆくという論理とはことなる。存在論的には「道」と生命とは同等の次元にあるのである。また生命は、「精」「神」「気」が「道」の過程としてとらえられることと、「道の別躰」との記述からして、自己に固有の気ではなく、自己の内にまで循環してくる「道（＝気）」のことであった。

　これからすると、端的にいうならば、「道」とは物質的存在者であって、そのかぎりでは個別的・相対的なものということになる。しかし「想爾注」は、「道は生を設けて善を賞し、死を設けて悪を威《おど》す」（二十章注）と、「道」を生命設定の主体となるものであるとして、これに重大な価値づけをおこなっているのである。

　至上の価値を与えられた「道」に対して、人間はそれと一体化することによって、長生久寿が可能となるとされた。だがその一体化の方法として、「想爾注」は、五蔵神・祭祀・房中などの特別な技術・儀礼[23]を要求しなかった。むしろ「道誡」を遵守するという日常的実践による「道」との一体化、久寿の達成という筋道を示したのである。[24]実践すべき「道誡」の内容は、『老子』にもとづく無為謙下の行為であった。「道」への信仰にもとづいて、日常的実践により、「道」に法り、「道」に一体化するという方途であった。この日常的な実践による信仰の成就ということもまた、重要な特質であった。

（二）

　以上あげた特質のうち、「道」を気とすることによって「道」と生命との一貫性を確保した点は「河上公注」以来、根源者であり、存在者を生成するもの、そうした超越者であった「道」を、感性的直観の領域に置き換え、生命延長の可能性を具体的に増加したものであった。すなわち、これは「道」の存在論的構造を経験的なものに統一したということであり、理念性から現実性への転換ともいうことができるのである。そしてそれは一種の思想の合理化ともとらえることができるであろう。

また五蔵神・房中・祭祀をはじめとする、ある種の非日常的・没我的信仰体験を要求するのではない、日常的善行の積み重ねによる長寿の達成をめざしていた点についてであるが、これは生命論的（宗教）思想ではあるとはいえ、あえていうならば宗教的というよりも倫理的なものである。すなわち「想爾注」の実践論は倫理的性格の濃い、日常倫理の実践を通じて達成される宗教的実践といえるだろう。この点から「想爾注」の儒教思想に対する批判をうかがってみると、興味深いことがみえてくる。

真道蔵されて邪文出づ。世間、常に偽伎して、道教と称するも、皆大偽にして用うべからず。何をか邪文と謂うや。それ五経は半ば邪に入る。五経以外の衆書伝記、尸人の作る所はことごとく邪なるのみ。（十八章注）

これが儒教を批判しているのは明らかであるが、しかしそれは「半ば邪に入る」として、全面的に否定してかかるのではなく、ある程度の有効性を肯定していたとみることもできるのである。

道は甚だ大にして孔丘に教うるなり。後世道の文を信ぜざるを知るために、ただ孔書をのみ上《とうと》び、もって无上となす。道、ゆえにこれを明らかにして後賢に告ぐるなり。（二十一章注）

これもまた儒教批判であるが、その儒教の始祖孔子は「道」に教えを受けたものであるという。つまり儒教にも「道」の教えが入っているとするのである。「想爾注」は「道」の教えを最高のものとしつつも、儒教に対しては許容を示しているわけである。これは「想爾注」の倫理的性格と呼応する事実といえよう。

以上、「想爾注」は、「道」の把握の合理的方向性や、実践における倫理性という点からみて、生命論を基盤とし、日常的現実に徹した立場から『老子』を解釈したものと考えてよいと思われる。

なお、「想爾注」を含めて、六朝道教においては、「道」を気とすることがひとつの方向であった。こうした物質性にもとづくともいうべき合理的方向は、しかしながら仏教側からの哲学的批判を受けることになる（『弁正論』巻二ほか）。そして六朝後期から唐にかけての「道」の思想は、しだいに理念的方向に深められてゆくのである。

注

（1）『敦煌六朝写本張天師道陵著老子想爾注校牋』（香港、一九五六）。
（2）『清華学報』（新一〇二、一九五六）。
（3）饒宗頤・陳世驤の五斗米道説を承けたのが大淵忍爾「老子想爾注の成立」（『岡山史学』一九、一九六七）、同「五斗米道の教法について（上）（下）」（『東洋学報』四九―三・四、一九六八）である。これに反対したのは、福井康順「老子想爾注考　校牋を主題として」（『早稲田大学大学院文学研究科紀要』第一三号、一九六八）、楠山春樹「老子想爾注考」（『老子伝説の研究』創文社、一九七九）である。
（4）この点を指摘するのは麦谷邦夫「『老子想爾注』について」（『東方学報』第五七号、一九八五）である。
（5）原田二郎「老子想爾注の長生の理論」（『中哲文学会報』第八号、一九八三）、前掲麦谷「『老子想爾注』について」、また小林正美「『老子想爾注』の成立について」（『道教と宗教文化』平河出版社、一九八七）。いずれも北魏ないし劉宋時期の成立としている。
（6）右掲原田論文にも指摘する（三頁）。
（7）前掲麦谷論文（八五頁）は、「想爾注」においては、「道」と「道気」とが同一のものと意識されていたことがうかがわれる、としつつも、「道気」は現象世界における「道」の動的な運動をイメージして、より実体的にとらえられるとする。また「道」は「道」そのものの気である「道気」を介して万物に普遍的支配をおこない、また「精」は「道気」であり、それは「道」から分与された根源的な「気」であるとする。「道」は時間を超越して天地の間に遍在するものとして、一種の超越的性格をもつとする。それは「道気」の具体性とはいくぶんかの差異があるとするのである。そしてこれを「道」が気を吐出するところの「河上公注」の道気論とまったくといってよいほど似通っており、両者のいうところはほとんど区別がない、とする。

(8) 拙稿「顧歓『老子注』の思想」(『東方宗教』第七四号、一九八九)参看。

(9) ペリオ二三五三『道徳経開題序訣義疏』引。

(10) 前掲原田論文では「道が気である」と述べ、「道」は気を本体とし、「精」は気の精微なるもので万物に分有されるものとする。「道」を一種の過程的なものとして、そのうちにある種の階梯層序を設けて考える。また「道」は生命的なものの最高位にあるものであり、超越的実在であるという。

(11) 天地の外側という表象には、張衡の渾天説における天地の外側の表象の影響をみることもできる。

(12) 拙稿「『老子道徳経序訣』小考」(『筑波中国文化論叢』第八号、一九八八)。

(13) 人間の形をした天地宇宙のイメージは呉の姚信の昕天論にもみえるところである。

(14) 陳世驤「想爾老子道経燉煌残巻論証」(五二頁)の指摘による。

(15) 拙稿「『老子』「河上公注」考略」(『鎌田正博士八十寿記念漢文学論集』大修館書店、一九九一)。

(16) 饒宗頤『老子想爾注校牋』「箋証」。

(17) 楠山「老子想爾注考」二五三頁、原田「老子想爾注の長生の理論」七頁、麦谷「『老子想爾注』について」九七頁。

(18) 右掲楠山論文、二四三頁。

(19) 前掲陳世驤論文によって五斗米道教法における「戒」の重要性が指摘され、前掲大淵論文によりその意義が深められた。饒宗頤ものちにこの「戒」に関説し、『老子』は〝経〟であり「想爾注」(ないし「想爾訓」(『伝授業経戒儀注訣』、『道蔵』九八九）は〃論〃にあたり、「想爾戒」は〃律〃にあたると、仏教の例に借りてこれを位置づけている。ただし、この「戒」は天師道早期のものであり、仏教の滲入の跡はない、とする（「想爾九戒与三合義兼評新刊〃太平経合校〃」（『清華学報』新四―二、一九六四））。また前掲楠山論文はこの「戒」の精密な考察により、陳・大淵説に疑いを指摘した。

(20) 前掲陳・大淵論文および楠山論文。なお楠山論文には三つの「戒」を比較した一覧表が載せられている。

(21) 前掲楠山論文参看、二四六頁。

(22) 「王気」について陳世驤は「心力」との解釈を示す（五三頁）。

(23) 楠山論文は「想爾注」が反駁する主な対象は茅山派道教の養生論であるとし、麦谷論文は上清派道教の教理であるという。

(24) 『正一法文天師教戒科経』（『道蔵』五六三）中の「大道家令戒」は、五蔵神・祭祀・房中などに強く反対し、「想爾注」と共通の思想的宗教的背景をもつ。この「戒」については、陳世驤論文が指摘し、大淵論文がこれを敷衍し、麦谷論文において精密に検討された。

第七章　顧歓老子注の思想

一

顧歓、字は景怡、呉郡塩官の人である。その正確な生卒は明確ではないが、永明元年（四八三）に南斉の武帝に徴されたが就かなかったこと、その後に六十四歳で卒したことなどから、五世紀中間期、劉宋初年から南斉の間を生きた人とみられる。

顧歓[1]は幼年から才能を発揮し、郷学では『孝経』『詩』などを修め、二十余歳で当代の鴻儒雷次宗[2]に玄儒の学を受けた。雷次宗は若くして盧山に入って慧遠に師事し、『毛詩[3]』などを伝授されていた。顧歓は慧遠の孫弟子にあたるのである。

顧歓は、やがて母の死を契機に隠遁の道に入り、以後仕えることなく、天台山に学を講じた。後、南斉の太祖に徴されて上表した際には、みずから「山谷臣」と称している。そして晩年には服食を節して仙道の修業に入っている。また『夷夏論』をめぐる論争において、彼を「道士」と呼ぶ人々がいたことから、みずから道教徒としてふるまい、周囲もそのように認知していたこともうかがえる。

道士としての顧歓が奉じていたのは、霊宝経典を中心とするものであった。そのことはいくつかの文献の断片的記事から知られる。謝鎮之の『夷夏論』への第二批判には、顧歓説に対して「『霊宝』『妙真』の如きに至りては、『法華』を採撮するも、制用もっとも拙なり」と、顧歓を霊宝派に目して批判をいう。甄鸞『笑道論』巻下には、「昔、道士顧歓に問うもの有り。歓答う。『霊宝』の妙経の天文大字は自然より出づ。『法華』に本づくに非ず」とあり、法琳『弁正論』巻八では、さきの謝鎮之と顧歓の問答として、「宋人謝常侍は道を駁するの論を為《つく》り、もって道士顧歓に問う。歓答えて言わく、『霊宝』の妙経の天文大字なるは、自然より出づ。本より『法花』を改めてこれを為るに非ず」という。玄嶷『甄正論』巻上には、「その洞真部は即ち是れ『霊宝』なり。経数は並びに是れ近代の呉・宋・斉・梁四朝の道士葛玄・宋文明・陸修静及び顧歓等、偽造せるなり」とある。これらの資料は顧歓が霊宝派と認められていたことを示しているが、彼が霊宝経典を偽作したというのは、少々怪しい話のようである。

霊宝経典の特徴(4)は、仏教の大乗思想の影響を受けていることと、『老子』を尊崇することである。『三洞珠嚢』巻七に引く宋文明『道徳経義淵』は、霊宝派において仏教と『老子』とがいづれも重要だったことを示す好例である。すなわち、まず『道徳経義淵』の書自体は『老子』に関するものである。そして内容は、「十戒を持し、口業浄きものは欲界に登り、身業浄きものは色界に登り、心業浄きものは無色界に登り、九品行に入るものは種民天に登る」と仏教色が濃い。仏教の十善十悪界の「不殺生・不偸盗・不邪淫」の三「身業」、「不妄語・不両舌・不悪口・不綺語」の四「口業」、そして「不貪欲・不瞋恚・不邪見」の三「意業」が記され、最後に道教の種民の思想が示されているのである。霊宝派顧歓の思想的基盤をなすものは、おそらくこうした方向性であったろう。

二

劉宋から南斉にかけての思想的潮流のひとつに、仏教と道教の学者たちがその優劣を争い、たがいに非毀しあうという状況があった。顧歓は『夷夏論』を著してその状況に一石を投じたのである。顧歓の目的は、その文中に「道則仏也、仏則道也」とあるように、仏道の対立の調停にあった。しかし彼の調停の立場は両者に対して完全に中立的ではなかった。彼自身の本来の道教的立場を肯定する方向において調節をはかったものだったのである。そのため、周囲に大きな衝撃をあたえ、いわば〝夷夏論論争〟(5)とでもいうべき、新たな道仏の論争をまきおこしたのである。以下、『夷夏論』における顧歓の主張の要点を検討し、ついでそれへの批判のひとつをうかがって、顧歓の立場を鮮明にしたい。『夷夏論』は劉宋泰始三年（四六七）に著され、その論争はほぼ宋末にかけておこなわれた。『老子注』は南斉の太祖の践祚の際に献上されており、その作製はやはり宋末にかかるものである。『老子注』はかなり近い時期に著されたものと考えられる。したがって『夷夏論』の検討は、『老子注』考察の重要な前提となるであろう。

さて、『夷夏論』著述の目的は道仏両教の相克状況の調停にあったわけだが、その状況は論中にも述べられている。

しばしば刻舷《がんこ》なる沙門、守株《ゆうづうのきかぬ》の道士、大小を交諍し、互《たが》い相いに弾射す。あるいは道を域《くぎ》りてもって両となし、あるいは俗を混えてもって一となす。これ、異を牽きてもって同となし、同を破りてもって異となせば、則ち乖争の由、淆乱の本なり。（『夷夏論』）

そしてこのような状況を打開するために、両教の経典を典拠として、まずたがいの同質性を指摘する。

それ是と非とを弁ずるに、よろしく聖典に拠るべし。二教の源を尋ぬるがゆえに、両《とも》に経句を標せん。

道経に云わく、老子は関に入りて天竺維衛の国に之《ゆ》く。国王の夫人、名を浄妙と曰う。老子、その昼寝に因りて、日の精に乗りて浄妙の口中に入る。後年四月八日の夜半時、左腋を割きて生まる。地に墜《お》りて行《あゆ》むこと七歩、ここにおいて仏道興る、と。これ『玄妙内篇』に出づるなり。

仏経に云わく、釈迦、仏と成りて塵劫の数有り、と。『法華無量寿』に出づるなり。あるいは国師・道士・儒林の宗となる、と。『瑞応本起』に出づるなり。（『夷夏論』）

これは『玄妙内篇』と『法華無量寿経』『太子瑞応本起経』との、道仏両経典の説をくみあわせて、老子の釈迦への転生と、その後長年月をへて中国の道士・儒者の宗師となったということを論ずるものである。つまり仏教と道教とは同根であり、兄弟のようなものだとする。そしてかかる同根説を前提に、つぎに歴史的側面から両教の同一性を強調する。

五帝三皇、師有らざるなし。国師・道士、老荘に過ぐるなく、儒林の宗は孰《た》れか周孔を出でんや。もし孔老、仏にあらざれば、誰をか則ちこれに当てん。然らば二経の所説、符契を合するがごとし。道は則ち仏なり、仏は則ち道なり。（『夷夏論』）

以上の同一性の指摘は、教理の本質的な部分での問題というよりも、表層的外面的な事象にもとづくものであった。しかし顧歓はこれにとどまらず、両教の教理の根底的部分における一致をも指摘する。

泥洹と仙化とは、おのおの是れ一術なり。仏は正真と号し、道は正一と号す。一は無死に帰し、真は無生に会す。名に在りては則ち反するも、実に在りては則ち合す。（『夷夏論』）

涅槃（＝泥洹）と仙化とは、両教の究極的な宗教的境涯を示すものである。右の文では、両教のめざす所を「無死」と「無生」と説明する。「無死」は「不死」とはニュアンスがちがい、たんなる「生」ではない。「無生」は「不生」

ではなく、「死」ではない。生を越え、死を越えたある心的状態であろう。それらは共に独特な面をもつが、それは「名」のみのこと、「実」としての宗教的境地においてはじつは全く一致しているとする。同じことを、

仏・道は、達化において斉《ひと》し。（『夷夏論』）

ともいうのである。しかしその「達化」の境地を、顧歓は必ずしも詳密に説いてはいない。仙化とか涅槃、あるいは達化の境地とは、具体的にどのようなものなのか。それは一種の内的経験であって、表現しにくいものではあろう。しかし顧歓は論文として『夷夏論』を著した以上、ある程度の説明をなすべきであった。『夷夏論』はこの点の説得性にやや欠けるのである。

さて顧歓は以上のように道仏の根源的な一致を肯定するのだが、両教が一致するならば、両教ともには中国に布教される必要はなく、中国の風土に根ざした道教のみで十分であるとして、道仏の不協和の調停を、道教の優位性において行おうとするのである。『南史』「顧歓伝」は、「歓は二法を同じくするといえども、意は道教に党す」と説明する。顧歓自身の語によるならば、

その聖は則ち符するも、その跡は則ち反す。（『夷夏論』）

という。教理の本質的側面たる「聖」の部分では一致するが、本質から遠い「跡」、すなわち「俗」の部分では乖反するというのである。「俗」というのは、「端委搢紳は諸夏の容なり。翦髪曠衣は群夷の服なり」（『夷夏論』）などの服装髪形から、坐り方などの立居振舞い、葬喪儀礼など、風俗・風習にわたるもので、中国側からいえば礼教の問題に

属することがらであった。ということは、儒教の理念、というよりもむしろほとんど中国士大夫の感情・習慣において、仏教の習俗に異和感をもっていたということなのであろう。

華を捨て夷に効《なら》うは、義まさに安くにとらんや。（『夷夏論』）

こうしたことから、顧歓の道仏二教に関する評価は、

仏教は文にして博、道教は質にして精なり。精（道教）は麤人の信ずる所に非ず。博（仏教）は精人の能くする所に非ず。（『夷夏論』）

のごとく、道教は精なる人の教えであり、仏教は粗なる人の教えであると、だいぶ道教を優位におくのである。

三

顧歓のかかる主張に対しては仏教を奉ずる側から、当然批判があらわれる。『夷夏論』をめぐる賛否は正史の「顧歓伝」と『弘明集』に多くみえているが、(6) ここでは宋の司徒袁粲の批判を検討する。

袁粲の批判の要点は二つある。その一は「俗」の問題である。夷の風俗と思われているものでも中国古代におこなわれていたものもあり、剃髪すらも中国古代にあったとする。風俗は時代によって転変するものであって、彼の地の俗に従うようにみえるものも、じつはそうではない、という反論である。

それよりも第二点として、両教が本質において一致するという顧歓の主張への批判が重要である。その批判は、やや理性的であり、宗教経験の深層からあらわれたものとは思いにくいが、両教の教理のそれぞれの特質を指摘し、それらはやはりことなるものであるとするのである。その第一段階は、中国思想の特色に政治性があることを指摘し、顧歓の思想を形成するその背景を衝くものである。

孔・老は治世を本と為し、釈氏は出世を宗となす。軫を発すること既に殊なれば、その帰も亦た異なれり。(顧歓の仏老の)符合の唱は、自由臆説《(勝手な)》なり。(『南史』「顧歓伝」)

中国思想は政治的であり、仏教は宗教性を第一義とするとのこの意見は、顧歓自身に対しても存外に本質を衝くものであった。というのは、顧歓はのちに、南斉の太祖に『老子注』を献呈するにあたり、

伏して願わくは、百王を稽古し、時用を斟酌し、芻蕘をもって言を棄てず、人微をもって道を廃せざれば、則ち率土の賜なり、微臣の幸なり。幸いにして一覧を賜われば、則ち上下交泰し、民に求めずといえども民悦び、天に祈らずとも天応ず。天応じ民悦べば、則ち皇基固からん。(『南史』「顧歓伝」)

と述べており、隠遁の道士にそぐわない、経世済民の士大夫的主張をおこなっているからである。

袁粲の批判はさらに宗教としての両者の比較におよんで、両教の間の差異は決定的であると述べる。

仙化は変形をもって上と為し、泥洹は陶神をもって先と為す。変形は白首を緇《くろかみ》に還すも、未だ無死なる能わず。

陶神は塵惑をして日に損せしめ、堪然として常存す。泥洹の道と無死の地と、乖詭することかくのごとし。何をかそれ同じきといわんや。（『南史』「顧歓伝」）

この議論は道教の神仙不死のテーゼに対して、それに疑問を呈し、一方仏教は精神的な教えであることを強調するものであり、顧歓の痛い所を衝く、かなり鋭い批判であった。

顧歓はこれに対して再反論をこころみている。その内容はやはり「俗」と「教」の二点からなるが、もはや俗の議論は省略しよう。顧歓は、袁粲の批判を経ることによって、たんに肉体的修養によって不死を求めることは、じつは道教において究極的に求めることではないとの認識に達する。そしてそれよりもいっそう深められた境地の存在を提示する。

神仙に死有りとは権便の説なり。（たんなる）神仙は是れ大化の総称なり、窮妙の至名に非ざるなり。至名は無名なり。（無名に至るまでの）その有名なるものは、二十七品あり。仙、変じて真となる。真、変じて神となる。あるいはこれを聖と謂う。おのおの九品有り。品極まれば則ち空寂に入る。無為無名なり。茹芝を服食して延寿すること万億なるがごときも、寿、尽くれば則ち死し、薬、極まれば則ち枯る。これ修考の士にして神仙の流に非ざるなり。（『南史』「顧歓伝」）

これによると、肉体涵養論的・延命論的な「神仙」とは、道教の真の目的ではなく、神仙的修養の窮極のものではないとする。養生論的「神仙」はまだその入口程度であって、「神仙」のその先には、「仙」→「真」→「神（聖）」と修養を深めてゆく過程があり、それが各過程ごとに九段階、計二十七段階もあるという。これは薬物などの物理的方法を含む肉体的涵養を越えてより深く進むならば、精神的に宗教的経験を深めてゆく過程が存在することを示している。その点、議論は『夷夏論』において「仙化」と「涅槃（泥洹）」とを論証なしに、いきなり同一のものとしたことよりも、一層精密になっている。そしてその経験の究極の境地を「無為無名」といい、また「空寂」なる境地だとするが、それは二十七段階もの修養を経たのちのものであるだけに、相当奥深いものであることがうかがわれよう。ここでは顧歓は、道教の教理をいわば多層的にとらえ、袁粲の批判する神仙不死などの肉体涵養論を相対的に低レベルのものとし、一方袁粲が高度のものとする仏教の精神性に対応するものが、修養・経験の結果到達する道教の内面的達成・成就であるとする。つまり、道教における宗教的経験の段階をより詳密に説くことによって、仏教側からの批判を越えようとしたのである。

以上、『夷夏論』とその批判、そして反論を通じて、顧歓の思想がしだいに内面的達成を重視する方向に展開してきたことを論じた。彼はその至高の境地を「無為無名」と称したが、このことばはいうまでもなく『老子』にもとづくものであり、「道の常は無為」（『老子』三十七章）とか、「道の常は無名」（『老子』三十二章）など、「道」のことであった。そこでつぎに考察の対象を、彼の『老子注』に移し、「無為無名」ないし「道」について検討することとしたい。

四

顧歓の『老子注』[7]には、しばしば仏教の影響をみる。たとえば仏教に由来する語彙を用いた注釈を列挙するならば、「一切衆生、みな前境・五欲・声色等の諸塵を耽美するを美となすを知る」（二章注）、「善く処りて争うなし。故に六境の傾奪する所とならず」（二章注）、「清虚を実となし、声色を華となす」（三十八章注）、「盛、極まれば則ち衰え、衰、極まれば則ち盛んなり。人間諸法、例としてみなかくのごとし」（四十五章注）、「慈悲を棄捨して、且つ勇敢を為す」（六十七章注）、「衆生を哀憫して強いてこれが病を知る」（七十一章注）などをあげうる。これらはたんに仏教用語とみられるものであり、内容的には必ずしも重要というわけではない。また仏教用語を用いて『老子』を解釈することは、晋宋のころよりすでにおこなわれていた。『道徳真経広聖義』の「序」によると、『老子』注釈者として鳩摩羅什・僧肇などの名も見えている。したがって仏教用語を用いることのみでは、顧歓の独自性とはいえない。『夷夏論』にみたように、顧歓は（批判的であったとはいえ）仏教に多大の興味をもち、またその知識もあった。彼が『老子注』に仏教を援用する場合の特徴は、ではどのあたりにあるのであろうか。

『老子』の思想においてはもちろん「道」の思想がきわめて重要な位置を占めている。顧歓の道教思想の「無為無名」の問題もある。そこで以下、彼の『老子注』について、「道」を中心に検討しよう。

顧歓『老子注』の「道」に関しては、伝統的な道家道教的立場からの解釈と、仏教に由来する解釈との両方向からのものがある。

まず伝統的立場からのものであるが、伝統的といっても古典そのままを無条件で受容していたわけではなく、若干の新しい見解が導入されている。まず第一章「無名は天地の始、無名は万物の母」への顧歓の注釈である。

常道は無体なるがゆえに無名と曰う。陰陽は分有るがゆえに有名と曰う。始とはその無先に取り、母とはその有功に取る。無先なれば則ち、本、尋ぬべからず。有功なれば則ちその理、説くべし。

「常道」とは本文「非常道」を、「河上公注」が「常道に非ざるなり」と解するのと関係があるものと思われる。しかし「常道」が「無体」であるとするのは、「河上公注」が「道は無形なり」（一章注）、「道は空なり」（十一章注）とするのとは、やや異なるように思われる。顧歓は後述するように「道」は有とも無ともいえないとする思想をもっている。それは「河上公注」の「無形」とか「空」とかではおおいきれないものであって、そうした有無という存在性に関する論議を越えてあるものを、「無体」――体無し――として表現しようとしたのだと考えられるのである。

また「常道」はそのはじまりは「無先」にあるとされる。その「無先」とは、『老子道徳経序訣』の

老子は自然を体して然り、太無の先に生じ、無因に起こる。

によるものと思われる。(8) この文は神格としての老子の位置づけをおこなうものであるが、顧歓は「道」をこれと同様のものととらえたのであろう。つまり、ふつう存在者の根源とされる「無」の、さらにその先から「道」はあったととらえているのである。この点は当時の道教教理を反映しているわけであり、また右にみた有無を越える「道」を補強するものといえよう。

また、さらに十四章の注に、

窮りなく序すべからず。その来たるや未だ兆さず。倏爾として見えず。ゆえにこれを迎えてその首を見ずという。

とあり、これは存在論的には「道」自体の事実性が稀薄であること、またそれの時空間にかかわらない無限性を語るものであり、表現的には『老子』以来の発想を継承しつつも、さきの「無体」を補う方向で論述がすすめられたものとみられる。

一方、顧歓はまた仏教の語彙を用いて、内容的には右と同様のことを述べている。

諸物は大なりといえども、大にして極往あり。此の道の大は往行して際まり無く、本より往尽の所無きなり。（二十五章注）

その去ること迹無く、混然として際まり無し。（十四章注）

すなわち用いる語彙の由来はことなるものの、指し示されるものは等しいとみてよい。そして顧歓はさらに、「無体」の性質をいっそう深く解明しようと、そこに仏教的論理の導入をはかるのである。『老子』十一章の「故に有は之れもって利を為し、無は之れもって用を為す」への注である。

利は益なり。轂中軸有り、器中食有り、室中人有り、身中神有り。みな物の益を致すをなすなり。ゆえに曰く、有は之れもって利を為すなり、と。然らば則ち神の身を利するは、無中の有なり。有なるも亦た見るべからざるがゆえに、無物に帰す。神は生を存するの利たり、虚は神を致すの用たり。明らかなり、道の非有非無なること。無は能く用を致し、有は能く物を利すればなり。物を利するは有に在り、用を致すは無に在り。無とは清虚を謂い、有とは神明を謂うなり。而るに俗学未だ達せず、みな老君の無為を全うするの道を師とす。道、もし全く無なれば、物に於て何の益あらん。今、道の利を為すを明らかにするに、利は用形に在り。無の用を為すは、虚なるをもって物を容るるがゆえなり。

この顧歓の注釈のうち、いくつかの語句は「河上公注」に関連する(9)。顧歓の「器中食有り」は「河上公注」の「器中物有り」に対応し、顧歓「室中人有り」は「河上公注」の「室中人有り」に、顧歓「身中神有り」は「河上公注」の「腹中神有り」にそれぞれ対応する。これは顧歓の「無」の表象が「河上公注」と近接していることを示している。すなわち「無」を一種の虚空間を示す、あるいは、より狭めていえば容器的空間を示すととらえているのである。しかし、「河上公注」はその「無」を中心に考えて「虚無は能く有形を制するなり」（十一章注）としているのであるが、顧歓は「道もし全く無なれば物に於て何の益あらん」とし、また「道」を「非有非無」として、「河上公注」的把握とは論旨の方向性をだいぶ異にする。

ここで十一章注をもう少しパラフレイズしよう。顧歓は「無」を容器的虚空間ととらえていたが、そのひとつとして身体をとりあげ、その内に「神」なるものがあり、それを「有」であるとする。身体はその「神」のはたらく空間（無）である。したがって「神」は「無中の有」である。この「神」は容器たる身体のはたらきをなさしめ、その「生」をあらしめる。「神」は、しかし「有」ではあっても、可感的なものではない。ゆえにそれは「無物」である。かくて「神」のはたらき、その働きをなさしめる場である「虚（無）」より以上のものたる「道」は、有無の存在性を超える「非有非無」ということになる。この点からすると、顧歓の考えによるならば、『老子』の無為の思想は必ずしも十全なものではない。もし（『老子』のいうように）「道」が全くの無であったならば、現実的存在者に対して何の意味をもちうるだろうか。「道」のはたらきとは（「無」と「有」とを併せた）存在者をそれとしてあらしめることにあるのである。いわゆる「無」とは、物をその内に入れる虚空間にすぎないのだ、というわけである。

こうした存在性をめぐって述べられる「道」の「非有非無」は、後述するように、論理的に仏教に由来するものであり、それは『老子』の思想を越えるものと、顧歓は考えたのであろう。右の、『老子』の無為の思想は十全ではなく、「道」が全くの「無」であるとしたなら存在者に対して何の意味があろうかとする点は、そのことを示している。

なおここで「道」を明らかにする前提としての「身」と「神」のうち、「神」とはあるいは道教の三一説に関連するものと考えられる。顧歓においては、「神」は「精」「気」とともに「三気」と称される「有」であり、この「三気」によって「聖体」が成立するとされる。成立した「聖体」とは、「神・精・気」を越える神としての老子であり、また「道」のことを意味する[10]。すなわち『老子』十四章の「夷・希・微」について顧歓は、

　此の三気を合してもって聖体を成す。

という。「夷・希・微」については、梁の道士臧玄静が、「経に云わく、これを視れども見えず、名づけて夷と曰うとは精なり。これを聴けども聞こえず、名づけて希と曰うとは神なり。これを搏《う》てども得ず、名づけて微と曰うとは炁なり」（ペリオ二三五三『道徳経開題序訣義疏』）といい、『弁正論』「気為道本」篇第七に引く「河上公注」の佚文にも「夷は精なり。……希は神なり。……微は気なり」とある。そして顧歓はまた「至道の精霊は至真無仮」（二十一章注）、「神とは霊効の謂なり」（六十九章注）という。顧歓の「聖体」の超越性は、この「精・気・神」の事実性に依拠していることが知られるのである。

さて、「道」の「非有非無」の問題について、さらに検討をつづけよう。第二十章「道の物たる、ただ恍ただ惚」への顧歓注である。

　定有と言わんと欲するや、而るに色無く声無きなり。その定無なるを言うも、而るに信（神）有り精有り。もってその体定むべからず。ゆえに恍忽と曰う。

この注もやはり「非有非無」をいうものである。「道」はいわゆる存在的な「有」と、その否定たる「無」とのい

ずれにも属さない。これらの相対性を越える超越性をもつのである。しかしその超越性は、すでにみたとおり、「全くの無」と表象されるものではない。またその点は右の二十一章注に示されるとおり、「信（神）」と「精」とにかかわるものであることによって補強される。さらにさきにみたとおり、「道」は現実的存在者をあらしめるものであったが、それは現実に相即しつつ、日常的現実的「有」ではなく、また日常的現実的「無」ではないものとしてある、ということであった。「非有非無」としてある「道」である。

以上、「道」は事実的なものではなく、あるいは表象把握することも困難なものであった。それゆえに、右に述べたところからすれば、論理において追求されうるものとしてもあるが、そのように考えるならば、存在論的根源者としてとらえられるものといえよう。しかし顧歓においては、それは論理的にのみとらえられてよしとするものではなく、実は「非有非無」としてあるものであり、また内的経験の深化において把握されるべきものとしてあったと考えられるのである。その場合、それは先にみた「品極まれば則ち空寂に入る。無為無名なり」（『夷夏論』）の「空寂」ないし「無為無名」にあたるものということになるであろう。

五

ところで「非有非無」とは周知のとおり、般若の「空」の思想を説明する論理である。顧歓は実はこれの影響のもとに「道」を解釈したのである。そこで中国仏教におけるその理解のいくつかを、ごく簡略にうかがってみよう。

まず顧歓の師筋にあたる慧遠の考えをみてみる。

生塗は無始の境に兆し、変化は倚伏の場に搆《おこ》る。咸《みな》未有に生じて有り、既有に滅して無し。推してこれを尽くせば、則ち知る、有と無とは一法に迴《めぐ》り謝《かわ》り、相待して原に非ず。生と滅とは一化に両行し、空に映じて主なし。

（『出三蔵記集』大正蔵五五）

これによると、無限の彼方より無限の果てまで、有無生滅はたがいに循環しあってつづいている。それが存在者のあり方であるという。そしてその有無生滅は、あるひとつの「法」のもとにめぐりかわるものとされる。その「法」とは何かといえば、変化のあるがままにおいて存在者があるということであり、それは存在の真相・実相とでもいうべきものである。慧遠はそれをまた「非有非無」と説く。

有にして有に在る者は、有において有なる者なり。無にして無に在る者は、無において無なる者なり。有を有とするは則ち有に非ず。無を無とするは則ち無に非ず。（『出三蔵記集』）

存在者における有は有、無は無であるが、これらの現象的事態に対して、より根源的な真相を「法」ととらえ、それを有でも無でもないものとするのである。その「非有非無」をいっそう具体的に説明するのがつぎの文である。

何をもってその然るを知るや。性無きの性、これを法性と謂う。法性は性無く、因縁してもって之れ生ず。縁に生じて自性無ければ有といえども常無なり。常無なるも有を絶するに非ず。猶お火伝わりて息《や》まざるがごとし。

（『出三蔵記集』）

「非有非無」とは、じつは無自性・因縁所生のこととされる。そしてその無自性・因縁所生は、有とか無とかの存在者それ自体においてあるものであるが、論理としてはそれと同じレベルにおいて考えられるものではない。それを越えた水準においてとらえられるものである。「有といえども常無なり。常無なるも有を絶するに非ず」のごとく有と無とに両貫しつつ、有と無を越えるのである。

慧遠は存在者の有無に対して、それより一層根源的である存在の真相を「法」ととらえ、それは「非有非無」であるとする。しかしその「非有非無」は、存在者とはことなるものとしてあるのではなく、存在者そのもののうちにみるものとする。存在者の無自性・因縁所生としてそれはあるのである。それは世界の真相把握という論理的な追及の場合は、存在の有無を越えるという相貌を示すが、じつは存在者が変化し転変してゆくこと、それ自体のうちにあるもの、むしろ見えてくるもの、そういうものであった。

顧歓の「非有非無」の「道」が、存在者に即しつつ、また実体的表象把握はむづかしいとはいえ、有無の相対を越えてあるものとされている点と、慧遠が「非有非無」を、じつは存在者の無自性・因縁所生とすることとは、ややことなるといえるだろう。

つぎに僧肇の理解をみてみよう。僧肇の思想[11]はきわめてはばひろいものがあるが、ここでは「非有非無」の理解にしぼって考えてみる。

それ涅槃の道たるや、寂寥にして虚曠、形名をもって得べからず。微妙にして無相、有心をもって知るべからず。……(『中論』に曰く)涅槃は非有なり。亦た復た非無なり。言語道断、心行処滅なり、と。経論の作《おこ》るを尋ぬるに、あに虚構ならんや。果たしてその有たらざるゆえん有るがゆえに得て有とすべからず。その無たらざるゆえん有るがゆえに得て無とすべからず。……一を抱きて堪然たり。ゆえに神にして功無し。神にして功無きがゆえに至功常に存す。道と通洞するがゆえに沖にして改めず。沖にして改めざるがゆえに有と為すべからず。至

功常に存するがゆえに無と為すべからず。（『涅槃無名論』大正蔵四五）

僧肇は、涅槃の「道」を「非有非無」ととらえている。その内容は「道と通洞するがゆえに沖にして改めず。……ゆえに有と為すべからず。……ゆえに無と為すべからず」というものであるが、これは顧歓が「道、もし全く無なれば、物において何の益あらん」とする点に論理の形としては近いものがある。しかし僧肇のそれは顧歓の（存在者に即しつつ）有無相対を越えてある「道」とは、じつは異っていると思われる。「有たらざるゆえん有るがゆえに得て有とすべからず。その無たらざるゆえん有るがゆえに得て無とすべからず」とする点は、それが存在者に相即していることをいうものだが、一方『中論』の「言語道断、心行処滅」を承けて肯定している点は、認識において存在者にとらわれてはならぬことを認めているのである。存在者に即しつつもそれにとらわれてはならぬということである。僧肇は六家七宗の本無義を批判する文の中でつぎのようにいっている。

本無とは情として無に尚《のぞ》む……故に非有とは有の即ち無く、非無とは無も亦た無きなり、と。かの文を立つるの本旨を尋ぬるに、ただちに以《おも》うに、非有は真有に非ず、非無は真無に非ざるのみ。何ぞ必ずしも、非有は此の有なく、非無は此の無なからんや。これ（本無義は）無の談を好むにして、あに事実に順通して、物の情に即するといわんや。（『不真空論』大正蔵四五）

本無義では「非有」は「有」が「無」く、「非無」は「無」も「無」いこととする。しかし僧肇は「非有」は真の「有」ではなく、また「非無」も真の「無」ではない、ということにすぎないとして、そのようにいう「非有非無」はむしろ有無にとらわれた、論理のみのものであり、存在者に即するものですらない、というのである。ならば彼はそれをどのようなものとしたのか。

有無は内に絶え、称謂は外に倫《しず》む。視聴の曁《およ》ばざる所、四空の昏昧する所、恬焉として夷、怕焉として泰なり。九流是においてか交ごも帰し、衆聖是において冥会す。斯れ乃ち希夷の境、太玄の郷なり。而るに有無をもって標榜し、その方域を標《くぎ》りて、その神道を語るものは、亦た邈かならざるや。（『涅槃無名論』）

有無称謂の存在者にもはやとらわれぬ、恬淡とした無執着の世界、それこそが僧肇の考える「非有非無」なのである。それは有無にとらわれつつ、それを越えるものとして「非有非無」をいうものとは、はるかにことなるのである。つぎに劉宋末のころに流行した成実論の論理をみてみる。[12] 成実論の主張は、一言でいえば有無を離れて中道につくということにある。

成実人の中道を明らかにせんとするもの、文を論じて直ちに云わく、有を離れ、無を離る。聖中道と名づく。（『三論玄義』）

成実論の「有を離れ、無を離る」というのが、また「非有非無」に対応する。

もし、決定有なれば則ち常辺に堕し、もし、決定無なれば則ち断辺に堕す。この二辺を離るるを、聖中道と名づく。（『三論玄義』）

成実論は、存在者を離れた「非有非無」なる「中道」の世界を設定しているのであって、これは僧肇の「非有非無」とはことなっている。一方、右の論は顧歓の『老子注』二十一章における「定有と言わんと欲するや、而るに色無く声無きなり。その定無なるを言うも、而るに信（神）あり精有り」との文と表現上きわめて似ている。おそらく顧歓は成実論の論法によって、彼の論を述べたのだろう。また顧歓は「非有非無」の「道」を、有無相対を越えるものとして「中庸」という表現を使うことがある。

自然の道は、中庸をもって主となすなり。（七十七章注）

これはまた「無為無名」の内的境涯としても把握されるものであるが、同じ七十七章の注に、「顕を挙げてもって微に通じ、器に仮りてもって道を明らかにするなり」とあることからもそれは知られる。この「中庸」も論理としては成実論の「中道」を承けたものと考えられる。しかし成実論においては、現実を離れた「離有離無」の「中道」なる境域が設定されているのに対し、顧歓の「道」は、内的に到達さるべきものとされつつ、また現実的存在者にかかわるものとしての性格を保っていた。その点がひとつの顧歓の独自性としてよいだろう。

以上みてきたところよりして、顧歓は、仏教の「非有非無」を受容して彼の「道」の解釈をすすめようとしたのであるが、仏教のさまざまの「非有非無」とは、それぞれに少しづつことなる点をもっていた。それが顧歓の独自性であるのだが、その方向は、内的到達に向かおうとしていたものの、道家・道教的伝統たる存在論的性格を、まだ色濃くもっていたためにあらわれたものであったとみられよう。

六

道家・道教的伝統については、彼が『老子注』においても、『夷夏論』と同様に、道教優位の諸説統一論を説く点などにもあらわれている。

諸教、多きといえども、同じく一理に帰するを明らかにせんと欲す。一理、少なりといえども、能く諸教を総べん。（十一章注）

顧歓はこのように道教において諸教を、なかんずく仏教を統括しうると考えていたと思われる。彼のその統括の理念たる「道」はたしかに論理的・表現的には仏教を承受するものであった。また、それは、内的達成への傾斜を示しつつも、道家・道教的伝統を色濃くもっていた。一方仏教における有無にこだわらぬ・離れる・その内に見る、そうした深い宗教的認識に入りこんだものとはいいきれなかった。したがって、顧歓の「非有非無」の思想は、いわば仏教思想の論理性の採用と道家・道教の伝統性の継承との、二方面のベクトルの総和としてあるものだったといえよう。

なお、顧歓の『老子注』の思想におけるもうひとつの注目点として治国論がある。さきに、顧歓は「道士」と称されていたにもかかわらず、政治にも関心をもち、中国士大夫としての立場を示していたことを指摘したが、『老子注』の、おそらく治国論に関する部分の抜粋が、やはり南斉の太祖の践祚の際に献呈されているのである。

太祖……践祚するに及び、（顧歓）乃ち至る。歓、山谷臣顧歓と称し、上表して曰く、臣聞く、網を挙ぐるに綱を提《ひ》き、裘を振るうに領《えり》を持つ。綱領すでに理《おさ》まれば毛目おのずから張る。然らば則ち、道徳は綱なり、物勢は目なり。上、その綱を理むれば則ち万機自序し、下、その目を張れば則ち庶官曠からず。……ここをもって窮谷の愚夫、敢えて偏管を露わにし、謹んで老氏を刪撰し、『治綱』（一作『政綱』或作『理綱』）一巻を献ず。

（『南斉書』「顧歓伝」）

『老子治綱』は明らかに具体的政治的現実において役立つことを期待して編まれたものであった。そしてこのことは、『治綱』の源泉である『老子注』そのものにも、基本的にはそれと同質のものが内包されていたということを示している。そこでここでは顧歓『老子注』の治国論方面の議論の検討をなすべきであるのかもしれない。しかしその余裕はいまはない。顧歓の注釈の治国論への傾斜は、また「道」の解釈が現実に相即的であったことのひとつの理由を明確にするものであったことを指摘することによって、その検討をひとまず止めることにしたいと思う。

注

（1）顧歓の伝記については、『南史』『南斉書』いずれにも本伝が立てられている。
（2）『宋書』「雷次宗伝」。
（3）陸元朗『経典釈文』「毛詩音義」。なお『毛詩正義』「大序」引。
（4）拙稿「『老子道徳経序訣』小考」（『筑波中国文化論叢』第八号、一九八八）。
（5）『夷夏論』論争については、常盤大定『支那に於ける仏教と儒教道教』（東洋文庫、一九三〇）後篇下、第二章四、「劉宋の顧歓と夷夏論争」。また中嶋隆蔵『六朝思想の研究』（平楽寺書店、一九八五）上篇第三章第五節(3)「宋末における論争」および附篇第二節二「道家みずからが説く自然説の諸相」を参看のこと。
（6）『夷夏論』への批判について。正史に載るものには宋司徒袁粲の論、明僧紹『正二教論』がある。また『弘明集』には右の明僧紹の論と、宋常侍謝鎮之『与顧道士書』『重与顧道士書』、宋常侍朱昭之『難顧道士夷夏論』、冶城寺恵通『駁顧道士夷夏論』、釈僧敏『戎華論』が載せられている。

（7）顧歓『老子注』は藤原高男「輯佚老子古注篇」（『高松工業高等専門学校研究紀要』第一号、一九六六）によった。また大淵忍爾『敦煌道経（目録篇）』第三篇二「注疏本道徳経」参照。顧歓『老子注』の内容的研究には、藤原高男「顧歓老子注考」（『漢魏文化』三、一九六二）、同「顧歓老子注考」（『内野博士還暦記念東洋学論集』一九六四）、同「顧歓老子注三考」（『漢魏文化』六、一九六七）がある。

（8）前掲拙稿「『老子道徳経序訣』小考」参看。

（9）顧歓の注と「河上公注」との関連については楠山春樹『老子伝説の研究』（創文社、一九六七）に説がある（一一〇頁）。

（10）三一説に関しては『道教義枢』巻五「三一義」第十六、成玄英『賛道徳経善疏』、『道徳経玄徳纂疏』、ペリオ二三五三『道徳経開題序訣義疏』等に論説がある。参照。また麦谷邦夫「南北朝隋唐初道教教義学――以《道教義枢》為綫索」（『日本学者論中国哲学史』中華書局、一九八六）、原田二郎「養生説における「精」の概念」（『中国古代養生思想の総合的研究』平河出版社、一九八八）参照。

（11）前掲中嶋『六朝思想の研究』下篇第二章第四節「僧肇の仏教理解」。

（12）この点は前掲藤原「顧歓老子注考」（『内野博士還暦記念東洋学論集』）に指摘するところである。

第二篇　老子玄宗注疏の研究

第一章　王玄覧の肖像

一

王玄覧は破天荒の哲学者であった。

彼は唐代初期の道士であったが[1]、その思索は同時代の思潮を基底に置きつつも、その水準をはるかに抜く、天馬の蒼空を飛翔するがごとき、他と比肩しえない独創的な高みに達していた。

彼の思索は、端的にいえば、般若的中道観の論理[2]によって『老子』の思想を解釈したもの、ということになる。だが、そのようにまとめてしまうのは、むしろ彼の思索のダイナミズムを平板化してしまうように思える。彼の思索は、それをはるかに越える射程を備えていた。

二

王玄覧の思索は、すべての否定を契機に真理に到達せんとする、般若の中道観的思惟をその基盤とした。

般若的中道観の主要な論理の一つに、ふつう「四句」(テトラレンマ)と呼ばれるものがある。そのテトラレンマにはいくつかのパターンがあるが、その基本は〈テーゼ〉〈反テーゼ〉〈テーゼと反テーゼ〉〈テーゼの否定と反テーゼの否定〉という四つの句をパターンとする[3]。このテトラレンマは、六朝から唐初にかけて、〈非有非無〉と一括的に呼ばれて、非常に盛行した。

〈非有非無〉の内容は、もう少し具体的には、〈有〉〈無〉〈有・無〉〈非有・非無〉という形で表される。そしてその第四句において最終的な真理の位相に到達すると考えるのである。(4)

王玄覧の思索の基本的方法は、このテトラレンマであり、あるいはまたその応用パターンであった。

大道は玄寂を師とす。其の心に息《やす》んずること有る者を、此処《ここ》に名づけて寂と為す。其の息んぜざること有る者を、此処に非寂と名づく。明らかに知れり、一処中《こころ》に寂有ると、不寂有るとを。其の心に起こること有る者は、是寂、是不寂なり。其の起こらざる者は、無寂、無不寂なり。此の如き四句、大道は其の中に在り。

(『玄珠録』(5)巻上)

この文によれば、「道」はテトラレンマ＝「四句」(この場合は「是寂」「是不寂」「(是)寂と是不寂」「無寂と無不寂」)の中にあるというが、彼はこの四句を通じてさらにそれを越える「道」を見出そうとしているのである。通常、テトラレンマにおいては、第四句が最終的真理の位相に当たるのであるが、王玄覧はそうではない。「四句」はあくまでも、「道」を見出すための前提であった。すなわち、ふつうならば、第四句の「無不寂」は「寂」の否定のさらにその否定、つまり全否定であって、それは「非有非無」の位相に当たり、そこが到達すべき最終地点ということになる。ところが王玄覧は「道」は「四句」の「その中に在る」という。表現としては「その中」であるが、それを内容的・実際的に言えば、実は「道」はテトラレンマによる真理・真相把握を越えたさらにその先に措定されるということであった。

道は在らざる所無し。常に四句に在り。在る所は、皆無なり。（したがって）四句は道に非ざるなり。

（『玄珠録』巻上）

すなわち王玄覧においては、般若的テトラレンマは、それのみで到達点に至って完結するものではなかった。むしろそれは彼の思索がそこから出発する地点であり、あるいは前提、基底、基盤であった。次の文は、王玄覧の語と、彼自身による割注であるが(6)、以上のことを明確に物語る。

道は常に四是あり（割注：是有、是無、是有無、是非有無）。一常二非あり（割注：非有、非無、有無を捨てるに非ず）。

（『玄珠録』巻上）

この文において「四是」とされるのは普通のテトラレンマである。そして続く「一常二非」の「二非」は文字通りの「非有非無」であり、先の「四是」に重なり貫入しあう。そしてその後の「一常」にあたる部分がテトラレンマを越えた所を指示するものである。その「有無を捨てるに非ず」とは、否定に否定を重ねて「非有非無」にまで至った有無の論も、ただに否定の方向にそのまま突入し去ってしまって能事畢れりとするのではなく、「有無」をすべて否定し去ってしまうというその否定の方向性をすべてくるみ込んだ上で、それを「捨てるに非ざる」ものとして、逆に大いなる肯定に向かって大転換することを示すものである(7)。そしてその位相において、はじめて『老子』の「道」が措定される。つまり王玄覧の場合、「道」は既述の論理（テトラレンマ）をすべてくるみ込んだその先に構築されるということなのである。

だが王玄覧においては、テトラレンマをくるみ込み、テトラレンマを越えて、「有無を捨てるに非」ざる位相に達したところに措定される「道」も、それがただちに単純に絶対的な最終到達地点とされるのではなかった。

三

其の道は可も無く、不可も無し。所以に道の常は、生死して常非ざるを知るなり。(『玄珠録』巻上)

「道」すらも、さらにまた「常非ざる」ところの相対の位相に置かれるのである。そして王玄覧によると、その「道」の相対性は、『老子』第一章「道可道、非常道」の文にもとづいて、「道」が「可道(仮道)」と「常道(真道)」に分別されうるからということになる。もちろん『老子』の「道」をこのように二層に分かつ解釈は、前例のない独自のものであった。*(補遺)

可道は仮道と為す。常道は真道と為す。(『玄珠録』巻上)

さて、王玄覧において、「道」はひとまず「真道」たる「常道」と、「仮道」たる「可道」とに区別されたのであるが、しかしながら、「真道」であるとされる「常道」も、実は永遠・固定的に「常道」としてあり続けることのできるものではなく、「可道」に転化してしまうものとされる。また一方、「仮道」たる「可道」もまた、永遠に「可道」であり続けることはなく、「常道」に転化するものとされる。

但だに可道のみ可ならず、亦た是れ常道も可なり。但だに常道のみ常ならず、亦た是れ可道も常なり。

（『玄珠録』巻上）

かくのごとく「道」自体も絶対の中には置かれない、無窮の相対転化の位相にあるものとされるのである。そのような無窮の転化運動こそが、「道」の究極的に置かれる位相であるとされるのである。

「道」はなぜそのような位相に置かれるのか。

それは、テトラレンマによって、現象世界はすべて否定されつくし、寂滅したものであっても、「道」はその現象世界を捨棄するものではないからである。否定・寂滅したものであっても、現象世界（あるいは現象世界の否定）がなければ、「道」はありえない。純粋に、ただそれのみがあって他のない、すべてから独立して超越する「道」などというものは有り得ないのである。理屈からしても、少なくとも「すべてから独立して超越する」ためには、その「すべて」なるものがなければならないはずである。そうでなければすべての否定の上に超越する位相などは考え得ない。ということは、超越的位相における「道」も、（テトラレンマ的な）現象世界と相対的（相因）であるということである。

道と衆生と亦た同じく、亦た異なる。亦た常にして、亦た常ならず。何となれば、道と衆生と相因りて生ずるが所以《ゆえ》に、同じきなり。衆生に生滅有り、其の道に生滅なきが所以に、異なるなり。（『玄珠録』巻上）

そして王玄覧はさらに、（テトラレンマ的）現象世界と「相因」[8]である「道」は、その「道」の位相というその水平内部において、さらにそれ自体に相因的相対性をもつとする。すなわち、相因的相対性は、究極的到達点と見なされうる「道」の内部においてもまだ貫かれるとするのである。それがまさに先に見たところの「可道」と「常道」の相対性であった。このように王玄覧においては、テトラレンマのさらにその先に「道」が措定され、次いでテトラレンマと「道」の間に相因的相対性が構想され、さらに「道」自体についてもその「道」内部において相因的相対的思索が貫徹されるのである。つまり、最終的な到達点としての「道」も、絶対・固定的な究境ではなくして、「相因」という相対的かつダイナミックな相において永遠に展開し続けるものであったのである。

「非有非無」のテトラレンマを越えて、さらにその先において果てしなき無窮、あるいは果てしなき深淵に向けて飛翔・沈潜し続ける「道」の思想[9]、王玄覧の哲学の核心はそこにあったのである[10]。

ところで、それではこうした独特の思索を展開した王玄覧とはいったいどのような人物であったのか。王玄覧という人物について、以下見てゆくこととしたい。

四

道士としての王玄覧は私度であった[11]。

私度とは、私的な出家のことである。官許による正規の修業・方途を経ての出家ではなく、みずからの意志のみによる安易な（あるいは勝手な）出家である。だが当時、この出家形態はよくあるものだった。

六朝以来、王侯貴族によって仏寺・道観が盛んに建立されたが、唐初にはその数は数千に達した。武徳九年（六二六）、高祖李淵は、京師に三寺二観、諸州に一寺一観を残し、他をすべて廃止する政策を打ち出した。その代わり、残った寺観の僧尼・道士女冠にはすべて国家から衣食を給することとした。つまり天下の全寺観の国立化であったが、だが、この施策は徹底しきれず、国家給付の策のみが生き残ってしまうことになった[12]。

出家して寺観に寄寓すれば国家が衣食の面倒を見てくれる。その上、出家者は免税である。出家入道者は跡を絶たなくなった。とくに貧困層からの私度出家者は増大し続けた(13)。要するに生産者の激減と非生産的消費者の激増という事態が生起したのである。生産と消費のバランスが極度に崩れ、税体系は損害を蒙る。寺観自体は、出家入道者の増大による国家給付増加、それを財源とする荘園などの私有財産増大、また商業への資本投下、富の蓄積など大きなメリットを得ていたが、国家の表層的な繁栄とは裏腹に、国家経済は破綻に瀕し、社会の不安要素は高まっていた(14)。それゆえ、唐朝は、道教・仏教への庇護寛容策を標榜しつつも、その一方で一見それとは矛盾するかのごとき出家入道者の取り締まり令を頻発したのであった。

王玄覧はそうした時代の中の私度道士であった。同時代の成玄英、李栄、司馬承禎などの正規の道士の華やかな事跡と比べて、思想史上まったく目立たない地味な存在であった。

五

王玄覧は、武徳九年、高祖が寺観削減令を発したまさにその年に、綿竹県の普閏に生まれた。現在の四川である。その祖先は晋末に太原から四川に移住してきたということから、名門太原の王氏の血族に属するということなのだろう(15)。彼はもともと特異な能力を備える人物であった。十五歳の時、突然、静室に閉じこもり、ほとんど言葉を発しなくなり、言を発する時には、人々の死生や児童の寿夭を言い当てるという、予言能力を示すようになったのである。

そして彼はこの才能をたつきにするようになった。見得屋《けんとくや》を開業したのである。そしてこのようなたつきには、往々にして胡散臭さがつきまとうものである。

そしてどうやら三十歳に達するころ、その天性にかげりが出てきた。そこで才能の枯渇を補おうとしてか、彼は数年間、易の卜筮の研究に没頭する。しかし卜筮は彼の性格にあわなかった[16]。彼はこれを放棄し、大乗仏教文献の研究と、漢の厳遵の『老子指帰』の解釈に導かれつつ『老子』の研究に向かうことになる[17]。

そしてその研究はさらに神仙や丹薬のことにまで及んだ。彼はみずからその効験を試してみたというから、彼は明らかに道教的実践の道に踏み込んでいたのである。

こうして道教にかかわることになった彼は、この時期、正規の修業の道に入ることを志した。彼は郷里の二、三の友人と連れだって、道教聖地の茅山をめざすことにしたのであった。この時、茅山をめざしたということから、彼の踏み入った道教とは、いわゆる茅山派のそれであったことが知られる。

だが、茅山をめざす旅の途次、彼はあることに気づいてしまった。この道は、その方面に才能がないと無理だということ、これであった。同行の友人たちにはその才能がない。彼はそれをはっきりと分かってしまったのである。結局、友人は郷里に帰ることになるが、彼もまたともに立ち帰ることになってしまった。こうして彼は、道士として正規に修行するチャンスを逸してしまったのであった。

彼は、みずからは道教教理にとっては邪道ともいうべき胡散臭い予言をたつきにしていたが、そういうことを省みて、もはやみずからの心の内に真証を得ること以外に道はないと思い定めた。そこで、彼は常住坐臥、「道」に向かっての修行を開始する。そこで彼は文献を手当たり次第に読みまくった。

二教（道・仏）の経論、悉く披討し、其の玄奥を究む。（王大霄「玄珠録序」）

恐らくこの時期に彼は私度の道士となったのだろうが、彼はいずれかの道観に帰属するということはなかった。それゆえに彼は、道観に属する私度道士の得られる特典を、享受することができなかった。

そのため彼はたつきとして、相変わらず見得屋の営業を続けたのであった。先には才能の限界がきたかに見えた予言も、「道」の修行が効果があったのかどうか、このたびは非常に順調であった。またこの時期、丹薬の研究を行った成果であろうか、医療行為にも手を広げた。そしてこれも大いに成功した。彼の見得屋兼医業は土地の人々から厚い支持を受けたのであった。

好んで人の為に蠶種を相《うらな》い、逆《あらかじ》め豊損を知る。宅地の利害を別《みわ》け、墓田の気色を見て、鬼神の情状を識《し》る。況《ます》ます衆、咸《み》な信じてこれを重んず。（王大霄「玄珠録序」）

ここで彼の予言行為や医療行為の成功例をいくつか示しておこう。彼の奇才をよくあらわしている。

嘗て一家の造屋を欲するもの有り。材木、既に具わる。問う、屋を立つること、（不）(18)得《え》たるや不《いな》や、と。立つを許さず。明年に至りて又問う、得たるや不や、と。又言う、得ず、と。更に明年に至る。又問う、得たるや不や、と。亦た言う、好からず、と。是において数月間、家、官事（訴訟事）に遭う。屋宅の資財、以て（建設に）供すること無くして、売らる。此の人、（この時）方《はじ》めて斯の言を念《おも》う。（王大霄「玄珠録序」）

一家の児子の眼を患うもの有り。為にその門前の桑樹を祭る。朽穴（眼病）、遂に差《い》ゆ。（王大霄「玄珠録序」）

或るひと、病を問うこと有り。為に処方して薬を（調）合す。験あり。後、以て奇と為す。（王大霄「玄珠録序」）

人有り、平常、災厄を請い問う。或るとき、報《こた》えて云わく明年四月一日に至りて、方《はじ》めて好《よ》からん、と。月前の三十日の夜中に至りて、（その人は）亡ず。（王大霄「玄珠録序」）

六

そうこうしているうちに、四十七歳の時、王玄覧に転機が訪れる。益州（四川・成都）の長吏李孝逸が彼の名を耳にし、彼をそのもとに招いたのである。
李孝逸は王玄覧を同道して、近隣の諸寺を訪《おと》ない、諸僧と「空」についての議論を闘わせた。王玄覧の論議は「四句」をきっちりと踏まえ、論理は整然としたもので、誰一人として彼を論破できるものはいなかった。面目をほどこした李孝逸は大いに喜び、官許を得て、王玄覧を正規の道士に取り立て、貫籍を成都の道観至真観に定めた。
その後、彼の名は四川地方に広く知られるようになり、四方の人は競って彼のもとを訪れ、別れ際には必ず文を嘱するようになった。そこで『至人菩薩観門』二巻を著し、これをそういった人々に贈るようになった。その時期の彼は、いかにも高徳の道士という雰囲気を持つようになっていたようである。そのころの様子を伝える話が残っている。

ある時、王玄覧は街道筋を歩いていた。街道にしては道は静かで、人影はまばらであった。王玄覧の数十歩あとには、一人の賢人が歩いていた。そこに反対方向から隠者然とした老人が歩いてきた。まさに王玄覧とすれ違おうとしたとき、老人はじっと王玄覧の顔を見つめた。そして老人は、その後ろから歩いてきた賢人に話しかけた。王玄覧を指して、この人は真人ではないのかね、と。賢人は、どうしてでしょうか、と問い返す。瞳の色が金色じゃないか。老人は答えると、そのまま歩み去ってしまった。（王大霄「玄珠録序」）

六十歳を過ぎるころ、正規の道士になったあとも続けていた見得屋をようやく廃業することになった。そしてひたすら坐忘を中心とする修行に勤めはじめた。ところが、彼はある事件によって一年間、獄に繋がれる羽目に陥る。弟子の王大霄は「他事を被むりて」と述べるのみで、そのあたりの詳細は伝えていないが、見得屋といういかがわしいたつきが、災いしたのであろうか。彼が見得屋をやめたのは、むしろこの事件のせいであったのかもしれない。彼は獄中にある間も、ひたすら思索に耽り、『混成奥蔵図』の著述を行った。

王玄覧の高弟には、益州の謝法師、彭州の李尊師、漢州の李錬士等がいた。彼らの出身地はみな中国の西部地域であるが、これによって王玄覧の声誉の範囲がどれくらいのものであったのかが窺われる。また彼ら高弟たちは各々王玄覧の言葉をメモに残していたが、のちに王大霄がこれをまとめて王玄覧の語録『玄珠録』を編纂した。

また彼ら高弟が、王玄覧に『老子』解釈を請うたところ、口に出す言葉はそのまま書物となり、そのようにして『老子口訣』が著された。彼が学問に志したそのはじめ、厳遵の解釈にしたがって『老子』の研究を行った。そして最晩年の著述は、『老子』の注釈であった。彼の哲学が『老子』の「道」の独創的な解釈を核心とするものであったことはすでに見たとおりである。彼の一生の思索は、まさに『老子』を中心に置くものであったのである。

則天武后の神功元年（六九七）、王玄覧七十二歳、彼の名はついに京師にまで鳴り響いた。勅使が遣わされて、都に招致されることになった。勇躍上京の旅についた王玄覧であったが、しかし彼は既に七十二歳であった。体力は衰えていた。上京の宿願を果たすことなく、彼は洛州の三郷において羽化することになってしまったのである。

七

王玄覧の独創的哲学は、その生涯のあり方と無関係ではなかったと思われる。

彼の生きた時代、道教においては、修行のカリキュラムが徐々に形成されていた。当時の代表的道士の一人司馬承禎は、『坐忘論』を著し、道教における宗教的・内的修養の階梯を標準化して提示した。同時代の張万福は、道士が入門してから最高の位階に到達するまで、どのような修行をし、どのような経典を修得すべきかのカリキュラムを作成していた。

正規の道士は、ほとんどがそうした定められた課程を踏んだ上で、順々に位階を上昇していったのである。この課程にあっては、学ぶべき経典の解釈（学問）はほぼ標準化されていた。

これに対して王玄覧は、

大乗に耽る。（王大霄「玄珠録序」）

二教（道・仏）経論を、悉く披討し、其の玄奥を究む。（王大霄「玄珠録序」）

とされるように、道仏の多くの文献を渉猟していたとはいえ、まったく野にあっての独学であった。その読みには、恐らく正規の修行を積んだ道士とは異なる、独自なところがあっただろう。一方、胡散臭いところはあるが、彼は予言という独自の才能をもっていた。独特な感性・霊感を備えていたといえるだろう。くわえて、般若の論理を踏まえたその上に、『老子』の「道」の新解釈を構築するという荒技を試みていた。

独創的なるものは、多くの場合、無学なるものの一人よがりであると、よくいわれる。王玄覧は言葉の直接的な意味において無学とはいえないかもしれない。だが、彼は完全なる独学者であって、当時の道士の標準的学殖と比べたならば、無学に属する人物だったとみてよいだろう。

無学であったがゆえに、独創的であったというのは、論理的には不当である。だが彼の独創は、正規の教育を経ていなかったということと無関係ではない。独創は固着した教養教育の体系からは生まれにくいからである。王玄覧の肖像をスケッチし終えた今の時点から振り返ってみるならば、彼の内にあのような破天荒な哲学が展開したのは、まさに必然的であったように思われるのである。

注

（1）王玄覧の生年は正確には分からない。没年は後述するように武即天の神功元年（六九七）、七十二歳であった。これから逆算すると、唐高祖の武徳元年（六二六）に生まれたと見られる。

（2）その論理は同じく中観的ではあっても、あえて言えば『中論』的なものというよりも、華厳的なものに近かったと考えられるが、そのあたりについての詳述は今は省略に従う。

（3）「四句」は、論理構成によっては三句で完結するものもあるが、四句からなる場合の方が圧倒的に多い。

（4）「非有非無」とは「有」でもなく「無」でもないことである。「有」と「無」で「一切」、つまりこの世界のすべてが示されるが、とするなら、第四句の「非有非無」とはこの世界の全的・徹底的な否定を示す。それゆえ「非有非無」とは、全現象世界の止滅を果たしたのちの、つまり現象の寂滅したのちの「空」とも言うべき、超越した真理・真相の位相を示すものであるといえる。

（5）『玄珠録』は王玄覧の弟子である王大霄の編纂による王玄覧語録である。『道蔵』太玄部、また『道蔵精華』第一四集之三。

（6）形式的には編纂者王大霄の手になる注のようにも見えるが、文脈からすると王玄覧の自注と思われる。

（7）テトラレンマを越えてさらにその先に飛翔する「有無を捨てるに非」ざる思惟は、究極的には大肯定に至るのだが、これはテトラレンマのくびきを脱する思索の深化を示すものであり、彼の思索が般若的思惟として括りきれないものであることを明らかにしている。

（8）王玄覧の「相因」は、広義には「因」の概念に包摂される。そして「因」を重視する思想は一般に華厳に濃厚なものとされる。その意味において、王玄覧の思索は、華厳的思惟に沿うものといえるかもしれない。ただし、華厳の「因」は

「四句」に適用されるもので、第四句が最終的な真理の位相であった。だが王玄覧の究極的な位相は「相因」の思惟に沿うものであって、絶対的・固定的なものとして考えられているわけではない。

（9）そしてその思索を『老子』解釈に適用したものが王玄覧の思想だったといえるだろう。『老子』解釈史における一つの極北であった。

（10）ただし、王玄覧の思索はここで終わるわけではなく、さらにこうした形而上的思索そのものの虚妄性という限界的領域まで立ち至る。それは言語にもたらされえないものの虚妄性という形で提出される（もちろん言語にもたらされるもの＝日常的現実の虚妄性の承認を前提として）ため、言語論に関わってくる。ゆえにそれを論ずるには論点移動の必要があり、議論が煩瑣にわたるため、今は省略に従う。後考を待ちたいと思う。

（11）以下、王玄覧の伝記的事柄については、王大霄「玄珠録序」による。

（12）道端良秀「唐朝における道教対策――特に官道観設置と道挙に就いて――」（『支那仏教史学』第四巻第二号、一九四〇）三三ページ。

（13）『旧唐書』「玄宗本紀」によると私度道士二万余人、『唐会要』巻四七によると三万余人とある。『旧唐書』「百官志」によって官許の僧侶数と道士数を比較すると、僧侶は道士の約二〇倍である。この比率をそのまま私度に移行すると（この推定は正確とは言えないが）、私度道士三万人に対して私度僧侶は六十万人ということになる。長安が百万都市とすると、おおげさにみればその人口の六〇パーセント内外が免税の上、生活給付を受けていたことになる。首都人口の六〇パーセントに免税の上に給付するとなれば、国家経済はどうなるのか、想像に難くない。

（14）藤井清「唐の玄宗期に於ける仏教政策」（『福井大学学芸学部紀要』第一号、一九五二）。

（15）王大霄「玄珠録序」にはそのようにある。王玄覧が本当に太原の王氏の一族であったかどうかの確証はない。あるいはたんにその出自への文飾にすぎないのかもしれない。また王玄覧自身そう称していたのか、王大霄がそのように書き添えたのかも、伝記の記述からは明らかではない。

（16）『易』の予言の本質は数理的なものである。彼の天才的な（直観的）予知能力と、『易』のシステマティックな方法論とは、相容れなかったということであろう。

(17) 王大霄「玄珠録序」。ただし、今日、厳遵の『老子注（老子指帰）』は厳密には逸書である。

(18)「不」字は衍字。

＊（補遺）ここで「可道」と「常道」の区別を前例のないものとしたのは修正を要する。実際にはこの区別は六朝期にはじまり次第に成熟してきたものと考えられる。ただ王玄覧の「可道」「常道」のとらえ方はやはり独特、特異なものであった。なお、拙稿「可道と常道――『老子』第一章「道可道非常道」をめぐって――」（『六朝学術学会報』一二輯、二〇一一）参看。

第二章　玄珠録の思想

はじめに

『玄珠録』[1]は、初唐の道士王玄覧[2]の語録である。王玄覧は、隋唐の思想史において独自の位置を占める哲学者であるが、四川の片田舎の私度道士[3]であったため、同時代に中央で活躍していた華やかな道士たち、成玄英・李栄・司馬承禎などの盛名に比べると、まったく無名といってよい人物であった。

ただ、彼の語録『玄珠録』に残された思索の跡をたどると、彼の思想は他と比肩しえぬ、独創的な高みに達していたことがうかがわれる。彼の思索を簡単にまとめるなら、般若的中道観にもとづくテトラレンマ（四句）を方法的梃子として、『老子』の思想を新しく解釈しなおしたものということになるだろう。そしてそのように理解することは誤りというわけではないが、ただ彼の思索の筋道を緊密に追ってゆくと、そのようなまとめ方では、彼の思索をかえって平板化してしまうのではないかという恐れも出てくるのである。

『玄珠録』は、王玄覧の語ったことについて、何人もの弟子がノートしたものを、やはり弟子の王大霄が整理・編集したものである。[4]それゆえ『玄珠録』は、一定の構想にもとづいて作成された体系的著作というわけではなく、また、記事の順序にも有機的論理的な連関性はあまりない。そこで本稿における論述は、『玄珠録』の記事を読み込み、そこに内在する論理を引き出して、議論を再構成するという方法をとることにする。

一　道教における内的思弁への趨向

隋末・初唐における道教の、教理面展開での特徴的事態の一つに、内丹の発生がある。[5] 内丹の発生は、たんに丹道の技法の変化・展開というに止まらず、少なくとも道教の教理面の最終目的である不老長生が、フィジカル面重視から内的・精神的なものを重視する方向に転換してきていたことを示している。

その転換の契機の一つに、仏教との論理的な習合の度合いが深まってきていたことがある。[6] 道教の諸文献中に現れる仏教用語を、断片的・表面的に追ってゆくかぎり、まるであれとこれとが区別できないような状況が生じていたのである。そしてそのような状況を通じて、道教の進むべき方向は人間の内面・精神的側面にこそあるという、そういった思想・宗教的環境が醸成されてきていた。

内丹の発生とは、すなわち、道教が身体というフィジカル（あるいは外面的）な修行・到達という枠組を越えて、（身体との統合の上に形成される）精神の内なる壮大な世界へと向かう行進のファンファーレでもあった。

このファンファーレを受けて、道教史においては、たとえば司馬承禎という巨人が登場し、『坐忘論』という内面修養の古典的名著を著すことになる。[7] あるいは玄宗皇帝を中心とする唐王朝の道教尊崇も（とりわけ玄宗の『老子』解釈を中心にみるならば）、まさに結果的には仏教の鎮護国家と同様な統治論を目指すものでありつつも、その方法においては「無欲」[8]という内面的価値の鼓吹を強調するものとなっていたのである。この時期、道教的著作の多くはこのような方向性にあった。[9] そして王玄覧『玄珠録』もその中の一著作であった。ただ王玄覧は武則天期に活躍の最後のピークを迎えた道士であったから、[10] 時期的には司馬承禎や玄宗よりも若干以前に位置づけられる。[11]

ところで、司馬承禎が道士として茅山派の正統的な教育を受けて大成したのに対し、王玄覧は最終的にその名前は武則天の耳に達したものの、結局のところ修行過程やまた達成した宗教的境地は、野にあっての独自なものであった。司馬承禎とは対蹠的位置にいた人物であった。

司馬承禎『坐忘論』には、『老子』などの古典以外に、『西昇経』『定志経』等々の道典がしばしば引用されている。この時期、道士としての修行プロセスはほぼマニュアル化されていた。司馬承禎や王玄覧と同時代の張万福が、そのマニュアル化を整理・推進した人物であった。張万福は、修行の階梯に応じて、どのような道典をマスターすべきかを、明確に指示している。(12) 司馬承禎『坐忘論』の引用は、こうした道士修行階梯中の必須テキストを主とするものであった。

これに対して、王玄覧は古典を含む道典について、システマティックに学ぶことはなかったと思われる。王玄覧は「大乗に耽り」「二教経論を、悉く遍く披討し、其の玄奥を究めた」(王大霄「玄珠録序」)といわれているが、それらはすべて独学であった。それゆえ、『玄珠録』に引用される文献は、道教関係はもちろん、仏教関係についても、いってみれば天馬空を行くがごとき自在な解釈によっており、また具体的な典拠は一切明記されていない。(13) そうした引用所拠の分かりにくさにもかかわらず、ただ『老子』の引用については、それが非常に多岐にわたっていることは、はっきりと見て取れる。そして『老子』の多数の引用は、『玄珠録』の思索が『老子』に即したものであること（それは『老子』の独自な解釈でもある）を明確に物語っているといえる。王玄覧の思索が般若的中道観にもとづくテトラレンマ（四句）を梃子としつつも、そこに止まらないのは、この『老子』への集中が大きく働いていると考えられるのである。

二　テトラレンマ（四句）について

王玄覧の思索は、すべての否定を契機として真理に到達せんとする般若の中道観的思惟、とりわけその主要な論理的方法の一つである「四句（テトラレンマ）[14]」を基本方法としていた。

テトラレンマの基本パターンは、〈テーゼ〉〈反テーゼ〉〈テーゼと反テーゼ〉〈テーゼの否定と反テーゼの否定〉という四つの句からなるものである。[15]そして六朝から唐初にかけて、道教においてもっとも普通に応用され、盛行したテトラレンマに、〈非有非無〉と呼ばれるものがあった。

〈非有非無〉のパターンは具体的には、〈有〉〈無〉〈有・無〉〈非有・非無〉という形で表される。①「有るということ」、②「無いということ（有るということの否定）」、③「有るということと、無いということ」、④「有るということがないことと、無いということがないこと」の、四つのプロセスによるパターンである。

このプロセスが、実は形式論理学的には誤謬であることはよく知られている。つまり、①の「有るということ」は、存在していること、実在していることのすべてを表す。②の「無いということ（あるということの否定）」とは、存在していること、実在していることの、反対あるいは否定である。そこで③の「有ることと、無いこと」とは、「有ること」と「無いこと」とをひっくるめた、「一切」であるということになる。「一切」とは「すべて」の意味であり、つまり「この世界すべて」のことである。この世界にある限り、それ以外にはもはや何ものもありえない事態である。そこで④の「有ることがないことと、無いことがないこと」とは「一切」の反対であり否定ということになるが、では「一切」の反対とか否定とかはどういうことであるのか。

繰り返すが、「一切」とは「有るもの＝存在しているもの」と、「無いもの＝存在していないもの」とを、すべて包摂する「この世界のすべて」という意味である。であるのなら、この世界のうちにおいて、存在しているもの・していないものをすべて含みこんだ「一切」以外に、いったいどのようなものが有りうるのだろうか。「一切」の反対・否定とは、要するに「「一切」以外のもの」というものを考えないでは、成立不能の事態である。いったい、そのようなことは可能なのだろうか。

端的にいって、日常論理においては、それは不可能である。それゆえ④が成立するためには、「「一切」以外のもの」、すなわちこの世界内の現実的存在・実在ではない、この世界以外のなにものかという、別の条件が必要となる。テトラレンマの形式論理的誤謬の根拠は、このようなこの世界以外のものを条件として持ち込まなければならないというところに起因するのである。だが、「一切」に執らわれないという般若的中道観の内的境地を示す方式としては、「一切」を否定するこのテトラレンマは、非常によくできているともいえる。そこでこの論理を単に「誤謬だが、しかし……」というような形で収束するのではなく、むしろ誤謬ではないということを積極的に提示するためには、どうしたらよいのか。

その答えはすでに出ているのであって、それは「一切」の外の世界を承認すればよいのである。〈非有非無〉とは、実際、そういった日常的実在を越えた領域のことなのであるから。

繰り返すが、「一切」以外の世界を承認することは、日常論理〈形式論理〉の世界においては不可能である。したがって日常論理を越える「一切」以外の世界を許容することは、日常論理においては根本的に不可能であり、虚妄である。だが、日常の現実において虚妄であるとしても、我々の思惟（あるいは体験）において、そういった領域がまったく不可能というわけではない。

そして、この日常論理を越えるという事態は、実際の所、それほどむやみやたらに無謀な事態であると言い切ってしまえない所がある。たとえば、虚数項を含む方程式が何らかの実在世界の機能を正確にシミュレートする場合、その方程式はいくら虚数項を含むからといって、虚妄であるとはされず、現実的であると見なされる。そのような虚数の実数世界内化のような事態を踏まえて考えるならば、思惟における「一切」以外の世界の許容も、一概に虚妄であると切り捨ててしまうわけにはゆかないのである。

テトラレンマの第四句④「有ることのないことと、無いことのないこと」は、かくて形式論理（日常論理）においては誤謬であったが、しかし「一切」のその外側の世界という日常を越える領域を承認するならば、十分に新たなレベル・位相における真理を示すものとしてみることは可能であろう。それゆえ一般的に、テトラレンマにおける第四句は、まさに「一切」に執着することのない（「一切」を越えた）最終的な真理の位相を示すもの、悟得・到達すべき最高・最終局面であるとされてきたのである。

さて、王玄覧も、まずはこのテトラレンマを、その世界把握の基本的方法としていた。

道に、常に四是あり（割注：是有、是無、是有無、是非有無）。（『玄珠録』巻上）

この文によれば、道家的思惟における至高の到達局面である「道」に至るためには「四是」がある。その「四是」とは、割注によると、「有」「無」「有無」「非有無」である。「四是」のうちの最初の三句は、現実的存在者、現実世界、実在を把捉するプロセスであって、彼が確かにテトラレンマによってこの世界を捉えようとしていることを明らかにしている。そして最後の第四句において、彼はひとまず世界の最終的な真理の位相（この場合は「道」）に到達すると考えているのである。(16)

ただし問題となるのは、王玄覧の場合、テトラレンマによって真理の最終局面に到達すれば、それで能事畢れりというわけではなかったことである。実は、彼の思索においては、テトラレンマによる真理の位相への到達は、まだほんの序の口の段階であった。彼の思索において、とりわけ形而上的思索においては、テトラレンマの到達点は、次の段階への出発点であり、あるいは次の段階への前提、基底、基盤となるものであった。真理の位相への到達が終着点ではなく、むしろ出発点になることは、右の文に続く次の文によって明確になる。

（「道」に）一常二非あり（割注：非有、非無、有無を捨てるに非ず）。（『玄珠録』巻上）

「一常二非」の「二非」とは、「非有」と「非無」のことであり、先の「四是」の「第四句の「非有無」、つまり最終的真理（「道」）への到達点を示している。そして「一常」がそのテトラレンマの終着点を越えることを示すものであると考える。

「一常」の内容は「有無を捨てるに非」ざるものである。それは、否定に否定を重ねてついに〈非有非無〉にまで到達した「有無」の議論に関して、すでに「有無」を超越してしまったからといって、捨て去ってしまうのではなく、「捨てるに非」ざるものとして、むしろ救い止めておこうとする。「有無」の論における否定を重ねるという方向性を、すべてくるみ込んだ上で、そのすべてを「捨てるに非」ざるものとして、包容してしまおうという論理である。すなわち、すでに「有無」の論を越えてしまっている位相において、「有無」の論を捨て去ってしまうのではなく、それを包摂しつつ、さらに次の位相に向かおうとするのである。(17)

そして「四是」「一常二非」を通じて表象される「道」とは、まさにその「有無を捨てるに非」ざる位相に措定されるものであった。王玄覧において「道」は、テトラレンマによる真理・真相把握を越えたその先に定位されるものであり、テトラレンマの論理をすべてくるみ込んだその上に、構築されるものであった。王玄覧は次のように言っている。

道は在らざる所無し。常に四句に在り。在る所は、皆無なり。（したがって）四句は道に非ざるなり。

（『玄珠録』巻上）

「道」に到達するのには四句（テトラレンマ）を通じて到達する以外にはないが（「常に四句にあり」）、しかしテトラレンマの最終段階は「道」そのものではない。「道」の位置づけ（「在る所」）は、要するに（「常に四句にあり」と言ってはいるが）テトラレンマのプロセスの中には「無」いのである。それはテトラレンマの、その先にあるのである。

三 「道」のダイナミズム

だが王玄覧においては、テトラレンマをくるみ込み、テトラレンマを越えて、「有無を捨てるに非」ざる位相に達したところに定位するその「道」も、実はただちにそのまま、絶対的な至高者だとか、あるいは究極的到達地点と見なされうるものではなかった。

其の道は可も無く、不可も無し。所以に道の常は、生死して常非ざるを知るなり。（『玄珠録』巻上）

テトラレンマを越えて、形而上的新次元に定位する「道」すらも、絶対安定的・固定的に把捉されるものではなく、さらに、「常非ざる」ところの相対の位相に位置づけられるのである。「道」がこういった位相に位置づけられることについて、更に詳細には次のように述べられる。

すなわち、王玄覧においては『老子』第一章「道可道、非常道」の文にもとづいて、「道は「可道（仮道）」と「常道（真道）」とに分別して捉えられる。

可道は仮道と為す。常道は真道と為す。（『玄珠録』巻上）

「道」には仮のものにしかすぎない「可道」と、真実のものである「常道」とがある、とするのである。いうまでもないが、『老子』の「道」をこのように二層に区切る解釈は、王玄覧の時期に至るまでの老子解釈史においては、きわめて独特のものである。

さてそこで、「仮」と「真（常）」とに二層に区切られた「道」であるが、それもその二層に区切られた状態のままで固定化・絶対化することはない。「常道」は永遠不変に「常道」でありつづけるわけではなく、また「可道」も永遠に「仮」でありつづけるわけではない。「常道」は「可道」に転化し、「可道」は「常道」に転化するものとされる。

但だに可道のみ可ならず、亦た是れ常道も可なり。但だに常道のみ常ならず、亦た是れ可道も常なり。（『玄珠録』巻上）

「道」自体、絶対の静的固定的位相に止めおかれず、無窮の相対的位相にある、とされるのである。言い換えれば、無窮の転化運動の位相こそが、「道」が定位される所であるということになる。

では「道」は、なぜそのような位相に置かれるのか。

それはテトラレンマによって現象世界がすべて否定されつくされたものであっても、「道」はその現象世界を捨棄しえないからである。否定しつくされたものであっても、（その否定を含めての）現象世界がなければ、「道」はありえないのである。純粋に、ただそれのみがあって他のない、すべてを超越する「道」などというものはありえないだろう。そもそも理屈からしても、「すべてを超越する」ためには、少なくともその「すべて」なるものがなければならない。そうでなければすべての否定の上に超越する位相などは考ええない。ということは、超越的位相における「道」も、根本的には（テトラレンマ的な）現象世界と相対的になっていなければならないということである。

道と衆生と亦た同じく、亦た異なる。亦た常にして、亦た常ならず。何となれば、道と衆生と相因りて生ずるが所以《ゆえ》に、同じきなり。衆生に生滅有り、其の道に生滅なきが所以に、異なるなり。（『玄珠録』巻上）

ここに「相因」(18)と述べられている事態が、「道」と現象世界との相対関係を示している。そしてそれと関連するが、王玄覧においては、「道」は『老子』以来伝統の生成機能をもつものとされ、世界と深く関係づけられている。

常道は本より可ならず。可道なれば則ち常無し。（可道は）天地を生ずべからず。可道は万物を生ずるなり。
（『玄珠録』巻上）

ここでは「道」に伝統的生成機能が付与されていることが明確である。ただ『老子』原典と異なるのは、すでに見たとおり、王玄覧は「道」それ自体の位相においても、「可道」と「常道」という相因的なダイナミズムを考えていたため、世界の側も天地と万物の二つのレベルに区分されて、それぞれのレベルに対応した生成が考えられているところである。こうした事実はすなわち、王玄覧においては、相因的相対性は、ひとまずの到達点と見なされる「道」をピボットとして、形而上・下にわたって、すべてに貫かれるものと構想されていたことを示している。

かくて王玄覧においては、テトラレンマのその先に「道」が措定され、次いでテトラレンマと「道」との間に相因的相対性が構想され、さらに「道」自体についてもその「道」の水平内部における相因的相対性が思索されていたのである。つまり到達点「道」は、固定的・絶対的・静的な究境と捉えられるのではなくして、「相因」という相対的かつダイナミックな相における無窮の展開として捉えられていたのである。

〈非有非無〉のテトラレンマを越えて、さらにその先において果てしのない無窮を飛翔し続ける「道」の思想、これが王玄覧の思索の一つの結果であった。

四　言語の虚妄性を越えて

さて、以上のような境域にまで到達していた「道」の思索であるが、しかしながら王玄覧は、そのようにしてもたらされたみずからの、いわば構成的な形而上的思索そのものについて、それを無条件・無批判に肯定・受容したわけではなかった。彼は、「道」の境域に達しただけでは、思索を完了したものとせず、むしろそれへの懐疑を露わにしつつ、自身の思索行為そのものをめぐる思索に進む。そしてその思索は、まず思索の道具としての言語への懐疑という形をとる。

十方諸法、並びに言い得べし。《(すべての存在者は言語にもたらしうる。》言える所の諸法は、並びに是れ虚妄なり。《だが言語にもたらされうるものはすべて虚妄である。》其の不言の法もまた此れに対して《また言語にもたらされえないものも》妄なり。《虚妄である)》言える法は既に妄、言わざるの法もまた妄なり。此等《これら》、既に並びに是れ妄なれば、何処《いずこ》にか是れ真あらんや。即ち、此等の法、並びに悉く是れ真なり。此等、既に悉く真なれば、前の者は何故に妄と言えるや。言を起こすが故に妄を説く所以《ゆえん》と為し、言を起こすが故に真を説く所以と為すなり。（『玄珠録』巻上）

言語は日常的思惟においては、現実・実在の、完全なる写像である。つまり言語にもたらされるものは、全現実的実在の写像である。そして言語と実在とは写像の関係にあるから、実在は言語によって把捉することが可能である。それゆえ、日常的思惟にあっては、言語にもたらされうるものにおいて、あるいは言語にもたらされうるものとして、実在を明瞭に思惟し、語ることができる。だが一方、そうでないもの、すなわち言語にもたらされえないものについては、思惟することも語ることも不可能であり、沈黙せざるをえない。しかし単純な事実であるが、実在の写像としての言語は、あくまでも写像であって実在そのものではない。それゆえ、言語にもたらされている実在は虚妄であるいは、言語にもたらされているかぎりにおいて、実在もまた虚妄である。

一方、日常においては、言語にもたらされえないものには沈黙をもって対する以外にはない。思惟の対象となるものは言語に写像としてもたらされうる現実・実在のみであり、言語にもたらされえないものは、現実的思惟の対象とはなりえないからである。即ち現実・実在として不可能なもの、たとえば形而上的なものなどは、本来思索不可能であり、思惟の対象とならず、沈黙をもって対処する以外にない、そのようなものである。だが、それにもかかわらず、思惟は言語にもたらされえないものを思索することができる。しかし、その思索とは実際は言語にもたらしえないものを、言語に借りることによってむりやりに思索しているということでもある。とするなら、その意味においては、言語にもたらされえないものについての思索とは、これまた虚妄であるということになる。(19)

かくて、王玄覧においては、現実のレベルから、テトラレンマによってもたらされた〈非有非無〉の高次の真理、さらにそれを越えてダイナミックに展開している形而上的「道」までもが、すべて言語を介在するかぎりにおいて、否定されてしまうのである。そしてその否定は、要するにここまで追尾してきたあらゆる思惟・思索を否定するということにほかならない。とすると、ここまで我々が追ってきた思索とは何であったのか。啞然としてしまうほどに強烈な、全面的・徹底的な、救いのない否定である。言葉の根底的な意味におけるニヒリズムそのものである。まことに呆然たる気持ちに陥らざるをえない。

ところが王玄覧は、この全否定を、突如、全肯定に逆転転化してしまうのである。


何故に言を起こすや。彼の耳に達せんと欲するが故なり。彼、何ぞ聴くを須《ま》つや。心を通ぜんと欲するが故なり。何故に心を通ずるや。道を得しめんとするが故なり。（『玄珠録』巻上）

これはいったい何なんだ、と叫び出したくもなってしまうだろう。逆転の契機は見たとおり、「道」の教えの伝達・把握という宗教的・伝道的な実践という点にある。否定の否定のそのまた否定という、否定の渦の中に置かれていた形而上の思索は、突然、実践というレベルにおいて全肯定の世界に逆転してしまうのである。

我々はすでにテトラレンマにおいて、日常論理を越える「一切」の外の世界」という新次元を許容した。だが、ここでの実践の次元導入は「一切」の外」の次元導入とは、まるで話が違うのではないか。この実践次元導入は、真理の実相をめざした「一切」の外」への飛躍とは異なり、ことがらの行き詰まりの状況にあって、苦し紛れにまったく別の論理を導入してしまったものではないのか。王玄覧の思索などというものは、根本的に宗教的なものであって、純粋厳密に哲学的なものではないのだから、こういった契機の導入も仕方がない、彼の思索も、結局その程度のものだったのかとの気持ちも、萌してこようというものである。

だがこの論理の転換は、実は王玄覧が苦し紛れに行ったというものではなかった。その論理転換には、根拠があったのである。

その根拠とは中観の伝統である。

『中論』「観法品」の第八偈に、「一切は真実なるものである」という全肯定的言明が現れるが、これはふつう、止滅・生滅した日常（世俗）言語の世界を越えた、新たな絶対真理の世界における言明であると了解されている。[20] つまり王玄覧は、たんに宗教・伝道上の実践という点からではなくして、こうした中観の伝統を踏まえて、すべてを否定しさり、すべてを止滅させきった後の、新たなレベルでの真理の世界における論理として、論理の転換をおこなったと考えられるのである。

その意味においては、彼の全肯定への転換を、論理性を失した苦し紛れの逃げに走っていると見るのは軽率であった。

こうして否定の否定の後、さらなるレベルの真理としての新たな「道」の位相が提示されるのであるが、実は王玄覧はさらにそこから出発して、思索を深めてゆく論理を考えていた。

　至道は常に玄寂たり。（『玄珠録』巻上）
　大道は玄寂を師《のり・手本》とす。（『玄珠録』巻上）

ここでは、「道（常道・可道を否定しきった後の至道・大道）」とは、「玄寂」（または「寂」）であるか、あるいはそれを（モデルとして）目指すものと規定されている。それは相因的相対性のダイナミズムにあった「道」が否定され、止滅した「寂」である。この新たな水平における「道（至道・大道）」の探求は、すべてが否定された後の、「寂」から出発する。ダイナミックな「道」とはベクトルがまったく反転して、深々とした寂然静謐の境域を目指すのである。そして王玄覧はそれを、またもやテトラレンマを方法とすることによって実現しようとしていた。それは、現実から〈非有非無〉にまで至った所のすべてを否定したその後の、「寂」の境域をより深い静謐のレベルに向けて沈降してゆく、新たな位相でのテトラレンマであった（以下、一部前引文と重複）。

大道は玄寂を師とす。其の心に息《や》むこと有る者を、此処に名づけて寂と為す。其の息まざること有る者を此処に非寂と名づく。明らかに知れり、一処中に寂有ることと、不寂有ることとを。其の心に起こること有る者は、是寂、是不寂なり。其の起こらざる者は、無寂、無不寂なり。此の如き四句、大道は其の中に在り。

（『玄珠録』巻上）

これは形式的にきわめて整った見事なテトラレンマである。その内容は、「是寂」「是不寂」「(是) 寂・是不寂」「無寂・無不寂」である。最初の出発点「寂」は、もはや日常的な「有」ではない。言語にもたらされるものも、もたらされないものも、すべて否定された後の、静謐寂然たる「道」の水平である。

この「寂」の水平から発出し、続く「不寂」「寂・不寂」は「寂」たる「道」に対して、さらに否定に否定を重ねつつ、より深く沈潜した次元を目指すプロセスである。そして第四句の「無寂・無不寂」は、もはや最初の「寂」たる「道」の水平をはるかに越え過ぎた、至静至寂・絶対静寂ともいうべき、深く静かな、そして新たなる「道」の次元への入り込みということになる。

テトラレンマはここでひとまず終結する。「道」は、ここにおいて論理進行という点ではひとまず完遂ということになる。だが、実際の所、原理的かつ論理的に、このテトラレンマのプロセスは、さらに繰り返されることが可能である。それは「道」が、ある深い、至上の静謐の位相への到達を一端完遂したとしても、そこで終わってしまうのではなく、常にさらにより静寂で深い真理の位相への「道」が準備されてある、開かれてあるということを意味している。

王玄覧は、テトラレンマを方法的梃子として、『老子』の「道」を越えて、さらに越えて、また深めて、さらに深めて、無窮の果てにまで展開させ続ける思索を行っていたのだったといえるだろう。

注

（1）『玄珠録』は『道蔵』太玄部所収。また『道蔵精華』第一四集之三所収。『玄珠録』の「玄珠」の意味については、ふつう、『荘子』「天地」の「黄帝、赤水の北に遊び、崐崘の丘に登りて南望す。還帰するにその玄珠を遺《わす》れたり」を想起するが、王大霄「玄珠録序」は、「謹んで諸子の私記を集めて、分かちて両巻と為し、併せて序伝を為り、題して曰く、「玄珠」と。其の明浄円流、道を好む玄人の、貴びて心宝と為すべきに取れり」と述べている。

（2）王玄覧は武則天神功元年（六九七）、七十二歳で没している（王大霄「玄珠録序」）。生年はこれから逆算すると、唐高祖の武徳九年（六二六）になる。彼の生涯については、拙稿「王玄覧の肖像」（『新しい漢文教育』第三八号、二〇〇四）参看。

（3）「私度」とは、私的な出家のことである。官許による正規の修行・方途を経ての出家ではなく、自らの意志のみによる安易な（あるいは勝手な）出家である。王玄覧は晩年に官許の道士となるまではずっと私度道士であったが、ただし当時、この出家形態は、免税などの特典もあったため、盛行していた。拙稿「「妙本」の形成――『老子玄宗注』思想の成立――」（『論集　原典』「古典学の再構築研究成果報告書Ⅱ」、二〇〇三）参照。

（4）王大霄は王玄覧の弟子である。また「玄珠録序」も彼の執筆である。

（5）不老長生の技術として、古くから吐故納新・導引など、身体に直接働きかける方法があったが、そうした物理的に身体に働きかける方法の極致として、『抱朴子』に示される外丹があった。不老長生のための丹薬を錬り、それを服用するのである。しかしこの技術は、有毒の金属系素材を用いたため（水銀系薬品が必須であった）、命を落とす人々が現れてしまった。不老長寿の目的に反する結果を招いたのである。

　従来、この方法的欠陥のため、外丹は次第に衰微し、やがて代替的方法である内丹に移行するようになり、その移行時期はだいたい隋代に起こったと考えられていた。だが、それはただなんとなくそう説明されて、正しいと思われていただけのことであった。

　内丹の発生には、もう少し具体的事情があった。隋代、蘇元朗という外丹家の道士が、突然啓示を得て、丹薬を内面において錬るという内丹の方法をはじめたというのが、その嚆矢のようである。ただ「内丹」という用語は、蘇元朗にやや先立つ天台僧慧思が、仏教の修行の手段として道教的外丹に対して用いたのが最初のようである（ゆえにこの「内丹」はいわゆる「内丹」とは内容が異なっていたと思われる。以上、坂出祥伸「隋唐時代における服丹と内観と内丹」（『中国古代養生思想の総合的研究』平河出版社、一九八八）参照）。いずれにしても、外丹への反省という後世からみての合理性において内丹が発生したのではなく、むしろ宗教的啓示、宗教的修行という、宗教的ないし内的な契機において、内丹は成立したと見られるのである。

（6）仏教において用いられたさまざまの概念や論理が換骨奪胎的に利用される状態が進展してきたことをいう。王玄覧もそうした環境下にあった一人であるが、彼の思索中の仏教的要素については鎌田茂雄「玄珠録にあらわれた仏教思想――仏道両思想の交流をめぐって――」（『中国学誌』第五本、一九六九）、および李大華・李剛・何建明『隋唐道家与道教』（上冊、広東人民出版社、二〇〇三、一八三頁以下）参看。

（7）拙稿「『老子』玄宗注疏の「理身」と「理国」」（『筑波中国文化論叢』第二四号、二〇〇五）参看。

（8）「無欲」はもちろん『老子』第一章「常無欲」その他に拠るものであるが、玄宗においてはさまざまな内面的な修養のレベルをその内に包含する概念となっている。前掲拙稿「『老子』玄宗注疏の「理身」と「理国」」参看。

（9）この時期の道教的著作の方向性を明らかにするものとして、池平紀子「長生法と悟り――『仏説三厨経』と『老子説五厨経』――」（『東方宗教』第一〇〇号、二〇〇二）参看。

（10）本稿注（2）参照。

（11）仏教史的には、玄奘三蔵の大乗仏典翻訳事業は王玄覧の若年期にあたる。また彼の青・成年期は華厳宗が盛んになった時期であり、玄奘の弟子慈恩が法相宗を組織して唯識の高揚した時代であった。

（12）張万福による修行階梯のマニュアル化・順序立てについては、丸山宏『道教儀礼文書の歴史的研究』（汲古書院、二〇〇四）参看。

（13）『玄珠録』の出典検索が困難であることは、前掲鎌田「玄珠録にあらわれた仏教思想――仏道両思想の交流をめぐって――」が指摘している。その中で指摘される仏教出典は、『維摩経』『華厳五教章』等であるが、しかしこれらも、別の道典、たとえば『太上一蔵海空智蔵経』や『太元真一本際経』などに引用されたものの孫引きなのか判然しないという。一方、『玄珠録』に関して今のところ最も多くの文字を割いている研究として朱森溥「王玄覧《玄珠録》評述」（『玄珠録校釈』成都、巴蜀出版社、一九八九）があるが、これには『老子』以外の出典はまったく指摘されていない。

(14)　テトラレンマの論理は、すべて中観的であるが、その中にもさまざまなバリエーションがあり、主なものとして、『中論』的なものと、華厳的なものがある。『玄珠録』のテトラレンマは、あえていうならば華厳的なものに近い。

(15)　「四句」は、論理構成によっては三句で完結するものもあるが、四句からなる場合の方が圧倒的に多い。

(16)　この場合、「非有無」とは、いわゆる「非有非無」と同義である。まず、「有」と「無」とで「一切」、つまりこの世界のすべてが示されるが、第四句の「非有無」とは、直接的にはこの現実・この世界の、全的・徹底的な否定を示すものである。それゆえ「非有無」とは、一つにはすでに指摘したように、現実を越えた新しい世界を条件として導入することであったが、その新しい世界について視座を換えていうならば、たとえば、「有」と「無」とによるこの現実的現象世界のすべてが、否定され、止滅したのちの、つまり現象の寂滅したのちの、「空」ともいうべき位相を示すものともいえる。そしてそれがまたいわゆる真理の実相のレベルということになる。

(17)　テトラレンマを越えたさらにその先にある「有無を捨てるに非」ざる思惟は、すなわち究極的な大肯定であるのだが、このことは王玄覧がテトラレンマをその方法として採用しながらも、ついにはテトラレンマのくびきを脱しようと思索していたことを垣間見せるものであり、彼の思索が般若的思惟として括りきれないものであることを示しているといえよう。

(18)　王玄覧の「相因」は、広義には「因」の概念に包摂される。そして「因」を重視する思想は一般に華厳に濃厚なものとされる。その意味において、王玄覧の思索は、華厳的思惟に沿うものといえるかもしれない。ただし、華厳の「因」は「四句」に適用されるもので、第四句が最終的な超越的位相であった。だが王玄覧の超越的位相は「四句」を越えたその先において考えられ、しかもそれは「相因」の思惟に沿うものであって、絶対的・固定的なものではないのである。

(19)　言語にもたらされうるものと、もたらされえないものとの、両者ともにの虚妄性については、ひとまず以上のような議論によって理解するが、もちろんこれと異なるアプローチも可能である。

(20) 立川武蔵『「空」の構造――『中論』の論理――』(第三文明社、レグルス文庫、一九八六、一四五頁)。また『中論』同章への「無畏注」参看。

第三章　妙本の位置──唐玄宗老子注の一特質──

はじめに

『老子』注釈の歴史において、唐の第六代皇帝玄宗[1]の手になる『老子注』である『道徳真経注』、およびその疏解たる『道徳真経疏』において目立つのは、それ以前にあまり論ぜられることのなかった「妙本」という哲学的概念が登場してくることである。

『注』と『疏』とには、ともに玄宗の名前が懸けられているが、『注』は玄宗が集賢院学士陳希烈等の侍講により著したものであり、玄宗自身の『老子』解釈の意図を直接に反映する、ほぼ自著といえるものである。一方、『道徳真経疏』は、玄宗の意を受けた集賢院学士や道士たちが、『道徳真経注』の解釈をより発明せんとして著したものであり、奉勅撰といったたぐいのものである[2]。両者には方法的にも差異があり、たとえば典故のある文章の場合、『注』はほとんどその出典を明示しないし、そもそも典故そのものがそれほど多くない。一方『疏』の方は、『注』に比べると典故を利用する場合が多く、しかも多くの場合その出典を明示している。『疏』の方が学問的には丁寧なものとなっている。

こうした『道徳真経注』と『道徳真経疏』とにおいて、ともに「妙本」という概念が現れてきているのである。このことはつまり、玄宗に関わる『老子』解釈においては、「妙本」の概念が中心的なものなのではないかという予想を生む。従来、一般に、『老子』の中核的思想として指摘されるのは、「無」や「道」、あるいは「無為」「無名」「自然」などであった。これらに比べると、「妙本」という語は目新しく、聞き慣れないものである。当然ながらこの「妙本」とはいったい何なのか、ということに興味が湧くであろう。

一　玄宗の『老子』解釈の核心

「妙本」が玄宗の『道徳真経注』および『道徳真経疏』において目立つということは、それがまた玄宗『注』『疏』の一特色を示している、ということでもある。(3)そしてそれが特色的であるということは、それが玄宗の『老子』解釈において、もっとも重要、中核的概念であるということを示唆するだろう。

この予測は、実際正しいのであって、玄宗自身が天宝元年（七四二）の「道徳（経）を分かちて上下と為すの詔」（『冊府元亀』巻五四）において、

我が烈祖玄元皇帝（老子）は、乃ち妙本を発明し、生霊を汲引し、遂に玄経五千言を著し、用て時弊を救う。

と述べている。つまり、玄宗自身によって「妙本」が『老子』の中核的概念であることが示されているのである。もう少し説明するならば、唐朝帝室の祖先とされていた老子の名の下に、(4)その老子が「妙本」を発明し、それによって生きとし生けるものの霊魂と社会の救済が可能になったとするのである。「唐朝の元祖」たる老子と、それを背に負って王朝統治を行う玄宗との、二重の勢威を背景に、「妙本」の威力は、まことに、世界を貫き覆う、絶大なるものとして構想されていたといえるだろう。

そして玄宗は、開元二十一年（七三三）に、士庶各家に『老子』一本を架蔵せしめよとの制令(5)を下したのを皮切りに、

その後さらに『老子』注疏の架蔵などを数度にわたって詔している。そしてまた玄宗は、『玄宗注』『玄宗疏』を『老子』解釈の模範テキストとして全国に採用させる方策をもとっていた。かくして玄宗の『道徳真経注』『道徳真経疏』は、唐一代にわたり、もっとも標準的なテキストとして用いられることになったのである。そしてそれは、おのずからこの時代の『老子』解釈の方向性を決定づけるものとなっていったといえるのである。

二　「道」と「妙本」

それではまず、「妙本」が具体的にはどのようなものとして捉えられていたのかの一端をうかがってゆくことからはじめよう。もちろん「妙本」は『注』『疏』の両者にわたり、中心的なものとして現れてくるもので、『注』『疏』いずれにとっても重要な概念である。ただし、今は、両者にわたってフラットにそれを検討するのではなく、まず玄宗自身の著述としてより直接的なものと考えられ、しかも形式的には解釈として『疏』に優先すべき『注』に、焦点を絞ることとしたい。そして玄宗自身が示そうとした「妙本」の様相を明らかにすることを目指したい。

『道徳真経注』開巻冒頭第一章の玄宗の注は、いわゆる『老子』の「道」「無名」に関わりつつ、次のようにいう。

道とは虚極の妙用なり。（第一章注）

道は常に無名なり。無名とは妙本なり。（第一章注）

まず第一の文であるが、いわゆる『老子』の「道」とは、まず「虚極」なるものの「妙用」であるという。「虚極」とは、『老子』第十六章の玄宗注に、

虚極とは妙本なり。（第十六章注）

とあることから、それは「妙本」のことということになる。そこでこのことを第一の文に代入するなら、「道とは妙本の妙用なり」ということになる。「妙用」については後ほど詳述することにするが、今ここでは「用」に注目して、取りあえずそれを「働き」の意味に解しておく。とすると、要するに第一の文は「道」とは「妙本」の「働き」を言うものということになる。

続いて第一章注の第二の文である。その後半からいうと、「無名」とは「妙本」である、というのであるが、ここで前半にもどると、その「無名」とは「道」の常なるあり方を示すものとされている。そこで「道」は、「妙本」のある種の状態・あり方として顕現しているもの、ということになる。つまり「道」とは「妙本」のある種の（すなわち無名的な）有りようを表しているもの、あるいは「道」は「妙本」のある一側面を示すものということになる。これについては次の第三十九章注の文が、このことの補完的役割を果たすだろう。

物、道の用を得れば、用に因りて名を立つ。用失わるれば而して実喪《ほろ》ぶ。（第三十九章注）

かくして、第一章注の二つの文の分析から、「道」とは「妙本」の全体からすると、そのある種の限定的一側面を示すのみのものということになり、それゆえ「妙本」はどうやら「道」に上位するものであるらしい、ということが見えてくる。つまり「妙本」と「道」との関係性が、ここでおぼろげながら見通し始められることになる。だが、だからといって、第一章注の二つの文のみの分析で、そのことが完全に論証されたとはとてもいえない。さらにその点をはっきり詰める必要がある。そこで、先に一部を引用した所だが、『道徳真経』第十六章注の文をここで全体的に引用する。

虚極とは妙本なり。言うこころは、人、生を受くるに、皆、虚極妙本より稟《う》くるも、形、受納有るに及べば、すなわち妙本、離散す。（第十六章注）

この文の冒頭の、「虚極」とは「妙本」である、という点についてはすでに見た。ここではすぐに続けて「虚極妙本」と、二語を重ねて一語として取り扱う例が示されている点に注目する。「虚極」は「妙本」であるが、それはまた「虚極妙本」と一語で表される概念でもあるとされているのである。そしてさらにその「虚極妙本」とは、人間にその生を付与するものであるとされる。この場合、人間に生を付与するという、人間に限定された特殊な場合が示されているのだが、これを一般的に敷衍するのなら、それは存在者の根源としての性質をもつものとされているということになる。そしてここにおいてもまた、「妙本」の位置の見通しがさらにもう少し明るくなるだろう。

ところで、先には第一章注の「道とは虚極の妙用なり」は、十六章注の文を代入すると「道とは妙本の妙用なり」となることを見た。また同じく第一章注「無名とは妙本なり」という文は、「妙本の無名的働き・有りよう」を示すものでもあった。そこでここにおいて、先に一応「妙本」の「働き」と解しておいた「妙用」について、少し細かく検討する。

まず、「妙用」の「用」であるが、これについてはあまり複雑に考えるべきではないだろう。先に見たように、単に「機能」「働き」という意味で捉えておいて大過ないと思う。むしろこの場合、「妙用」の「妙」が重要である。

この「妙」の意味は、引用文の流れからして当然ながら、「妙本」の「妙」と異なるものではないといえる。それはまた、当然ながら『老子』第一章「常無欲にして以てその妙を観」「衆妙の門」の「妙」と同じものであると見るのが、注釈という性格からしても妥当といえる。そこで、この『老子』の「妙」は何かというと、その解釈は歴史的には実はさまざま・多様であって、実際には今ここで一々検討するのには煩瑣すぎるものである。最大公約数的に絞って、その意味を規定しておくしかない。そしてそれは結局の所、「優れた」「不思議な」「微妙」「玄妙」で「奥深い」、というような意味に帰結する他はないのである。

そこで先の引用文についてさらに考えを進める。

「道とは虚極の妙用なり」を単純に置換すると「道とは妙本の妙用なり」ということになる。これは先に導出した見方を単純化したものとして受け取れる。そして「妙」を先に見たように形容詞的なものとして、さらにここに代入してみると、この注の意味は、いわゆる「道」とは「妙本」の奥深く微妙な働き・機能である、ということになる。つまりこの場合、「道」は「機能」的な意味において用いられているのであって、何らの具体的実体を伴うものではないのである。しかもそれが「妙本」に対しては下属するものとされていることも、ここに明白にみることができる。つまり「妙本」は「道」に優越する位置づけが与えられているということがはっきりするのである。とはいうものの、しかしながらここまでの論証は、まったく推理的論証によるものにすぎず、それだけで全てを論証し終えたなどといえるものではない。

そこでさらに、「妙本」の位置については、より直接的に文面に表出されている用例を見てみなければならない。『老子』第二十五章「有物混成」への玄宗注に次のようにある。

物有り。混然として成り、一切を含み孕む。その生化を尋ぬれば、乃ち天地の先に在り。有物の体は、寂寥虚静たり。妙本は堪然として常寂たるが故に、独立して改めず。応用は群有に遍きが故に周行して危殆せず。而も万物は資《よ》りて以て生成し、その茂養の徳を被るが故に、以て天下の母と為すべし。

「妙本」は、はるか宇宙の成立以前から、存在者の根源において、堪然として有り続けたものであり、その働きはあらゆる存在者に行き渡っている。あらゆる存在者はそれによって（依拠して）生まれ、しかもその働きによって成長させられている。これが右の文の要点である。このような「妙本」の位置づけは、それが「道」を含めたありとあらゆる物の以前にあるもの、あるいは越えているものであることを示している。

加えて、玄宗が「妙本」を宇宙生成に先立つものであり、しかもその宇宙を存在せしめているものであると捉えていたことは、また次のような注釈によっても了解できる。

> 妙本、気を見わして、天地を権輿す。天地、資《よ》りて始まるが故に、無名という。（第一章注）
>
> 妙本、動用して和気を降す。物、得て以て生じ、万類を養う。乾、知《おさ》めて、坤、作《おこ》り、形位、兆《あら》われ、寒暑の勢いおのおの成り遂ぐ。（第五十二章注）

三　「妙本」の超越性

以上によれば、玄宗注における「妙本」の概念的位置は「道」を含めて従来『老子』解釈において示されていた哲学的な種々の概念を、すべて越えるものとして設定されているのであり、それはまったく明白であったといえるのである。だがここでさらにしつこく、「妙本」が「道」を越えてその上位に置かれていることを、玄宗の『老子』への具体的注釈作業の中に見て、以上のことを決定的・確定的に押さえたいと思う。その例として、第四章の本文と注釈を取り上げる。

『老子』本文：道は沖にして之を用い、或いは盈たず。淵として万物の宗に似たり。
玄宗注：道は常に物を生じて盈満せず。妙本は淵として深静なるが故に万物の宗主たるに似たり。

通常、この本文は、「道」が文全体の主語であり、「或いは盈」たざるものも「万物の宗に似」るものも、「道」であると解されている。ところが玄宗は、この本文を二つに分け、それぞれに主語は違うものとしている。すなわち、「或いは盈」たざるものは「道」であるが、「万物の宗」は「妙本」である、と。「道」にはある種の運動性ないし機能的要素を見、これに対して「妙本」には静寂不動を見ようとしているのである。玄宗は、はっきりと「道」と「妙本」とを区別し、「道」は動、「妙本」は静とし、「妙本」により高次の位置を与えようとしていたといえるのである。これら「道」と「妙本」の概念的先後関係については、玄宗は第四章の続く本文への注において、明確に示している。

『老子』本文：其の光に和し、其の塵に同じくす。
玄宗注：道は在らざる所なし。在る所は常に无なり。光に在りて、塵に在りて、皆ともに一となる。一なるものは光塵のみ。而るに妙本は光塵に非ざるなり。
『老子』本文：堪として存するに似たり。
玄宗注：和光同塵するも、而るに妙本は雑《まじわ》らず。故に堪として存する所有るに似たり。

玄宗によると、「道」の在り方は常に「无（無）」であるという。そしてその「无（無）」とは、「道」自体が何も「無」いという表象において捉えられる、というのではない。「道」が常に何ものかと「一」なるものになりあっているもの、として現れてくるものであるというのである。この場合、光や塵がその何ものかであって、「一」として現に認識しうるものは光や塵であるが、しかしその光と塵には実は「道」が相即して（「一」になりあって）いるのであって、「道」はそういう何ものかと一体化してしまっているのである。そういった意味において、それ自体は「無」だと表現される、と玄宗はするのである。しかしそれはあくまでも光塵と一体となってそこに有るものである。あるいは、光塵には「道」が併在しているといってもよいだろう。

一方「妙本」については、玄宗は「光塵に非」ざるものと断言して、「道」のごとく光塵に相即して（「一」になりあって）いるものではないという。そして続く注釈においては、「妙本」は「道」のごとく何ものかと雑りあうことのない、いってみれば純正なるものであるとしている。すなわち、ここには「雑」なる「道」に比して、「妙本」の「不雑」性ないし「純粋」性が説かれるのである。(6)

むすびにかえて

以上、『老子』の玄宗注においてひときわ目に付く概念である「妙本」について、主にその超越的側面を中心に分析を進めてきた。その結果、玄宗は「妙本」の概念に、従来の「道」概念を越える高次の位置づけを与えようとしていたということは疑うことができぬものであることが明確となった。しかしながら、以上のことに反するような事実であるが、玄宗注の「妙本」には、「従来」の「道」を越えるものではない、従来の「道」と等同の内容しか与えられていないと見なければならないような部分も、実は存在している。次の二つの文を見比べる。

妙本、動用して和気を降す。（第五十二章注）

道、動きて沖和の妙気を出す。（第四十二章注）

つまりこれらのように、「妙本」と「道」とには差異はないと見ざるをえない所が玄宗注にはあるのである。[7] そしてそのことの解釈については、まず「道」と等同なる「妙本」という概念に関してより詳細なる分析を必要とするであろう。そしてその併存はいかなる論理においてなされているのかの分析も必要である。さらに加えて、その事態はいかなる理由によって惹起されたものであるかの論証も必要であろう。[8]

しかし今は、これらのことについて論ずる準備は整っていないし、またそれを論ずるための紙数もなくなった。これらの問題についてはまた稿を改めて論ずることにしたい。

注

（1）皇帝の代数からは、則天武后と殤帝を除いた。

（2）集賢院学士たちが玄宗の『注』『疏』の作成に関わっていたことについては、『冊府元亀』巻五三、尚黄老、開元十八年・開元二十年の条を参照。

（3）「妙本」に関する先行研究について鳥瞰してみると、現在の所、その解釈は大きく二つの立場に分かれているように見える。まず「妙本」の超越性を重視する立場である。「玄宗注疏にあっては、「道」は「虚極の妙用」であり、「虚極妙本の強名」であって、「妙本」こそが世界の根源にある究極的な存在を表象しうる唯一の概念であるという明確な意識が存在する。……玄宗注疏においては、「妙本」が現象世界の根源的実在とされている」（麦谷邦夫「唐・玄宗『道徳真経』注疏における「妙本」について」（秋月観暎編『中国の宗教と文化』平河出版社、一九八七））という麦谷説が、その代表である。もう一方は「妙本」と「道」とを等同、ないし「妙本」を「道」の形容的なものとする立場である。「妙物もしくは妙本とでも言うしか名づけようのないそれは、一切万物のそれぞれを表象する日常的な言語によっては決して表象しえないが故に、本来無名であるが、すべての存在に通じかかわるという点から、強いて名づければ道とでも呼ばれるべきであろう。……探求の果てに唯一者、妙本としての道にたどりつくことができたとするなら、この道はその限りにおいて、まさしく万物の始源であると言えるであろう」（中嶋隆蔵『六朝思想の研究』平楽寺書店、一九八五、七〇二〜七〇三頁）との中嶋説に代表される。つまり「妙本」を超越的なものと捉える立場か、超越的なものは「道」であり、「妙本」は「道」と等同ないし単に「道」の形容的なものにすぎないと捉える立場かの、二つの対立的解釈が現在における主要な説であるといえるのである。たとえば、砂山稔『隋唐道教思想史研究』（平河出版社、一九九〇、三三二〜三三三頁）は、「「道」を「虚極」「妙本」が万物を生成する作用と捉える」と述べており、「妙本」を超越的なものとする立場に立つ。一方、島一「玄宗の『道徳真経』注疏について——理国と理身——（上）」（『立命館文学』第五二三号、一九九二、八一頁）、同「玄宗の『道徳真経』注疏について——理国と理身——（下）」（『立命館文学』第五二六号、一九九二、五五頁）の「妙本」の解釈は、明らかに中嶋説を前提としていると見られるのである。

（4）老子が唐朝の祖先であるという説は、唐の廷室の姓が「李」であることにより、唐代になってから叫び出されたことである。それが厳密にいつごろのことであったのかというと、不明というしかないが、唐太宗の貞観十一年（六三七）、帝が「朕の本系は柱史（老子）より出ず」（『全唐文』六）と述べている所からすると、太宗の時期には相当広く行われるようになっていた説であろう。

（5）『旧唐書』「玄宗本紀」。

（6）「妙本」の概念の主な先行用例は成玄英にある。玄宗『注』における成玄英の承受の問題については稿を改めて述べたいと思うが、ただ一点、指摘しておきたいのは、「妙本」のこうした性格はまったく玄宗注に独自なものであったということである。

（7）本稿の注（3）に示したように、先行研究の「妙本」の解釈は、これらのどちらかの立場に立ちつつ、それを強調するという性格の濃いものであった。これら二つの立場の併存を、謂わば前提とした上で、考察を進めようとの方向性をもつ論考は、現在の所ほとんどないといってよいだろう。

（8）その理由については現在の所、玄宗自身の政治理念のあり方によって引き起こされたものであろうとの予測を立てているが、これについては、やはり一層明晰な論証が必要であろう。

第四章　二つの妙本――老子玄宗注考――

はじめに

唐の第六代皇帝玄宗[1]の手になる『老子』の注釈、すなわち『道徳真経注』には、それ以前にはあまり論ぜられることのなかった「妙本」という哲学的概念が登場してくる。そして玄宗は、その「妙本」を、従来の『老子』解釈においては至高者であり根源であり、始源者であるとされてきた「道」を越える、高次のものと位置づけた。

道は常に物を生じて盈満せず。妙本は淵として深静なるが故に万物の宗主たるに似たり。

（『老子』第四章、玄宗注）

この文は生成するという動的性格をもつ「道」よりも、不動で静寂たる「妙本」の方が、上位・高次の位置に置かれる、ということを端的に示す。『玄宗注』においては、「妙本」は「道」との関係的あり方においてその概念的高次性を明確にしてきたのである。[2]『老子』が今日のような形に定着して以来、[3]唐代に至るまでの解釈史中にあって、玄宗の『老子注』の特色は、「道」を「妙本」の下風に置くという点にあったのはまちがいないところだろう。[4]

一方、「妙本」にはまた、そうした「道」を越えるという意味とともに、その内容面において、「道」の従来的解釈を出ない、「道」との等同性を示す所もある。あるいは「妙本」はたんに「道」への形容的機能をもつものに過ぎず、

「道」こそが本来的なる至高者・根源・始源であると解せられるような所もあるのである。[5] 本稿では、この「妙本」が「道」と等同あるいは「道」の形容とされることになるという問題を検討し、また「妙本」に二つの意味があることの理由・根拠についても、ある程度の見通しを立てたいと考える。

一　「無」と「妙本」

そこでまずここでは、「道」に代えて、やはり従来『老子』思想の中核として重視されてきた「無」と「妙本」との関係はどうであったのかということを、取り上げたい。

『玄宗注』以前の『老子』解釈の歴史においては、「無」と「道」とはともに至高者であり、根源であり、始源者であって、これらは同じものの別称、あるいは異名同物なるものであると考えられてきた。つまり「無」は当然至高者・根源・始源者と考えられていた。[6] ところが、玄宗『老子注』においては、至高の「無」という概念が直接的に提示され、説明される箇所がないのである。[7]

この事実は重要である。すなわち『玄宗注』においてすべてを越える至高者と位置づけられていたのは「妙本」であった。[8] ところがこの至高なる「妙本」を、やはり至高とされてきた「無」と捉える玄宗の注釈は存在していないのである。「道」＝「無」という伝統を踏まえるとき、「道」以上のものとされる「妙本」が提示されるならば、それは当然「道」と同時に「無」をも越えてしまうと観念されていたと推測できるであろう。しかし「無」による、また「無」を用いた説明的文章がないのであるから、その推測をただちに肯定するわけにはゆかない。

はっきりさせたいことは、「妙本」が「無」を越えるかどうかの具体的確認である。『道徳真経注』中には「無」に直接言及する箇所は稀なのではあるが、しかし実は「妙本」の表象・機能等の説明において、わずかに「妙本」が

「無」以上のものとされているかどうか、窺い見ることのできる箇所がいくつかはある。そこで今、それらを見てみることにしよう。

まず、二十五章注である。

物有り。混然として成り、一切を含み孕む。（第二十五章注）

この注によると、「妙本」に対応する始源状態は、「物有り」であり、その「有る物」は一切を孕み含む渾然たる状態として表象されている。つまり、「無い」とか「からっぽ」とかの表象ではなく、むしろぎっしりと充実している状態として表象されている。

次いで「妙本」が「気」を生成するという記述である。これはいくつかある。これらもまた「妙本」の位置・表象を窺わせる。

妙本、気を見わして、天地を権輿す。（第一章注）

妙本、動用して和気を降す。（第五十二章注）

見た通り、これらは「妙本」が「気」を出すことをいう。そしてここで想起すべきは、『老子』解釈の歴史において、明確に、至高者が「気」を出すという表現をとった嚆矢が「河上公注」であったということであり、またその場合の至高者が「道」であったことである。(9)「天地の始め、道、吐気布化す」（『老子』第一章、河上公注）、と。そしてこれによって二つのことが知られる。それは『道徳真経注』における「妙本」は従来の、少なくとも『老子』解釈史中の一方の重要古典である「河上公注」における「道」と、ほぼ等同の位置に置かれているということである。もう一点は、気を吐出する「妙本」とは、「気」とかけ離れた概念表象をもつものではなく、むしろ「気」と連続的な表象をもつものであるということである。つまり「妙本」からの「気」の生成・吐出は、「無」から「有」への突然・欻然たる生成という枠組みにはない、そのようには捉えられないということである。

ところで、「始め」ということに関して、『玄宗注』は次のように述べている。

始めとは沖気なり。言うこころは、この妙気、万物を生成し、茂養の徳あるが故に、以て天下の母となすべし。（第五十二章注）

一とは沖気なり。言うこころは、道、動きて沖和の妙気を出すも、物を生ずるの理において未だ足らず。また陽気を生ず。陽気は独り生ずること能わざれば、また陰気を生ず。沖気の一に積むが故に、一、二を生ずと云い、陽気の二に積むが故に、二、三を生ずと云う。陰陽含み孕まれて沖気調和し、然る後に万物阜《さか》んに成る。故に三、万物を生ずと云う。（第四十二章注）

これらの注釈から窺われることは二つある。その一は、「始め」についての問題である。「始め」とは何かというと、『玄宗注』の場合、もちろん「妙本」であった。とすると、「始めとは沖気なり」という規定から、「妙本」は「沖気」、あるいは「沖和の妙気」という「気」になる、ということである。その二は、また同時にこの「沖気」はまた「妙気」でもあるので、先に見た「妙本」が生み出す「気」「和気」の、その根源は「妙気」ということになる。さらに「沖気の一に積む」といっているように、「沖気」は「一」としてその上に「二」（陰陽？＝物質）」が積まれうるものという表象が与えられる。つまりこれは、それが質料をもつという表象を与える、ということである。

併せてまた、次のような注釈にも注意すべきである。

人、生を受くるに、皆、「虚極妙本」より稟くるも、形、受納有るに及んですなわち「妙本」離散す。

（第十六章注）

すなわちこの文章は、人間（あるいは有形・質料あるもの・存在者）が、その形態を獲得するにおいて、その根拠は「妙本」に置かれているということを説く。そしてとくに注目すべきはその後半の文であって、形態が獲得された後は「妙本」は離散してしまうとする点である。「妙本」はもともと至高者として「道」や「妙気」などの装置を通じて機能するものとされていた。しかもそれは万事万物に貫徹的に行き渡っているものとされていた。[10]だが、この場合は、「妙本」は存在者に形態をもたらした後、離散してしまうというのである。よってこの文章から導かれることはやはり二点、第一点は、「妙本」の非永遠性である。第二点は、「妙本」が離散する、つまり一種の気的なものの集合体（充実）と捉えられていることである。前半についてはもう少し後に検討するとして、まずは後半である。それは『玄宗注』における「妙本」の表象には気的なものがあったことを示している。『玄宗注』において「妙本」が「無」と関連しては説かれなかったのは、まさにここにその一つの因由があるだろう。そして「妙本」の性格にかかる面があることは、注目すべきことである。[11]

二　「妙本」と「道」の等同性

ここで『老子』第四十二章の玄宗注を引く。

一とは沖気なり、言うこころは、道、動きて沖和の妙気を出す。（第四十二章注）

これによると「道」とは、「妙気」（＝「一」）を生み出す根源である。とすると、「道」はこの場合、上来述べてきた「妙本」と等しい位置に置かれるものということになる。

ところで、気的表象の与えられる「妙本」とは、「始め」であり、また「一」でもあった。とするなら、「妙本」＝「一」＝「沖和の妙気（沖気）」である。ところが右の第四十二章注の、「道」が「沖和の妙気（すなわち「一」）を出す」をそのまま受け取るならば、「妙本」は「道」に下属するものということになる。これは微妙な問題であろう。「妙本」が「道」に上位すること、それが『玄宗注』の一特色であったはずである。いわば哲学的、ないし形而上的[12]に根本的な規定であった。ところがここにおいて、今まで述べてきたのとは逆に、「沖和の妙気」＝「一」＝「妙本」は、「道」に下属するという事実が現れてきてしまうのである。そしてこれは四十二章に特有なことではなかった。同様の例として、

道、動きて沖和の気を出し、用って生成す。（第四章注）

道は古より今に及ぶまで、万物を生成す。（第二十一章注）

などを挙げることができるのである。また「妙本」＝「一」という点にかかわって、「道」は、

唯だ道は夷・希・微に非ず。故に混じてまた「一」なり。上に在るものは必ず明るく、下に在るものは必ず昧し。唯だ道は上に於いて上に在らず、上に在るも亦た明るからず、下に於いて下に在らず、下に在るも亦た昧か

らず。……物を生むの功、名目得ざるも、物に非ずして能く物たるが故に、常に物を生みて而も未だ始めより物あらずして、妙本堪然たり。……有と名づくべからず、無と名づくべからず、無有もて名づけ難し。……始なきが故に、これを迎えるもその首を見ず、終なきが故に、これに随うもその後を見ず。（第十四章注）

であるともされる。つまり「道」は、有でもなく無でもなく、ただはっきりと「一」＝「妙本」と同位、とされるのである。

かくて「道」は「妙本」に上位するか、あるいは同位のものと受け取れるものであった。いっぽう、これを逆方向から透かし見るなら、

妙本、気を見わして、天地を権輿す。（第一章注）

妙本、動用して和気を降す。（第五十二章注）

などの例は、むしろ「妙本」の内容が「道」とは異なるものではないことを端的に表すものであったといえる。

このように見てくると「妙本」の、「道」との相対的位置関係が、明晰なものではなくなってくる。「妙本」は「道」に上位するという、『玄宗注』の特色であったことが曖昧になってしまうのである。「妙本」の超越性は、一体どうなってしまうのだろうか。

だが、事実として「妙本」に以上のような内容が与えられているのなら、この状況を合理的に解釈する何らかの方法・可能性はあるはずである。そしてそこで考えうる方向性の一つとして、次のようなことも提起可能ではないだろうか。

三　「妙本」の二つの意味

すなわち、玄宗が、ある文脈において特に「妙本」についてその意義を強調したい場合は、「妙本」の超越性がはっきりと示される。一方そうでない場合は、「妙本」の超越性は、従来の伝統的「道」の内容と必ずしも積極的な差異を持たなくなってしまう、と。つまり、玄宗は『老子』解釈において「道」を越える新たな超越的概念を必要としていた。そこにもたらされたのが「妙本」であったが、その「妙本」については、従来的「道」に付与されていたもの以上のものを与えることができなかった、と。

「妙本」が「道」に上位する至高者として設定される場合、ふつう採られるべき（内的・思惟的な）手順は、従来の「道」の内容・表象に不足を見出し、それを越える内容・表象を思索において獲得した上で、そこではじめて新概念として記述する、ということになるだろう。だが、玄宗は「道」を越える概念については想定・設定したものの、その概念の内実に与えるべき内容を必ずしも十全に創出できていなかった。与え得た内容は実際の所、従来の「道」を越えるほどのものではなかったのである。ということは、玄宗においては、「道」を越える概念それ自体を提起することには重きが置かれていたが、その概念内容の充足についてはそれほど積極的になされるものではなかったということになるだろう。

以上のことは、玄宗に先立つ「妙本」の用例を調べるとき（そして玄宗は実際の所それを応用して「妙本」の構想を抱いたのであろうが）、玄宗がその先行用例の範囲を越えていなかったという事実に突き当たることから了解されることでもある。

「妙本」の語は従来知られているように、仏教の用語に由来するもので、隋の『法経録』、羅什訳『梵網経』巻十、

『高僧伝』巻二、等々に見えているものであるが、[13] 仏教関係においてこの語はそれほどの展開の様子を見せてはいない。一方、『老子』に関連しての「妙本」の早い用例としては、顧歓の「其れ唯だ聖人のみ、真に妙本を知り、言教を洞遣す」[14] という文を指摘できるが、この場合の「妙本」は聖人のみが知りうるある種の高度の概念ないし境地を示すと受け取られるのみのものである。『老子』の解釈にかかわって、とりわけ「妙本」の語を明確に使用したのは、唐初の成玄英の解釈、『道徳経義疏』[15] である。[16][17] そこにおいて、成玄英は次のようにいっている。

至道の妙本は、体、形名を絶し、本より迹を降し、肇めて玄気を生ず。（第四十二章成玄英義疏）

至道の妙本は、幽隠にして窈冥、計器の測量する所に非ず。（第四十一章成玄英義疏）

これらはそれぞれ文脈的には語る内容が異なっているが、「妙本」についてはいずれも「至道の妙本」という表現をとっている。このことから、成玄英における「妙本」とは、「道」の内容面を表すものとされていることがまず了解できる。そしてまた「妙本」が「道」が根源的性質をもっていることを強調的に示すための語であるということも窺うことができる。次のような文もある。

天地万物は、皆、応道の有法よりして生ずるなり。即ちこの応道は、妙本よりして起こる。妙本とは即ち至無なり。（第四十章成玄英義疏）

ここでいう「応道」とは、根源的な「道」ないし「妙本」から派生する現象的諸事実を指す。[18] そしてここで注目すべきは、「妙本」が「至無」とされていることである。玄宗の注では「妙本」を「無」と説明することはなかった。

成玄英がこのようにしているのは、それはまだ伝統的「道＝無」という理解に引きずられているのである。ただ、成玄英がいくらそれを「無」だと表現しても、またいくら「計器の測量する所に非」ざるものであるとしても、実際の所、それは「気」を吐出するものとされているのであって、「気」的表象に連続するものであることは否定しえない所があるのである。

以上簡略ながら、成玄英における「妙本」は、「道」概念の内包の謂であり、また「道」と「無」との等値性のもとにある従来からの伝統的な「道」概念を必ずしも越えるものではなかったといえることを示した。そして成玄英のこうした先行例を承けた『玄宗注』の「妙本」も、その内容においては、そうした先行例をそのまま継受したものと見なせるものである。玄宗の「妙本」の内容は成玄英における「妙本」の範囲を越えてはいないのである。

玄宗はむしろ、「妙本」の内容にではなく、その位置づけのみを極高所に置こうとしていた、といえるであろう。そしてその点こそが、まさに『玄宗注』の特色であったということになる。

以上のことは単純に見た場合、玄宗の思想家あるいは哲学者としての資質にかかわる問題のように思われる。すなわち玄宗は、独創的な概念を創出して、新たな形而上的世界を切り開くというような、鋭敏な思想的・哲学的センスを、どうやら備えてはいなかったのである。しかし、このことは盛唐の世を切り開いた優れた君主・政治家であったとされる玄宗の名を、貶めるものではない。むしろ、現実的な治世の間に起居しつつ、哲学的な領野にまでみずから踏み込んで、その治世を根本の所から根拠づけようとした、彼の壮大な意気込みをこそ注目すべきなのである。

いうまでもなく玄宗が、この『老子注』のような哲学的著作に向かった契機・理由は政治的なものにあった。開元二十一年（七三三）の『老子』を各家に備えよとの制令が、何よりもそれを雄弁に物語っている。それゆえ玄宗が純粋に哲学的関心のもとにこの著述を行ったのではないこともまた当然のことである。彼の「妙本」概念の内容が、彫琢不足であったという事実も、それを裏付ける。

しかし「妙本」概念を、ともかくも至高の位置に置こうとしたのは、まさに玄宗の独創であった。本稿は、その独自性を分析してきたのであるが、彼がこうした独自な構想を提起した契機・理由そのものについての検討は行わなかった。今ここで、彼がこれを提起した契機・理由について簡単に見通せば、それもまた政治的なものであったのだろうが、なかんずく、問題は「妙本」の性格と玄宗の政治的スタンスとは具体的にどのように関連し、結びついていたのかということ、そのことになると思われる。これについて今はただ、いくつかの政治的要素が重合的に絡みあった中から紡ぎ出されてきたものであろうとの推測を述べておくが、しかしより詳細には、もう一度稿を改めて論ずる必要があるだろう。[19]

注

（1）皇帝の代数からは、則天武后と殤帝とを除いて数えてある。

（2）以上のことについては、拙稿「「妙本」の位置――唐玄宗注『老子』の一側面――」（『中国文化』第六〇号、二〇〇二）において論じた。参看。

（3）すなわちここでは馬王堆『老子』（甲本・乙本）を念頭においている。郭店楚簡『老子』は現行の形態になっていないため、今は考えない。

（4）前掲拙稿「「妙本」の位置――唐玄宗注『老子』の一側面――」参看。

（5）このことについては前掲拙稿において簡略な見通しを示しておいたが、これはやはり詳細な分析をなすべき問題である。

（6）実際の所、「道」と「無」とを異名同物とはしない思惟の歴史も存在している。まず『老子』解釈の古典たる魏の王弼の『老子注』においては、すでに「無」と「道」との区別が志向されていた（堀池信夫「王弼考」（『筑波大学哲学・思想学系論集』第四号、一九七九）。また六朝期の「非有非無」の概念なども、従来の解釈を越えようとした思想的試みの一つであった。そうした鬱勃たる思想的蠢動はこの時期を通じてずっと存在し続けたものである。しかし「道」＝「無」という認識は、秦漢以来の『老子』解釈の系譜を受け継ぐ「河上公注」、そしてその「河上公注」をさらに継承する（主に道教各派の）解釈の流れにおいて広く支持されていたものであった。

（7）『老子』第四章の玄宗注、「（「道」の）在る所は常に无（無）なり」という文については、前掲拙稿において検討した。そしてそこでの「無」の意味はここでいう「無」とははっきりと異なっていた。

（8）やはり前掲拙稿参看。

（9）拙稿「老子河上公注考略」（『鎌田正博士八十寿記念漢文学論集』大修館書店、一九九一）参看。

（10）前掲拙稿「「妙本」の位置――唐玄宗注『老子』の一側面――」を参看。

（11）中嶋隆蔵『六朝思想の研究』（平楽寺書店、一九八五、七〇二～七〇三頁）は、「妙本」のこうした性格の故に、「妙本」に「道」に上位するという積極的意味を見出さず、むしろ「妙本」の語は「道」の至高性を形容するもの、あるいは「道」の内容を指示するものと捉え、それを「妙本たる道」と解釈した。そしてこの解釈の方向は、『道徳真経注』の「妙本」の用例の割合から見ると、あながち不当なものではないのである。島一「玄宗の『道徳真経』注疏について――理国と理身――（上）」（『立命館文学』第五二三号、一九九二、八一頁）、同「玄宗の『道徳真経』注疏について――理国と理身――（下）」（『立命館文学』第五二六号、一九九二、五五頁）の「妙本」解釈は、この中嶋論文を前提としている。

（12）今ここで用いる「形而上」の意味は、純粋に形態・質料を越える、あるいはそれ以前ということではなく、むしろ『易』「繫辞伝」に用いられているような素朴な意味におけるものである。

（13）麦谷邦夫「唐・玄宗『道徳真経』注疏における「妙本」について」（秋月觀暎編『中国の宗教と文化』平河出版社、一九八七）。

（14）顧歓『道徳真経注疏』第七十一章注。ただし現行の顧歓注は宋代の偽作の可能性もあるといわれている。

（15）成玄英の引用は、藤原高男「輯校賛道徳経義疏」（『高松工業高等専門学校紀要』第二号、一九六七）による。

（16）成玄英の『老子』解釈については、麦谷邦夫「唐・玄宗『道徳真経』注疏における「妙本」について」、麦谷邦夫「唐代老子注釈学と仏教」（『北朝隋唐中国仏教思想史』法蔵館、二〇〇〇）参看。

(17) 砂山稔『隋唐道教思想史研究』(平河出版社、一九九〇、三三二頁) は「妙本」の用例として李栄のことも挙げている。

(18) 麦谷邦夫「唐・玄宗『道徳真経』注疏における「妙本」について」。

(19) この問題についての研究結果の一部は、最近公刊された。堀池信夫「「妙本」の形成——『老子玄宗注』思想の成立——」(論集『原典』(「古典学の再構築」研究成果報告集Ⅱ) 二〇〇三)。

第五章　妙本の形成――老子玄宗注思想の成立――

序

珊瑚の鞭を遺却して
白馬、驕《おご》りて行かず
章台に楊柳を折る
春日、路傍の情(1)

華麗なる唐の文化。
歓びも憂いも、すべては華麗な色彩に覆われる。
なかんずく、そのエッセンスは、ほとんどが詩に反映していた。
中国文学史では、この時代を四つに区切ってその推移を説明する。
曰く、初唐、盛唐、中唐、晩唐。
このうち、盛唐こそ、唐の中の唐、唐の文化のまさしく絶頂期であった。
孟浩然、張九齢、王昌齢、王之渙、王維、岑参。

盛唐の詩人たちは、まことに綺羅星のごとく居並んで輝きを発していた。

その星群の中に、ひときわ強く光を放つ二つの星。

李白と杜甫。

李・杜は、古今東西の文学の歴史にあって、世界中のあらゆる大詩人を眼下の雲海と睥睨して聳える、至高の双峰である。

この二人を生み出した盛唐。

このことだけでも、盛唐は他と比肩しえない卓越した時代であったことが分かる。

盛唐とは、見方をかえれば、唐朝第六代皇帝李隆基、玄宗の時代であった。(2)

玄宗がいたからこそ、盛唐が切り開かれた。

玄宗の統治、それこそがその時代の風を巻き起こし、鮮烈な世界を生みだす源泉であった。

玄宗の御宇、確かにそれは、長安と洛陽を中心に、華麗な文化が花開いた時代であった。

しかしその時代は、実は、血を血で洗う骨肉の奪権闘争を経たその末に現れ出た、泥中の蓮の花のような世であった。あるいは一場の夢のごとき、幻のごとき世でもあった。

玄宗統治の初期、開元十年（七二二）頃まで、世の中はおおむね安定していた。だがそこを過ぎてから後は、官僚層内部の派閥抗争が一気に勢いを増す。士大夫知識人たちは、毀誉褒貶ただならぬ、精神的不安に満ちた、先の見えない緊迫感に満ちた日々を強いられることになる。(3)

玄宗治世の後半期は、帝と楊貴妃との愛の高揚に彩られた艶冶な時代として記憶される。だがロマンスの底流には相変わらず士大夫層の不安は流れ続け、やがてまたもや血みどろの世界に還帰してゆくことになる、そういう時代であった。(4)

一　玄宗――少年から青年へ――

玄宗、李隆基は垂拱元年（六八五）、唐朝第四（六）代皇帝[5]睿宗と竇氏との間に、第三男として生まれた。睿宗は第三代皇帝高宗と武氏（則天武后）との間の子であったから、その第三男とはいえ、李隆基は唐朝直系の皇子であった。そしてまた、彼は則天武后の実の孫でもあった。

この時期、武后はまだ即位には至っていなかったが、すでに王朝の実権はほぼ彼女の手にあった。[6]天授元年（六九〇）の武周革命に向けての秒読みの段階であった。[7]

武后の実子でありながら気弱な天子睿宗は、その母のまったくの傀儡になりはてていた。

その睿宗の妻、すなわち李隆基の実母竇氏は、唐建国の功臣の一族の出自であった。武后にとっては目障りな存在であった。そのため、李隆基が物心つくころまでには、竇氏はすでに武后によって殺害されていた。[8]

皇子李隆基は幼くして母なし子となった。そして彼は他の兄弟とともに、武后の内宮深く、幽閉されてしまうのである。

「幽閉」という言葉からすると、李隆基は非常に不幸な幼少期を送ったかのように見える。だが、幽閉とは言いつつも、まだ襁褓のとれぬ幼児のことである。幽閉などされなくとも、もともと宮外遠くに出歩くなどの可能性はなかった。

かれはまた皇子として、基本的生活基盤は保障されていた。日常の身の回りの事々は竇氏の妹が面倒を見てくれていた。だから、困窮することなど一切なかった。

むしろ母なし子が祖母に引き取られていたという言い方の方が適切かもしれなかった。実際、武后は孫の李隆基たちのことを可愛く思っていたふしがある。嫁は憎くとも孫は可愛い、といった下世話な話ではないにせよ、武后は幼少の李隆基が示した資質を愛していた(9)。

武后が慈しんだ李隆基の資質とは、次のようなものであった。

李隆基七歳にして楚王に封ぜられた際のことである。

朔望、車騎朝堂に至るに、金吾将軍武懿宗、上（李隆基）の厳整を忌み、儀仗（用の従者・武器）を訶排《はずか》しめ、因りてこれを折らんとす。上、これを叱りて曰く、「吾が家の朝堂に、汝、何事を干《おか》さん、敢《し》いて吾が騎従に迫るとは」と。則天、これを聞き、特に寵を加えてこれを異とす。（『旧唐書』「玄宗本紀」）

すなわち李隆基は、吾が家の権威と秩序維持について、すでに幼少にして並々ならぬ自尊心を持っていた。唐朝皇子の矜持のもと、武后一族の武懿宗に対してもまったく怯むところがなかったのである。

そうした権威と秩序維持への志向、気位の高さという点に、支配者たるべき資質を見て、武后はこれを愛したのであった(10)。

権威・秩序に敏く、気位の高かった李隆基は、また学芸・武芸の諸方面においてもすぐれた資質を示し、とくに「騎射を善くし、音律・暦象の学に通じ」（『新唐書』「玄宗本紀」）ていた。

「騎射」は彼の武人的あるいは英雄的気質を示すものといえるだろう。

「音律・暦象」は、その理論の理解には数学的論理的才能を必要とするものであるが、この時代においては、その実践面はとりわけ占術・呪術的色彩を濃厚にもつ術学であった。こちらは李隆基が合理的な判断力を持ちつつ、かつ超自然的な事柄に親近する気質を併せ持っていたことを示すといえるだろう。

睿宗と、続く中宗を、次々に引きずり降ろして、みずから皇位に就いた則天武后も、その支配の末期には病に伏せることが多くなり、統治は弛緩する。

神竜元年（七〇五）、機に乗じた唐室恢復勢力は、病床の武后を幽囚し、中宗（玄宗の叔父）を迎えて唐の復辟に成功する。[11] そしてその三年後の景竜二年（七〇八）、二十三歳で衛尉少卿兼潞州別駕にあった李隆基に、銀青光禄大夫が加えられることになるが、この時、黄竜が白日昇天するなどの瑞祥が十九回も生じたと伝えられている。[12] 李隆基の周辺に現れた最初の奇瑞であった。当時、瑞祥災異は政治的事件につきもののことであったが、その後李隆基玄宗の挙措にはとくにこうした出来事が多くつきまとうことになる。

唐朝復辟後の天子中宗は、武后直前の睿宗のごとく、やはり柔弱な天子であった。そのため、武后を見習ったのでもないだろうが、今度は中宗の皇后韋氏が政治に容喙し始める。皇帝中宗はないがしろにされ、韋氏はみずから政断を下すなどの専横を展開する。心ある臣下からは、武后同様、雌鶏が時を告げたものと見なされ、再び女性権力者打倒の気運が盛り上がってきた。

景竜四年（七一〇）、韋氏が中宗毒殺の挙に出た時、李隆基は衆と謀って、ついに武装蜂起する。彼はみずから羽林軍を率いて宮中深く突入し、韋氏を誅滅するという果敢な戦闘行動をとり、大いなる武功をあげる。そして、その父李旦睿宗の復辟に成功し、みずからは皇太子となった。

このクーデターは、彼の生涯において指を第一に屈すべき大功名であった。皇太子李隆基の軍事的才能への評判はこれによって天下に鳴り響くことになる。

クーデターの際、李隆基に一味していたものの中には道士馮処澄、僧普潤などの宗教関係者がいた。彼の行動の周辺は、このように常に宗教的雰囲気に親近であった。

ところで、韋氏誅滅クーデターの成功は、彼の軍事的才能のみならず、李隆基は皇太子であるよりも、むしろ皇帝たるに相応しい人物ではないのか、というイメージを広めることにもなった。復辟した父睿宗は、かつて為す術もなく武后に帝位を追われた当の人物である。彼は落ち着いて帝位に座していられるほどの気概を持ちあわせていなかった。むしろ息子李隆基の評判に押されて、その身を縮込めていた。そして国家の経営の実質はほとんど李隆基に委ねられていた。睿宗の周辺では、群臣たちの、李隆基への譲位の意見が喧しく沸き起こっていた。

延和元年（七一二）、星官が帝に星の異変を告げた。その異変の意味は、もはや誰もが分かっていた。睿宗自身も「吾が意、決」[13]していた。

かくて譲位の勅は発せられた。その勅には、「昔、聖暦（年間（六九八～六九九））に在りて、已《すで》に皇嗣の尊を譲れり。爰《ここ》に神竜（唐恢復の年号）暨《いた》れば、終《つい》に太弟の授を辞せん。……皇太子の（李隆）基、大功を天下に有し、阽危を社稷に定む。温文、既に習い、聖敬、克く躋《のぼ》る。これに監国を委ね、已に歳年を移すに、時政、益々明らかにして、庶工は惟だ序《ととの》う。……（隆基を）皇帝位に即かしむべく、有司、日を択《えら》びて、冊を授せよ」（『旧唐書』「玄宗本紀」）とあった。ここに見える李隆基への最大級の賞賛は、彼の評判の高さを如実に示し[14]、そしてその評判の前に睿宗がいかに小さくなっていたかを示している。

玄宗即位。

先天元年（七一三）八月のことであった。

以上、即位に至るまでの李隆基の事績によって、玄宗という人物の輪郭がある程度浮かび上がってきたと思われる。すなわち彼は、権威や秩序というものに、幼少期から敏感であった。彼にとって、その権威と秩序観の根本基準は、当然ながら唐室そのものにあった。彼は李姓唐室をことのほか重視し、それに誇りと自尊の気持ちをもっていた。

彼は則天武后の唐朝簒奪期はまだ幼かった。そしてどちらかといえば、武后に慈しんで育てられた。それにもかかわらず、彼の唐への思いは強烈であった。みずからの生い立ちや、父の無念、母が武后に殺されたということなどは、恐らくものごころついた頃から、当然聞かされていただろう（彼の日常の世話は竇氏の妹が行っていた）。先に見た玄宗七歳時の武懿宗への態度は、それを如実に示すものである。

ただ、彼はたんに唐朝に対する思い、母の怨念に取り憑かれていただけではなかった。同時にまた、武后に対する思いもあったようである。少年期、幽閉されていたとはいうものの、実際は武后の庇護のもとにかなり暖かく遇され、育まれた。その上、彼が成長して幽閉を解かれた後は、武后に扈従してもいる。[15] この時期、彼は武周の政治を身近なものとしていただろうし、武周政治の特質もよく理解していただろう。武周の統治を、一方的、怨念的視点からばかり見ていたわけではなかったと思われる。

たとえば玄宗は即位後、人材登用に相当配慮するのであるが、それは武后の新興科挙官僚人材登用策を継承したものと見られるものであって、[16] 武后の政治についても取るべきものは取るという姿勢を持っていたことを示している。ただ、いうまでもないが、彼が君臨する唐王朝の理念や権威・秩序と矛盾するような武周の統治形態についてはこれを否定し、是正してもいた。[17] 玄宗の統治は武周の単純な継承などではなく、唐朝正統意識が強く刻印されたものであった。

彼はまた、若き修学時代から、騎射をよくするなど武技に長じ、英雄的気概を備えていた。その気質は、彼の唐朝尊崇・自尊の意識を支えるものであった。同じ頃から、彼は音律・暦象の学という占術・呪術に親しんでいた。そして成長後の彼の周辺には、宗教的・呪術的雰囲気が濃密に立ちこめていた。彼が呪術の技法を十分に承知していたのは事実である。ただ彼がその生涯において、こうした呪術的技法をどれだけ行使したかは不明である。しかし、その利用・応用の方途や効果については熟知していたと見てよいと思われる。[18] 玄宗は皇帝としての自分自身を、臣庶に無条件に尊崇させる手段の一つを、自ら保有していたのである。

二　李姓唐朝と道教

老子は『史記』によると、姓は李、名は聃である。そして唐王朝の創基者高祖李淵は奇しくも老子と同姓であった。このことから唐朝においてはいつとはなしに、王朝の遠祖は老子であるということが語られるようになってきた。「いつとはなしに」といったのは、実際このことが流布されるようになったのがいつからのことか、史料面でははっきりしないからである。

『旧唐書』「高祖本紀」に、隋の大業十三年七月、隋将宋老生との対陣中、霍山の使者という白衣の老人が高祖の軍中を訪ない、神託を告げた。ところが高祖はその老人が老子であるとは気づかなかった、という。この出来事に関して、のち玄宗は「崇祀元元（玄元）皇帝制」（『全唐文』巻二二）において、

元元皇帝（老子）は仙聖の崇師、国家の本系なり。昔、草昧の始め、（高祖に）受命の期を告ぐ。高祖これに応じ、遂に神降《くだ》るの所に於いて廟を置き、県を改めて神山と曰う。

として、これを老子としている。しかし、実際のところ、高祖の時にはこの神人はむしろ老子とは思われていなかったと見る方が適切のように思われる。

というのは、武徳四年（六二一）、道士傅奕が仏教弾圧の狼煙を上げた時、唐朝祖先としての老子の影はまったく現れてきていないし（『広弘明集』巻一一、巻一四、巻二五）、武徳八年（六二五）、高祖が儒・仏・道の三教の優劣の論議をさせた際にも老子国祖説は現れていないからである。つまり、唐初には老子が唐朝遠祖であるとの説は、まだなかったの

である。

結局、老子国祖説が流布して、広く信じられるようになるのは、第二代皇帝太宗李世民の時期になってからだと思われる。というのは、太宗の貞観十一年（六三七）、帝が「朕の本系は柱史（老子）より出ず。今、鼎祚克《よ》く昌《さか》んなるは、既に上徳の慶に憑《よ》りて、天下大いに定まればなり」（『全唐文』巻六）との発言を行っているからである。つまり太宗の時期には、老子が唐朝の祖先であるとの世評が広く流布してきており、皇帝自身もそう信じるようになっていたのである。[19]

以下、歴代皇帝はこのことをそのまま受容することになる。第三代皇帝高宗も、「老君は朕の本系なり」（『全唐文』巻一二）と述べている。唐朝の老子始祖説は、こうして揺るぎない認識となっていった。そして玄宗の認識もこの線上にあるものであり、彼の時期には、それはほとんど千古不抜の真理のごとくになっていたと考えられるのである。

このような認識のもと、老子は国家レベルで、公的な崇拝を捧げられ始めることになる。最初の具体的記録は、高宗の乾封元年（六六六）である。時に帝が亳州に宿った際、「老君廟に幸し、追号して太上玄元皇帝と曰う。祠堂を創造し、その廟に令・丞各一員を置く」（『旧唐書』「高宗本紀」）と記録されていること、同じことであるが、「亳州に如《ゆ》き、太上玄元皇帝と追号す」（『唐書』「高宗本紀」）とも記録されていること、これらである。老子廟はすでに高祖の武徳三年（六二〇）に建立されていたものであるが、その廟に祀堂を追加建立、加えてこれに国費による官員を付したのは、まさに老子を国家レベルで公認したということを示すものであった。

貞観十一年（六三七）、太宗は僧・道の地位について、道教を先に祠り、仏教を後にせよとの詔を発した（『通典』六八）。この詔は、他教に比して道教の地位を比較的優位に扱うことを指示したものと受け取れるが、高宗儀鳳三年（六七八）の、「道士を宗正寺に隷《つ》（属）かしめ、班（地位）は諸王の次に在り」（『仏祖統紀』巻三九）との勅になると、単なる道教優遇措置とは言えなくなる。宗正寺とは、王室親族を管理する官庁である。つまりこの勅は、道教を王室親族と同じカテゴリーにおいて管理せよ、とするものなのである。ということは、これは道教を皇帝親族の宗教として遇するということであり、それが公的に宣言されたということを示している。

かくて老子が唐朝始祖であることと、それに伴う道教尊崇は、公的に承認された見解として、人々の間に浸透していったのである。太宗が「朕の本系は柱史より出ず」と老子祖先説を述べた時、沙門智実がこれを承けて、

伏して詔書を見るに、国家の本系は柱下より出ず。（『集古今仏道論衡』丙）

と、受け答えしたことなどは、仏教側においてすらも、公的な政府の見解としてそれを受け入れていたことを示すものであった。

ただし、唐朝はもともとその当初から、道教のみを特別優遇的に庇護しようとしていたわけではなかった。唐朝の宗教政策の基本方針は、実は諸宗教に対して公平に寛容、ということにあった。仏教も道教もいわば等間隔の距離感において庇護するということであった。先に見たように、唐朝初期、高祖の頃は、必ずしも老子、そして道教に対して特別な意識を感じていなかった。そして太宗の頃にようやく老子尊崇と道教優遇が浮上してきたのであるが、その時期においても、唐朝はまだ道教一辺倒というわけではなかった。

先に見た貞観十一年（六三七）の、太宗の老子国祖説と道教優先の詔であるが、その後、貞観十六年（六四二）、太宗が弘福寺に行幸した際、彼は弘福寺僧侶に対して、次のようなことを述べている。

（貞観）十六年、（太宗）弘福寺に幸し穆太后のために追福す。自ら疏を製し、皇帝菩薩戒弟子と称して寺主道懿に謂いて曰く、朕、頃《さき》ごろ老子は是れ朕の先宗をもっての故に、釈氏の先に居らしめり。卿等、能く憾《うら》むこと

無からんや。対《こた》えて曰く、陛下、祖宗を尊びて成式を降すを、詎《なん》ぞ敢えて怨むこと有らんや。上、曰く、仏老の尊卑、通人は自ずから鑑《かんが》みん。あに一時上に在るを即ちもって勝ちとなさんや。朕の宗、柱下（老子）よりするが故に老子を先にせり。凡そ、功徳有るものは、僉《み》な釈門に向かう。往日、所在の戦場、皆仏寺を立つ。太原の旧第も亦たもって仏を奉ぜずして、初めより未だ嘗て道観を創立せざらんや。存心かくの若し。卿等、応に知るべし。(20)

何とも言い訳がましいものである。そうであるとはいえ、こうしたことによって、唐朝は道教優先をしばしば打ち出しつつも、仏教尊崇の基本線もあくまでも放棄していなかったことが知られるわけである。

ところで、こうした仏教・道教の庇護策には、じつは政治的・経済的に、王朝にとって困難な事態をもたらす側面があった。

六朝期以来、貴族による仏寺道観の建立は非常に盛んであった。唐初にはその数は数千に達していた。その数はあまりに多かった。そこで、高祖李淵は武徳九年（六二六）、京師に三寺二観を残し、また諸州に一寺一観を残して、余の天下の寺観をことごとく廃する詔を発した。そのかわりに残された寺観の僧尼・道士女冠すべてに国家より衣食を給することとしたのである。天下の寺観を整理し、全てを国立化する政策であった。しかしこの施策は完全には徹底出来ず、寺観整理の方が中途半端なままで終わってしまった。そのためこれは、問題を残すものとなってしまった。(21)すなわち、寺観は整理されず、国家による給付厚遇策のみが生き残ってしまったのである。そうなると、寺観に寄寓して僧尼・道士女冠になれば、国家が衣食給付をしてくれるのだから、生活の心配が一切なくなる。しかも、出家入道すれば徭役を含めて税を負担する必要もなくなる。出家入道者は跡を絶たなくなった。とりわけ生活窮乏者の中からは、正規妥当な修行・方途を経ずに、安易な形で私的に出家入道するものが増大する一方であった。(22)この事態は、生産者の激減と非生産的な純粋消費者の激増を意味している。生産と消費のバランスが極度に崩れ偏るものになったのである。さらに、寺観それ自体は、出家入道者の増大により国家からの給付が増える。それを財源に、寺財・観財として荘園の増大確保に努め、また商業への資本提供による富の蓄積などに努めることになった。国家経済への不安要素はさらに高まっていった。(23)国家経済は、道仏優遇によって多大な負担を強いられるものとなってしまったのである。したがって、唐朝は、道教・仏教への庇護・寛容・厚遇策を取っていつつも、一見それと矛盾するかのごとき道士女冠・僧尼の取り締まりをしばしば行うことになったのである。ただ、こうした道士女冠・僧尼の取り締まりは、決して唐朝の宗教寛容が似非的なものであったということを意味するものではなかった。いつの世にも制度の隙間をすり抜けて利得を得ようとするものは多く、それが過剰になることもしばしば起こることである。こうした唐朝の道士女冠・僧尼取り締まりは、その是正策と見るべきものであり、経済政策の一環であると見るべきものである。宗教弾圧と見るのは必ずしも正鵠を射た見解とは言えないだろう。ただ、政策の隙間を衝いて勢力・財力を伸長させていた寺観側にとっては、本来は不当な利得というべきものであったにもかかわらず、これに不満を持ち、弾圧と感じるものも当然いたであろう。

何はともあれ、唐朝は全体として見れば宗教に対しては基本的には非弾圧的なスタンスをとっていたといえるのである。ただ、李姓の由縁を契機とする老子尊崇と道教優遇は、やはりその中にあっても、目立ってはいたのであるが、しかしなお、そうはいっても、道教が他教と比べて常に優勢であったのかというと、必ずしもそうではなかった。そもそも、仏寺と道観の数の差がある。六朝以来、道観と比べると、仏寺の方が圧倒的に多かった。道教への優遇も、その点から言えば知れたものであった。

また時期により波があった。則天武后の時には道教は必ずしも優遇されなかった。武后は武姓であったから、唐朝のように李姓には縛られなかった。政権簒奪の際には、仏教のサポートを得ていた。(24)武后時代は道教よりも仏教が優遇されたのである。

粛宗は玄宗の次の皇帝であるが彼もまた仏教を重視したことで有名であった。

玄宗の時期は、道教優遇が目立つ時代ではあった。しかしそれでも、彼の時代に仏寺の数はほとんど最大級に達した。(25) しかも玄宗自身も仏教にシンパシー（寛容性）をもっていたと考えられる。(26) というのは、玄宗は武后の庇護のもとに撫育されたのであるから、その成長期はまったく仏教優遇の環境に取り囲まれていたし、(27) その後も仏教庇護の施策を行い、(28) みずから『金剛経』の注釈を著してもいるからである。加えて、もう一つ指摘しておくならば、鎮護国家宗教としての仏教の相貌が明確になってくるのも、また玄宗治下の開元中期のことであった。(29) これは玄宗期の仏教の位置という問題にとっては見逃せない事実であるといえよう。

かくして、唐朝全体の流れとして、朝廷による道教優遇策は表面的には目立っていたが、総体的には、唐朝は宗教に対して、ほぼ公平に寛容的であったとするのが実質的に適切なところであるように思われる。

三　玄宗の道教・老子尊崇

玄宗の時代の道教尊崇は、それ以前の皇帝たちの道教尊崇を受け継ぐものではあった。だが玄宗の場合、その傾向は更に著しいものとなっていった。

玄宗の即位後、彼が宗教に関わる政策として最初に実施したのは、よく知られているように、高祖李淵がなしたのと同様、寺観および僧尼・女冠道士の整理・取り締まりであった。

まず先天二年（七一三）、王侯以下がその荘宅を寺観に変更することを禁じた（『唐会要』巻五〇）。続いて開元二年（七一四）正月の僧尼還俗の詔である。この件は正史に載る。

（開元）二年、春正月……丙寅、紫微令姚崇、上言して、天下の僧尼を検責するを請うに、偽濫をもって還俗する者、二万余人なり。（『旧唐書』「玄宗本紀」）

さらに同年二月には仏寺の創建を禁止（『資治通鑑』巻二一一）、同じ年の閏二月には僧侶道士に拝父母を命じた（『唐会要』巻四七、『冊府元亀』巻六〇、『唐代詔令集』巻一〇三）。そして七月には僧侶・道士の百官の家への往来を禁じた（『冊府元亀』巻一五九）。[30]

開元二年閏二月の拝父母令とは、出家した者に俗世の「家」に立ち戻ることを強要する施策で、一種の還俗奨励である。[31]これらはすべて、宗教弾圧のように見えるが、しかし実際の所は経済的施策であったのは、すでに見た通りである。つまり、玄宗がその統治の始めに志したのは、何はともあれ、国家経済のバランス回復であったのである。

このことは玄宗が為政者として何を為すべきかをよく知っていた英明で有能な人物であったことを示している。実際、玄宗が皇帝としての第一の仕事を財政策としたのは、玄宗に至るまでの唐朝経済が、種々多様な問題を抱え込んでしまっていたからである。

農業は国家経済の基盤である。だが、偽濫僧尼・寺観問題による農業生産性の低下があり、また食封制の実施による均田制の形骸化により、農業からの税収は高位の私門へ分配されてしまう傾向もあった。[32]国家経済の足を引っ張る要素には事欠かなかったのである。

そこで玄宗はその初期、僧道の整理、員外官の罷免、[33]良民保護などを行い、経済の逼迫をやや緩和させる。だが、それだけでは、もとより間に合うものではない。

そもそも国家の基幹産業である農業生産において、根本的な要素は、やはり気候であり、地味である。玄宗の全統治期間を通じて、中国全体が常に豊穣という時期はほとんどなかった。とくに玄宗の統治期間の前半、北方の農業生産は玄宗以前から引き続く日常的な飢饉状況にあえいでいた。長安地方は慢性の食糧不足に見舞われており、逃亡農民は多く、そのため税はますます減収していた。そのままでは首都警護を始めとする、税でまかなうべき兵制の費用面と人材面とに、大きな打撃を与えかねず、治安面での不安も高いものがあった。

玄宗の盛唐、白馬の貴公子の長安の春も、もしこの経済状態がそのままであったなら、実現することなど覚束ないものがあったろう。長安地方の経済を安定させること、これは玄宗以前から、というよりも北方に経営の基盤を置く六朝期以来の諸王朝にとっては、常に最優先事項であった。

玄宗期までになされていたその施策は、北方と比して農業生産性がはるかに高く、余剰も生じていた南方の生産を、北方に回漕することであった。隋の煬帝の大運河建設によって基盤を築かれたこの方法は、武后の時に更に整備され、それ以来、どうにか南北の経済的均衡を保っていたのである。玄宗の眼前に存在した唐朝の基幹経済の実態がこれであり、長安の春を支えていたのもまた、これであった。

ところで玄宗はその在位中、しばしば洛陽に行幸するが、このことは、その南北交易によっても、膨張しつつあった当時の国家経済に対応するのにはまだ不十分なものがあったことを示すものであった。すなわち、玄宗の洛陽行幸は、その多くは特に何らかの政治的意図を持つ積極的なものではなく、長安方面の食糧不足を避けるための、消極的な行幸という色彩が濃かったのである。(34) 運河による南方からの回漕は、当時、洛陽までは河川・運河を通じて比較的安定的であったが、洛陽を越えてさらに北方へとなると、黄河の途中に難所があって、輸送の困難さが倍加していたからである。

そこで玄宗は、その治世中、この困難を除去しようと、数度に及ぶ黄河の難所回避の施策をとったのである。結果的にいえば、その施策はほぼ成功し、大きな経済的効果をもたらしえたのであった。(35) 始めは覚束なかった盛唐の基盤はこうして玄宗によって打ち固められたのであった。

玄宗は国家経営の基盤である経済政策には、このように非常に積極的に意を用いていたのである。従って、僧尼・道士女冠の整理・取り締まりも、玄宗の本来の意図としては、この路線上にあったと見るのがやはり本筋であろう。もちろん、僧尼・道士女冠取り締まりの反対側にあるともいうべき宗教関係施策、すなわち老子尊崇・道教優遇などは、経済政策的にのみ、すべてを解釈しうるものではない。ここで玄宗が、宗教（及びその機能）方面を重視した、その位相について見てみる。

すでに見たように、玄宗は中宗の皇后韋氏討滅の際、道士馮処澄・僧普潤などを一味させていた。そして即位の早い時期からは、葉法善・司馬承禎らの道士を信任していた。

葉法善は、かつて高宗に対して「金丹、就《な》し難し。徒《いたず》らに財物を費やし、政理に虧《か》くる有り」（『旧唐書』「方伎伝、葉法善」）と説いた見識ある道士であった。

茅山派の道士司馬承禎はいうまでもなく道教史中もっとも重要な人物の一人であり、『坐忘論』等の重要な著作を残している。睿宗がかつて司馬承禎に道術を問うたところ、司馬は「道を為すこと日に損し、これを損してまた損す。以て無為に至る。天の心目の知見するところ、毎《つね》にこれを損するも尚お已《や》む能わず。況や異端を攻《おさ》めて智慮を増さんをや」（『新唐書』「隠逸伝、司馬承禎」）と、『老子』にもとづく哲理をもって答え、睿宗の左道的道術への関心を諫めたという、なかなかの哲学的宗教者であった。

玄宗は開元九年（七二一）に、司馬承禎を天台山から招聘し、親しく交わるとともに、彼に三書体（篆・隷・金剪刀書）による『老子』定本の清書を命じ、これを景竜観の石柱に刻せしめている（『冊府元亀』巻五三、『旧唐書』「隠逸伝、司馬承禎」）。一方、司馬承禎は玄宗に五岳における真君祠ないし仙官廟の設置を上言するが、玄宗がこれを可としたことから、道教祭祀が国家祭祀の一部として認められることになる。そしてその翌年、司馬承禎が天台山に帰るに際しては、玄宗みずから詩を賦して、これに贈っているのである(36)（『旧唐書』「隠逸伝、司馬承禎」）。

開元二十九年（七四一）、玄宗は長安と洛陽および諸州に玄元皇帝廟の設置を命ずる（『通典』一五選挙）。老子廟はすでに高祖の武徳三年（六二〇）に立てられており、高宗の乾封元年（六六六）以後、国家の始祖と公認されていたものを、両都中心に全国に拡大展開し、老子への尊崇と道教重視を臣民の前にさらに明示しようとする施策であった。この各地における老子廟祀には、もう一つの処置がともなった。廟の置かれた土地々々に「崇玄学」と呼ばれる学校を設置し、『道徳経（老子）』『荘子』『列子』『文子』を学ばせるようにしたことである。[37] そしてこの学校の学生には、科挙が儒教経典によって試験が課されたように、道典によって試験が課され、官吏に推挙されることになった。これを「道挙」という（『通典』一五選挙）。官僚とは、儒教的教養のもとに、儒教的統一国家の運営を担ってゆくものという、漢朝以来の伝統が浸食されているわけであり、この点においては確かに玄宗の道教重視には際立ったものがあったといってよいだろう。天宝二年（七四三）には「崇玄学」は「崇玄館」と名称を改められる（『冊府元亀』巻五四）。

　こうした玄宗の老子・道教への尊崇意識の進展を支えていたのは、何といっても老子との血縁意識であり、唐室李家への誇りであったと思われる。彼のそうした認識を示す発言を以下に引用するが、今は主として『全唐文』中からピックアップする。

　元元皇帝は、仙聖の宗師にして、国家の本系なり。（『全唐文』巻二二）

　恭《うやうや》しく惟《おも》うに、大聖祖元元皇帝、道は太極に光《かが》やき、首《はじ》めは根元より出で、宏く妙門を敷き、広く神化を運《めぐ》らす。（『全唐文』巻三一）

　我が烈祖元元皇帝、大聖の徳を稟《う》け、至道の精を蘊《あつ》め、五千文を著し、用《も》って時の弊を矯《た》めて以て国家を理《おさ》むべし。（『全唐文』巻三一）

　我が烈祖元元皇帝、すなわち「妙本」を発明して、生霊を汲引し、遂に元（玄）経五千言を著し、用《も》って時弊

を救えり。（『全唐文』巻三一）

我が遠祖元元皇帝は、道家の号する所の太上老君なる者なり。（『全唐文』巻四一）

これら全てに、すでに指摘した通りの玄宗の老子に対する認識、つまり先祖意識・血縁意識・身内意識が反映している。すなわち玄宗にとっては、老子は歴史上の人物であり、あるいは道教信仰における信仰対象・教主であると同時に、みずからの血縁の遠祖として、非常に近しいもの、身近なものと捉えられていたと言えるのである。そしてその血縁意識は、当然のことながら、みずからと祖先（すなわち老子）との同一意識をもたらす。玄宗と老子とがまったく一体のものと同一化されるのである。

ここで、みずからと祖先とを同一化するという、中国の伝統的な血縁・血統意識について、少し考えてみる。すなわち、中国の伝統においては、祖先―自分―子孫という血縁の連鎖とは、実は一つの身体の世代間のリレー的受け渡しを意味していた。すなわち、父の身体は子の身体であり、子の身体は孫の身体であると、すべてが一つの同じ身体の永遠の連鎖であるということであった。そうすると、「父の身体は子の身体、子の身体は父の身体」であり、「父の身体は孫の身体、孫の身体は父の身体」ということ、そして極端に言えばこれは、「祖先の身体は子孫の身体、子孫の身体は祖先の身体」ということになる。

そこで、この血縁意識の伝統（すなわちこれは遠くシャマニズムに起源し、そして儒教の根底に流れているものでもあったが）における身体の連続の意識を適用すれば、玄宗の身体は老子の身体そのものである、という結論が出てくることになる。論理としてそういうことになる。[38]

そうしてみると、玄宗と老子の間の関係とは、まったく同一なるもの、同一者であるということになる。つまり、「玄宗は老子、老子は玄宗」である。玄宗の老子尊崇意識・帰依意識とは、かくてたんなる信仰に止まるものではなくなってくる。すなわち、玄宗の老子尊崇意識が強まれば強まるほど、それはそのまま自分自身への尊崇・帰依ということになるのである。つまり玄宗自身の自意識の昂揚・自己重視・自己尊崇、要するに自己拡張に繋がってしまうのである。

ただしこのような方向性が、最初から玄宗自身の内部で自覚的・意識的であったのかどうかは、何とも言えない。しかし血縁の伝統の意識は、意識的であれ無意識的であれ、玄宗の内には必ずあったはずである。そして、その後の玄宗の行動を見ると、彼は、こうした方向性を現実化しようとしていたのではないかと見られるふしが、非常に濃厚なのである。

開元十八年（七三〇）、玄宗はみずから『老子』研究に踏み出しはじめる。これはまず玄宗が、学問的レベルから、その方向への基盤を打ち固めようとしていたことを示すものといえるだろう。

この年、玄宗は集賢院学士陳希烈に、『老子』を侍講させはじめる。そして、その研究はあしかけ二年続き、開元二十年（七三二）、その研究の成果を踏まえてみずから『老子』に注釈を施す。これがいわゆる『老子玄宗注』あるいは『道徳真経玄宗注』である。当然ながらこれは、唐朝皇帝玄宗としての『老子』解釈であるから、そこには皇帝としての彼のさまざまな意図が込められていると見るべきである。

そして玄宗は、みずからの注釈の意図をさらに決定的なものとするため[39]、同年『道徳真経注』への疏の編纂を命じる。この編纂に参与したのは、左常侍崔沔、道士王虚正、道士趙仙甫および集賢院諸学士であった（『玉海』五三「芸文志」）。もちろんこの疏における解釈の方向性が玄宗の意にかなうものであるよう、玄宗自身監修者的役割を果たしたことは容易に想像されることである。

かくして、その年、開元二十年（七三二）の末、玄宗による『老子』の注と疏、『道徳真経注』『道徳真経疏』が完成する。そして翌開元二十一年（七三三）、玄宗は士庶の各家に一本ずつ『老子』を蔵せよとの命を発する。これは『老子』がたんなる老子信仰や道教信仰の経典であることを越えて、学問的に利あるものとして、国家運営の機能において、欠くべからざる一つの基準をあたえるものという位置づけがなされたことを示している。そのことを証拠立てるかのように、玄宗は各家での『老子』所蔵の命と同時に、科挙の課題に「老子策」を加えることを命じているのである（『旧唐書』「玄宗本紀」）。

こうした『老子』書の尊崇は、先に若干触れた所の開元二十九年（七四一）の「道挙」実施[40]、天宝五載（七四六）の『老子』を諸経の首位に置いたこと、天宝十四載（七五五）『老子』の御注・御疏を天下に頒ったこと（『旧唐書』「玄宗本紀」）等々、その後も引き続き継続的に維持されるのである。

四 「妙本」の二側面とその意味

さて、以上のような『老子玄宗注』（『道徳真経注』）について、その内容面における特徴の一つとして、まず指を折ることができるのは、それ以前の『老子』解釈においては用いられることのなかった「妙本」という概念が導入されていることである[41]。玄宗はこの「妙本」について、それはあらゆるものに先立つ根本的概念と規定し、それより以前の『老子』解釈において根本的なものとされていた「道」や「無」などよりも、さらに高次の超越的概念と位置づけた。その一方、玄宗が与えている「妙本」の超越的高次性の説明、つまり具体的にそれがいかに根本的であるかの内容説明によると、それは従来の「無」や「道」、とりわけ「道」の概念とどれほどの差異があるのか、それほど明確なものではなかった。つまり、「妙本」は、「道」を越える超越的な高次の概念であるとの位置づけは与えられているのであるが、その内容を検討すると「道」概念を越えているという明示的論拠は見あたらず、それよりもむしろ従来の「道」概念と同じであると見る方が適切であるようなものであったのである[42]。

こうした「妙本」概念をまとめるなら、玄宗がとくに「妙本」を高位置にあるものとして示したい場合はその超越的性格が強調される一方、そうでない場合は、「妙本」は従来の伝統的な「道」の内容と明示的な差別を持たないままに取り置かれたということである。言い換えれば、玄宗の『老子』解釈には、従来の「道」を越える新たな超越的概念が要請されており、そしてその要請に応えて「妙本」が提起されたのであるが、一方、「妙本」の内容あるいはその表象については、従来的「道」以上のものを与えることができなかったということになる。それは、超越的位置に相応しい内容を創出することができなかったか、あるいはその必要を認めなかったかである。いずれにしても「妙本」は、その位置づけには重大な意味が込められていたが、一方その内容それ自体については、特別な重点が置かれていなかったということになるだろう。(43)「妙本」にはこうした二側面があり、その二側面が玄宗の「妙本」の根本的構成要素となっているのである。これはかなり分かりにくい事態だといえるだろう。

すでに述べたように、『老子玄宗注』の著作目的は、玄宗自身が思っていた所の方向性、すなわち基本的に玄宗＝老子の一体性を、古典『老子』そのものによって学問的に確認するという点にあったものと認められる。そうであるならば、「道」や「妙本」には、玄宗のそういった立場が込められていないはずはない。玄宗にとって政治的・信仰的に、彼自身が老子と同等に、至高の立場にあるもの・居るものとして尊崇さるべきものであることとの確認、それがまずは第一に重要だったはずである。これは要するに玄宗自身が老子となること、たんなる皇帝ではなく神格性をともなう存在となること、そういうことにほかならなかった。

『老子玄宗注』はこのことを理論的に解明するものであったはずである。だが、「妙本」の二側面からすると、「道」と「妙本」の違いが明確に主張されているにもかかわらず、その内容面での差異は相当わかりにくいものとなっていた。

『老子玄宗注』で探求された玄宗＝老子の一体性の理論が、玄宗によって実際の行動に移されはじめるのは、天宝年間に入ってからのことである。そして「道」と「妙本」とが持っていた差異の意味が具体的に判明してくるのは、その実際の過程においてであった。その実際の過程とは、老子の尊号加上と玄宗の尊号加上との、連動の事態である。

五　尊号連動

老子に対する尊号は、高宗の乾封元年（六六六）、「太上玄元皇帝」の称が付与されたことが嚆矢である（『旧唐書』「高宗本紀」、『唐会要』巻五〇）。この最初の尊号はその二十三年後の睿宗の永昌元年（六八九）にいったん「老君」の称に戻されるが、中宗の神竜元年（七〇五）に、再度「太上玄元皇帝」の称が贈られる（『旧唐書』「中宗本紀」）。

玄宗の時期になると、開元十年（七二二）に両京・諸州に「太上玄元皇帝」の廟を置いたことが、太上玄元皇帝（老子）という存在に直接関わるはじめとなった。ただこの段階ではまだ老子の尊号と皇帝尊号とが関連するとは積極的に意識されておらず、比較的純粋に老子に対する信仰・尊崇を表すための尊号であったと思われる。

その十七年後の開元二十七年（七三九）二月、長期の君臨を讃えて、玄宗自身に「開元聖文神武皇帝」との尊号が初めて加えられる。これは玄宗が実際に、たんなる皇帝ではなく、それ以上の位置への上昇を目指し始める契機となるものであった。この時、その慶賀のために大赦や減税などが行われ、大いに寿がれたのである。

ところで、その年の八月、当時孔宣父と尊称されていた孔子に、さらに「文宣王」という尊号が追贈された（『旧唐書』「玄宗本紀」）。これはもちろん玄宗の尊号加上に対応したものであった。このことは、開元二十七年の玄宗初の尊号加上は、まだ『老子玄宗注』において予測されていたような玄宗と老子とを重ね合わせて考えられたものではなく、儒教国家の皇帝としての具体的統治の面に比重がかかった尊号加上だったことを示すものである。

その翌々年の開元二十九年（七四一）、玄宗は思いきった施策を実行する。すなわち、各地の開元観に玄元皇帝像と玄宗・粛宗の像を安置し、脇侍に玄宗の寵臣李林甫像と陳希烈像を安置させたのである。李林甫と陳希烈は当時の玄宗の寵臣であり、とくに陳希烈は玄宗の『老子』研究における導き手であった。玄元皇帝・玄宗・李林甫・陳希烈というセットにおいて道観にその像を陳列すること、このことは明らかに玄宗の統治行為を、宗教的様式を通じてより明確化しようとする意図を持っていたことを示すものといえる。すなわち、玄宗はこれによって、みずからの位置を道教的位階において神たる玄元皇帝と等同に並ぶものとの意志を顕わにしたといえるだろう。あわせて、李林甫・陳希烈を脇侍にしたのは、みずからは神位に列しつつも、決して現世的統治を放棄するものではないということを示すものであったと考えられる。

改元して天宝元年（七四二）の二月、玄宗にはさらに「開元天宝聖文神武皇帝」の尊号が加えられる。この時、玄宗は大廟への親享・南郊における天地の合祭に先立ち、玄元皇帝を新しい廟に親享しており（『旧唐書』「玄宗本紀」）、尊号問題において儒教的儀礼よりも道教的儀礼を優先することを明確にした。そして翌天宝二年（七四三）正月、玄宗は玄元皇帝に「聖祖玄元皇帝」の称を追尊する。すなわち、これはすでに老子と等同の地位にあることを天下に顕わにした玄宗が、自分自身のみの尊号加上では神位における地位の上昇はありえないことから（玄元皇帝と並列であるという位置は変わらないから）、併せて老子の地位を上昇させることにより、みずからの上昇を図ったものであったといえるだろう。ここにおいて、玄宗の尊号と老子の尊号の連動が明らかになってくるのである。

その翌年、天宝三載[44]（七四四）、玄宗はみずからと等身大の金銅の天尊像と仏像を諸州の開元観に安置する（『旧唐書』「玄宗本紀」、『唐会要』巻五〇）。この天尊像・仏像が玄宗と等身大であるという事実は、まさに天尊・仏と玄宗自身が等身であることを含意する以外の何物でもない。彼の、神たらんとする野望がさらに強固なものとなってきていることを示しているだろう。

天宝六載（七四七）三月、群臣が玄宗に尊号「開元天宝聖文神武応道光帝」を加えんことを請うた（『旧唐書』「玄宗本紀」）。そして玄宗はこの奏請を嘉納し、さらに高い尊号を得ることになる。これはそれまでは長い治世の慶賀や改元などの、なんらかの機会に加えられていた尊号が、群臣の請願という形でいつでも加えることができるようになったことを示すものであった。翌々年天宝八載（七四九）閏六月、老子の「聖祖玄元皇帝」に尊号が加上されて「聖祖大道玄元皇帝」に改められる。これは尊号連動の一環であったが、ところがこの度はこの老子尊号加上にともなって、またもや群臣から玄宗に「開元天地大宝聖文神武応道皇帝」の尊号が奉られることになる。つまり、尊号連動において、玄宗の尊号加上の方が一回多くなることになったのである。玄宗の尊号の方が、老子の尊号より一段階上になったということであった。

そして天宝十二載（七五三）十二月、玄宗にさらに「開元天地大宝聖文神武孝徳皇帝」の尊号が加えられることになった。その二か月後、年改まって天宝十三載（七五四）の二月、老子に「大聖祖高上大道金闕玄元天皇大帝」の尊号が加えられる（『旧唐書』「玄宗本紀」）。この尊号連動の場合、玄宗の尊号が一段階上に置かれたまま、まず玄宗尊号上昇があり、その後に老子尊号上昇が来ている。これは天宝八載以来、老子の地位よりも玄宗の地位の方が高く置かれていたことがすでに定着してきていたことを示すものであった。

ここにおいて、われわれは先に『老子注』において示されていた「道」と「妙本」との関係が、具体化現実化されてきているのではないか、ということを察しうることになる。そしてこの玄宗が老子を超える尊号連動はさらに進展してゆくことも同時に推測できるのである。

だが歴史的事実として、尊号連動はこれが最後になってしまった。というのは、翌年の天宝十四載（七五五）、安禄山の乱が勃発してしまうからである。もはや、このような理念的あるいは抽象的な地位上昇などを言っていられる状況ではなくなってしまうのである。

皇帝に対する尊号加上というような事態は、実は玄宗の時代以外には見られるものではなく、彼の時代に特有の一つの出来事だった。ましてや老子の尊号との連動などは、まったくこの時期の特殊事情であった。ただ、玄宗にとって、尊号加上という方法は、人間世界においてはもはや上昇しようのない皇帝という地位から、さらに神格化という回路を通じて、みずからの地位を向上させてゆく道であった。皇帝の地位そのものは儒教的伝統によれば、「天」によってオーソライズされるものであるが、その皇帝の地位をさらに押し上げるものは人間世界にはもとよりないし、もはや「天」でもない。そこにはみずから神となる道しか残されていなかったともいえるだろう。玄宗にとって、皇帝たるみずからの地位をさらに押し上げて（それは同時に支配のカリスマ性を高めることであり、それとのオートマチック連動によって、より安定的政治環境がもたらされるはずであった）、神に近づき、神になり、神を越えるための方法、それが尊号加上であり、老子との尊号連動、そして最終的に老子をも超えることであった。

ここで先に尊号連動の問題において現実化されるとした「道」と「妙本」との問題に立ち返る。

すでに述べたように「妙本」には二つの側面があった。一つは「妙本」と「道」とが内容的に同じものとされる側面、もう一つは、「妙本」は「道」を超えるとされる側面である。この二つの側面のうち、まずは「妙本」と「道」とが内容的に同じである場合について考える。

「妙本」は玄宗自身によって提起された老子解釈の中心概念であった。したがってそれは玄宗自身を象徴する概念といってもよい。そこで「妙本」が「道」と同内容・等同であるとするならば、それは玄宗と老子とが等同であるということを意味することになると見てよいだろう。すなわち「妙本」＝「道」の構造は、玄宗＝老子の構図を成立させるのである。これは、李家の血縁意識を含めて、玄宗が老子との一体意識を保持していたことを反映するものと受けとれよう。

それでは、「妙本」が「道」を超える場合はどうか。これはたんに玄宗の老子との一体意識というだけでは説明がつかない。先の場合と同様に「妙本」が玄宗を象徴し、「道」が老子を象徴するとするならば、それは一体というよりも、玄宗が老子を超えるということを意味することになるだろう。つまり「道」を超える「妙本」とは、玄宗が老子を超越することを意味していることになる。ということは、老子は神であるのだから、玄宗は神と同一者になるどころか、神をも越える超越者になるということを意味することになるだろう。『道徳真経注』の「妙本」には、このような玄宗の、神（老子）をも越えようかという意志が込められているということになるのである。これはある意味でとんでもないことである。本当に玄宗は『道徳真経注』において、それほどのことを構想していたのだろうか。

開元二十年（七三二）の『道徳真経注』著作時、玄宗は多分そこまでの意図を明確に持っていたわけではないだろう。しかし「妙本」が玄宗自身の神たらんとする意志、すなわちまずは老子との一体化の意志を反映したものであったのは、彼の事績に対応しつつ、ひとまず論定することはできると思われる。そして、さらに老子を越えて、匹敵するもののない高みにまで上昇するということになると、『道徳真経注』著作段階で、そこまで自覚的であったかは、やはり何ともいえないところがあるが、しかし、ある意味で、彼がその時点では未だ無意識的に潜在させていたものが、「道」を超える「妙本」という形で浸みだしてきたものではないか、という程度の憶測はできるのではないかと思われる。

神をも超えるという玄宗の意志は、実際の所、天宝八載（七四九）以後、玄宗の尊号が老子の尊号を上回った事態において顕在化した。そしてそのことは、「妙本」が「道」を超越するとされていた時点で、すでに隠微に潜在していたと見るのは、それほど不当なことではないだろう。

かくて「妙本」のもつ意味は、地上の、そして人間的な支配者としての皇帝を越えて、みずから老子と一体化して神格に上昇せんとする玄宗の意志を反映する一面と、そしてさらにそれをも越えて一切に超越する超絶者となる意志を潜在的に示す一面、これらが総合的に包摂されて形成されたものであったと考えられるものであった。

確認的に付け加えるなら、『道徳真経注』における「妙本」の提起において、最も重要だったことは、それが至高であるという位置づけそのものであったといえるだろう。「妙本」の内容が「道」と等同であるならば、それは現実の皇帝が老子的な神格的存在にまで高められるということであって、まずその点で支配のカリスマ性の充実は十分に充足できるだろうし、それで一応は充分であったと思う。しかし玄宗の意志はそこにとどまらなかった。「道」を越える「妙本」では、もはや「支配」という現実性をはるかに越え、皇帝は現実の皇帝をはるかに越える超絶的な何者かになるということが暗示されていたからである。あるいは強弁になりすぎるかもしれないが、そういう所までをも暗示的にでも示さんがために、至高なるものと位置づけられる「妙本」が提起されたといえるかもしれない。

ところで、玄宗がこのような「道」を越える「妙本」という概念を提起するにおいて、もちろん玄宗自身の支配や超越への意志という個人的な契機があったのは確かであろうが、しかしそうであっても、『老子』の解釈の歴史において何といっても至高なる概念、根本的な概念として定着していた「道」を越えるものをいきなり創出するのは、そこには相当の内省的思弁を必要とするはずであって、それほど簡単になしうることではなかったと思われる。しかし『老子』解釈の歴史において、あるいは道家的「道」（ないし「無」）概念の解釈の歴史において、唐代に至るまでの間に、実は「道」（ないし「無」）はすでに実際に何度も乗り越えられている概念であった。

その乗り越えの嚆矢は三国魏の王弼の『老子注』である。[45] 王弼はその注において「無」を道の「上位」にあるもの、「道」を越える概念として設定していたのであった。[46] 六朝における「非有非無」思想は、仏道論衡の流れを背にしつつも、これも従来的「道」「無」以上を目指す探求であった。[47] 六朝～唐初における「重玄」思想もまたその乗り越えの例であった。「道」を越えるものの探求、あるいは「道」の相対化は、六朝期を通じてじわじわと進展していたのである。

また、皇帝という立場にあるものが、公的著述や詩歌を除いて、純学術的な著作をおこなうという一見異例なことも、梁の武帝や同じ梁の簡文帝などの先例がすでにあった。

つまり、「道」以上のものを要請すること、そのための「道」の相対化の歴史はすでに存在しており、そのことへの許容性は思想史的にすでに成熟していた。その上、皇帝が著述を行うという前例もあった。
こうした事々が、玄宗が「妙本」の概念を提起する上での、好都合な前提となっていたといえるであろう。(48)

結語

結局の所、『老子玄宗注』(『道徳真経注』)においてもっとも特徴的であったのは、『老子』の解釈者自身(すなわち玄宗)が、統治者であり、かつ老子の血縁者である(と思いこんでいた)ことであった。さまざまな問題はすべてそこに起因するものであり、またそういう環境において注釈者自身が抱いた一定の思想・思惟に起因するものであった。

そのことに対応して、「妙本」の性格は、まずは唐朝の帝権強化の論理として、なかんずく玄宗自身の権威強化のためという色彩が濃いものとして現れていたのである。そこには、地上の帝王という表象を越えて、神格老子に至ろうとする意志が提示され、さらには神格老子をも超える存在に立ち至ろうとする意志が潜在的に込められていたと見られるのである。すなわち、「妙本」とは、地上の帝王でありつつ、かつ神=老子に等しい皇帝、さらにはそこを越えて超絶者の域に到達するものというイメージをもたらす、そういう概念であった。玄宗の『老子』注釈作業において企図されていたことの一つに、そのようなみずからの意図、あるいは設計図を陰に陽に提示しようとすることがあったとみるのはそれほど見当違いのことではなく、たぶん間違いのない所であろう。そして「妙本」に込められていた玄宗のそういった意図は、やがて老子と玄宗の尊号問題において、現実に実現する方向に進むことになる。そして現実に進行したその事態はまた、「妙本」がもっていた意味を、まさに逆方向から照射するものとして働いていたといってよいであろう。

注

（1）崔国輔「少年行」。

（2）皇帝の代数からは則天武后と殤帝及び睿宗の復辟を除外した。

（3）今日の唐代文学研究における万古不変、千年一日のごとき根本テーマ、「挫折」と「煩悶」「閉塞」「悲哀」は、士大夫の不安に溢れた日々というこの社会的背景によるものに他ならない。要するにこのことが事態の根源にすぎないのである。そして唐代の華麗なる文学は、逆にこういう時代であったからこそ生まれ得たものといえるかもしれない。

（4）玄宗の評価については、中国と日本においては伝統的に力点の置き方が異なっているところがある。中国では主にその治世の前半期を英邁な君主の模範として評価する傾向が強く、一方日本では楊貴妃とのロマンスがまさに玄宗のイメージそのものとなっているように見える。こうした玄宗に対しての受け取り方の差異は、中国と日本の文化的性格の差異の問題にも帰結できるであろう興味深い要素を含んでいるといえよう。

（5）ここでは「第四（六）代皇帝」としたのは、睿宗の復辟が第六代目に該当するからである。復辟を代数に入れるならば、玄宗は第七代になるが、代数の通し番号としては復辟ははずした。したがって玄宗はやはり第六代である。

（6）『資治通鑑』顕慶四年（六五九）八月十一日の条に、「これより政は中宮（武后）に帰せり」とある。武后はこの後、官制の改革を進め、旧豪族勢力とのつながりを深めつつ、一方、唐室と関係の深かった官僚勢力を次から次へと粛清してゆく。

（7）武后の時代は唐朝創基後、ほぼ六十年を過ぎていた。唐朝に蝟集する勢力は六朝以来の貴族勢力と、新興の科挙官僚勢力とに二分されていた（武后も、大きく見れば唐朝に蝟集する一方の勢力だった）。それゆえ支配層の内部にあっては、両勢力のせめぎ合いが生じていた。武后期から玄宗期に至る時期は、いわばこれら両勢力の拮抗的併存期であった。たとえば、武后は官僚勢力を利用しつつも、実際は貴族勢力である武氏一族の立場に立ち、武氏の勢威を高めようとしていた。つまり旧来の貴族勢力の立場に立っていた。一方、武后の孫に当たる玄宗は基本的に官僚勢力の上に立つ皇帝であった。この両勢力の拮抗状態は玄宗朝末期まで継続し、そうした軋轢にひびを入れるかのごとく安史の乱が勃発する。そしてその乱後、その後の宋朝に至る官僚勢力の優位性確立への萌芽が見えはじめることになる。玄宗の時代はそういう時代であった。谷川道雄「武后朝末年より玄宗朝初年にいたる政争について――唐代貴族制研究への一視角――」(『東洋史研究』第一四巻第四号、一九五五)参照。

(8) 玄宗の母竇氏の殺害については、武后付きの女官が竇氏の夫である睿宗に焦がれたあげく、竇氏の欠点を探り出し、讒言することによって死に至らしめたとか(劉知幾「太上皇実録」)、睿宗が皇帝から皇嗣へと格下げになったことに伴い、竇氏も后妃から妃氏へと格下げになり、これを恨んだ竇氏が武后を呪詛したことが発覚したために死を賜った(『新唐書』「后妃伝上」)など、昔から揣摩憶測が流れている。

(9) 武后が玄宗の資質を愛していたことを伝える逸話は、『太平広記』巻三六九、『冊府元亀』巻二六「帝王」、『旧唐書』巻一〇「玄宗本紀」に見える。但しこれらの逸話は玄宗在位の正当性(正統性)を弁証せんがために捏造されたものである可能性も高い。とはいえ、その正当性を証示する根拠として武后が利用されている点は、玄宗の統治が武后の統治を継承したという正統性を示す必要性(簒奪された帝位を正統の血筋のものが奪い返したものであっても)があったことを物語る。つまり玄宗朝には、具体的権力を武后から承けたということを明示しなければ納得しない勢力が存在していたことを示している。小島浩之「唐の玄宗――その歴史像の形成――」(『古代文化』第五二巻第八号、二〇〇〇)参照。

(10) 許道勛・趙克尭『唐明皇与楊貴妃』(人民出版社、一九九〇)によると、玄宗が叱咤した相手が武氏一族であったのは、玄宗の武氏への憤怒が流出したものであるとする。

(11) 中宗は睿宗の兄であり、やはり武后の実子である。武周創基直前の時期に、二か月ほど帝位に就いたが、ただ武后の気まぐれによって辞めさせられてしまっていた。

(12) 『旧唐書』「玄宗本紀」。玄宗をめぐる災異符瑞等のことは、玄宗の英明さをことさらに際だたせようとする後世の粉飾もあるだろう。とりわけ『旧唐書』はそうした記述に詳しいが、『旧唐書』は玄宗の正当(正統)性をそうした事実を語ることによって強調しようとしていたというべきだろう。しかし、そもそも玄宗自身にそうしたものに対する親和的なものがあったことにも注意を払うべきである。

(13) 『旧唐書』「玄宗本紀」、『新唐書』「玄宗本紀」。

(14) 睿宗はこれ以前にもしばしば玄宗を賞賛する詔勅を発している。その際、「(李隆)基、密かにその期を聞き、難に先んじて奮発し、身を推して鞠弭たりて、衆の応ずること帰するがごとし。呼吸の間に、凶渠殄滅す」(『旧唐書』「玄宗本紀」)と、韋后討滅のことを非常に高く評価しており、韋氏事件がイメージとしていかに大きなものであったかが知られるのである。

(15) 大足元年(七〇一)、武后の長安への行幸に従っている(『旧唐書』「玄宗本紀」)。

(16) 前掲小島「唐の玄宗――その歴史像の形成――」参照。武后政治の特質は官僚を上手く操作したという点があげられるが、それは武后の出自とその背景勢力とに関係する。武后の家(武氏)は六朝以来の豪族的貴族ではなかった。武后の父、武士彠《ぶしかく》が木材業によって一代で富を築いた家であった。武士彠は妻として隋の帝室に由縁のある楊氏を迎え、また当時の有力貴族との連携によって地位を確立した新興豪族であった。それゆえ武后は、彼女自身の権力基盤を伝統的豪族勢力に依拠できず、科挙によってのしあがってきた新興勢力である官僚層に依拠し、これを的確に操作することによって、権力維持を可能にしたのであった(礪波護『唐代社会政治史研究』(同朋舎、一九八六、三五六～三五八頁、三六七頁)参照)。そして、玄宗が引き継ごうとした武后政治の一側面は、まさにこの科挙官僚の活用があった。なお、六朝以来の伝統的豪族を出自とする貴族層が、みずからの個人的な保有にかかる権利・資産によって、帝権による身分の上下操作からは比較的免れていたのに対し、新興の科挙官僚の身分・権威・権力は直接帝権に依拠するものであったため、その生殺与奪は皇帝に直接握られていた。そのため、官僚間の派閥抗争が始まると、そこに生じる毀誉褒貶(皇帝の耳に達する評判)は、ダイレクトに彼らの生命・生活に関わるものとなった。注(3)に指摘した唐代文学研究におけるオスティナート、知識人の運命的テーマ、「挫折」と「悲哀」はここに発するのである。

(17) 玄宗は即位後の開元五年(七一七)、洛陽に行幸して一年半ほど滞在する。洛陽はかつての武周の首都であり、玄宗も幼少期をそこで過ごした。そしてこの町には武后の統治を象徴する様々なものが残っていた。玄宗はそれらの内、特に唐の統治との矛盾を象徴するものについて改廃をおこなっている。例えば明堂や拝洛受図壇や顕聖侯廟を改廃したことなどがそれである(前掲小島「唐の玄宗――その歴史像の形成――」)。また、武后が仏教を尊崇したのは、彼女が権力を奪取するにおいて、仏教勢力の援助を受けた事もあるが、また老子の子孫とされる李氏の唐室に対抗する意識もあったであろう。一方、玄宗が道教への尊崇に傾いてゆくのは、やはり李姓であるという動機が強かったと考えられる。

(18) 玄宗がみずから呪術的技術に親しみ長じていたのは、正史の記述からして明確である。一方、彼は即位後、卜祝・占筮・符呪・左道などの禁令をしばしば発している。音律・暦象は本質的に呪術であるが、そこには一定の合理性は認められるものである（実際、相当の数学的才能が要求される）。これに対して、左道的呪術は当時の人々から見ても（もちろん今日から見ても）あまりにも荒誕なものということになるのであろう。ただ両者の区別はぎりぎりのところではグレーゾーンがあって、判別しにくいところがある。ここからここまでといった明晰な区分は実の所、かなり難しい。なお、玄宗の左道禁令に関しては、竹島淳夫「唐朝玄宗の宗教観と開元の仏教政策」（『仏教大学研究紀要』通巻五三号、一九六九）参照。

(19) 唐朝の老子尊崇に関しては、道端良秀「唐朝における道教対策——特に官道観と道挙に就いて——」（『支那仏教史学』第四巻第二号、一九四〇）、今枝二郎「玄宗皇帝の『老子』注解について」（『中国古典研究』第二三号、一九七八、二一頁）、同じく今枝二郎『儒教・道教』（高文堂出版社、二〇〇〇、一二四頁）を参照した。

(20) これと同趣旨の話柄が『広弘明集』巻二八「為太穆皇后追福願文」にある。ただし、年代が貞観十五年となっていて、一年ずれている。

(21) 前掲道端「唐朝における道教対策——特に官道観と道挙に就いて——」。

(22) 『旧唐書』「玄宗本紀」によると二万余人、『唐会要』巻四七によると三万余人とある。

(23) 藤井清「唐の玄宗期に於ける仏教政策」（『福井大学学芸学部紀要』第一号、一九五二）。

(24) 武周政権の樹立にあたって、仏教経典『大雲経』が重要な役割を果たしたのは周知のことである。仏教側は道教に対抗して、武周政権樹立において大きな協力をしたのである。武后が仏教に傾くにおいて、この『大雲経』事件の契機は極めて大きなものがあったといえよう。礪波護『唐代社会政治史研究』（同朋舎、一九八六、三六五〜三六七頁）参看。

(25) 『大唐六典』巻四によると玄宗の開元年間、天下の仏寺の数は五千三百に達していたという。この数は後に武宗が廃仏を行った際の棄滅された寺数四千六百余と、棄滅されずに残った数（「両都左右街四所、天下州郡各一寺」（『旧唐書』「武宗本紀」））を加えた数よりも多い。つまり玄宗開元期は寺数から見ると仏教勢力は最大級に達していたといえるのである。これは武后時代の仏教優遇の余風であったともいえるが、ともあれ玄宗時代は、実態的には仏教勢力は最大級に伸長し、またそれは唐朝最大の宗教勢力だったのである。

(26)　竹島淳夫「唐朝玄宗の宗教観と開元の仏教政策」（『仏教大学研究紀要』通巻五三号、一九六九）によれば、『宋高僧伝』巻一八「万迴伝」、同巻一九「恵秀伝」等には、玄宗は少年時（武后の庇護下にある頃）、仏教に親しんでいたことが記されていることを指摘する。

(27)　前掲竹島書「唐朝玄宗の宗教観と開元の仏教政策」は、前注(26)に見たように、『宋高僧伝』その他を指摘し、即位以前の玄宗は武后治下の公主や外戚たちと同様に仏教への信仰を強く持っていたとする。また玄宗の道教政策に関して、開元前後には仏教への親しみの態度を捨て去ったと考えられるとするが、ただしかし、開元初年のしばらくの間の僧一行への尊崇を見ると、そうばかりでもないように見えるとして、結局、玄宗は仏教そのものを捨てたのではなく、国家を危うくするような左道的な仏教呪術・信仰を否定したのだとする。

(28)　玄宗自身、道教に対して「開元末、玄宗まさに道術を尊ばんとし、神として宗せざるなし」（『旧唐書』「王璵伝」）という態度を示しつつ、同じ頃、「道釈二門、皆、聖教と為す。義は弘済に帰し、理は専崇に在り」（『唐代詔令集』巻七三「親祀東郊徳音」）と仏道を等同に見る見解を示している。なお、『旧唐書』の「開元末」とは開元二十六年、『唐代詔令集』の資料と同年のものである。滋野井括『唐代仏教史論』（平楽寺書店、一九七三、七頁）参看。

(29)　竹島淳夫「唐朝玄宗の宗教観と開元の仏教政策」参看。

(30)　この百官と僧道の隔離策は、主に左道的なものと官僚との接触を禁じたものという解釈もある。前掲竹島「唐朝玄宗の宗教観と開元の仏教政策」参看。

(31)　出家者への拝父母の強要は、思想的に見た場合、根本的に儒教の礼教が仏教・道教に上位することを示すものであり、唐朝の仏教優遇あるいは道教優遇も、中華帝国の礼教的政治的基本構造を越えるものではなく、その範囲において許容されるものであったということを示すものである。

(32) 前掲礪波『唐代社会政治研究』三七三頁。

(33) 唐朝の経済的困難の原因は、食封制、偽濫僧道の増加、そして売官の汜濫による員外官の増加、とりわけ公主が売官と私度僧道の許可権をもち、商人層と結託したことが大きかった。

(34) 先の注(17)に見たように、玄宗は(そしてそれ以前の皇帝も)しばしば洛陽行幸をおこなった。高宗はその在位期間の半分の期間を「食に就くため」(『旧唐書』「高宗本紀」)に洛陽で生活した。則天武后に至っては洛陽をほとんど事実上の首都としており、長安で執政したのはわずか二年間だけであった。これらは全て北方の食料生産が非常に低効率であったことが原因であった。

(35) その例。開元二十一年(七三三)、長安地方が水害に遭い、穀価が暴騰した。この時、玄宗がこれへの対策を裴耀卿に下問したところ、裴は洛陽・長安間最大の難所である三門峡の輸送方法を変える対策を立てた。玄宗はこれを允許した。それ以前、三門峡区間は牛車による迂回しての長距離陸運であり、効率が非常に悪かった。裴耀卿は三門峡の北岸の八キロメートル程を開削してショートカットを作り、その部分のみを陸運にし、その前後を舟運できるように河岸の施設などを整備したのであった。この結果、長安への回漕量は飛躍的に増加し、ある時には供給過剰となって一時回漕を中止する動きなども出たほどであった。前掲礪波『唐代社会政治史研究』三八四頁、および清木場東「唐開元天宝中の転運米額」(『産業経済研究』第二八巻第一号、通巻一二五号、一九八七、二六五頁以下)参看。

(36) 玄宗が最も親しんだ道教流派が、司馬承禎の属する茅山派であったことについては、汪桂平「唐玄宗与茅山派道教」(『世界宗教研究』一九九五年第二期)参看。

(37) この記事を開元十年とするものがあるが、開元二十九年の誤り。藤善真澄「官吏登用における道挙とその意義」(『史林』第五一巻第六号、一九六八)にその考証有り。

(38) 中嶋隆蔵は、祖先崇拝は儒教的なものだが、玄宗の祖先は老子であるのだから、祖先祭祀という儒教的実践倫理は、老子・道教に絡めとられてしまう矛盾的なものであったと見る(中嶋隆蔵『六朝思想の研究』平楽寺書店、一九八五、六九〇～六九二頁）。しかし、祖先崇拝の意味を根源的レベルまで遡及すると、むしろ儒教も道教も同じシャマニズムのレベルにたどり着くものである。つまり両者は同根とみることができる。したがってこの見地からするならば、それらは必ずしも矛盾的なものではない。また政治的に見るならば、老子尊崇はそのまま祖先尊崇であるのだから、老子尊崇は大きく見て儒教的枠組みの中に組み込まれているものということになり、従って中華帝国としての唐朝の基本的イデオロギーに矛盾することはないのである。なお先注（31）を参照。

(39)　それは『老子』各章間の有機的関連を一層はっきりさせる作業であり、さらに玄宗の解釈の典故を明示することによる学問的性格の強化等であった。

(40)　科挙が経書にもとづく官吏採用試験であったのに対し、道挙は『老子』を始めとする道教経典による官吏採用試験であった。道挙については前掲藤善「官吏登用における道挙とその意義」、前掲道端「唐朝における道教対策――特に官道観と道挙に就いて――」参看。

(41)　拙稿「「妙本」の位置――唐玄宗『老子注』の一特質――」（『中国文化』第六〇号、二〇〇二）および拙稿「二つの「妙本」――『老子玄宗注』考――」（『宮澤正順博士古稀記念　東洋――比較文化論集――』宮澤正順博士古稀記念論文集刊行会、二〇〇四）参看。

(42)　このことから、近年の『老子玄宗注』に関する研究においては、その解釈は麦谷邦夫を中心とする「妙本」超越派と、中嶋隆蔵を中心とする「妙本」と「道」の同一派とに分かれている。詳細は拙稿「「妙本」の位置――唐玄宗『老子注』の一特質――」、および拙稿「二つの「妙本」――『老子玄宗注』考――」を参照のこと。なお、この「妙本」が、玄宗治下の唐朝主要宗教（思想）たる儒仏道の三教を、統一調和する根本的な概念として位置づけられるとするのは、「妙本」超越派と「妙本＝道」同一派のいずれもが取る見解であり、この点は現在のところ動かせないものであるようである。

(43)　拙稿「「妙本」の位置――唐玄宗『老子注』の一特質――」および拙稿「二つの「妙本」――『老子玄宗注』考――」参看。

(44)　この年の正月、「年」という呼び方が「載」に改められた（『旧唐書』「玄宗本紀」）。

(45) 拙稿「王弼考」(『哲学・思想学系論集』第四号、一九七七)、および拙著『漢魏思想史研究』(明治書院、一九八八、四五三頁以下)参看。
(46) 非有非無が、従来の「道」や「無」を越えようとする内容を持っていたことについては、『岩波哲学・思想事典』の拙稿「無(中国)」の項を参看。
(47) 砂山稔「道教重玄派表徴――隋初唐における道教の一系譜――」(『集刊東洋学』第四三号、一九八〇)。また砂山稔『隋唐道教思想史研究』(平河出版社、一九九〇)参看。
(48) 玄宗の注釈の一つの目的が「理身理国」にあったのは確かである(「而してその要は理身理国に在り」(『道徳真経疏』「釈題詞」、『全唐文』巻四一)、また島一「玄宗の『道徳真経』注疏について――理国と理身――(上)(下)」(『立命館文学』第五二三号・五二六号、一九九二)参看)。そしてそれは明らかに『老子河上公注』の「治身治国」論を承けたものである。「河上公注」の「治身治国」と玄宗の「理身理国」には内容的に意味的な差異があるが(このことは別稿で論じたいと思う)、ただ『老子』解釈のパターンとしては「河上公注」を踏襲しているのは確かである。そしてそういう点においては『老子玄宗注』は、『老子』把握の歴史において、他の注釈を絶する程の独創性があったというわけではなかった。

付録　老子尊号・玄宗尊号連動年表

高祖武徳三年（六二〇）	老子廟建立（『唐会要』巻五〇）。
高祖乾封元年（六六六）	老子を玄元皇帝と称す（『旧唐書』「高宗本紀」、『唐会要』巻五〇）。
睿宗永昌元年（六八九）	老君の称に戻す。
中宗神竜元年（七〇五）	老子を玄元皇帝と称す（『旧唐書』巻七）。
先天二年（七一三）	王侯以下の荘宅の寺観への変更禁止（『唐会要』巻五〇「雑記」）。
開元初年（七一三）	劉子玄が「河上公注」を批判（『旧唐書』「劉子玄伝」）。『老子』のテキスト研究始まる。
開元二年（七一四）正月	姚崇の上奏による偽濫僧の淘汰（還俗）（『旧唐書』「玄宗本紀」、『旧唐書』「姚崇伝」）。
開元二年二月	仏寺創建の禁、寺観造営の禁（『資治通鑑』巻二一一）。
開元二年閏二月	僧尼に父母を拝せしむ（『唐会要』巻四七、『冊府元亀』巻六〇、『唐代詔令集』巻一一三）。
開元二年七月	百官と僧道の往還禁止（『冊府元亀』巻一五九）。
開元二年	民間の写経・鋳仏の禁止。武后のシンボル「天枢」を棄滅。
開元五年（七一七）	武后のシンボル拝洛受図壇および顕聖侯廟を棄滅。

開元五年	武后の祭祀の中心、洛陽の明堂を棄滅。
開元七（十七？）年（七一九）	僧道の造籍。
開元九年（七二一）	玄宗、司馬承禎を迎え厚遇する（『旧唐書』「隠逸伝、司馬承禎」）。
開元九年三月	司馬承禎に三書体によって『老子』を書写させ、景竜観の石柱に彫る（『冊府元亀』巻五三、『旧唐書』「隠逸伝、司馬承禎」）。
開元九年	司馬承禎の上言に基づき五岳に真君祠を置く。
開元十年（七二二）	玄宗、司馬承禎の天台山に帰るにあたり詩を贈る（『旧唐書』「隠逸伝、司馬承禎」）。
開元十年正月	両京・諸州に玄元皇帝廟及び崇玄学を置き、『道徳経』・『荘』・『列』・『文』等を習わしむ（『冊府元亀』巻五三）。
開元十年六月	みずから孝経に訓注し、天下に頒つ（『旧唐書』「玄宗本紀」）。
開元十年	僧道の余分な田は一切没収。百官と卜祝の人、交友来往を禁ず。
開元？	道俗の左道を禁ず。
開元十二年（七二四）	僧尼の試験制。
開元十三年（七二五）	封禅を実施。
開元十三年	孔子旧宅に行幸、奠祭を設く（『旧唐書』「玄宗本紀」）。開元礼の編纂開始。
開元十五年（七二七）	天下の村坊小寺を破却。
開元十七年（七二九）	玄宗誕生千秋節の創設。

開元十八年（七三〇）	集賢院学士陳希烈に道徳経を講じさせる（『旧唐書』「玄宗本紀」）。
開元十九年（七三一）	私度僧の禁。僧俗往還の禁。
開元？	仏寺に対し僧尼の行状取り締まりを命ず。僧道の戒律を守らざるを禁ず。
開元二十年（七三二）	玄宗、『老子』に親しく注す。
開元二十年九月	『老子疏』を修む。左常侍崔沔、道士王虚正、道士趙仙甫および集賢院諸学士（『玉海』五三「芸文志」）。
開元二十年十二月	『道徳真経注疏』完成。天下に公布。
開元二十一年（七三三）正月	士庶の家に『老子』一本を蔵せしむ。貢挙に「老子策」を加える（『旧唐書』「玄宗本紀」）。
開元二十四年（七三六）	御注金剛経頒布。
開元二十五年（七三七）	僧尼は祀部に、道士は宗正寺に隷す。
開元二十六年（七三八）	開元寺観の設置（『唐会要』巻五〇）。
開元二十七年（七三九）二月	玄宗に尊号「開元聖文神武皇帝」を加う（『旧唐書』「玄宗本紀」）。
開元二十七年八月	孔子に文宣王を追贈（『旧唐書』「玄宗本紀」）。
開元二十九年（七四一）正月	両京および諸州に玄元皇帝廟を置く（『通典』巻五三、『通志』巻四二、『旧唐書』「玄宗本紀」、『新唐書』「玄宗本紀」）。京師に崇玄学、諸州に道学を置く（『通典』巻一五「選挙」）。崇玄学生に『道徳経』を学ばせる。

開元二十九年	玄元皇帝を夢に見、その像を宮中に迎え、諸州の開元観に玄元の真容を分置す（『資治通鑑』巻二一四）。玄元皇帝真容と玄宗・粛宗の像、および李林甫と陳希烈像を脇侍に安置（『唐会要』巻五〇、『新唐書』「李林甫伝」）。
天宝元年（七四二）二月	玄宗、尊号「開元天宝聖文神武皇帝」を加える（『旧唐書』「玄宗本紀」）。
天宝元年	開元観を開元天宝観と改称（『唐会要』巻五〇）。両京の玄元廟を改めて太上玄元皇帝宮となす（『旧唐書』「玄宗本紀」）。荘子を南華真人と号し、文子を通玄真人、列子を沖虚真人、庚桑子を洞虚真人と号す（『旧唐書』「玄宗本紀」）。
天宝二年（七四三）正月	玄元皇帝を「大聖祖玄元皇帝」と追尊す（『旧唐書』「玄宗本紀」）。崇玄学を崇玄館に改める（『冊府元亀』巻五四）。
天宝二年三月	太上玄元皇帝宮を改めて、長安を太清宮、洛陽を太微宮となす（『旧唐書』「玄宗本紀」）。
天宝三載（七四四）	玄宗等身の金剛天尊像・仏像を諸州の開元観に安置す（『旧唐書』「玄宗本紀」、『唐会要』巻五〇）。 天下民間に『孝経』一本を蔵するを詔す（『旧唐書』「玄宗本紀」）。
天宝五載（七四六）	『道徳経』を諸経の首位に置く。
天宝六載（七四七）三月	群臣、玄宗に尊号「開元天宝聖文神武応道」を加うるを請う（『旧唐書』「玄宗本紀」）。
天宝七歳（七四八）	両京・諸郡の千秋観を改めて天長観となす（『唐会要』巻五〇）。
天宝八載（七四九）閏六月	老子の「聖祖玄元皇帝」の尊号を改めて「聖祖大道玄元皇帝」とする（『旧唐書』「玄宗本紀」）。玄宗の尊号を「開元天地大宝聖文神武応道皇帝」とする（『旧唐書』「玄宗本紀」）。

天宝八載	両京ならびに十道の一大郡に一観を置き、真符・玉芝をもって名となす（『全唐文』巻四〇、『旧唐書』「礼儀志」、『冊府元亀』巻五四）。
天宝十二載（七五三）十二月	玄宗に尊号「開元天地大宝聖文神武孝徳称道皇帝」を加える（『旧唐書』「玄宗本紀」）。
天宝十三載（七五四）二月	老子を「大聖祖高上大道金闕玄元天皇大帝」と称す（『旧唐書』「玄宗本紀」）。
天宝十五載（七五五）十月	『道徳経』の御注・義疏を天下に頒つ（『旧唐書』「玄宗本紀」）。
天宝十五載（至徳元載）（七五六）	玄宗退位、上皇となる（『旧唐書』「玄宗本紀」）。
至徳三載（七五八）	上皇を「太上至道聖皇帝」と称す（『旧唐書』「玄宗本紀」）。
上元二年（七六一）	玄宗崩御。諡は「至道大聖大明孝皇帝」（『旧唐書』「玄宗本紀」）。

第六章　注の妙本・疏の妙本――唐玄宗老子注疏への一視点――

はじめに

唐の第六代皇帝玄宗[1]の手になる『道徳真経注』（『老子注』）と、その疏解である『道徳真経疏』（『老子疏』）とは、いずれもが皇帝玄宗の名のもとに著された『老子』解釈書である。両書はワンセットのものとされて、玄宗以後、唐末に至るまで、『老子』解釈の標準的テキストとなるのである。[2]この玄宗『注』『疏』において『老子』注釈史上はじめて「妙本」という至高の概念が登場する。[3]そしてこの「妙本」をめぐって従来問題にされてきたのは、次のようなことであった。

「妙本」は至高の概念である。しかし、その至高という意味は一体どのようなことなのか。すなわち、『老子』思想の解釈史において、玄宗以前は主に「道」や「無」などの概念が至高のものとされてきた。玄宗の「妙本」は、これらと比べてどのように異なるのか、ということである。

これへの回答として、近年の研究において提起された解釈は、次の二つであった。

第一は、「妙本」はそれ以前からの「道」などの概念よりも上位にある、さらに高次の概念として措定されたもの、とするもの。[4]

第二は、「妙本」はそれ以前からの「道」などと全く同義のものとみてよい。言葉を換えるならば、「妙本」は「道」の言い換えである、とするもの。[5]

以上の二つの解釈は、とくに玄宗『注』においては、実はいずれも成立してしまうと考えられるものである。両方成立してしまうということは、単純にいって玄宗自身のもともとの「妙本」の論理が矛盾的であったということになる。事態はまさにそのとおりであった。玄宗自身の設定した「妙本」は論理的に詰めてゆくと、二面的で矛盾的なものであったのである。(6)この事実は、玄宗が形而上的・哲学的思弁の側面については、きっちりと無矛盾的概念を提示するような厳密な思惟を行えていなかったということを示している。

実際、玄宗の『老子』解釈の全体的な目的は、こうした形而上的概念を精緻に整理・整合化するというような面にあったのではなく、もっと他の面にあった。まず、玄宗の『老子』解釈の中心的目的は、いみじくも玄宗自身が次のように述べているとおり、「理身・理国」ということにあった。

道徳生畜の源を明らかにして、此に尽くさざるはなし。而してその要は理身・理国に在り。(「道徳真経疏釈題」)(7)

玄宗の『老子』解釈は「理身・理国」、すなわちみずからの「身体」(そして臣下・百姓の「身体」)を修養によって整備し、それを通じて「国を理《おさ》める」こと、すなわち国家統治の理念を追求する、優れて政治的な目的をもつものであった。

ただ「妙本」は、「身を理《おさ》める」ことと「国を理める」ことの、その根底において、そうした事態を成り立たせている根源者であるという位置づけは明確であるので、その意味で主要目的である「理身」「理国」の前提たるものとして、重要なものであったわけで、とすると、玄宗が上記のような矛盾的な設計をしているのは、迂闊といわざるを得ないのではないか。

だが一方、玄宗に対してもう少し寛やかな目でみるならば、「妙本」の矛盾・二重性は、実は、玄宗の『老子』解釈が玄宗自身の唐朝統治を理論的に支援すること（要するに統治の正当化・合理化であり、さらには帝位・帝権の絶対化である）を最終目的としていたからこそであったといえるかもしれない。つまり、統治支援ということがまず喫緊のものとされ、それにともなって、「妙本」の至高という位置づけのみが性急に押し出されてしまった、と考えられるわけである。ということはすなわち、玄宗の『老子注』における「妙本」は、世界のすべてに超絶する概念として哲学的に緻密な思弁を経て設計・設定されたというよりも、世界を超越して統治する現実的至高者、すなわち玄宗自身を象徴する概念、ライトモチーフとしての意味の方が先立ってしまったということであった。[8]『老子注』にみえる「妙本」の二重的相貌は、目的を急ぐあまり、「道との一致か、「道」を超えるのかについて、厳密な思弁・整合化において不十分さがあった、ということになろう。

この視点からあらためて『注』の「妙本」をみるなら、近年における議論の方向性は、必ずしも的を射たものではなかったということになる。玄宗は、自分自身を至高の統治者とみずから位置づけた上で、従来からの至高概念「無」や「道」よりも以上のものになる、ということを望んでいたのであって、まさにその、従来の至高者を越えること、そのこと自体が玄宗にとっては重要だったのである。「無」「道」等を越える際に、それらの哲学的内容にまで立ち入り、「道」と一致するのか、超えるのか精密なところにまで論理的整合性を貫徹するようなことを、必ずしも意図としていなかった。玄宗にとって「妙本」とは、従来より存在したあらゆる至高者を越えて、世界に君臨する超越的支配者の象徴であることが意味されていれば、それで十分だったのである。[9]

「妙本」は玄宗の『注』においては以上のようなものとして解されるのであるが、では『疏』においても、『注』そのままのものとして解してよいのであろうか。玄宗の『注』『疏』は、唐代においてはワンセットのものとされていたことは先述したが、実は近年の研究においてもこの立場は継承されていた。すなわち、近年の玄宗『老子注疏』の研究は、そのほとんどすべてが、『注』『疏』を区別することなく、一つのまとまった資料と捉えて議論を展開しているのである。したがって、近年の研究の立場は、唐代以来の伝統を尊重しつつ受容しているという歴史的な視角からするならば、正当的なものであったといえるだろうが、客観的・厳密な資料操作、あるいは懐疑的かつ客観的な史料批判という点においては、少々不足することがあったということになるだろう。

この研究態度は、実は当面の問題である「妙本」の把握にも反映していた。つまり、「妙本」に関して『注』の「妙本」と『疏』の「妙本」とを区別し、その間にどのような差異があるのかを探求した研究は、いまだかつてないのである。この事実は相当意外なことである。そしてこれはまた、近年の研究において、伝統に依拠することによって割合安易に『疏』の「妙本」と『注』の「妙本」とを等同のものと捉えてきたことに対する、根本的な危険性を示唆するものともいえるだろう。

そこで本稿では以下、『疏』の「妙本」を分析し、それを『注』の「妙本」と比較することによって、その特長を明らかにすることを目指そうと思うのである。

一　『注』『疏』の形成と性格

まず押さえておきたいのは、玄宗の『老子注』『老子疏』の形成事情と、それにともなう文献的性格である。『老子注』は、玄宗が集賢院学士陳希烈等の侍講による補助を受けつつも、手づから著したものであって、ほぼ自著と言えるものである。それゆえ『老子注』は、玄宗自身が帝国の支配者として、その統治において抱いていた希望・理想・野望を、学術的相貌をとりつつも、比較的直截的に語っているといってよいものである。[10] いいかえれば、玄宗がみずからの統治のために、その統治を学問的・理論的側面から支えようとする、あるいはそれ自体が学問的相貌をもち、決して恣意的な統治思想ではないことを、示すために著されたものだった、といえるだろう。

一方、『老子疏』は、玄宗の意を受けた集賢院学士たちが、『老子注』における玄宗の意図をより発明しようとして著したものであり、玄宗『注』の注釈を敷衍したり、あるいは『注』の論理性のさらなる整備を企てる、というものであった。また用いられた典故の出典等についても出処を明確に記そうと努めているなど(11)、学問的著述としての体裁をさらに整えようとする方向に進んでもいた。いわば著述としては「奉勅撰」的性格のものであったが(12)、これには、おそらく監修者的立場から玄宗本人も関わりあっていたと思われ、その意向も当然強く反映していただろう(13)。つまり皇帝の意向のもとに、臣下によって、皇帝統治を理論的・学術的な側面から援助するために著されたものが『疏』であった。

以上、『老子注』『老子疏』は、いずれも玄宗の統治を学問・思想的側面から支援する目的で著されたものであったといえる。そして両書の関係は当然ながら、『疏』が『注』を補うものとしてあった。『疏』は、より学問的性格、あるいは客観性を強めて、『注』の権威を増すものとしてあった。両書の形成とその文献的性格は以上のようなものであった。

以上のことについて以下に、もう少し具体的なことをみておくならば、まず文章の形式的な側面がある。たとえば『注』は、『老子』の箴言的性格を受けて、各章それぞれに、あるいは一つの章中における各文ごとに、いわば断片的な注釈が付されている（もちろん断片的にみえる文章間に、論理的一貫性をあたえようとしている部分もかなり多いのであるが）。

これに対して、『疏』は、一つの章の中に明確なストーリーを求めるか、あるいは数章を連続的な一グループと捉えて、その間にストーリーを構想して、ある程度首尾の整った論説の集成と捉えようとしている。この点については、言葉の説明だけでは分かりにくいと思われるので、少し実例をもって説明する。

『疏』には毎章、章題下に説明的な疏文を付すが、そこには毎章、次のようなことが記されている。たとえば、第八章「上善、水の若し」の章題下疏の文にいう。

前章、天地は無私にして生成すれば即ち長久なるを明らかにす。此の章、至人は善行して柔弱なるが故に尤《とがめ》無きを明らかにす。首《はじめ》に「水の若し」を標して、三能[14]の、道に近きを示す。次に、「地に居る」を云いて、七善[15]の物を利するを書す。

結ぶに「争わず」を以てして、柔を中にして勝を全くするを勧む。

この第八章章題下疏は、最初の二句において、前章とこの章がつながりをもっていることを指摘し、続いてこの章内の記述が一つのまとまったストーリーを成していることを指摘している。『疏』の表現方式は全体にわたってこの調子である。そして各章内の疏文も、多くはこうした章題下疏文において述べられたことを実際に具現するものであり、また『老子』の内容はそれぞれの章・グループごとに一定のまとまりをもっていることを明らかにしようとの記述方式がとられているのである。

二　『注』『疏』の内容と事例

以上のように論述の文章スタイルが『注』と『疏』とでは異っているのであるが、それでは『注』と『疏』とは、同じ主題を解釈する際も、やはり異なった方向を向いているのであろうか。

このような問題設定は、上述してきたところからすると奇妙なものにみえるかもしれない。なぜなら、玄宗の『老子』解釈においては、『疏』は『注』を祖述するものであり、『注』の内容をより精密に整備・補助するというのが、その本来のあり方であったからである。つまり、『注』と異なった方向に向かう『疏』などというものは、本来的にありえないはずなのである。しかし、事実は必ずしもそうではない。『注』『疏』の文章形式が異なっていたように、両者の間には、よくみると微妙な差異が存在しているのである。そこで、ここで事例を一つ取り上げて、確かめてみたいと思う。

取り上げるのは、『老子』第一章冒頭の文と、その『注』『疏』の解釈である。まず、『老子』第一章の経文。

道可道、非常道。名可名、非常名。

極めて著名なこの文には、古今を通じて様々な解釈があり、訓《よ》みにおいてもまた多様であるが、この経文に対する玄宗の『注』はこうである。

道とは虚極の妙用なり。名とは、物、これを得て称する所なり。
用は物において可なるものなり。故に「可道」と云う。
名は用に生ず。故に「可名」と云う。
用に応ずる者(16)に方《かぎ》り無ければ、則ち常に一道に非ず。
物、殊にして、名、異なれば、則ち常に一名に非ず。
是れ則ち強《し》いて名づけて道と曰うにして、道は常に名無きなり。

これを説明しよう。まず冒頭の「道とは、虚極の妙用なり」とは、「道」という概念は「虚極」すなわちこれは『玄宗注』においては「妙本」のことなのだが(17)、その妙用であるとするものである。単純化すれば、「道」とは、「妙本」の霊妙なる「用」＝はたらきのこと、とするのである。このことは、「妙本」は根本であるが、一方、「道」はそのはたらきであって、「妙本」の下位に置かれるということを示している。

次いで、「用」、すなわち「道」のはたらきであるが、これは物があってこそはじめて具体的に機能しうるものである。そしてその「用」に対応する物は無限に存在している。それゆえその「道」のはたらき、すなわち「用」は、一通りにかぎらず、無限に存在しているといってよい。「道」はそれほどに多様なものである。だから本当はただ一つの名称「道」というだけでは不十分なのである。「道」という名称は要するに、これをむりやりに「道」と称したものなのであって、本当は「道」とは無限の名称をもつのであるが、そのあまりの多さゆえに、「名無し」ともいうのである、とする。

次いで経文の「名」の部分の解釈である。

「名」とは物に対しての称謂であり、それは「妙本」の「用」＝はたらき＝「道」の結果生まれるものである。生まれた結果、物に対して名づけることができるのである。そして存在する物にはすべて差異があるから、「名」も当然みな異なり、一つの「名」ですべての物の称謂を覆いつくすことはできない。「道」というのは、無理に名づけた称謂であるが、その「道」＝「用」は、対応が無限のものであった。それゆえに、「道」は一通りの仕方では称謂することができない。それゆえ「無名」というのである、とする。

この『玄宗注』では、「道」は道家の伝統のように至高的根源者ではなく、むしろ至高的根源者たる「妙本」の「用」＝はたらきであると規定されている。これはすなわち、「道」を「妙本」の下風に位置せしめることを意味しており、そしてよく知られているように、この「妙本」の位置が『玄宗注』の特色でもあるのである(18)。

これに対して、『老子』第一章冒頭の経文に対する『疏』は、どうであろうか。『疏』は以下のようにいっている。


道とは、虚極妙本の強名なり。通と訓じ、径と訓ず。

首《はじめ》の一字（道）は、宗を標するなり。「可道」とは、此の妙本、万物を通生するを言うなり。是れ、万物の由りて径《とお》れば、称して道と為すべし。故に「可道」と云う。

「非常道」とは、妙本の生化、用に定方無ければ、強いてこれに名を為すも、遍《ことごと》くは挙ぐべからず。故に、或いは大、或いは逝、或いは遠、或いは反なり。是れ、一道に常ならざるなり。故に「非常道」と云うなり。

名とは、称謂なり。即ち、物、道用を得るの名なり。

首の一字（名）も亦た宗を標するなり。「可名」とは、名は用に生じ、ともに名を立つべきを言うなり。

「非常名」とは、天に在れば則ち清と曰う。地に在れば則ち寧と曰う。

一を得ること殊ならざると雖も、物、用いらるれば則ち名異なる。是れ、一名に常ならざるなり。故に「非常名」と云うなり。


まず、「道とは虚極妙本の強名なり」とは、（至高であるがゆえに名づけられない）「妙本」に対して、「道」とは「強いて」つけられた名である、ということを意味する。これは単純にみているだけだと、『注』の「是れ則ち強いて名づけて道と曰う」をパラフレーズし、『注』の意をより一層強化しているもののごとくみえる。しかし実はそうではない。『注』の場合、強いて名づけられた主体は「道」であった。だが『疏』の場合、よく読むと主体は「虚極妙本」であり、「妙本」が強いて名づけている主体である。構文的には非常によく似ているが、内容的にはこのように差があることに注意しなければならない。そして『疏』によるならば、「道」と名づけられたものとは、「妙本」のことである。「妙本」と「道」とは、要するに同じものを指しているとされているのである。

さて、『疏』の続く部分をみてゆく。そこでは、「道」の字は、この文の場合、「通ずる」「径《とお》る」と読むものと規定される。つまり、経文の「道可道」の前の方の「道」の字は、その「道」の本質、すなわち「妙本」を示しているとになる。続いて後の方の「道」の字、すなわち「可道」の「道」は、「妙本」は万物を「通じて生ずる」ものであり、またそれは万物がそこを通って（径《とお》って）くるものであることから、「道」と名づけて可なるもの、ということになるのである。

次いで、「非常道」である。

いったい「妙本」の生成化育のはたらきには限りがない。それゆえこれに名称をあたえようとしても、すべての場合を挙げきることはできない。よって、大とか、逝とか、遠、反などと、様々に呼ばれる。唯一の「道」という語に一定化してしまうわけにはゆかない。そのため、「非常道」という、とする。

以上、第一章『疏』における「道」についての解釈である。これにつづいて『疏』は、「名」についての解釈をおこなっているが、これについてはくりかえしもあるし、長くもなるので、もはや省略したいと思う。

ともかく以上のことから見出されるのは、玄宗の『老子』解釈において最も重要な概念である「妙本」が、『注』と『疏』とでは捉え方が違っているという事実である。

そこで、この『注』と『疏』における「妙本」の差異について、より一層詳細かつ具体的にみるために、もう少し立ち入った検討を行いたい。とはいうものの、実は『注』の「妙本」についてはかつて検討したことがある。(19)そこでここでは、そのことを念頭に置きつつ、『疏』における「妙本」の検討を行って、その特色をはっきりさせたいと思う。

三 「妙本」の検討

玄宗の『注』においては、「妙本」は「道」の上位に位置する至高の概念であった[20]。それは『老子』注釈史上、『玄宗注』においてはじめてそういった至高性をあたえられ用いられた概念であり、玄宗の発明に係る独創的概念といえるものであった。そこで検討さるべきことは、『疏』はこの「妙本」をどのように捉えていたのかである。注目されるのは『疏』の冒頭、第一章章題下の疏文である。

此の章、妙本の由起と、万化の宗源とを明らかにす。首に虚極の強名なるを標して、将に衆妙の帰趣を明らかにせんとするなり。故に、「可道」「可名」なるものは、体と用となるを明らかにするなり。

この文でまず注目されるのは、「妙本の由起」という部分である。「由起」を「由りて起こる」と解すれば、それは「妙本」がどこかからか起こってくるということを示唆していると読めるだろう。つまり「妙本」以前にそれに先立つ何者か（あるいは何らかの状態）が存在することを暗に窺わせるものであるようにみえるわけである。ところでつづく「文の最初に虚極の強名が標されている」という部分の「虚極の強名」は、先にみた第一章の疏文では「道とは、虚極妙本の強名なり」となっていた[21]。ここからして、「虚極の強名」とは「道」であるとみて間違いない。さらに、同じ「道とは、虚極妙本の強名なり」というところからは、その「道」が、また「妙本」にほかならないということが導き出される。すなわち、「道」とは「妙本」なのである。「妙本」に先立つものとして、「虚極の強名＝道」があるのではない。実際のところ、ここからは、「妙本」以前に何らかのものがあった、という事態は引き出されてこないのである。

ここで「由起」のことに立ち戻る。そして「妙本の由起」の次の語、「万化の宗源」の文の構造を、「妙本の由起」と比べてみる。そうすると、「由起」は「由りて起こる」と読むよりも、「由起」の一語、名詞として捉える方が妥当であるように考えられる。

そこで、「妙本」に先立つものが必ずしも設定されていないこと、「由起」は一語の名詞と捉える方が妥当なこと、これらを併せ考えると、「由起」とは、「由縁」ないし「縁起」と同意のものと取って、「起こり」とか「生起する」とかの意に取ることが妥当であると考えられる。つまり「由起」は「妙本」以前のことを示唆するものではなく、「妙本」の起こり・生起そのもののことを意味するとみるべきものということになる。これは結局、「妙本」はそれ以上のもののない、至高の概念ということを意味するものである。

さて、上文中で言及したとおり、この場合の『疏』においても、「道」とは「妙本」であった。これで、『疏』における「妙本」＝「道」の論証は二回目である。したがって『疏』において、「妙本」＝「道」は、もはや決定的なことであるといえよう。しかし、くどいようだが、さらに第一章疏文から用例を引いて、さらなる確認を行なう。

此の妙本は、万物を通生するを言うなり。是れ万物の由りて径《とお》れば、称して道と為すべし。

この文は明らかに「妙本」が、万物を生み出す至高の宇宙生成者であり、万物が依拠する根本的なものであり、そしてすなわちそれはまさに「道」であることを、はっきりと示している。「妙本」が根本であることは、さらに同じ第一章の別の疏文にもみえている。すなわち「妙本の生化、用に定方無ければ、強いてこれに名を為すも、遍《ことごと》くは挙ぐべからず」と。やはり「妙本」は生成の根源とされているのである。

これら以外にも、「妙本」が根源であること、また「妙本」と「道」とが同義であることを示す用例は多い。

常道に非ずとは、妙本、生化し、用いて定方無し。（第一章、疏）

但、其の妙本、気を降し、天地を開闢す。（第一章、疏）

妙本、深静、常に万物の宗為り。（第四章、疏）

妙本生化し、運動して窮まり無し。（第十四章、疏）

虚極とは妙本なり。言うこころは、人、生を稟《う》くるは、皆虚極妙本より稟くるなり。（第十六章、疏）

人の、生を稟くる者は、妙本なり。（第十六章、疏）

虚極妙本、強いて名づけて道と曰う。（第二十一章、疏）

妙本、生を降し、兆《きざし》、見われ、衆、象どられる。（第二十一章、疏）

妙本、生化し、群物に遍ねし。（第二十五章、疏）

老君云わく、妙本は生化し、沖にして用窮まり莫く、寂寥虚静、其の形状を定むべからず。（第二十五章、疏）

虚無とは、妙本の体なり。体は有物に非ず。故に虚無と曰う。自然とは、妙本の性なり。性は造作に非ず。故に自然と曰う。道とは、妙本の効用なり。所謂強名なり。通生に非ざる無し。故にこれを道と謂う。体を約[22]して名を用いて、即ちこれを虚無・道・自然と謂うのみ。其の所以を尋ぬれば、即ち一妙本なり。復た何ぞ相い倣法する所ならん。（第二十五章、疏）

樸、妙本なり。其の通生を語れば、則ちこれを道と謂う。其の精一を論ずれば、則ちこれを樸と謂う。（第三十二章、疏）

妙本、動用して和炁を降すとは、妙本とは道なり。至道、炁を降して物の根源と為る。故に妙本と称す。

道とは妙本の強名なり。……道、無外を包含すれば、是れ万物の資《よ》りて始まるの所なるを言うなり。

（第五十一章、疏）

（第六十二章、疏）

以上、「妙本」が根源・根本であることを述べる主要な例を引いた。これらのうち、「妙本」＝「道」を、とくに明確に述べるものは、「虚極妙本、強いて名づけて道と曰う」（第二十一章、疏）、「妙本とは道なり」（第五十一章、疏）、「道とは妙本の強名なり」（第六十二章、疏）等である。要するに「妙本」は「道」であることが、『疏』においては、くりかえし明言されているのである。(23) ここが『注』と明確に異なる点である。さらにいえば、『疏』においては、「妙本」は「道」と等値でありつつ、実は「妙本」が本来的名称であり、「道」はその「強名」であることを強調することが、大きな特色であるということが、あらためて浮かび上がってくる。したがって、『疏』においては、「道」という名称よりも、「妙本」という名称が本来の至高者の名称であることが決定的なものとされていることになる。そして、そうした「道」と「妙本」との関係を、単に同義とするのではなく、なぜ「強名」なのかを整合する論理が、次のように提示される。

虚無とは、妙本の体なり。……自然とは、妙本の性なり。……道とは、妙本の効用なり。所謂強名なり。……体を約して名を用いて、即ちこれを虚無・道・自然と謂うのみ。其の所以を尋ぬれば、即ち一妙本なり。

（第二十五章、疏）

つまり「道」は、「自然」「虚無」と並んで、「妙本」全体の、ある一側面を呼ぶ名称であるとするのである。とするなら、「妙本」は「道」と比べてより包括的な概念であって、「其の所以を尋ぬれば、即ち一妙本なり」というところからすると、なおさら「道」に上位するかにみえる。だが、それは『注』における「妙本」が「道」に上位するというのとは意味が異なる。概念的には「道」はあくまでも「妙本」のある一側面についての限定的表現ということであり、実質的にはやはり同じものなのである。次の引用は、「道」と「妙本」とは同一のものの異なる局面であることを、もう少し明確に示しているといえる。

樸、妙本なり。其の通生を語れば、則ちこれを道と謂う。其の精一を論ずれば、則ちこれを樸と謂う。

（第三十二章、疏）

おわりに

『疏』がくりかえし「道とは妙本の強名なり」、あるいはこれに類似する表現を行なっていたのは、まさに「妙本」のある側面を指して「道」という、ということを示すものであった。『疏』において、「妙本」と「道」とが同じものであったということについては、もはやこれ以上は言う必要はないだろう。

ただ『疏』において重要であったのは「妙本」概念がその「体」「性」「効用」の三つの側面に構造化されて捉えられていた点である。構造化されているということは、「妙本」が明確に、あるいは純粋に、哲学的な、ないし思想的な概念として捉えられていたということを意味している。つまり、『疏』では「妙本」は完全に客観化され、あるいは対象的なものとされていたということである。この点は明らかに『注』と比べて、独自なところであるといってよいし、また『疏』が玄宗の意向を受けつつも、学者たちの総合力による著作であったことを反映しているものといえよう。

そこで『注』の場合について、あらためていうのなら、「妙本」は従来の「道」に上位するものとされ、その一方で内容的には「道」と何ら差はないという、哲学的思弁としては少々乱暴なところがあった。(24) しかし、玄宗『注』が皇帝自著としての性格を最も際立った形で示すのも、またこの矛盾的ともみえる「妙本」の概念であった。すなわち『注』における「妙本」は、哲学的概念のごとく取り扱われ、また記述されているが、実際のところ、それは世界内外のあらゆるものに超越する（もちろん「道」にも超越する）至高的支配者たる玄宗自身を描いたものであり、あるいはそのまま玄宗自身の象徴たる概念として設定されたものであった。すなわち「妙本」は玄宗のライトモチーフであった。そしてそれは一方では本質的に、玄宗の時代の政治的環境というもののもとで、その環境に限定されつつ君臨している支配者（つまり玄宗）を象徴する概念ということでもあった。(25) そうした中にあって、『疏』の「妙本」が『注』よりもより哲学的なものとして、また客観的なものとして扱われたということは、少々注意しておいてよいことであると思われるのである。

注

（1）皇帝の代数からは殤帝と則天武后を除外した。

（2）開元二十年（七三二）、『道徳真経注』と『道徳真経疏』が完成し、その翌年開元二十一年（七三三）、玄宗は士庶の各家に一本ずつ『老子』を蔵せよとの命を発している（『旧唐書』「玄宗本紀」）。

（3）「妙本」概念は、中国思想史においては、ここにはじめて現れたものというわけではない。「妙本」の語自体はもともと仏教の用語に由来する。隋の『法経録』、羅什訳『梵網強』巻十、『高僧伝』巻二、等々に用例がみえる。また『老子』に関連する「妙本」の早い用例としては、顧歓の「其れ唯だ聖人のみ、真に妙本を知り、言教を洞遺す」がある。また唐初の成玄英の『道徳経義疏』にも「妙本」の用例がみえている。ただし、『老子』注釈史において、しかもそれを至高概念として用いたのは、玄宗『注』『疏』が嚆矢である、ということである。『注』と『疏』とにおける先後関係についていえば、もちろん『注』の方が早い。

（4）この解釈の立場を採る者には、麦谷邦夫（「唐・玄宗『道徳真経』注疏における『妙本』について」、秋月観暎編『中国の宗教と文化』平河出版社、一九八七）をはじめとして、砂山稔（『隋唐道教思想史研究』平河出版社、一九九〇）などがいる。

（5）これは、中嶋隆蔵（『六朝思想の研究』平楽寺書店、一九八五）をはじめ、島一（「玄宗の『道徳真経』注疏について――理国と理身――（上）（下）」『立命館文学』第五二三・五二六号、一九九二）などが採る立場である。

（6）拙稿「『妙本』の位置――唐玄宗『老子注』の一特質――」（『中国文化』第六〇号、二〇〇二）、および拙稿「二つの「妙本」――『老子玄宗注』考――」（『宮沢正順博士古稀記念　東洋――比較文化論集――』宮沢正順博士古稀記念論文集刊行会、二〇〇四）は、この矛盾的事態が確かに成立していることを確認するためのものという側面をもつ論文である。

（7）『全唐文』巻四一。

（8）拙稿「「妙本」の形成――『老子玄宗注』思想の成立――」（論集『原典』（「古典学の再構築」研究報告書、二〇〇三））参照。

（9）同右。

（10）このことはとりわけ『玄宗注』に用いられる「妙本」概念において明確である。注（8）前掲拙稿参照。

（11）『老子注』は用いる典拠も少なく、また出典の明記なども手薄であるが、『老子疏』は『注』の典拠の出典を指示し、またそれ自体も多くの典拠を使用、ほとんどの場合、出典を明記している。

（12）集賢院学士たちが玄宗の『疏』の制作に関わっていたことについては、『冊府元亀』巻五三を参照のこと。

（13）『老子疏』に付された玄宗自著の「道徳真経疏釈題」（『全唐文』巻四一）は、そうした事態を想定させる。

（14）この「三能」は、続く疏文に、水の三能として「善く万物を利すること」「よく争わぬこと」「衆人の悪む所に処ること」とあるものを指す。
(15) 第八章経文の「善地」「善淵」「善仁」「善信」「善治」「善能」「善時」の七つを指す。
(16) もと「且」に作る。藤原高男「唐・玄宗御製道徳真経注疏校本〈壱〉」(『徳島文理大学研究紀要』三九号、一九九〇)によって改めた。
(17) 前掲拙稿「「妙本」の位置」、および同「二つの「妙本」」参照。
(18) 前掲拙稿「「妙本」の位置」は、『老子』第一章注において抽出されるこのような論理を、『玄宗注』全体にわたって検討したものである。
(19) 前掲拙稿「「妙本」の位置」、同「二つの「妙本」」、および注(8)前掲拙稿参看。
(20) 「妙本」の至高性のもつ意味、とりわけその政治的意味については、注(8)前掲拙稿参看。
(21) 『玄宗疏』第十六章に「虚極とは妙本なり」とある。
(22) もと「幻」に作る。藤原「唐・玄宗御製道徳真経注疏校本〈弐〉」によって改めた。
(23) 「妙本」と「道」とを同じものとみる解釈の立場は、実際のところこの『疏』の解釈にもとづいているといえる。
(24) 前掲拙稿「「妙本」の位置」および「二つの「妙本」」参照。
(25) 注(8)前掲拙稿参看。

第七章　老子玄宗注疏の理身と理国

一　序論

唐の玄宗皇帝の手になる『老子』解釈書、『道徳真経注』すなわち『老子玄宗注』と、その注の疏解たる『道徳真経疏』すなわち『老子疏』とは、いずれも唐代の『老子』解釈の代表的なものとされている。

これらのうち『注』は、玄宗が集賢院学士陳希烈等の侍講による補佐を受けながら、手ずから執筆したものであり、実際に皇帝の自著と称してもよいものである。ゆえに、そこには皇帝としての意識が強く働いており、玄宗自身の政治的目的も色濃く反映している。玄宗の政治的目的とは、まずはみずからが支配者として他を圧して超越していると の位置づけとその確認であり(1)、ついで唐という国家を安定裡に統治しようとの、理国(2)（治国）の思想を主張することであった(3)。

一方、『疏』は玄宗の『注』をさらに疏解せんがために、主に玄宗の意を受けた集賢院学士たちによって編纂著述されたものであり、いわば〈奉勅撰〉といった性格の書物である。もちろん、その撰述目的は『注』と同様で、玄宗の理国（治国）の主張を強化せんとするものであった(4)。そしてその撰述には、監修者的立場からの玄宗の意向が反映していたと思われる(5)。ただ、『疏』の撰述のスタイルには、『注』の出典不指示部分の出典を示したり、『注』の文意の通りにくいところを通りやすくしたり補遺を加えたりなど、学問的に一層精確な文献として整備するといった色彩の濃いところがあった。また『疏』は、『注』において皇帝自身がみずからの個人的野望を伏在させていたところがあったのに対して[6]、そうした皇帝個人の意志に関わる直接的政治性よりも、一般的な、ないし客観的な記述を目指そうとする方向があり、また哲学的側面においても矛盾的な事態を生じないように意を払い[7]、論理的なバランスを失しないように努めているかにみえる。

これら両書は開元二十年（七三二）に完成し、その翌年に玄宗は、士庶の一家に一本を蔵せよとの命を発する[8]。そしてこれ以後、両書は唐朝を通じて『老子』解釈の標準テキストとなったのである。標準テキストになるにあたっては、皇帝の権威という一種の強制力も働いていたであろうが、また両書が理国（そして理身）を主目的としており、そのことは唐朝治下の士庶にとっても意味あるものだったということが大きな理由だったであろう[9]。以下、これら注疏の目的である理国あるいは理身の思想を分析してゆくが、その前に玄宗自身が語る『老子注』『老子疏』の撰述の目的を、あらためて確認しておこう。

同等生畜の源を明らかにして、此に尽くさざるはなし。而してその要は理身理国に在り。（『道徳真経疏釈題』[10]）

さて、理身理国（治身治国）の思想すなわち「身を理《おさ》め、国を理める」思想は、中国思想の歴史において、古くから存在したものであった。それはふつう、自己自身の涵養と国家の経営を一貫するものと考え、自己自身の修養（の方法・結果）をそのまま視線平行移動的に拡張して国家統治（手段・方法）を行おうというものであった。したがってそれは、まずは支配者ないし支配階級を対象とするものであった。そしてまた当然ながらその最終目的は「理国」すなわち国家統治にあり、その「理国」の目的達成のためにそれに先立って「理身」（自己の涵養・修身）が必要とされた。つまり「理身理国」の思想においては、「理身」は必ず前提であり、「理身」がなければ「理国」はない。ベクトルは常に自分の身から「国」へという方向性をもつ。「理身理国」においては、その意味で「身」の涵養・修養が基本であり、根幹であった。

ところで先に、理身理国（治身治国）の思想は中国思想史において古くから存在しているものであると述べた。本稿で検討の対象とする玄宗『老子注疏』の理身理国は、歴史的には道家思想の流れのもとにあるといえるものであるが、ただ、いまは道家のみならず、中国思想全般における治身治国の思想を確認するために、まず儒教の資料を取りあげることにしたい。

『大学』の「古の明徳を天下に明らかにせんと欲する者は、先ず其の国を治む。其の国を治めんと欲する者は、先ず其の家を斉《ととの》う。其の家を斉えんと欲する者は、先ず其の身を修む。……身、修まりて后、家、斉う。家、斉いて后、国、治まる。国、治まりて后、天下、平らかなり(11)」という文、すなわち「修身、斉家、治国、平天下」という口号において知られる治身治国論は、おそらく中国史上最も著名なものである。そしてこの文は、みずからの身の修養・涵養を第一とし、修養・涵養されたみずからの身をもって、次第に周囲を感化・教化し、やがてそれが一国・天下にまで推し及ぼされるとするものである。この文のベクトルもやはり「身」から「国・天下」へと向かっている。そしてそのベクトルの内容、つまり感化・教化についての具体的内容を規定するものは、『大学』の場合はベクトルの原点である「修身」の段階に込められているといえる。その「修身」の内容は、「その身を修めんと欲する者は、先ずその心を正す。その心を正さんと欲する者は、先ずその意を誠にす。その意を誠にせんと欲する者は、先ずその知を致す。知を致すは、格物にあり」ということであった。つまり「心を正す」「意を誠にす」「知を致す」と、段階的に内面を正してゆく倫理的陶冶の推進がその内容であり、その核心はついに「格物」にあるとする。「格物」について宋代以後、朱子学と陽明学との間に解釈上の差異が生じたという事件は、思想史上非常に有名であるが、しかしいまはこの問題には立ち入らない(12)。ここでは古注鄭玄説と新注朱子説を取りあげて、「格物」の意義の一端を垣間見てみる。

【古注鄭玄説】

格とは来なり。物とは猶お事のごときなり。其の善に知ること深ければ則ち善物を来《もた》らす。其の悪に知ること深ければ則ち悪物を来らす。言うこころは、事は人の好む所によりて来るなり。(『礼記』「大学」鄭玄注)

【新注朱子説】

格とは至なり。物とは猶お事のごときなり。事物の理を窮め至し、其の極処の到らざる無きを欲するなり。

(『大学章句』朱子注)

鄭玄においては物事の真の認識は対象(物事)へ関わる姿勢によって違いが生じるということ、則ち対象への人の(善なる)関わり方こそが修身の根本であり、それが格物であるとする。

一方朱子は、「格物」とは「窮理」の事であり、修身の根本は事物の「理」を正しく究め、それによって修身のあるべき方向性を定め、そしてそれによって到達点に至ることであるとする。

これらの解釈のいずれが妥当であるかを秤量することは、いまはそれほど問題ではない。押さえておくべきは、いずれもが「格物」を内面的・倫理的陶治への基盤・基準とし、そこから具体的な内面的陶治の実践を経て、次第に他へ、そして天下にまで推し及ぼす、としている点である。このような、格物という基準点から出発し、その基準に準じつつ内面的な陶治を積み重ねること、これが『大学』の治身治国論の核心であり、それはまた儒家の修身論の典型であったと見てよいだろう。

ついで、同じ問題について道家の場合についても見ておく。ここでは『老子』を見てみるのが順当である。『老子』に次のような文がある。

善く建つ者は抜けず。善く抱く者は脱せず。子孫、祭祀して輟《や》まず。これを身に修むれば、其の徳乃ち真なり。これを家に修むれば、其の徳乃ち余あり。これを郷に修むれば、其の徳乃ち長なり。これを国に修むれば、其の徳乃ち豊なり。これを天下に修むれば、其の徳乃ち普ねし。故に、身を以て身を観、家を以て家を観、郷を以て郷を観、国を以て国を観、天下を以て天下を観る。吾、何を以て天下の然るを知らんや、此を以てなり。

（『老子』第五十四章）

この文の「建」て、「抱」き、「抜」けず「脱」せざるものとは何か。文中には省略されていて明言されていないが、諸注釈によると、それは「道」であったり、「徳」であったり、「一」「中」等々、さまざまである。いまここでは、どれか一つに絞りきらず、これらを総合的にとらえて、要するに根底とか基底、あるいは根源や基盤といったものと見ておくことにする。

さてそこで、「祭祀」とは祖先のために子孫が筆頭的・根本的に行わねばならない倫理項目である。そしてそういった根本を了解し、身に修め、さらに展開して家においてそれを修め、さらに郷において修め、国において修め、そして天下において修めるまでに至れば、天下がいかにしてかくあるのかということをおのずから了解できる、とする。身に修めるもの、家において修めるもの等々は、先の『大学』の八条目と同じではないが、身から天下へのベクトルという点については、「郷」を除くすべての語が一致している点は注意すべきである。『老子』、すなわち道家思想においても、儒家と同様の治身治国の論理が存在していたことを明確に示す事態だからである。つまり治身治国の伝統的パターンは、儒家と道家とを問わずに存在していたのである。また『大学』の場合は、その基準点は修身の「格物」にあったが、『老子』の場合は（諸注釈によれば）それは「道」「徳」等々の根源たるもの、根底たるものであった。そしてその根源・根底たるものについて、『老子』自体の言明に次のようなものがある。

是をもって聖人の治は、其の心を虚にし、其の腹を実たし、其の志を弱くし、其の骨を強くす。

（『老子』第三章）

この文においては、「聖人の治」（治国）は、自己の涵養ないし修身ということにもとづくとされる。[13] 此処では治国と修身との中間の家や郷は省略されているが、例のベクトルはここにもそのまま現れている。

さてこの『老子』第三章の場合、自己の涵養ないし修養とは、「心」とか「志」という精神的なことがらについては関心を最小に制限しているのに対し、一方「腹」「骨」という身体（肉体）的・物理的なことがらについてはこれを重視している。すなわち、『老子』の治身治国論における治身・修身とは、まずはみずからの身体・肉体そのものの充実とそれに根ざす自己涵養を主なものとみていたといえるだろう。そしてその身体涵養が「聖人の治」（治国）の基礎になる、あるいは身体涵養の方法が、治国の方法となるとするのである。同じく自己涵養を基盤とする治身論といっても、儒教的な内面的陶冶とはこの点で明らかに異なっている。

ことのついでに、六朝期の『老子』解釈である『老子』「河上公注」における治身論を見ておきたい。そこでは、『老子』同様の身体涵養論的治身論が一層展開している。[14]『老子』第三章「其の腹を実たす」への「河上公注」に、次のようにある。

道を懐《いだ》き、一を抱きて、五神を守るなり。

ここにいう「五神」とは、同じく『老子』第六章「谷神死せず」への「河上公注」に、人能く神を養えば則ち死せず。神とは五蔵の神を謂うなり。肝蔵は魂、肺蔵は魄、心蔵は神、腎蔵は精、脾蔵は志なり。五蔵尽《ことごと》く傷めば、則ち五神去るなり。

とあるところの、人間の五つの臓器に宿る「五蔵神」のことである。「河上公注」の場合の治身は、実際のところ、これらの臓器の神を守ることということであった[15]。これは、『老子』における身体涵養論をめぐって、その身体概念をさらに細分化して、臓器のレベルからの涵養を象徴化して説くものといえよう[16]。つまり、「河上公注」においては、身体の肉体性、あるいは身体の物理性・即物性[17]は、一層細分化され強化されているといえるのである。

以上を要約するなら、儒家と道家の治国治身論は、治身から治国へというベクトルは共通であったが、しかし治身の段階において、その方向性には歴然とした差異があった。儒家が「身」をいわば内面的、あるいは精神的なものととらえ、その倫理的陶冶を重視していたのに対し、道家は（とりわけ『老子』と「河上公注」への解釈の流れにおいて）「身」の肉体性を重んじた。そしてその肉体性重視は時代が降るにしたがって、詳細性・細分化を増していったということになるだろう[18]。

そこで、いよいよ唐玄宗『老子注疏』そのものの治身治国論（理身理国論）の検討に移るわけであるが、『玄宗注疏』のそれは、それまでの伝統的な道家的治身治国論と同様なのか、それとも違っているのか、ということが問題となるだろう。もし伝統を継承した、伝統と同様のものであるとしたなら、それはさしたる新味のないものということになるだろうし、一方、そうではないとするなら、ならばそれが具体的にどういう構造をもつものなのかを明らかにし、その構造をもつに至った（歴史的）理由・根拠を明らかにしなければならないだろう。そこにこそ玄宗の解釈の特質（玄宗が主張したかったこと）が浮き彫りになるであろうからである。

ところで、この治身治国のベクトルにおいて、極めて根本的な問題が存在する。それは、そもそも自己自身の涵養

（肉体的にせよ、精神的にせよ）と、国家の統治とが、なぜ一貫的であるのかということと、そしてあわせて、何ゆえそれは「身」から「天下」へという方向性（ベクトル）をもつのかということである。その説明についてなかなか明解な説明が見られないことは、実際『大学』への古典的解釈（鄭玄・朱熹ともに）においても明らかであった。

ただ、この一貫の問題については有力な回答として気の感応ゆえに、ということがある。[19] これは中国思想の伝統として正当な回答である。だが気の感応は基本的に双方向的であり、身から天下への方向性ということについては説明できない。それについては自身を出発点に次第に他へ拡張してゆくベクトル、まず自分にとって最も近い自分自身から、そして身近なところから、遠方へという、「修己治人」「親親」の口号などでなじみの、非常に経験的な事態として理解されるほかはないかもしれない。

局所的な見方としては、たとえばある国家において支配的地位にあるもの（君主）の主観的視点というものを考えてみる。その場合には国家と身体との一貫性・連続性というものは想定しうる。つまり君主にとっては、自己の涵養と国家経営とは、いずれも直接われ自身に関わり、われ自身が主体的に管理・調整・維持し関与すべきものとしてある。それゆえそれらに対しては、別箇のものとして対処するよりも、一つの統一的な事態と見て対処する方が、より現実的・実際的でありうるといった可能性である。ベクトルもこれによって変化はしない。古代中国思想の多くが為政者（あるいは支配者・社会的上位者）のために発話されているものであったのはもとより論をまたない。また、ひとり古代のみにとどまらず、中世・近世と、以降もその事情はずっと持続していたし、場合によっては現代においてすらも、それはまだ継続しているのではないかと思われるふしもある。治身と治国の一貫性の議論の現実性は、実際のところ、こういった文脈においてこそ担保されていたと見るほうがより事態に即するものかもしれない。

二　『玄宗注疏』の理身論

さて、玄宗の『老子注疏』の理身論からは、全体的に道家の伝統的な（すなわち『老子』―「河上公注」の系譜における）身体・肉体涵養という契機がずいぶんと希薄になっているという感じを受ける。これは「感じ」にすぎないのだが、ただこのことは、玄宗『老子注疏』の理身・理国論は、戦国・六朝以来伝統の道家的身体涵養論の系譜とは直接つながらずに、もう少し別の文脈にあるのではないかとの可能性を示唆する。つまり『老子』以来の文脈ではなく、なんらかの別の要素・事態が入りこんできているのではないかということである。そこで以下、その可能性を確かめるため、まず玄宗自身の理身論についての発言を見てみる。

玄宗は、その『道徳真経疏釈題』において、『老子』は次のような箇所で理身を語っている、と指摘する。

理身には、則ち「私を少なくし、欲を寡くし」《第十九章》[20]、「心を虚しくして腹を実《み》たす」《第三章》を以て務めとなす。故に経に曰く、「常無欲、以て其の妙を観る」《第一章》と。又曰く、「得難きの貨を貴ばず、欲すべきを見ず」《第三章・第六十四章》と。又曰く、「其の兌を塞ぎ、其の門を閉じ、其の鋭を挫き、其の紛を解く」《第五十二章・第四章・第五十六章》と。

すなわち「理身」を説くのは『老子』の第十九・三・一・三・六十四・五十二・四・五十六章であるとして、その経文の断片を引用しているのである。とはいえ、ここで断章的に引用されている経文のみでは、その文がどのような意味合いにおいて理身を説いているのか（つまり道家の伝統的身体涵養論的意味を含むのか否か）、判然としない。以下、

玄宗が指摘する順序にしたがい、当該の経文とその玄宗の注・疏を検討し、玄宗の考える理身の内容をうかがってゆこう。(21)

まず第十九章からである。

《第十九章》
〔経文〕　私を少なくして、欲を寡くす。
〔玄宗注〕　私邪を少なくして貪欲を寡くす。
〔玄宗疏〕　巧を絶ち利を棄てんと欲求すれば、則ち当に私邪を少なくし貪欲を寡くすべし。

経から疏に至るまで、すべて理身のためには私邪・貪欲などのよこしまな欲望、すなわち私欲を減少させなければならないとする点で一致している。ところで疏は、第十九章のこの部分に先立つ箇所で、「この三者（聖智・仁義・巧知）は絶棄せしむるべきのみにして、いまだ修行を示さず」「この三者は、且つ絶棄せしむべきも、いまだ修行有らず」と述べている。つまり疏は、「聖智・仁義・巧知」などの知的・論理的欲望を抑制・減損するのみならず、そのためには「修行」の段階を必要とするといっている。ということは、疏によれば欲望否定とは知的・意識的に了解され、あるいはその上で実践に向かえばよいというような、それほど単純なものではないということである。そして、この点については、実は玄宗の注の他の箇所で、もう少し違った形で指摘されている。『老子』第三十八章「無名の樸も亦た将に欲せざらんとす。欲せずして以て静なれば、天下自ずから正し」への注文に、言うこころは、人君すでに無名の樸を以て蒼生を鎮静すれば、此の無名を執りて迹有らしむべからず。将に迹を尋ねて本を喪い、復た有為に入らんとするを恐れんとするなり。故に此の無名の樸に於いても亦た将に兼ね忘れ、無欲を欲せず、無欲も亦た忘れ、泊然清静なれば、天下自ずから正しからん。

とある。この注は文脈全体としては理身論と言うよりもむしろ理国論であるが、その後半においてたんなる無欲は、その無欲たることを意欲するがゆえに、結局有欲となるのであり、その無欲たることをも欲しないことが重要だと指摘している。つまり、無欲を欲するという一つの意識的な、あるいは意図的な無欲は、それが意識・意図されることによって実現されるものである以上、真の無欲の実現ではない。真の無欲はそのレベルを越える地平に求められなければならないというのである。そのようなレベルでの無欲であるならば、そこには意識すること・思惟することから脱しているところの意識それ自体あるいは思惟それ自体、ないし意識そのものあるいは思惟そのもの以外何もない事態、が成立しているはずである。この無欲状態とは、意識それ自体・思惟それ自体以外は何もない事態として個別の人間（とりわけ玄宗自身）のうちに成立しているはずのものであるから、したがって可能性としてそういった意識（それ自体）・思惟（それ自体）は、あらゆるものに対応でき、あらゆるものを取り込みうる。それは全体を把握・受容し、全体に対応する無限の可能性をもつ。たんなる無欲を越えてその先にある無限の無欲、超絶的無欲である。つまり玄宗の求めた無欲とはそういった無欲であったといえる。(22)

そこで、第十九章の疏にもどる。そこには、欲望否定への意欲をも否定する段階、そこに成立する全体的把握ということに向けて、「修行」という言葉が導入されている。ではその「修行」とはどのようなものと考えられているのか。

一般に道教的文脈においては、「修行」とはおもに肉体的な修錬を意味することが多い。疏のこの「修行」がさすものも一見そういったものかとも思われる。実はその答えは同じ『老子』第十九章「素を見、樸を抱き、私を少なくし、欲を寡くす」への疏に示されている。

聖を絶ち、仁を棄てんと欲求すれば、則ち常に真素を見よ。
仁を絶ち、義を棄てんと欲求すれば、則ち質樸を懐抱せよ。
巧を絶ち、利を棄てんと欲求すれば、則ち当に私邪を少なくし、貪欲を寡くすべし。

この三条の疏文の内、最後の一文は先にも引用したものであるが、その「私邪を少なくし、貪欲を寡く」する部分が、見たとおり「真素を見る」ことと「質樸を懐抱」することとに対応している。「真素を見る」「質樸を懐抱」するという表現はかなり抽象的であるが、はっきりしているのは、それが直接な肉体の涵養・修養を意味するものではないことである。そこでここで暫定的にいうならば、疏において「修行」と表現される部分は、実際は肉体的なものというよりも、欲望の徹底的な否定という形において示される一種の内面的・精神的問題であった、ということである。
ただ、欲望否定の徹底、つまりこの場合は欲望の否定をさらに否定するということであるが、これもまた通常の思惟・意識あるいは知性とは異なるレベルの思惟・意識を想定するものといえる。欲望には本能的・無意識的なものから意識的なものまで様態は複層的であるが、無欲すらも否定することとはそういったあらゆるレベルでの、欲望を生起させる意識・思惟そのものを、滅殺させるということでもあるだろう。その状態はもちろんいわゆる無意識・潜在意識等とは異なるし、意識の遮断された空白でもない。意識それ自体がそれとしてまっさらになっている状態、あるいは白い意識とでもいうような状態である。あるいは思惟というものが（「思惟する」という動的位相以前において）それ自体としてそのままにある状態とでもいおうか。しかしそのまっさらな白い状態こそ、まさに「真素を見る」ものである。それはまさに、ある種の超越的境地・超越的な意識の状態である（そしてそれはそれゆえに、あらゆるもの、全体に対して対応可能である）。したがってそれはもちろんまったくの空白・無意味な空白ではない。疏における「寡欲」「無欲」とはすなわち精神をこのような超越的白の状態に定位せしめることを意味しているといえるだろう。

第十九章の注疏の理身の論は、直接的・物理的に身体を涵養しようとするものではなく、むしろ内面的・精神的な涵養の構想においてある（とりわけ通常の意識・思惟を越えて、あらゆるものを把握し、対応しうる超絶的な意識の様態を構想する）ものだった。それは伝統的な身体涵養論的道家・道教の無欲論からみたなら、方向性をかなり変えたものだったといえるだろう。

ただここで一点指摘しておくならば、『玄宗注疏』において「無欲」は以上のようなものと定位されているのであるが、以下の議論においてはその高度の定位がつねに第一義的にあらわれるというわけではないということである。文脈によっては、日常的水準における無欲をいっていると考えるべきものもあり、その意味では「無欲」の意味が純粋に単層的に用いられているわけではない。ただ『玄宗注疏』の「無欲」の基本的意義は、やはり無欲を意志することをも越えようとするものであって、それは、意識の超越的白の状態への到達を意味するものであった。そういうものであったととらえておくべきである。

《第三章》

〔経文〕　其の心を虚しくして、

〔玄宗注〕　心、欲すべきに乱さる所と為らざれば則ち虚なり。

〔玄宗疏〕　夫れ心を役して境を逐わば、則ち塵事汨昏す。慮を静め真を全うすれば則ち情欲作らず。情欲作らざれば則ち心虚なり。『荘子』曰く、虚室に白を生ず、と。心虚なれば則ち純白自ずから生ずるを謂うなり。故に曰く、其の心を虚しくす、と。

〔経文〕　其の腹を実たす。

〔玄宗注〕　道徳、内に充つれば則ち矜徇なし。亦た属厭して止まるが如く、貪求を生ぜず。

〔玄宗疏〕　腹とは含受の義なり。足れば貪欲ならず。道徳をして内に充たし、貪欲を生ぜざらしむ。故に云わく、其の腹を実たす、と。

この第三章の解釈も、やはり欲望についての議論である。

前半の『注』は欲望によって乱されない心意を「虚」であるとして、『老子』の「虚」の主張の意義をパラフレーズする。『疏』は、心意における意図的な操作、すなわち無欲を意志するようなそれを行わずに、心意においても「無為」状態となることによってこそ、根本的な欲望の発生を抑止しうること、そして欲望発生の停止が「虚」であると、玄宗の主張を心意の具体的な動きに即しつつ（その抑止の方法として）説明する。あわせて『荘子』の引用によって『老子』と玄宗とによる「虚」の主張を補強する。そこでは心意における意志することの抑止において、「純白」が「自ずから生ず」るとして、心意中の意志・意図する部分の剝奪状態を一種のまっさらな白化として説明する。

後半の「腹」「骨」については、先には経文と「河上公注」とが肉体的な涵養を主張するものであったことを見た。ところがこの部分の注はそういった肉体方向へのベクトルを示さない。むしろ「道徳」の内なる充満、すなわち虚となった心へのその充満が、欲望の奔出をとどめることになるものとする。この注の場合、「道徳」とは一般的な倫理道徳というよりも、『老子』の思想という意味に限定しての「道徳」の意味であろう。肉体を物理的に涵養することではなく、『老子』の思想の本質を了得し（この場合「道」である）、それを心に満溢させることによって、もはや心意中にそれ以上の意志する部分の余地をなくし、欲望の奔出を抑止しようとの論である。先に見てきた見方に連続させていうなら、意識の超越的な白い状態を心意中に充満させるということになるだろうか。

『疏』は『注』を承けつつ、おなかが一杯になればそれ以上食欲はおこらないという日常的な喩え（その限りでは身体的であるが）を通じて、「道徳」を心意の内に充満させることにより、心意中にもはやありとあらゆる欲望を生じさせなくするという、欲望阻止を説く。

この『注疏』も、身体涵養というよりも、心意の根本的な感動阻止・欲望阻止という方向で『老子』を解する。これもまた従来の身体涵養論的伝統とは方向性を異にしているのである。

《第一章》

〔経文〕常無欲、以て其の妙を観る。

〔玄宗注〕人、生まれながらにして静なるは、天の性なり。物に感じて動くは、性の欲なり。若し常に清静を守り、心を解き、神を釈《ゆる》め、正性を返照すれば、則ち妙本を観るなり。

〔玄宗疏〕欲とは性の動なり。境を逐いて心を生ずるなり。言うこころは、人、常に無欲にして正性清静、道源を反照すれば、則ち妙本を観見す。……又解して云わく、欲とは思存の謂《こと》なり。言うこころは、欲に思存する所有りて教を立つるなり。常無欲なる者は法性清静にして、言説より離るるを謂うなり。思存する所無ければ、則ち道の微妙を見るなり。(23)

経文に「無欲」とあることもあって、この『注』『疏』も明確に欲望否定論である。まず『注』においては「性」という概念が導入されているが、もちろんこの場合の「性」は宋学の天理人性の「性」のごとく細密に検討された概念ではない。むしろ『孟子』以来（あるいは「夫子の性と天道をいうや」との『論語』以来）、漢魏を経た古典的伝統を背負うものといえる。『孟子』によれば、当時「性」についてはさまざまな説が存在していたというし[24]、孟子の後の荀子[25]、漢代の荀悦・仲長統の性論[26]、西晋の郭象の性の可換論[27]等々、戦国・両漢・魏晋六朝を通じて「性」はしきりに論ぜられてきた。そしてそれらを通じての「性」の最大公約数的な性格は、天から人間に賦与されたもの（天性）、という点にあった。玄宗の「性」も、基本的にそうした伝統を継承するものとみてよい（玄宗自身「天の性」といっている[28]）。

そこで『玄宗注』によると、「天の性」は本質的に静なるものであるが、物と接触することによって「性」の「欲」の部分が突き動かされ、それが発動してしまう、とする。すなわち欲は性の一部分であり、性にもともと包含されている自然的・天与のものであり、ただ外物の刺激を受ける事によって発動するところが欲であるとする。しかもそれが「心」である。したがって「心」は「欲」を含む人間の精神的事態全般である。よって「欲」のいまだ発動しない「天与の性」とは、いまだ外物と接触せざる純粋なままの「静」なる精神的事態である。それは人間において精神的営為を可能にするところの純粋なる精神、あるいは意識それ自体、あるいは具体的意識を成立させるところの精神・意識の場ともいうべきものであり、さらには思惟することを可能にし成立させている、思惟それ自体・そのもの、というようなものとも考えられる。人間における天与の本来的「性」とはそうした純粋状態である。そして天与の本来的性そのものであるためには、「動」に至らぬことが重要である。外物との接触のない本来的な清静を維持しなければならない。そしてそのための方法として『玄宗注』は心や精神の寛解が必要であるとする。それは心や精神に対して、外物からの刺激を受けとめない、反応しない心意・精神の境位を定立することが必要であるということである。欲望を否定しその欲望を否定する意欲をも否定する「無欲」に至ることである。その「無欲」のあり方は、まさに「正性を返照する」と、性の本来性に返るという表現がなされる。そしてその本来性を維持しうるならば（玄宗において至高と位置づけられる）「妙本」[29]を了得（観見）しうるであろうとするのである。

『疏』は、まず『玄宗注』において「性」の一部分とされていた「欲」について、むしろそれを「性の動」と規定し、本来「静」であるところの「性」が、外物と接触することによってすでに動かされてしまった状態が「欲」であるとする。つまり『疏』においては、欲は性そのものであり、性の状態変化、とくに性が励起状態になっている場合、と見るのである。『注』においては性の部分とされていた欲は、『疏』では性の状態・態様の変容としてとらえられるのである。そこでこの『疏』では「欲」の減損・抑制（無欲）は「性」の不励起状態としてとらえ返されることになる。ゆえにこの場合、「無欲」とは「性」を清静の状態に定位せしめることとされ、またそれによってこそ「性」の本来性が維持されると見るのである。「性」の「静」であることが本来的状態であると見るのは『注』と等しいが、「動」となるとき性の全体が欲になるか、あるいは性の部分が欲になるかという点で微妙な相違があるとはいえる。

さてそこで、性の清静のために必要とされることは、心があらゆる認識の対象（「境」）から隔離されることである。心意をあらゆる認識の対象から遮断するのである。まさに意識において、意識そのもの以外何もない、そのような状態を措定するのである。一般に意識とは意識の対象（「境」）があって成立するものであって、意識・精神そのもの以外なにもない、というようなことはありえないが[30]、この状態はすでに見たような意識の超越的な白い状態のような超越的境位に同定してよいものであろう。そして『疏』は、そのような「無欲」によって性が清静であれば、そこにおいて、『注』と同様、「妙本」を観見（了得）しうるとするのである。

なお『疏』は、或説として、欲とは人間の「思惟する（「思存」）」という避けがたい本性のことでもあり、そうした「思惟する」欲があるからこそ様々な規範（教え）を樹てて、そこから逆に（本来「道」に即していたはずの）人間の本来的あり方から、乖離する方向に進むようにもなってしまうと説く。無欲こそが本来の清静なる性を保つ方途であるとする点は『疏』の基本的方向性であるが、ここで思惟とその道具としての言語（「言説」）とを指摘し、それを欲望（をもたらすもの）と規定している点には注意すべきである。思惟そのものや言語自体は価値的に中立的なものであろうが、それらへの懐疑は『老子』の「無知」論や「不言之教」論、『荘子』の「得意忘言」論以来、道家思想には伝統的なものであった(31)。また玄宗に直近の時期では、後述する王玄覧のような人物もすでに出ていたこともあって(32)、言語への懐疑の表白は道家・道教的環境においては決して特異なことではなかった。実際のところ彼らの眼は、言語へ懐疑を提起することにより、さらにその先にあるものに向けられていたと見られるのである。

次いで、玄宗の記述順にしたがって、もう一度第三章である。

《第三章》

〔経文〕得難きの貨を貴ばず。

〔玄宗注〕得難きの貨とは、性分に無《な》き所のものを謂うなり。求むるも得べからざるが故に得難きと云うなり。夫れ、本分に安んぜず、効の無き所を希《ねが》うなり。

〔玄宗疏〕人の生を受くるや、稟《う》くる所に分有れば、則ち稟くる所の材器は是れ身の貨宝なり。分外に妄《みだ》りに求むれば、求むるも得べからず。故に得難きと云うなり。夫れ、性分に安んぜず、聡明を希慕するは、且《まさ》に天真を失わんとし、尽《つい》に私盗と成るなり。

〔経文〕欲すべきを見ず。

〔玄宗注〕既に尚賢の迹を無《な》みし、得難きの貨を求めざれば、是れ見る可きの欲無くして、心、惑乱せざるなり。

〔玄宗疏〕聡明を希慕するは、是れ欲すべきを見るなり。欲心興動するは、乱に非ざれば何ぞや。今、既に賢能を崇貴せず、亦た妄りに分を越えるを求めざれば、則ち欲すべきの事を見ずして、心、惑乱せざるなり。

再度の第三章引用もまた欲望否定論である。引用前半の経文は、手に入れることのできにくい（貴重な）貨材を求めるべきではないとするものであるが、これに対して注文は、「得難きの貨」を人間的に本来的に賦与されている「性」の「分」限を越えているもののこととする。人間にとってあたえられた「分」以上のものである過大な欲望は持つべきではなく、そのようなことにはよい結果（＝効）はもたらされない。所与の「性」の「分」内にとどまるべきであるとする。この「分」論は西晋の郭象以来の「分」論を継承するものであって、ある意味で皇帝たる玄宗が、他に対して説く議論として当然ともいえるものである。

一方、前半の疏文は、人間には生まれつき賦与されている「分」があり、その「分」自体、すでに貴重なる財貨である。したがってその「分」以上のことを求める必要はなく、求めてもその甲斐はない。本来的な「性」「分」を越えて、それ以上の聡明さ・賢能（＝性・分）を越えるものを『疏』はこのように規定する）を求めても、それはその人にとって本来的なものであるところの「天真」を失い、かえって「私盗」ともいうべきものに堕してしまうとする。やはり「分」論ではあるが、すでに付与されている「分」それ自体を「貨宝」としているところに特徴がある。「貨宝」としての「分」をもつものがそれ以上のことを望むのはよくないとの議論は、玄宗の主張とはまさに対照的である。それゆえこの部分については、臣としての君に対する一種の諫奏が込められている可能性も認められる。とりわけ玄宗が意図していた「妙本」になる」という思想を背景に見るならば、これは相当強烈な諫言であるともいえるのである。(33)

後半は、やはり欲望抑止論であるが、玄宗の注文は前段に論ぜられた事柄を承けて、欲望を抑制するならば、心には惑乱が生じなくなるという。

後半の疏文も、やはり『疏』が前段から説き来たったことを承け、欲望抑制によって心に惑乱の生じないことをいう。これら『注』と『疏』は、結論的にはまったく同じである。ただ『注』の欲望の意味が個別的人間の「性」の

「分」を越えるものとしての欲という意が強く、人間一般（あるいは玄宗自身を除く臣下一般）に対して述べているものという性格が濃く見えるのに対して、『疏』の欲望は（とくに後半においては）表面的には臣下として聡明さ・賢能さへ向かう欲としている。これは、見方によると皇帝が抱く皇帝以上の超絶的なものにならんとする欲望を隠微に比喩していると読みとれなくもない。いずれにしても『注』『疏』ともに「心」が欲望に傾くこと（惑乱）を嫌忌しており、「惑乱」の生じていない本来的な「心」、それは「性」の清静に通ずるものだろうが、それをその求めるところとするのである。

この第三章と同文の経文が第六十四章経文にもある。

《第六十四章》

〔経文〕是を以て聖人は不欲を欲し、得難きの貨を貴ばず。

〔玄宗注〕得難きの貨とは、性分に無き所の者と為す。今聖人は欲に於いて不欲なり。分の外に営為せず。故に常に其の自然の性を全うす。是れ、得難きの貨を貴ばざるなり。

〔玄宗疏〕此れ、聖行を明らかにして以て凡を斥《しりぞ》くるなり。得難きの貨とは、内は性分に無き所を謂い、外は珠庫宝貝を謂うなり。聖人は欲に於いて無欲なり。内には性分に無き所に務めず、外には徳を累《わずらわ》す宝貨に営まず。故に、得難きの貨を貴ばず、と云うなり。

『注』は第三章と同様、「得難きの貨」とは「性」にあたえられている「分」を越えてしまっているもののこととし、そのようなものを欲すべきではないとする。聖人は、本来普通の人間と同様な欲望はもたないし、したがって欲望という点においては無欲である。それゆえ、「性」の「分」を越えるようなものについても、まったく関心を示さない。

だからこそ聖人は本来的所与としての「性」を全うしているのだ、とするのである。聖人が老子のことかはともかく、聖人は不欲でありつつ「性」の「分」内のことを全うするという論は、これこそ玄宗自身がその立場にあって言いたかったことにちがいない、と思わせるものがある。

『疏』は、この場合は、これを聖人の行を示すものであり、それが凡人とはちがうものであることをまず指摘する。そして「得難きの貨」を、「性」の「分」にはもともと含まれていない、それを越えるものであるとするが、この点は先ほどの第三章の解釈とは異なり、『注』の解釈に近づいている。一方、外面においては文字通り財貨のこととし、そして聖人はこれらの内外いずれについても無欲であるとする。『疏』は、『注』が内面的な「性」の「分」を越えるものと規定していた点を承けて、この場合は具体的な宝物のことも視野に入れつつ、物質的欲望の抑制を説くものととらえているのである。そして、そのことはこの『疏』は全体として実質的に第三章の『注』の主張を承けるものになってしまっていることを示す。

《第五十二章》

〔経文〕　其の兌を塞ぎ、其の門を閉ず。

〔玄宗注〕　兌とは、愛悦なり。目は色を悦び、耳は声を悦び、六根は各々悦ぶ所有り。縦《ほし》いままにすれば則ち患を生ず。是の故に、之を塞ぎ、六根の愛悦を縦いままにせざれば、則ち禍患の門は閉ず。故に終身勤労せざるなり。

〔玄宗疏〕　此れ、絶欲・守母の行を明らかにするなり。兌とは、悦なり。耳目は声色を愛悦し、鼻口は香味を愛悦す。六根は各々悦ぶ所有るを謂うなり。門は出入を以て義と為す。諸根色塵の由る所を言うなり。若し、其の愛悦の視聴を塞げば、則ち禍患の門、閉ず。禍患の門、閉ずれば、則ち終身勤労有ること無し。

これもまた欲望否定論であるが、否定の対象が感覚的なものに絞られている。『注』は、感覚的な欲望を根源から否定するために、感覚器官の遮断をいうが、その遮断のためには如何にすればよいのかという具体的対処法には説き至っていない。予測されるのは、心意による意志的な感覚遮断であるが、そうであっては、その遮断を意欲すること自体が欲望と言うことになってしまう。しかしすでに見たように、『玄宗注』の「無欲」論は、単層的なものではなく、無欲を意欲することまでをも否定する徹底した欲望抑止論であった。したがってこの文も感覚器官遮断への意欲もさらに否定されてのうえでの遮断であったろうとの推測は成り立つし、おそらくそう考えた方が適切であろうと思う。ただ一点、これを道家思想伝統のフィジカルな修身論と対比して見ると、『玄宗注』の理身論の方向性がかなりくっきりと見て取れる場面であるといえるだろう。

一方、『疏』は、「行を明らかにするなり」として、欲望発生抑止の修行的方法を明らかにするものとしている。だが、その修行の内容は必ずしも具体的に説明されていない。しかし先に「修行」について見たところからすると、『疏』のいうところはやはり内面的・精神的な欲望抑止論であるのは確かと思われる。

ついでながら、『注』においても『疏』においても、この引用の前後に身体修養を具体的に語るところは見られない。この点においても、『玄宗注疏』には肉体に具体的に働きかける傾向性が希薄であることが確かめられる。

《第四章》

〔経文〕　其の鋭を挫き、其の紛を解く。

〔玄宗注〕　道は沖和を以てするが故に、能く鋭利を抑止し、紛擾を釈散す。

〔玄宗疏〕 挫は抑止なり。鋭は鋭利なり。解は釈散なり。紛は多擾なり。沖虚の用、物、これに違うもの無し。故に鋭利の心、多擾の事、道の沖和を念《おも》えば、[34]文を約するに明道の用を以てするなり。

この引用の場合、経文には欲望抑止の何らかの具体的方法が示唆されているように見えるところがある。そこでその『注』や『疏』には何らかの具体的な方策が解き明かされているのではないかとの期待も生ずるのであるが、だが見てのとおり、『注』も『疏』も、それが「道」や「沖虚」の「用」（機能）に依拠することのみを述べ、何らかの具体策に及んでいるわけではない。

《第五十六章》

〔経文〕 其の兌を塞ぎ、其の門を閉ず。

〔玄宗注〕 了悟する者は法において愛染すること無く、言において執滞すること無し。故に云わく、其の兌を塞ぐ、と。既に愛染すること無ければ、則ち嗜欲の門、閉ず。

〔玄宗疏〕 具《つぶさ》[35]に「天下有始」章（第五十二章）に釈せる所の如し。彼《かしこ》には則ち道の清静を約して以て六根の[36]愛悦を塞ぐ。此《こなた》には則ち教に因りて忘を弁じ、将に滞言の累を息わせんとするなり。言において執すること無し。故に云わく、其の兌を塞ぐ、と。栄辱の主と為らず、其の門を閉ず、と謂うべし。

〔経文〕 其の鋭を挫き、其の紛を解く。其の光に和し、其の塵に同じくす。

〔玄宗注〕 （なし）

〔玄宗疏〕 この四句、已に上経の「道沖」章（第四章）に出づ。彼《かしこ》には則ち道に就きて以て物を論ず。此には則ち人に拠りて以て行を明らかにす。上下両経、互いに其の文を挙ぐるは、物を済し身を修むるの義において功有るを以ての故に、重ねてこれを言うなり。[37]

これらの引用文のうち、前半の経文は第五十二章と同文であり、後半は第四章と同文である。一方、『注』『疏』の文は第四章に付された『注』『疏』の文とは異なっている。

まず前半の注文は、「道」に達して「了悟」したものは、すでに感覚器官の遮断を行いえているものと解する。だが相変わらず、どのようにして感覚器官を遮断するのかについては言及されておらず、いわば飛ばされてしまっている。

前半の疏文は、この経文への疏釈はすでに第五十二章において済んでいることを前提とする。第五十二章は「六根の愛悦を塞ぐ」という感覚器官遮断を論ずるものであったが、この章は、「忘」れることを明らかにするものであるとする。「滞言の累」「言において執すること無し」とするように、「忘」れるべきものはまず言語である。「言を忘る」は『荘子』の「得意忘言」以来、とりわけ陶淵明の「飲酒」詩其五において人口に膾炙した著名なフレーズであるが、これは当然ながら玄宗期の知識人にとってはまったく親しいものであった。[38]そしてそれは、またもや言語へのネガティブなとらえ方としてあらわれているわけである。具体的には言語の過剰多用によって生起する不都合を解消しつつ、（唐代という時代の中において）挙措進退上の保身の成立を説こうとするものでもあった。

引用後半の経文には『注』はない。『疏』は、第四章では「理身」（＝欲望抑止）について「道」の「用」に即するものと解していたが、ここでは人間における「行」（修行）について説くものとする。そしてそれによって、上下両経（『老子』の上篇（第四章）と下篇（第五十六章）の意）が対応完結するものになる、とする。ここでは「行」について説明するとしているが、しかしやはりその具体的説明はない。もちろんすでに見てきたところから、その「行」の意が、内面的・精神的なものであろうことは容易に推測できることである。

以上より、玄宗自身が『道徳真経疏釈題』においてみずから指摘していた理身論の実態は、端的にいえば欲望抑止論（無欲論）にほかならなかった。ただその欲望抑止は単層的なものではなく、欲望を抑制しようと意思することをも欲として否定する、日常的な認識を越える高次な、あるいは一層深められた否定のうえに構築されるものであり、内面的・精神的層位として、日常的なものを越えるレベルにあるものであった。それは一種超絶的な意識の白い状態ともいうべきものであった。そのような高度に研ぎ澄まされ精神的営為への指向性をもつ理身論は、当然ながら、道家的伝統において、身体に直接関わり、直接働きかけるものとされてきた治身論とは、まったく異なる方向を向くものであった。また玄宗が『道徳真経疏釈題』において指摘する理身論の条々は、一見ランダムに引用されているように見えるものであったが、以上に見てきたところから推測できるように、そこには欲望抑止——無欲を志向することをも欲として否定する深められた否定論——という一貫した論理が備わっていた。

結局、『玄宗注疏』における理身論は、『注』と『疏』とにおいて少々の方向性の違いはあったものの、身体を何らかの形で直接操作し、取り扱う古典道家的なものとは異なって、著しく内面化され、精神的なものに偏局されたものになっていた。だがその一方、それによってみずから通常のレベルとは異なる超絶者になるというベクトルにおいて構想されてもいる、そういった面をもつものでもあった。『玄宗注疏』の理身論の特質はまさにこの点にあったといえるだろう。またこの事態は、『老子』から「河上公注」に至るまでに示されていたような「治身」の内容・方法は、『玄宗注疏』には継承されていなかったということを示している。治身の「身」の内容が変わってしまったといってもよいであろう。では、なぜこのような変化が生じたのか。実はこれには歴史的な理由があったのである。

三　司馬承禎の『坐忘論』

『老子』や「河上公注」における「治身」の「身」は、いってみれば物理・物質的な身体、肉体そのものを指していた。また「治身」の「治」にはその身体に対して直接的・物理的に働きかけるという意味があった。その伝統的方法を具体的にいえば、吐古納新、導引、食餌や薬物などであるが、その一つの頂点的在り方は、『抱朴子』に示された外丹であった。不老長生のための丹薬を錬り、それを服用する方法である。しかしこの方法は、丹を錬るという作業中に有毒の素材を用いてしまう可能性があり（実際、水銀系の薬品が必須とされていた）、そのために治身の目的に反してかえって命を落とす人々が出てきてしまった。目的にまったく反する方法的欠陥のため、この方法は次第に衰微し、やがて外丹はその代替的方法である内丹に移行するようになる。この移行はだいたい隋代に起こったと考えられている。[40]

内丹は外丹と異なり、内面的・精神的ないし心理的方法にもとづいて、心の内に丹を生成し、その心の内に生成された丹を（心の内で）服用することによって不老長生を得ようとの一種の仮想的方法である。[41]その仮想的方法とは、どのようにするのか。外丹には具体的に様々な素材や薬品や器具があり、そしてその加工技術というスキルがあった。[42]だが内丹には、当初、そのような目に見えるような具体的スキルは存在していなかった。利用されていたのは行気や服気など、古典古代以来存在していた養生技法であり、[43]その技法とても、当初はさまざまな方面からの寄せ集め的なものであって、一定の理論のもとにシステマティックに整備統合、組み立てられたものではなかった。さらに加えて、丹の生成において決定的である心、ないし精神の内面を操作する理論と方法も未だ確立してはいなかった。[44]

しかし不老長寿をめざす技法の頂点としての外丹が、内丹に移行していったという事実は、単純にいいきってしまえば、養身・治身の内容が、身体に直接働きかける方向から、精神的・心理的あるいは内面的陶冶という方向に変容していったということを示している。[45]そして道教においてそういった精神的・心理的あるいは内面操作の方法が、初めて理論的に提起されるのが、唐初の道士司馬承禎の『坐忘論』である。[46]『坐忘論』自体は内丹の書ではない。[47]しかし隋代の内丹への変化という経験を経た後の作である。内丹に限らず、養身・治身が、内面的な方向に向かっていたということの象徴的著作であった。

司馬承禎は、武則天期から玄宗期にかけて活躍した道士である。晋の司馬氏の末裔であるといい、二十一歳のときに道士となり、茅山派の正統を継ぐ巨匠潘師正に師事し、その才能と努力によってついに茅山派の最高指導者に到達する。(48)その名は遠く都にまで聞こえ、則天武后に一度、睿宗に一度、玄宗に二度、召されている。

司馬承禎の有名な理身理国の発言として、睿宗との間で交わされた問答が残っている。(49)睿宗が司馬承禎にその術を問う。すると、

〔承禎の答〕『道経』(『老子』)の旨、道を為して日に損す。損のまた損、もって無為に至る、と。且つ心目知見するところのものは、毎《つね》にこれを損して尚《なお》未だ已《や》まず。豈に又異端を攻《おさ》め、(50)其の智慮を増さんや。

〔睿宗再問〕理身の無為なれば則ち清高ならん。理国の無為なるは如何ぞ。

〔承禎再答〕国はなお身のごとし。『老子』曰く、心を澹に遊ばせ、気を漠に合し、物の自然に順いて私無し、と。『易』に曰く、聖人は天地と其の徳を合す、と。是れ、天は言《ものい》わずして信あり、為さずして成るなり。無為の旨、理国の道なり。

これが司馬承禎の理身理国の発言である。(51)理身とはすなわち道を為すことである。それは知(「知見」)を減殺することである。減殺に減殺を重ねて、ついにはもはや減殺するものの何もない無知の究極・無為に至ることとするのである。(52)欲望の否定のさらにまた否定という、玄宗の無欲論とよく似た構造をもつ議論といえるだろう。そして司馬承禎は、その理身の論理は理国にも適用され、天の無為なるがごとくであればすべてを成就できるのだとする。「国は

なお身のごとし」というアナロジーが理身と理国の間を結合する。身と国との一貫という定石を踏まえる論である。司馬承禎の思想の方向性の一端が、ここに現れているといえる。

この理身理国の発言からも窺えるように、司馬承禎の修養は（とりわけ身体修養とは）、道家伝統の身体涵養論とは明確に異なっていた。身体修養とは、じつは精神的な修養という面が表に現れ出てきているのである。玄宗に先立つ司馬承禎の理身論において、身体修養とは、じつは精神面における修養であるという了解が明確に成立していたのである。司馬承禎『坐忘論』(53)は、一方で外丹から内丹への移行という歴史的流れを背景に(54)、道教において精神的修養のプロセスを、初めて示した記念碑的著作として重要なものであった。

『坐忘論』「序」(55)によると『坐忘論』の主張の要点は「安心坐忘之法」にあるという。「坐忘」の語はいうまでもなく『荘子』に由来するもので(56)、修養の際、座して瞑想するという具体的な挙措・方法を示すものである。一方「安心」は、その内容を細かく尋ねるならばもちろん様々に解しうる言葉ではあるが(57)、単純にいってしまえば「心を安んずること」であって、決してフィジカルなことを意味していない。これは明確である。このことからも『坐忘論』の修道の論旨が精神的方面に向かっていることがうかがえる。『坐忘論』「序」の「安心坐忘」をいう部分の周辺を引く。

約《おお》そ安心坐忘の法を著し、略《ほ》ぼ七条の修道の階次を成す。其の『枢翼』(58)を兼ねて以てこれに編叙す。

そこで「序」が修道の階梯を示すとしている『坐忘論』の篇次を見てみる。その篇次は「信敬」「断縁」「収心」「簡事」「真観」「泰定」「得道」の順序で、その後に『坐忘枢翼』が付録される。『坐忘枢翼』以前の七篇が、修道の深まりのプロセスを示しているということになる。以下、「序」にしたがって、修道の深まりという側面から、『坐忘

論』の内容の大概を見てゆくことにしたい。(59)

《信敬篇》

この篇は修行の第一段階を説くものである。いわゆる堅信であり、堅心である。道教を信じ、忠実なる信仰者として誠信を尽くすこと、信仰（の対象＝道、その他）に対して、それを信じ、崇敬を捧げること、そしてその信仰のもとに修行を積むこと、である。「信は是れ修道の要なり。敬仰尊重して、決定《かなら》ず疑うこと無き者、これに勤行を加えれば、道を得ること、必せり」と。信仰への決心であるから、まずはその信仰を正しいものとして了解することが前提である。正しいか正しくないかの判断は、まさに理性によるみずからの判断に属する事柄であり、信仰そのものとは異なる、いわばまだ知的な事態である。(60)ただこのような信仰心をもつということは、実際にはそれほど容易なことではない。司馬承禎は「和氏の璧」「伍子（子胥）の誅」の例をあげるが、その実際の困難性は、「(和氏の璧・伍子の誅など、その真価が知られるのは難しいことであった……)。形器著らかなるに、心緒は迷う。理事、萌せるに情思は忽《おろそ》かなり(物事の実際が明らかになっていても、心はまだ迷うものである。事柄の筋道が見えていても、気持ちはそれに対してはっきりしない)。況んや、至道の色味を超えるをや」というほどのものである。しかしそれにもかかわらず、この修行、則ち坐忘を完遂するなら、そこに待っているのはこの世を絶する素晴らしい境地であると説く。「夫れ坐忘とは、何の忘れざる所ならんや。内に一身を覚え、外に宇宙を知らず。(61)道と冥一し、万慮、皆遺《わす》る」と。一種の広宣的言辞とみてよい。ただ司馬承禎は、この境地は、言語表現においてはありふれた感じがするため、かえってこれを信用できないものがいるかもしれないが、この信仰の道には確かに深遠で素晴らしいものがあるのだという。『坐忘論』が修道のための一種のマニュアルであることを示す部分でもある。

此れ則ち言は浅く意は深し。惑う者、聞きて信ぜず。宝を懐きて宝を求む、其れ之をいかんせん。故に経（『老子』第十七章）に云わく「信足らざれば、不信有り」と。道を信ずるの心足らざるものは、乃ち不信の禍、これに及ぶを謂う。何の道か、これ望むべけんや。

司馬承禎によるならば、信仰への決心がしっかりと固まっていてこそ、道の探求の修行の末に大輪の花を咲かせることができるのである。理性において信仰の道の正しさを了解し、それを意志として決定的にすること、それが基本中の基本である。「道」に対する理性における「信」、そしてその正当性に対する「敬」こそが重要であった。「夫れ、信とは道の根なり。敬とは徳の蔕なり。根深ければ則ち道は長ずべし。蔕固ければ則ち徳茂《さか》んなるべし」と。内面的修養の第一歩は、まずはかくの如く信仰に対して意志し、意欲することであった。したがってこの段階は、『玄宗注疏』に指摘されていた、無欲を欲することをも否定する高次の無欲とは、まったくちがうレベルである。司馬承禎はここからどのようにすすんでゆくのか。

《断縁篇》

第二篇は「断縁」である。これは信仰心の固まった者が、具体的に修行の手順に入ってゆくにあたって、修行に差し障る俗世間との縁、俗縁を断つことを説くものである。仏教の出家のことであり、修行行動に入るための環境整備である。広く見れば修行にかかわることではあるが、直接的に「身」体そのものに関わることではない。ここは『坐忘論』の『摩訶止観』依拠が明確なところである。ただ現実的問題としては、内面的修養に至るために確かに重要なステップではある。

断縁とは、有為・俗事の縁を断つを謂うなり。事を棄つれば則ち形は労せず。無為なれば則ち心自ずから安し、と。

ここで「心自ずから安し」といっているとおり、司馬承禎の修行の目的は「安心」にあるのである。ただ、ここでは当時の出家行動に対する司馬承禎の認識が興味深い。

あるいは徳（対人的恩恵）を顕らかにし、能を露わにして、人に己を保つを求む。あるいは慶弔を問うを遺《わす》れてもって往還を事とす。あるいは隠逸を修めるに仮《よ》りて、情は昇進を希む。あるいは酒食を激しく致してもって後恩を望む。……凡そ、此の類、皆まさにこれを断つべし。……旧縁は漸《しだい》に断ち、新縁は結ぶこと莫かれ。

周知のように玄宗の時代は、出家すれば免税および国家による衣食給付が受けられるという一種の宗教優遇政策が採られていた(62)。つまり出家イコール卑小な利欲達成という図式が成立していたのである。そういう時代において、司馬承禎はむしろ宗教がめざすものの本質を見据えて、それに注意を喚起していたともいえるのである。ただ、彼自身の生きる基盤もじつは唐朝のその宗教施策に依拠するところが大きかったのであるから、彼のこの議論は微妙なものでもあった。ともかく俗縁を断つ環境の形成によって修行への道筋が出来上がるのである。マニュアルとしては懇切なものだったといえるだろう。

《収心篇》

第三番目の篇は「収心」である。『坐忘論』の修養の直接的対象である「心」をいよいよ問題とするのであるが、ここは「心」を客体的にとらえて説明する部分である。そして『坐忘論』においては、一定の階梯までは「心」そのものの主体的・主観的側面にまでは入り込まず、この客体的対象的態度のもとに議論が深められてゆく。

さてこの篇における一つの問題は、篇名の「収心」とは何かである。この篇の後文に「心を収めて境を離る」「心の放逸、縦いままに任せて収めざれば、唯だ麤疏《そそ》を益すのみ」との記述があり、それによると「収心」とは心をコントロールすること、あるいは「心」を（境＝対象から）回収すること、という意味ととることができる。「心」とは「収」（コントロール・回収）される対象であり、一種の操作対象的なものとされている。つまり客体的対象的にとらえられているのである。そこでその「収」すべき「心」は、もう少し具体的にはどのように表象されているのか。司馬承禎の説明はこうである。

夫れ、心とは、一身の主、百神の師なり。

心とはわれわれの身体を支配する主体たるものであり、また信仰行動も心に依拠するものであるから、道教的信仰における神々の師父ともいえるものであるとする。つまり信仰対象である神々も実はわれわれの心に根拠づけられており、あるいはわれわれの心の内に宿るものとされているのである。だが、われわれの身体を支配する主体でありつつも、そこに神々が宿るという表象からは、心がある種の空間表象をともなっていることが知られる。その限りにおいてここでの心はまだ客体的である。

空間的・客体的に表象される心という点については、神々を根拠づける、あるいは宿す心の、さらにはその根源にある「道」についての議論においてさらにはっきりする。

其の心の体を源《たず》ぬれば、道を以て本と為す。将に心に受けんとすること莫かれ。若し、心、これを受ければ即ち心は満つ。心満つれば、道居る所無し。……心、安くして虚なれば、則ち道自ずから来たり止《とど》まらん。

ここでの心は、そこに「道」が入り込む一種の容器性において表象されている。(63) この点についてはさらに『坐忘論』「泰定」篇においても、「心は道の器宇と為す」と述べられている。だが、こうした空間的表象をあたえられつつも、心は現実的・実在的な空間とは同じくはない。やはり「泰定」篇の語であるが次のようにいう。

夫れ心の物たるや、体に即せば有に非ず。用に随えば無に非ず。馳せずして速く、召《まね》かずして至る。……悪を縦《ほし》いままにすれば九幽(地獄)遥かに匪《あら》ず。善を積めば三清何ぞ遠からん。忽《たちま》ちに来たりて、忽ちに往く。動と寂と名づくる能わず。時として可、時として否、蓍亀も能く測る莫し。其の調御を為すや、豈に鹿馬の比ならんや。

心は具体的にこれが心だと取り出して指示できるようなものではないから「有に非ず」である。しかし心の作用というものはわれわれは日常的に理解しているので「無に非ず」でもある。しかもその作用は、いまこれを考えているかと思うと、すぐに次に別のことを考えているというように、瞬速移動する。良いことも考えるし、悪いことも考える。考える内容に限定はない。無限である。そのようなものはわれわれの日常世界においては心以外にはない。そしてその融通無碍さの加減はふつうの意味ではわれわれのコントロールの範囲を越えている。たとえばわれわれがいま何かを考えているとき、考えている対象については考えているわけだが、「考える」という事態そのものは考えることによって起こっているのではない。「何かについて考える（考えようとする）」ときに、起こってしまう事態である。その意味ではむしろ心はわれわれをコントロールしている主体とも考えられる。(64) 馬や鹿を制御するのとは訳がちがうのである。ただ、心はコントロールしがたいものではあっても、ここでは客体としての表現がなされているし、経験として確かにわれわれ個々人の身体内にある。一方、司馬承禎によると、心そのものはあくまでも「道」ではない。心は「道」に根拠づけられており、あるいはむしろ「道」の容器・受け皿、あるいは枠組のようなものともいえる。それゆえその心自体は完璧なものではない。具体的にいえば、それは経験的に知られているように悪にも善にも走るものである。悪についても善についても、すでに見たように無限の可能性をもつ。しかも重ねて経験的にいえば、悪の方に傾きがちである。心が悪に傾きがちなのは、司馬承禎によるとそれが本来的に動的なものであり、コントロールしがたいものであるからである。先に見たように心は瞬速移動可能なものであり、さらには（覚醒中は）四六時中動き続けているものといってもよい。

夫れ心は……、動なれば則ち昏を成す。

われわれの心はいつでも何らかの形で動いているものであり、心はおおむね「昏」、すなわち悪に向かいがちである。その心は、「欣《よろこ》びて幻境の中に迷い、唯だ実《まこと》に是なりと言いて、甘んじて有為の内に宴するのみ」という迷えるものである。それは「但だ、心神は被染せられ、蒙弊は漸《いよ》いよ深く、流浪すること日々に久しくして、遂に道と隔た」っている（外物とそれにともなう欲望に）汚染されている心だからである（考えるということはふつう何かについて考えることだから、外物との接触にほかならず、ゆえに汚染されるのである）。あるいは「牛馬は家畜なり。放縦にして猶自ずから鯁（不服従の心）を生じて駕御を受けず。鷹鸇は野鳥なり。人に繫絆せられ終日手に在りて、自然に調熟す。況や心の放逸、縦いままに任じて収めざるをや。唯だ麤疏を益すのみ」のごときものである。コントロールされざる心は、「道」と隔絶された悪・迷えるものである。では、その悪であり迷える心を、悪・迷いから立ち戻るようにコントロールするためにはどうしたらよいのか。

心を収め、境を離れ、有する所無きに住し、一物に著《ちゃく》せざれば、自ずから虚無に入りて、心は乃ち道に合す。

心が悪・迷いの方向に向かうのは、もちろん心が動いているからこそである。心が対象（境・物）に向かって動いてしまい、それに執着してしまうからである（汚染される）。そこで必要なのは、「心を収め、境を離」れること、すなわち執着している対象から心を回収・コントロールすることである。「収心」という本篇の題目はまさにこのことをいう。

この心を回収することについて、さらに見てみる。先には「一物に著せず」「虚无に入りて……道に合す」としていたが、又次のようにもいう。

今、若し能く心垢を浄除し、神本を開釈するを、名づけて修道と曰う。復た流浪すること無く、道と冥合して、安んじて道の中に在るを、名づけて帰根と曰う。根を守りて離れざるを、静定と曰う。静定、日々に久しくして、病消え、命復し、復して又続《つ》げば、自ずから知と常とを得。知なれば則ち明らかならざる所あり、常なれば則ち永く変滅すること無し(65)。生死を出離するは寔《まこと》に此れに由る。是の故に、道に法り、心を安んじて、著する所無きを貴ぶ。

心の回収とは、人間が生を受けてより、過ごしてきた日常経験（と欲望）の累積という汚染を濯《すす》ぎ払い、本来的な虚なる心に戻ることである。汚染を払うとは、経験的に積み重ねてきた欲望・執着の対象から離れること、心を離すことである。そうして本来の虚に立ち戻った心には、虚なる受け皿・枠組として「道」が帰入することが可能となる。心が空間表象をもって現されていたことの意味が、ここにおいてはっきりする。心はたんに空虚ではなく、「道」がその空虚を満たすことによってはじめて十全なものとなりうるのである。そしてその状態こそが「道」に冥合した（瞑想によって「道」に精神を一致させた）状態といえるのである。そしてその「道」への冥合の究極は、事実としての生死を離脱した（精神における）永遠の生命の獲得ということになるだろう。この「道」との冥合、そして永遠の生命獲得とは、「昏」に向かう動的な心を停止させることによって達成されるものである。心を常に安定させ、静なる状態に保っておくこと、そのように心をコントロールするのである。

今則ち、乱を息《おさ》めて照を滅せず、静を守りて空に著せず。之を行いて常有れば、自ずから真見を得るなり。（心は）起こるに随って制し、務めて動からざらしめ、久久にして調熟すれば、自ずから安閑を得るなり。昼夜、行止、坐臥、及び事に応ずるの時を問うことなく、常に須《すべか》らく意を作《な》して之（心）を安んずべし。

司馬承禎において、修養すべき「心」とは以上のようなものであった。「心」は「道」を得るために、あるいは「心」に「道」を満たすことによる「道」への到達のために、具体的に陶冶可能なものとして、「坐忘」の修養の一つの中心となるものであったといってよいだろう。そしてすでに気づいているであろうが、この「心」の理論は、先に見た『玄宗注疏』第一章および第三章の解釈ときわめて似ている。第一章の解釈は、欲は天与の性の一部分であるが、天与の本来的性そのものになるためには欲を発動させないこと、「動」に至らぬ清静でなければならないとするものであった。第三章の解釈は『老子』のいう「道徳」を心意内に満溢させることによって、もはやそれ以上の欲望に走る心を抑止しようとの論であった。『玄宗注疏』のこうした論は、司馬承禎のこの理論を踏まえたものであった。

《簡事篇》

「簡事」とは、事柄を簡単にする、ということである。「道」を得るために、あるいは「道」に到達するために、最低限必要なものを除き、それ以上の余分なことはすべて切り捨てよ、との趣旨である。あるいは、欲望を捨棄せよという無欲論でもある。ここから「心」の修養の具体的道程の説明に入ることになる。

人間が俗世間を離れて修道の道に邁進することを決め、そのように振る舞うのならば、そのときに必要なことは、修道にとっての不要事をすべて切り捨てることである。「断縁」において、様々な社会的交渉・交友関係は断ち切られて、外側から見たなら修行の環境は整っている。次は、他との関係ではなく、自らの内なる不要事である。

夫れ、人の生なるや、必ず事物において営まる。事物は万を称す。……生の分有るを知り、分の無き所に務めず。事の当有るを識り、当に非ざるの所に任《にん》ぜず。事の当に非ざれば、則ち智力を傷め、務むるに分を過ぐれば、則ち形神に弊す。身すら且つ安んぜざるに、何ぞ情の道に及ぶをや。是をもって修道の人は要須《すべから》く事物を断簡すべし。其の閑要を知り、軽重を較量し、其の去取を識り、要に非ず、重に非ざるものは、まさに之を断つべし。

断つべきものの具体的内容は、「人、食らうに酒肉有り。衣《き》るに羅綺有り。身に名位有り。財に金玉有り。此れ並びに情欲の余好なり。益生の良薬に非ず」等々である。ただし、酒肉・羅綺・名位・金玉などは確かに贅沢なものではあるが、しかし最低限生きるための衣食は必要である。そこで、司馬承禎は、「蔬食弊衣は性命を延ばすに足る。豈に酒食羅綺を待ちて生と為さんや」と、そこは認める。これは次の篇「真観」の冒頭においても繰り返し説かれる。

「収心」「簡事」は、日々に有為を損し、体は静にして心は閑として、方《まさ》に能《よ》く真理を観見せんとするなり。故に経（『老子』第一章）に云わく、常無欲、以て其の妙を観る。と。然れども修道の身におけるも、必ず衣食に資《よ》る。事に廃すべからざる有り、物に棄つべからざる有り。当《まさ》に須く襟を虚しくして之を受け、目を明らかにして之に当たり、以て妨げと為すこと、心に煩燥を生ずること、勿《な》かるべし。

しかし、最低限必要なものといっても、その見極めのためにはやはり目をしっかりと見開いて本当に根本的に必要なものか否かを見分けなければならない。そこで、贅沢にすぎるものはもちろん、最低限ぎりぎり必要なものよりもちょっと以上の余計なもの、そのあたりにはとくに注意を払い、これを捨てなければならないとする。そこは非常に厳格で厳しい。

生において要用なき者は並びに須く之を去るべし。生において用ありといえども、余有る者も亦た之を捨つべし。

「道」の探求のためには本当にぎりぎりまで捨て去ることを意志せよというのである。欲望の限界的捨象の主張である。しかしこのリジッドな欲望捨棄も、あくまでも欲望を捨て去ることを欲するレベルでの無欲論である。欲望を捨てることを欲するその意志を否定するまでには至っていないのである。

《真観篇》

「真観」とは「真理を観見すること」である。とすると、「真理（真）」とは何か、ということがここでの問題である。司馬承禎は、まず「観」についてからこの議論を開始する。

> 夫れ観とは、智士の先んぜる鑑《かがみ》、能人の善き察《めいさつ》なり。儻《にわ》かに来《きた》る禍福を究め、動静の吉凶を詳らかにす。機前に見るを得て、之に因りて造《いた》り適《ゆ》く。深く(66)定を衛《まも》るを祈り、功は生を全うするを務む。始めより末に之く。行いに遺累無く、理、此れに違うこと無し。故に、これを真観という。

これにもとづいて「観」を説明すると、それはまず洞察することであり、あるいは見る力のことである。過去と未来を突き抜けて全てを見通す眼力のことといえる。そしてその力は、

> 一餐一寝、居《そのまま》損益の源と成る。一言一行、堪《すぐ》れて禍福の本と成る。巧を作《な》して其の末を持すと雖も、拙にして其の本を戒むるに如《し》かず。本を観て、末を知るは、また躁競の情に非ず。是の故に、「収心」「簡事」は、日々に有為を損し、体は静にして心は閑として、方《まさ》に能《よ》く真理を観見せんとするなり。故に経(『老子』第一章)に云わく、常無欲、以て其の妙を観る。と。

のごとくみずからの内なる執着を断ち切ることであるという。それは心というものは何かを知り、棄てるべきものをすべて棄て去った後、すなわち「収心」「簡事」篇の修養過程を経て「無欲」の状態をひとまず達成することによって得られるものとする。だがこの「無欲」には注意をすべきところがある。道の修行に入った者とて、衣食を免れることはできない。それゆえ、司馬承禎はすべてを切り捨てよといいつつも、生と修養にぎりぎり最低限必要なものは除かれるとするのである。この「無欲」もまた、「無欲」を欲することをも否定するところの、いわゆる意識の知の否定の水準には到達していない。だが司馬承禎は、そのレベルの無欲に達した者は、それによって真理を観見することができるようになるとする。その様子は表面的には普通人と変わらないようであるが、しかしその深奥においては

すでに、普通人とは一線を画する、別の存在になっているとするのである。

衣食は虚幻なれば実《まこと》に営為するには足らず。塵幻を出離せんと欲する者は、故に衣食を求むるに、営求の事有りと雖も、得失の心を生ずること莫《な》ければ、則ち、事有るも事無く、心、常に安泰なり。物と求むるを同じくすれども、貪《むさぼ》ると同じからず。物と得るを同じくすれども、積むと同じからず。貪らざるが故に憂《うれ》い無し。積まざるが故に失無し。跡は毎《つね》に人と同じけれども、心は常に俗と異なる。此れ実《まこと》に行の宗要にして、力《つと》めて之を為すべきものなり。

この段階もまだ「力めて之を為すべき」意志・意図をはたらかせている。だがこの「観」の段階に達したならば、「断簡」すなわち「断縁」篇「簡事」篇では棄て去ることの不可能であった事柄について、それらを超越することができるようになるという。

前に断簡せりと雖も、病《へい》には除き難き者有り。且《しばら》く法に依りて之を観ぜん。色病の重きが若《ごと》き者は、当に染せらると観ずべし。色は想に由るのみ。想、若《も》し生ぜざれば終《つい》に色事無し。若し色を知るも、想、外に空なれば、色心は内に妄たりて、妄心は空の想なるのみ。誰をか色主と為さん。故に経（『定志経』）に云わく、色とは全て是れ想なるのみ。想は悉く是れ空なり。何ぞ色有らんや、と。

「断縁」「簡事」によっては達成されなかったものに、其の段階では非常に除きにくかった（精神的・身体的な）さまざまな病がある。しかしこの段階では、それを「観」によって除去できるとするのである。「観」とはすべてを見通すことであったが、この場合は、病がもたらされるのは心が汚染されているからだということを見通すことによって、病を克服しうるとするのである。病気の治療のためにはまずその原因を知ることが大切であるという、一種の病因論的論理である。そしてその汚染は一般には「色」（物質的存在・あるいは一般に感覚の対象となっているもの、すなわち「心」に対する「境」）に起因している。しかしその色とは一方「想」（感得したものを表象する力、あるいは意識・精神・心）によって生ずるものである。そこでその「想」が「空」であるのならば、そこから生まれる「色」も「空」ということになる。そのように「観」じてしまうならば、汚染の原因たる「色」一切は霧散することになる。それゆえ「観」によって病は除かれることになるとするのである。

「観」にはまた、やや異なるものもある。「天命を知る」ということも、その「観」の一種である。

若し苦貧の者なれば、則ち審らかに之を観ずるに、誰か我に貧を与えしや、と。（然るに）天地は平等にして、覆載すること私無し。我、今、貧苦なるは天地（のせい）に非ざるなり。父母、子を生むに富貴ならしめんと欲す。我、今、貧賤なるは、父母に由るに非ざるなり。人と鬼とは、自ら救うに暇《いとま》無し。何ぞ能く力有らんや。貧と我とを将《も》って、進退を尋察するに従《よ》りて来たる所無し。乃ち我が業《ごう》なるを知れり、乃ち天命なるを知れり。業は我由り造《いた》り、命は天由り賦さる。業と命との之れ有るや、猶お影響の形声を逐うがごとし。既に逃ぐるべからず、又、怨むべからず。唯だ智有る者のみ、因りて之れを善みし、天を楽しみ、命を知る。貧の苦しむべきを覚えず。

貧困をもたらしたのは天地でも父母でもない。他者も鬼神も私の貧困を救ってはくれない。考えるに、貧困は誰のせいでもない、自分自身の「業《ごう》」であり、天命である。そのように「観」ずることによって、心を「楽天知命」の境地に達せしめることができる。むしろ貧困をも楽しむような、そういった境地に至るべきであるとする。このような「真観」は、いわば無欲を欲することの完成形態であるといえる。本来ふつうにはコントロールしがたい心を一種の操作対象として、そこにコントロールすることによって成就するもの、そういったものであった。

また病気の際に、我が身は虚しいものである、無であると「観」ずることによってその病気を克服しうるとも、承禎はいう。これも、現実にはなかなか為しうることではないが、「真観」の段階にまで至っているものならば、可能となると見ていたのであろう。

　病ある者の若きは、当に此の病、我が身有るに由れば、我れ若《も》し身無ければ患は託する所無し、と観ずべし。……身、今、老病にして気力衰微するは、屋の朽ち壊《やぶ》れて居止するに堪えず、自ら須《すべから》く捨離して別処に安を求むべきが如し。身、死して、神逝くもまたかくの如し。若《も》し生を恋いて、死を悪み、変化を拒違すれば、則ち神識は錯乱して、自ずから正業を失わん。

ただしこの文において注目すべきは、病気の克服ということよりも、必ずしも死を否定しない、身体の軽視、あるいは無視・否定という点である。一般的な道教教理の面からするならば、死は否定されて永遠の生命が願望されなければならないし、そのためには身体は無視されるどころか、徹底的に保養されなければならないはずである。にもかかわらず、司馬承禎がこのことを割合簡単に見ているのは彼の思想の方向性が身体のたんなる不老長寿願望のレベルを越えていたことを示している。彼の無欲の思想は、無欲を欲することの否定の論理には至っていなかったが、しかし確かに宗教的な達成・到達という精神的な充足の方向に向かっていた。

是の故に、心は諸欲を捨て、有る所無きに住《とど》まる。情を除き、信を正し、然る後に旧の癡愛を返観すれば、自ら厭薄生ず。若し境に合するの心を以て、境を観ずれば、終身、悪有るを覚えず。如《も》し境を離るるの心を将《も》って、境を観ずれば、方《はじ》めて能く是非を了見するなり。

《泰定篇》

「泰定」篇の「定」とは、俗を出離しきった状態、また「道」の真理に向かって本格的な歩みをまさに開始しようという、そのところを意味する。

夫れ、定とは、俗を尽くすの極地、道を致すの初基なり。

そしてその状態は、修道のプロセスも相当に進み、静・安をひとまず完遂し、いよいよ「道」の真理に直接参入しようかというほどのところに来ている。

静を習うの功を成し、安を持するの事を畢《お》う。形は槁木の如く、心は死灰の若し。感無く、求無く、寂泊の至なり。無心は定において定まらざる所無し。曰く、「泰定」と。

「泰定」は、心を客体的に操作するのではなく、それを主体そのものととらえて、主体それ自体において（あるいは即して）顕れてくる問題を解く段階である。その問題とは、「道」に到達しようとするとき、「心」のうちにおのずから顕れてくる「天光＝慧」である。司馬承禎は右の文をまとめる形で『荘子』「庚桑楚」を引用しつつ、次のようにいう。

『荘子』に云わく、宇《こころ》、泰《おお》いに定なれば、天光を発す、と。宇とは則ち心なり。天光とは則ち慧なり。心は道の居宇と為す。虚静至極なれば則ち、道、居《とど》まりて慧生ず。慧は本性より生ず。適《ただ》に今有るに非ず。故に天光と曰う。

「泰定」の段階に至ると、心に「天光＝慧」が発する。「慧」は「収心」篇に「夫れ心は……静なれば則ち慧を生ず」ともあり、「心」を虚静なる状態に到達せしめ（つまり「道」をそこに宿らせうる状態になり）、「道」がその内に充満しようとするとき、天より発する光のごとく「心」に啓示されるものである。これはふつう「心」を客体化し、意識のレベルにおいて操作することによって、「心」を一定の段階にコントロールすることとは異なるのである。「心」に於いて、あるいは「心」に即して、心の内に、自ずから顕れ、発してくるものである。「慧」がこのようなものとして発現するのは、一つにはその後にやってくる「道」が、「心」のごとく操作的なものではなく、また思索的・論理的には必ずしも把握できぬものであって、それまでの「心」に対する意識的・対象的アプローチにおいては到達しうるものではないことを告げ知らせるものでもあった。天光のごとく、おのずから「心」の内に発し顕れるという「慧」の現れ方自体がそのことを示しているのである。

司馬承禎によれば、その慧は我以外のなにか他のものに由来するものではない。我も彼も、すべての人間において、その本来の本性に由来しているものであるという。人間が本来的に備えている、本来的所与である。人間が本来的に備えているものとしては、心もその範疇に入るわけであるが、心と慧とのちがいは、慧は心が「定」の状態に達するという条件のもとに発現するものであるということである。心における汚染的滞留物が一掃され、それが虚になったときにはじめて、つまり心の修養が尽くされ、その段階に達したときに、そのことを告げ知らせるかのように、天光として心内に光り輝くものである。その意味でこのとき顕れる天光＝慧は、確かに心がある一定の境地に至ったことを示す、すばらしいものであったとはいえる。

しかし慧は、心と同様、もともと人間の本性に備わっているものであった。そのかぎりにおいては心と同様、人間の日常生活によってすでに汚染・混濁されている可能性がある。そしてそれは心の汚染が一掃されることによって、あらためてその輝きも顕れてくるものであった。それゆえ慧は、心の汚染があるかぎり発現しえないものであり、ある意味ではもともと世俗の尾をひきずっている可能性がある。そこに慧の弱点がある。

但し（慧は）貪愛すれば濁乱して遂に昏迷に至る。澡《あら》い雪《すす》ぎ、柔《やわ》め挺《まっすぐ》にして、純静なるに復帰すれば、本真の神識、稍稍《しだい》に自ずから明らかなり。今の時、別に他の慧を生ずると謂うに非ず。

「泰定」とは、心が「定」に到達して、そこにあらためて「慧」が発現する段階であった。その発現は心の虚なる状態として確かに一定のすぐれた境地を示すものであった。この「慧」に依拠し、活用するのなら、確かにある種の到達を果たしうる。

慧、既に己《おの》れに生じ、宝として之を懐《いだ》けば、多知を為して以て定を傷つくること勿かれ。慧を生ずるの難きに非ず。慧にして用いざるを難きと為すなり。貴にして驕る能わず、富みて奢る能わざるを、俗過無しと為す。故に長生富貴を得。

だがこの慧は、それが立ち顕れても、上記のような問題を含んでいる。それゆえそれはそのまま依拠することで十全なるものではない。それは、「もと鹿を逐うを期するも、兎を獲て帰る。得る所は、蓋し微なり」というようなところにとどまるものであった。慧は重要であるが、まだその先はある。

定にして動かず、慧にして用いず、徳にして恃まざるを、道過無しと為す。故に深く常道を証《あきら》かにするを得。慧なれば能く道を知るも、道を得るに非ざるなり。人、慧を得るの利を知るも、未だ道を得るの益を知らざるなり。

したがって「道」の真理に到達するためには、困難なことであるが、慧を不要にしなければならない。「天光」は越えられなければならない。天光を越えてさらに高い真理への途を進まなければならないのである。

《得道篇》

「得道」は『坐忘論』最後の階梯である。この段階に至ると、人は心に「道」を獲得し、身と心といずれもが「道」と一致・冥合して、「神人」となる。そして「道」とはどのようなものかということが、この段階においてはじめて説き明かされる。

夫れ、道とは神異の物なり。霊にして性有り、虚にして象無し。随うも迎うるも測る莫《な》く、影響有るも求むる莫し。所以《ゆえ》を知らざるも、然らずして之を然《しか》くす。生に通じて貫《か》くるもの無し。之を道と謂う。至誠は之を古《いにしえ》に得て、妙法（道教）は之を今に伝う。……上士、信を純《もっぱら》にし、克己して勤行し、心を谷神に空しくすれば、唯だ、道は来たり集う。道に至力有りて、形神を染易す。形は道に随いて通じ、神と一となる。形神合一す、之を神人と謂う。

この文において明確であるのは、司馬承禎における「道」とは、「神異」であり、「霊にして性有」るものであることである。客観的・論理的に説明される哲学的概念にとどまらぬ宗教概念であり、それ自体が神格・神性を示すものとされるのである。心の内に神格たる「道」を「来たり集」わせる、すなわち心に「道」を充満させえたものは、心が「道」そのものになっているということである。それが「道」に瞑合・合一したということである。それはまた人間が「道」になったということでもある。そしてその状態にあるものを「神人」というのである。その神人たるものは、

水火を踏みて害無く、日月に対して影無し。存亡は己《おの》れに在り、出入に間無し。身は滓質為《た》りて、猶お虚妙の至るがごとし。況んや其の霊智の益々深く、益々遠きをや。

古の此の道を貴ぶ所以は、何ぞ日々に求めて以て得、罪有るを以て免れざらん。山に玉有り。草木、之に因って彫せず。人、道を懐けば、形態、之を得て、永く固《かた》し。資は薫りて日々に久しく、質は変じて神と時を同じくす。錬神して微に入りて、道と冥一す。

のごとく、まさに不可能事のない超越者であった。このように「超越者になる」ことと、これが坐忘の修行の完成であった。

ところでこの文の最後の部分で司馬承禎は「錬神」という語をもちいている。が、これは必ずしも彼において内丹

的なものと意識されていた用法ではないと思われる。司馬承禎の「道」への到達までのプロセスは見てきたとおり、内面において「神」を錬ること、まさにこれであったが、丹についてはむしろ下文に、「神丹に仮《よ》りて以て質を錬る」とあり、「質を錬る」部分として位置づけられていたからである。ただ司馬承禎において丹は坐忘とは「軌を異にするも帰を同じくす」るものともとらえられていた。彼においては、アプローチの差異はあるものの、道教の修養として坐忘と丹とは並立しうるもの、道教にとって謹直に信仰を進めるという点においては、内丹も坐忘も結局は一条のものと考えられていたのである。

嘗て試みに之を言えり、夫れ上清の隠秘は精修の感に在るなり。神丹に仮りて以て質を錬るは、智識、之が為に洞忘す。道徳の開宗は、勤信、惟だ一なり。虚心を蘊《つつ》みて以て累を滌《すす》ぎ、形骸之を得て影を絶す。方便・善巧なるも、倶《とも》に道源に会《あつ》まる。心体、相い資《よ》り、理は車室を踰《こ》ゆ。外に従い内に因り、軌を異にするも帰を同じくす。奥賾に該通し、議と黙とに違うこと無きは、二者（坐忘と丹）の妙なり。故に、孔・釈の能く鄰する所に非ず。

司馬承禎が最後にいっているのは、これらの道教の修養論は、儒教や仏教に匹敵するどころではなく、それらよりもさらに高度なものだという位置づけの確認である。そしてこの道教的信仰の無上性を強調することによって、『坐忘論』全体は終わるのである。

司馬承禎『坐忘論』の修養とはもっぱら「心」を中心とする内面の陶冶、それも修行の邪魔になる多くのものをどんどん棄捨して行く、無欲の徹底を説くものであった。その無欲の果て、本来コントロールしがたい心を空虚の状態にコントロールし、そこに「道」を宿らせ、充満させて、「道」に到達しようというものであった。

こうした欲望の捨棄の徹底という内面的修養によって「道」に到達しようとする構想は、基本的に玄宗の『道徳真経注』における「理身」と通底しているといえる。確かに両者のそれぞれの無欲の間には、無欲を意欲することまでを否定するかどうかにおいて差異するところがあった。しかし玄宗の理身論が、『老子』―「河上公注」以来の身体涵養論から精神涵養論の方向に転換していたその因由について、司馬承禎の存在が非常に大きなものであったのは確実なことといえるだろう。

四　王玄覧『玄珠録』の「坐忘行心」

外丹から内丹への移行の時期に、司馬承禎によって内面の修養過程の整理・マニュアル化が行われていたということは、玄宗の理身論が精神涵養論に向かっていたという問題に一つの回答を与えるものであった。司馬承禎の道教史における時期的な位置、彼の当時における社会的名声・影響力、玄宗との個人的関係等々からして、それは一つの妥当な答えとみてよいだろう。

ただ、玄宗の前にあったのは司馬承禎だけだったとしてしまうと、それでは必ずしも十分ではない。問題の一つは、『坐忘論』が『老子』解釈の流れの中から内面への方向性を導き出してきたものではなかったという点がある。そこで、それでは『老子』にかかわる解釈として、とくに内面への方向性を強くもつものが、玄宗の前に存在していたかどうかである。

ところですでに見たとおり、『坐忘論』の思想は、玄宗の無欲を欲することをも欲しない、という論理的段階までには、必ずしも至っていなかった。無欲を欲することをも欲しないということを端的にいってしまえば「非無」である。玄宗の前にそのような内的「非無」の段階までを射程に入れた『老子』解釈は存在していたのか。これが二つ目の問題である。

そしてこの二つの問題に答える文献は存在している。王玄覧の『玄珠録』がそれである。

王玄覧は、武則天期に活躍の最後のピークを迎えた道士である。[67] 高宗期に生まれ、武則天の時に没した。司馬承禎よりも二十歳ほど年長であったが、ほぼほぼ、同時代の人といってよい。ただ、司馬承禎が道士として茅山派の正統的教育を受けて華々しく活躍、大成したのに対して、王玄覧は最終的には正規の道士となったものの、その修行過程は、承禎とは対蹠的に、いわば野にあって独学したという趣が濃かった。[68] その晩年、彼の評判を耳にした武則天によって都に招かれるが、その上京の途次、病を得て客死してしまう。承禎とは異なり、結局中央において活躍するチャンスを持てなかった人物であった。

さて司馬承禎『坐忘論』には、「経」として、『老子』などの古典以外に、『西昇経』『定志経』等々の道典がしばしば引用されている。[69] この時期、道士として修行し、職能的宗教者になってゆくプロセスは、ほぼマニュアル化され、カリキュラム化されていた。司馬承禎や王玄覧と同時代の張万福がそれを整備した人物であり、[70] そのマニュアルにおいては修行階梯のどの段階においてどのような道典を履修すべきかが明確に規定されていた。正規の道士としての教育を受けた司馬承禎は、『坐忘論』において（もちろんその議論にとって適切なもののみであったが）『老子』をはじめ、その他の道典を「経」としてしばしば引用していた。これに対して、王玄覧はおそらく古典を含む道典を相当に読み込んだのであろうが、はたしてシステマティックな教程として学んだかどうかはわからない。『玄珠録』に引用される文献としては『老子』がもっとも目につき、[71] その他のものはあまりよく分からない。『老子』の引用が特別はっきりとしているということは、『玄珠録』が『老子』に即した議論（それは『老子』の独自な解釈ともいえるだろう）であったことを明瞭に物語るものといえる。

さて、王玄覧の思索について、王大霄は「玄珠録序」において、「坐忘して心を行《めぐら》す（坐忘行心）」ものと述べている。これは、瞑想を通じて内面において真理を求めたということであり、もう少し具体的に言えば、瞑想という方法によって、内面において『老子』の「道」の真理性、その本質を探究したということである。瞑想による真理探究では、その瞑想や思索を外側から観察しただけではよく分からない。ただ、王玄覧の『玄珠録』に語られているものは、実は彼の内面の動きを言葉に出したものという趣が強いものであった。そこで以下、彼の「坐忘行心」的な、内面的な「道」の探求を、『玄珠録』によりつつ見てゆくことにする。(72)

『老子』の「道」を探求する彼の思索にあっても、中国思想において、とりわけ『老子』の血脈をひく思想の流れにおいて伝統的であった、「道」と「もの（衆生）」とを二層に分ける世界の認識のパターンは継承されていた。すなわち、まず「万物は道を稟《う》けて生ず」（『玄珠録』巻上）と、「道」が世界の生成者であるという伝統的・基本的な位置づけは継承されていた。だが王玄覧において特徴的だったのは、「道」が万物を生ずるという事態について、「道と衆生と相因りて生ず」（『玄珠録』巻上）のごとく、「道」と「もの（衆生）」との生成関係を、相対（相因）的なものととらえていた点であった。王玄覧においてはこの相対（相因）的なとらえ方は「道」と「もの」という存在の基本関係においてのみ適用されただけでなく、「道」そのものに対しても適用された。

王玄覧において「道」は『老子』第一章「道可道、非常道」にもとづいて、「可道」「常道」の二層があった。「可道を仮道となし、常道を真道となす」（『玄珠録』巻上）であった。これら「常道」「可道」は、「但だに可道のみ可ならず、亦た是れ常道も可なり。但だに常道のみ常ならず、亦た是れ可道も常なり」（『玄珠録』巻上）と、相対（相因）的なものとされた。ここには『老子』の「道」を絶対の静的固定的位相にのみとどめておくのではなく、相対転化の無窮の運動の位相においてとらえようとする、王玄覧のダイナミックな思索がある。

だが、王玄覧の思索はこのような、いわば素朴な形而上学の段階にとどまったままのものではなかった。王玄覧において重要な問題となっていたのは、以上のような形而上学を可能にする、認識と言語それ自体という、さらに根源的な問題であった。認識と言語は、言葉を換えていうなら、いずれも人間を世界につなぎとどめるものであり、あるいは束縛するものであった。それゆえ、「道」への超脱を企てるにおいては、桎梏となりうるもの、そうとらえていた。

そこで、人間の認識を一切無化せんとする彼の議論について、まず見てみる。

> 一切の衆生、道を欲求するに、当《まさ》に知見を滅すべし。知見、滅尽すれば乃《すなわ》ち道を得ん。衆生死滅するの後《のち》、知見は自然に滅すると雖《いえど》も、何ぞ苦しみて修（修行）を勧むるに仮《よ》りて、彊《し》いて知見を滅せしめんや。
>
> 【釈】死は自《みずか》らに由《よ》りて死せず。死する時は、他に由りて死す。死して後、知見は滅す。此の滅は並びに他に由る。（輪廻の）後、身、生に出《いづ》るの時、生まるるの時は、他に由る会《べ》し。知見も生まるるに随いて起こる。所以《ゆえ》に身は被縛せられて道を得ず。若《も》し、身の、未だ滅せざるの時に在りて、自らに由りて知見を滅せしむれば、当に身滅するの時に至るも先《ま》ず以て（知見は）無し。己《おのれ》の（輪廻の）、後に生まるるの時、自然に生を受けず。生無ければ知見無し。是の故に、解脱を得《う》るなり。（『玄珠録』巻上）

これは「道」の認識に至るには、日常的な見ることと知ること、あるいは見て知ること、ないし見て理解して知ること、要するに認識を、無化すべきことの「主張」と、それについてのより細微な「釈解」である。その「主張」においては、強いてする知見の無化消滅には疑問を呈し、その「釈解」においては、生死を超越し、生死を越える輪廻をも超越することを説き、その境位において真の「知見無」きこと、つまり認識の根源的無化が成し遂げられえて、解脱（「道」を得ること）が達成されるとする。その、知見の滅除の仕方は、日常的・常識的なレベルにおけるものではなく、輪廻生起のはるか以前に知見の消滅を期し、輪廻における後生を生ぜしめずして、その知見の消滅をはかるという、徹底した水平にまで突き詰めてなされるものとする。

巡（観、見）を将《も》って人に約（対応）するは、人に随えば始終有り。巡を将って環（無窮の世界）に約するは、環に随えば始終無し。何を以ての故なるや。人と環と、共に巡を生ずるが故なり。

〔割注：其の巡する所は、三相有り。亦た四相あり。人に随う、環に随う、自らに随う、空に随うなり。〕

【難】此の巡する所は何方《いずこ》に在りや。人と環と、元より（その量は）増さず。云何《いか》に巡の有ることを得んや。

【答】諦《つぶさ》に此の巡を観るに、人と環との外には在らずして此の巡の有ることを得るなり。巡は又、声色に非ず。畢竟、皆な空なり。行《（修行）》する者、当に以《もち》うべきなるも、巡に於いて知るは、其の巡は既に空なれば、知も亦た空なり。その知、既に空なれば、則ち無知に同じきなり。無知の中は、巡も無く、空も無し。空無ければ則ち知も無し。知無ければ、誰か当に与《あずか》るべけんや。此等《これら》、既に知の有らざる無く、亦た知の無きこと有ることも無し。又曰く、其れ若《も》し知有れば却って無知と名づくること有らん。（一方）其の知、元より有らざれば、無知の無きことの有ることも無からん。心の中は元より無知なり。境《（対象）》に対して、始めて知を生ず。

心の中、無知に非ざれば、（境に）対して無知を剰《あま》さず。人道木火、亦た然り。故に、曰く、無常は有らしむべく、有常は無からしむべし。対と不対の有るに因れば、知は有り、不知も有り。対と不対に因らざれば、知も無く、不知も無し。知有りて不知有れば、所として知らざる有り。知無く不知も無ければ、所として知らざる無し。故に曰く、旧国・旧都は之を望みて暢然たり。況んや無知・至性・至体の都邑に帰るをや。則ち、洞然として妙たるなり。（『玄珠録』巻上）

この文は、「主張」と「論難」とそれへの「答」とからなる。まず、「巡」つまり「見ること」による「認識」というものが、有限の人間と（無限の環状的に展開する）世界とに対応しつつ存在していることが主張される。「論難」では、人も世界も本来限界あるものであり、その人なりの、あるいはその世界なりの、限界あるものの外に別に「巡」というものの存在する余地はないはずだとして、「巡」の存在に疑問を呈する。「答」において、「巡」とは人と世界の外にあるものではないこと、そして、しかしそれは人と世界の外にあるものではなくとも、また内にあるものでもないこと、つまりそれは「空」であるとされる。そして「空」なる「巡」によってもたらされる「知」もまた、それゆえに「空」であった。「空」なる「知」は「無知」に等しく、「無」なる「知」には「無」であるがゆえに、もはや「巡」も「空」も「知」も、そして「無知」もない。見ることと知ることと、そして見ることと知ることとの否定をも、すべて無化するのである。「有知・不知、無知・無不知」の果て、徹底した「知」の無化が目指されるのである。

以上、認識の無化についての王玄覧の思索であった。続いて、言語の虚妄性についての王玄覧の主張である。

十方諸法《（すべての存在者は》、並びに言い得べし《言語にもたらしうる》。言える所の諸法は《だが言語にもたらされるものは》、並びに《すべて》是れ虚妄なり《虚妄である》。其の不言の法も《また言語にもたらされえないものも》また此れに対して妄《虚妄である）》なり。言える法は既に妄、言わざるの法もまた妄なり。此等《これら》、既に並びに是れ妄なれば、何処《いずこ》にか是れ真あらんや。即ち妄等の法、並びに悉く是れ真なり。此等、既に悉く真なれば、前《さき》の者は何故に妄と言えるや。言を起こすが故に妄を説く所以と為し、言を起こすが故の真を説く所以と為すなり。(73)（『玄珠録』巻上）

言語は日常においては、現実の写像である。それゆえに、現実は言語によって把握可能であり、言語によって把握されるものが現実であるといえる。日常的思惟においては、人は言語によって現実を明瞭に把握し、思惟し、語ることができる。とするならば、その一方、言語にもたらされえないものについては、沈黙をもって対せざるを得ない。

だが単純な事実であるが、言語は写像であって実在そのものではない。それゆえ、言語にもたらされている実在は虚妄である。あるいは、言語にもたらされている限りにおいて、実在もまた虚妄であるということになる。

一方、日常においては、言語にもたらされえないものには沈黙をもって対する以外にはなかった。なぜなら、言語にもたらされて思惟の対象となるものは現実そのものではなく、じつは現実の写像にすぎず、また言語にもたらされえないものは思惟の対象とはならないからである。たとえば、形而上的なものなどは、本来思索不可能であり、思惟の対象とならず、沈黙をもって対する以外にはないものであった。にもかかわらず、思惟は言語にもたらされえないものを思索することができる。しかし、その思索の実態といえば、実際のところ言語を介して、言語に借りることによってのみなされえているにすぎない。それゆえ、言語にもたらされえないものの思索は、これもまた虚妄ということになる。(74)

これが、王玄覧による言語の虚妄性の指摘である。

以上、王玄覧は認識と言語について、徹底的な懐疑的・批判的視線においてとらえていたのであるが、その懐疑・批判、あるいは否定の方向性は、すべてが意識の知を越えるさらなる内面に向かっていたといえる。言葉を換えるなら、それはすべて知のさらなる内面に向けての思索であった。そして彼はこういった思索のもとに、『老子』の「道」解釈を展開したのである。つまり、『老子』の「道」を、究極的には心意の、内面における純化のベクトルのもとに把握しようとしていたのである。

大道は玄寂を師とす。其の心に息《や》むこと有る者を、此処に名づけて寂と為す。其の息まざること有る者を此処に非寂と名づく。明らかに知れり、一処中に寂有ることと、不寂有ることとを。其の心に起こること有る者は、是寂、是不寂なり。其の起こらざる者は、無寂、無不寂なり。此の如き四句、大道は其の中に在り。

(『玄珠録』巻上)

この文は、般若の中道観の「四句」の論理的パターンによって構成されている。「四句」とはまた、「テトラレンマ」とも呼ばれる。テトラレンマの基本は、〈テーゼ〉〈反テーゼ〉〈テーゼと反テーゼ〉〈テーゼの否定と反テーゼの否定〉という四つの句によるパターンである。やや具体的形式としては〈有〉〈無〉〈有・無〉〈非有・非無〉ということになる。そしてその第四句〈非有・非無〉において最終真理に到達すると考えるのである。だがテトラレンマは論理的形式ではあるが、日常の論理では成立しないものである。論理学的には誤謬であるといってもよい。簡単に説明すると、一つの「全体」とは「有る」と「無い」とによって構成されるものである。そしてそれですべてである。しかし〈非有非無〉は「全体」の内には入れない概念であり、その外に位置せざるをえない概念である。「全体」とは本来「すべて」である。「すべて」のその外にあるとは、「全体」とは「すべて」である、という前提的規定と矛盾することになる。よってテトラレンマは誤謬である。そこでこの誤謬的テトラレンマをあえて駆使して進められる思索とは、もはや日常の水平での真理をめざすものではない。常識では考えることのできかねる、飛躍した(あるいは沈潜した)超越的地平における真理をめざすものでなくてはならない。

ところで右記の引用文は、極めて整ったテトラレンマの形式をもっている。具体的には、「是寂」「是不寂」「(是)寂・是不寂」「無寂・無不寂」である。最初の出発点である「寂」それ自体がすでにもはや日常的なものを越えたものである。あるいは素朴な「道」の形而上学をすでに通り過ぎてしまった水平、すなわち言語にもたらされるものも、もたらされないものも、すべて否定された後の、静謐寂然たる、まさに「寂」たる境地である。「大道」「至道」への道程は、この日常性を超越した「寂」からさらに否定に否定を重ねて、より深遠静謐な次元に向かって進む(沈潜してゆく)プロセスである。そして第四句の「無寂・無不寂」は、もはや最初の「寂」の超越の水平からは、はるか遠くへだたっている、深く沈降した境域であり、「寂」の水準から見たなら有りうべくもない、誤謬的というしかないほどの、至静至寂・絶対静寂であり、あるいはそれらなどをもさらに通り過ぎた、一層深く静かな、「大道」「至道」の次元であった。

王玄覧の「道」の解釈はこのようなものであった。すなわち、『老子』の「道」を解釈するにおいて、すべてを「心に起こる」事態ととらえたうえで、それをテトラレンマに乗って徹底的に内面に向けて突きつめ純化してゆこうとするものであったのである。

王玄覧は武則天期の人であり、しかも一度も都に上らなかった。それゆえ、玄宗との面識はあるはずもなく、また玄宗が彼の著作を読んだ可能性も低い。王玄覧の思想は、それを「心に起こる」ものとして、『老子』の「道」を内面において徹底的に、しかも非常に深いレベルにまで思索・純化するものであった。だがしかし、それはそれゆえに逆に「道」解釈をかなりのっぴきならない（もはやそれ以上の展開可能性を塞がれてしまっているような）ところにまで追いつめたものだったともいえる。

『老子』の解釈は、すでに〈非有非無〉の段階である「寂」の境域を出発点とし、そこからさらにもう一度テトラレンマを適用して論理を深めるという、いわば二重テトラレンマともいうべき〈無寂・無不寂〉のような境域にまで踏み込んでいたのである。(75) 玄宗が王玄覧の思索を知っていたかどうかはともかく、彼の時期の思想界にはそのような深渕な思索の状況が確かに存在していたのである。

五　『玄宗注疏』の理国論

以上『玄宗注疏』の理身論と、その理身論の歴史的背景について見てきたが、すでに指摘したように、理身論は理国論の前提であり、その根幹、基盤となるものであった。そこで、以下その玄宗の理国論の問題についてうかがってゆくことにする。

玄宗の「理身理国」論の形式的特徴の第一は、「理身」と「理国」とを並列的に挙げつつも、しかしながら関説する内容の帰結はほとんどが「理国」にある点である。つまり、玄宗には「理身」の論理の細心な追求があったが、それらは結局は「理国」に向かっていたのであって、玄宗における「理国」がいかに重要性をもっていたかがよく分かるところである。もちろん玄宗は皇帝であったのであるから、それは当然といえば当然のことであった。

そこで玄宗自身が理国論を説くものとしている『老子』の文章について、それらの特徴を見てみることにしたい。玄宗は理身論と同様、『道徳真経疏釈題』において、『老子』の理国論について次のように述べている。

理国には則ち「矜尚華薄を断ち」《第三十八章》、「無為不言」《第二章》を以て教えとなす。故に経に曰く、「道は常に無為にして為さざる無し。侯王、若し能く守らば、万物将に自ずから化せんとす」《第三十七章》と。又曰く、「我、無為にして、人自ずから化し、我、無事にして、人、自ずから富み、我、無欲にして、人、自ずから樸なり」《第五十七章》と。

これによれば、理国を説くのは『老子』の第三十八・二・三十七・五十七章である。すでに理身論において見たことと同様であるが、玄宗が理国論を説いている章は、実際にはこれらにとどまるものではない。だがいまはさしあたり、以上の四つの章をめぐって『注疏』の解釈を見てみることにする。

まず第三十八章である。この章は『老子』下篇の冒頭に当たるものであるので、従来から重要な章と認識されていたものである[76]。

《第三十八章》

〔経文〕 是を以て大丈夫は其の厚きに処り、其の薄きに処らず。其の実に処り、其の華に処らず。

〔玄宗注〕 有為は道の薄きなり。礼義は徳の華なり。故に聖人は無為の事に処り、其の厚きに処りて、其の薄きに処らざるなり。礼義の行を退け、其の華に居らざれば、自ずから其の実に居るなり。

〔玄宗疏〕 大丈夫とは有道の君子なり。即ち前の上徳の君なり。道徳とは無為なり。これを厚実と謂う。礼義とは有為なり。これを華薄と謂う。言うこころは、聖人、道徳の化を先にす。故に、厚きに処り、実に処ると云う。礼義の教えを後にす。故に華薄に居らずと云う。

ここにあげた『老子』第三十八章経文の前文には、「道↓徳↓仁↓義↓礼」の順序で規範の価値が低下することを説いている。そして「夫れ礼は忠信の薄きなり」として、「薄」とはその順序では最低の「礼」(すなわち儒教)に対応するものとしている。そこで逆にいえば、「薄」に対する「厚」とは『老子』の「道」であるということになる。この『老子』経文は「大丈夫」なる士人層にある者は、「道」を根本的規範とすべきであるということを説くものといえる。

『注』は、有為である礼義(儒教を規範とすること)を退け、「道」の無為にしたがうことを優位に置くべきとする。『疏』は、大丈夫とは有道の君子であり、さらに聖人ともいう。その君子・聖人は道徳無為による教化・治世にしたがい、礼義の教え(儒教)を二次的なものとすべきこととする。

『注疏』とも、「道」を「礼」よりも優位に置き、「道」の「無為」にしたがうべしと解している。ところで、この第三十八章の冒頭の経文に「上徳は徳ならず。是を以て徳あり。下徳は徳を失わず。是を以て徳無し」とあり、これへの『玄宗注』に、徳とは道の用《機能》なり。……故に徳に上下有り。上古は淳樸なれば、徳の用は彰らかならずして、徳の称すべきこと無し。故に「徳ならず」と云う。而れども淳徳散ぜざれば、無為にして化は清なり。故に「是を以て徳有り」と云う。徳、下衰するに逮《およ》んで、功用稍《ようや》く著《あき》らかなり。心、道を体すると雖も、迹、有為に渉れば、徳の称すべきものを、執る。故に「失わず」と云う。迹、矜有に渉るは、上に比べて麤《粗》為《た》り。故に「是を以て徳無し」と云う。

とある。「無為にして化は清なり」とするところから見てとれるように、『玄宗注』はこの第三十八章全体を治世論、すなわち理国論と解している。そこで、下徳について「心、道を体すると雖も、迹、有為に渉る」とあることから、玄宗は上徳を「心」に「道」を体してしかも「無為」であることと、とらえていたことが分かる。この「心」と「道」との関係は、司馬承禎を踏まえたものであり、しかも玄宗の理身論においても一つの関鍵となるものであった。したがってこの場合、玄宗は理国の根本は聖人（君主）の内面的な無為にあると見ていたといえる。

《第二章》

〔経文〕　是を以て聖人は無為の事に処り、不言の教を行う。

〔玄宗注〕　無為の事とは、事無きなり。寄するに事の名を以てするが故に、「処」と云うなり。不言の教とは、言を忘るるなり。寄するに教の名を以てするが故に、「行」と云うなり。

〔玄宗疏〕　是を以てとは、下を説きてもって上を明らかにするなり。夫れ智詐を飾る者は、洪黙せると雖[78]も無為に非ざるなり。真素に任ずる者は、終日指撝すると雖も未だ始めより晏然ならざるにあらざるなり。故に聖人は諸法性空なるを知り、自ずから衿執すること無ければ、則ち天下を理むる者は、当に浮偽を絶ちて純徳に任ずべし。百姓はこれに化し、各々其の分に安んず。各々其の分に安んずれば、則ち擾《みだ》れず。豈に無為の事に非ざらん。言は己《おのれ》より出づるも、皆天下の心に因れば、則ち終身言《ものい》うも、未だ嘗て言わざるなり。豈に不言の教に非ざるや。

この章は『老子』経文に言語軽視が見えるが、『玄宗注』はこれを「言を忘る」つまり『荘子』の「忘言」のことと解する。またそれは「教」化の方途でもあり、その方途とは「事無き」こと、つまり無言・無為のこととする。『注』はこれが為政の根本であるとしているのである。

『疏』は、より詳しく、また現実的である。聖人（君主）は存在者の所与の本質（性）が空（無）であることを了得しているものである。それゆえ一切にとらわれることなく、「純得（第三十八章の「上徳」に対応する）」にそのあり方を任せている。ゆえに、それに教化される百姓は、おのずから各々の「分」を越えることはなくなり、それゆえ世の中も乱れることもない。これこそがまさに聖人の無為である、と。ところで聖人（君主）は、現実にはさまざまに言語を発する。聖人（君主）であるから政治的言語である。しかし『疏』は、聖人から発せられる言語は、天下の心に沿っているのであるから、聖人が一生政治的に発言しつづけても、その発言は聖人自身の発言とはいえず、無言と同じである。不言の教でないわけがない、とする。玄宗の『注』では、みずからの政治的態度の根本を内的な無為あるいは無言に置くとしていた。一応それが彼の信念であったといえるだろう。だが彼は、現実には為政者として政治を執行しないわけにはゆかず、発言もしないわけにはゆかない。『疏』が、玄宗のその理念と、一方彼が置かれた現実とを、いかに整合しようとしているかを見るべきである。

《第三十七章》

〔経文〕　道は常に無為にして為さざる無し。侯王、若し能く守らば、万物将に自ずから化せんとす。

〔玄宗注〕　妙本は清浄なり。故に常に無為なり。物、恃み(80)て生じ、而して為さざる無し。侯王、若し能く道の無為を守らば、則ち万物自ずから君の無為に化して、淳樸たり。

〔玄宗疏〕　道性は清浄、妙本は湛然たり。故に常に無為なり。万物、恃頼して生成す。感ずること有らば必ず応ず。故に為さざる無きなり。夫れ有為なる者は則ち為さざる所有り。故に無為なる者は則ち為さざる所無きなり。

侯王、若し道の清浄無為無事を守らば、則ち万物将に自ずから君の善教に感化して淳樸たらん。

経文は、君主が「道」の無為を遵守するならば、万物はおのずからその無為に感化・教化されるであろうという。『注』は君主が「道」の無為を遵守するならば、万物はその君主の無為に感化・教化されて淳樸となるであろうと、ほぼそのまま経文の意をパラフレーズする。

『疏』の前半の注目点は、『注』をパラフレーズして、万物は「道」に依拠して生成するとの生成論をまず明確にする点である。そこには万物は「道」に依拠して生成するがゆえに、必然的に「道」に感応するとの論理がある。これはいわゆる「気」の感応とはレベルを異にし、「道」と万物とが生成において一連・連続しているとの同一性にもとづくものである。

『疏』の後半は、その論理にもとづいて、君主が「道」の無為を遵守するならば、民衆は君主のその無為（これは「善教」とされる）に必然的に感化されると、感応にもとづいて説明する。

《第五十七章》

〔経文〕故に聖人云わく、我、無為に而《し》て、民、自ずから化し、我、無事に而《し》て、民、自ずから富み、我、静を好(而)みて、民、自ずから正しく、我、無欲に而《し》て、民、自ずから樸たり。

〔玄宗注〕無為なれば則ち清静。故に人自ずから化す。無事なれば則ち擾《みだ》れず。故に人自ずから富む。静を好めば則ち性を得る。故に人自ずから正し。無欲なれば則ち和を全うす。故に人自ずから樸たり。此れ無事にして天下を取るなり。

〔玄宗疏〕此れ、無事にして以て天下を取るを釈するなり。我とは聖人を謂うなり。夫れ聖人の徳は伎巧を尚ばず。体道の主の貴ぶ所は無為なり。無為の為は禁忌する所無し。下は上の無為に化す。故に「而《し》て、民、自ずから化す」と云うなり。

上に賦斂なければ、下は煩擾せず。耕田鑿井、家は給《た》り民は足る。故に「而《し》て、民、自ずから富む」と云うなり。人、生まれながらにして静なるは、天の性なり。上、静を好みて物を以て揺らすこと無ければ、則ち[81]下、君徳を被《こうむ》り、性に率《したが》い「(而)て、民、自ずから正し」と云うなり。

人君、誠に能く内に沖和を守り、外に欲を営むこと無ければ、則ち下の感化、自ずから純樸たらん。

経文は聖人の「無為」「無事」「好静」「無欲」を並列し、これらによることによって安穏なる為政が実現することを説く。

『注』は、「無為」「無事」「好静」「無欲」なることによって、「天下を取る」とする。この『注』自体は、比較的忠実に経文をパラフレーズしているといえる。ただ一点、「天下」の問題について第五十七章経文「政を以て国を治め、奇を以て兵を用う」への『注』に、天下を在宥するは、無為を貴ぶ。政教を以て国を理《おさ》め、奇詐して兵を用うるが若きは、斯れ皆合せず。ただ無事無為のみ、以て天下を取るべし。

とあるところが注意される。すなわち、この第五十七章においても無事無為であって天下を取ることができるとしているのであるが、それは彼がみずから（玄宗が帝位に就くまでさまざまの紆余曲折はあったが）(82)帝位に就くにあたって、天下統一のための創業的功業を必要としなかった立場を端的に反映しているとみることができるし、また「政教を以て国を治め、奇詐して兵を用うるが若きは合せず」とは、これまた一大中華帝国の君主として、あえて奇道を用いずとも、正々堂々たる正道を歩んでおればよいとの、彼の立場を反映するものとみることができる。第五十七章経文「天下、忌諱多くして民弥《いよ》いよ貧し」への『注』に、「政を以て国を理《おさ》むるに、動《やや》もすれば忌諱多くして、人、作業を失するが故に、弥いよ貧しからしむ」とあり、同じく第五十七章経文「人、利器多くして、国家滋《いよ》いよ昏《くら》し」への『注』には、「利器とは権謀を謂うなり。人主、権謀を以て多と為して、実に反《かえ》ること能わざれば、下《しも》、則ちこれに応ずるに詐譎を以てす。故に国家をして滋《いよ》いよ益《ます》ます昏乱せしむるなり」といい、さらに同第五十七章経文「人、伎巧多くして、奇物滋《いよ》いよ起こる」への『注』には、「人主、伎巧を以て多と為し、素を見ること能わざれば、下、則ちこれに応ずるに奢泰を以てす。故に淫奇の物をして滋いよ起こらしむ」という。権謀・伎巧などの余計な作為をなさずとも、無為無事でいることにおいて天下を保有することはまったく可能であるというのである。これらは、玄宗の立場からして当然ともいうべき主張であった。すなわち玄宗においては、理国それ自体は無為であること、無事であることにおいて、すでに達成されていることであった。しかも、最初に引用しておいた『注』の文に「無為」「無事」「好静」「無欲」を並列していたが、ここからして、第五十七章の『注』全体においては、「無為」「無事」等々は、要するに「無欲」と等しいといえよう。

さて、第五十七章の『疏』である。それはまず、『注』の「無為なれば則ち清静。故に人自ずから化す。無事なれば則ち擾《みだ》れず。故に人自ずから富む。静を好めば則ち性を得る。故に人自ずから正し。無欲なれば則ち和を全うす。故に人自ずから樸たり。此れ無事にして天下を取るなり」に対して、「此れ、無事にして以て天下を取るを釈するなり」として、『注』の解釈を全面的に受容し、「無為」の化を称揚する。具体的には、反苛斂誅求というきわめて現実的な問題を指摘する。同時に君主の感化による民衆の「性」の実現、君主の内面的達成こそが民衆の純樸性を可能にするとの、（先に見た感応論を根底に置きつつ）『玄宗注』の意図に沿ったパラフレーズをおこなっている。ただ、経文「人、利器多くして、国家滋《いよ》いよ昏《くら》し」の注文「利器とは権謀を謂うなり。人主、権謀を以て多と為して、実に反《かえ》ること能わざれば、下《しも》、則ちこれに応ずるに詐譎を以てす。故に国家をして滋いよ益《ます》ます昏乱せしむるなり」への『疏』に、

此れ、上の「奇を以て兵を用う」を釈するなり。利器とは権謀なり。夫れ、権謀は「道」に適《かな》うに在り。已《や》むを得ずして方《まさ》に用いんとするに、人君、若《も》し権謀を多用して実に反ること能わざれば、下、これに応ずるに必ず詐譎を以てす。故に云わく、滋いよ益ます昏乱す。

といっているところが注意を引く。この『疏』は、『注』のように権謀について頭から否定的ではない。最終的にはもちろん否定的であるが、「已むを得ずして用いる」ものとして、また「多用」しないという条件付きではあるものの、その使用を全面否定しているのではない。ここには臣下の論としての『疏』の立場が漏れ現れていると見ることができる。『疏』が『注』の解釈を引き受けつつも、ある意味でより現実的な解釈の立場をとろうとしていたことが明らかとなるところである。

六　結論

以上、玄宗の『道徳真経疏釈題』で玄宗自身が指摘していた、『老子』の理国論を説く章を検討してきた。『注』と『疏』とをさらに細心に読むならば、もちろん理国を説く章はこれらに限られない。ただ右に見てきた諸章には、やはり玄宗の理国論の本質・特色がはっきりと現れていたといえる。それは君主の無為（無欲）を前提とし、かつそれを中軸とする、いわば心的態度論、心術論、畢竟、心術的理身論がそのまま理国論として機能している、そのようなものであった。理国という非常に実際的課題に関して、たんなる政治技術ではなく、理念を説くことは有りえてよい。だが、理念といっても、統治という点からみるならば、心術のみならず、現実に向けてより具体的・現実的、つまり実際的な面に積極的なところがあってしかるべきであろう。仮に心術的な議論にとどまるにしても、たとえば司馬承禎が述べたような「国はなお身のごとし」というようなことを、国と身がなにゆえアナロガスなものであり、なにゆえ等同に対応可能となるのか、そういったことを具体的に説明するだけでもよかった。それによって理身と理国とが、確かに君主としての玄宗にとっては、同様の対処対象してあったということが、推論可能となるからである。だが、それにしても、中華帝国としての唐王朝の君主として、巨大な国家を統治する玄宗が、たんに心術を説くのみでは、政治思想としてはいかにもたよりない。『老子』の政治思想が、もともと「無為」を中心とするものであることを念頭に置くにしても、である。実際、心術的無為（無欲）論が、現実の施政においてどうしても矛盾的になってしまう場合もありうる。たとえば、「不言の教」の主張がそれであった。この問題については『疏』が非常にトリッキーな解釈をあたえて、ほとんど辻褄合わせ的な論理を展開していたのは、すでに見たとおりである。第五十七章の権謀の解釈も同様であった。たんに心術論的な解釈では、限界があるといわざるをえない。それなのになぜ、玄宗は理国論を理身論的心術論に帰結するのか。

玄宗の眼前にあった思想的条件、とりわけ道教的な伝統における条件として指摘できるのは、身体・肉体的な方向性に変わって、内面的修養・修行の論理が相当深められていたことと、その一方そのプロセスについてのシステマティックな整備が進んでいたということである。そしてこのことは、玄宗の『老子』解釈に、実際大きな影響をあたえた。玄宗の理身・理国論が心術論であることが、まさにそのことを物語っている。

そして玄宗が、このような立場をとり、態度をとったのは、ほかでもない。玄宗はたんに君主として、統治者として、政治的至高者として、国家に君臨するのみならず、国家以上の世界、すなわち宗教的な世界を含め、あらゆる規範を越えて、全宇宙を超越する至高者、超越的審級そのものになること、そのことを希求していたからである。(83)

玄宗の『老子』への注釈は、まず皇帝の著作としてあった。玄宗は皇帝であるから、中華帝国・律令国家としての唐王朝は、すでに彼の手の内にある。その統治の現実は（歴史的現実としては種々の問題があったのは当然であるが）儒家・法家の思想によって一応過不足なく機能していた。律令とはまさにそのことを示すものであり、そして日常の国家経営はこれによる。そのかぎりにおいては、玄宗は英邁なる君主として朝に臨めばよかった。「開元の治」は玄宗のこの側面を浮き彫りにするものである。さらに、現実のこの国家統治以上のことを考えるなら、さしあたりそこには仏教があり、道教がある。だが、鎮護国家としての宗教は、実情として玄宗の庇護のもとにある。加えて宗教的世界は、とりわけ道教の祖たる老子は、玄宗自身の先祖でもあった。(84) 血の連鎖ということからいうなら、玄宗は老子と等同である。(85) その意味では宗教世界もすでに玄宗の手の内にあった。結果、玄宗の手の内には、此岸も彼岸もすべて既在し、現前していた。それゆえ彼にとって到来すべきものとは、もはや彼岸と此岸とを越えること、それ以外にはなかった。

彼の野心的意図ははっきりしていた。彼の理身・理国論が「無欲」の心術論に帰結するのは、それゆえであった。

政治的技術も理念も、それ自体は結局此岸にあるものである。加えて、彼岸たるべき宗教世界も、既存のそれはすでにみずからのものであった。彼岸と此岸を一挙に越えること、その世界の構想はまた一方においてみずからの内なる広大な世界への沈潜でもある。彼岸と此岸とを超越することは、そのことにおいて達成する以外にはない。そしてそのための思想的・論理的準備は、歴史的にすでに彼の眼前に整えられていたのである。

とはいうものの、『老子注』において玄宗はそのことを露骨に、すなわち表面的に直接見えるように語ったわけではなかった。だがその意思は、「妙本」の概念の中に、隠微に込められていたのである。そして彼がその意思を現実において露わにし始めるのは、『老子注疏』完成から七年ほどのちのことになる。[86]

玄宗の『老子』注釈の中心はやはり「妙本」にあった。「妙本」に込められたもの、それは玄宗の、みずから全宇宙を越える存在とならんとする意思であった。そして『老子玄宗注疏』とは、そのことが密かに込められた著作だったのである。

注

（1）とりわけ『注』に用いられる「妙本」概念は、皇帝としての玄宗がさらにみずからを超越的審級に上昇位置せしめようとする思想的な試みであったことも、別稿において論じた。拙稿「「妙本」の形成――『老子玄宗注』思想の成立――」（『論集　原典』「古典学の再構築」研究成果報告集Ⅱ、二〇〇三）参看。

（2）『玄宗注疏』における「理国」「理身」は、「治国」「治身」とまったく同義である。「理」字は、「治」字が高宗の避諱であることによる書き換えである。

（3）彼のその意図は玄宗『道徳真経疏釈題』（『全唐文』巻四一）に明確に述べられている。その詳細は後述する。

（4）やはり『道徳真経疏釈題』に示されている。

（5）実際、玄宗が折に触れて『疏』の撰述に容喙していた可能性は高い。すなわち、玄宗は『道徳真経疏釈題』において、

「聖祖（老子）、訓《みちびき》を垂れて厥《そ》の孫《しそん》に謀《おしえ》を貽《のこ》す。理の余を聴きて、伏して講読に勤《いそし》む。今、復《ま》た一二、其の要妙なる者を詮疏《あきらかに》するも、書は言を尽くさざれば、粗《あらあら》大綱を挙げて、以て学者に裨助せんとするのみ」と述べている。「今、復た一二、要妙なる者を詮疏」したとする点に、『疏』の制作に玄宗自身が関与していた可能性を認めることができる。

（6）拙稿「「妙本」の形成」参照。

（7）一つの事実として指摘できることは、「妙本」の概念について、『注』においては概念上一義的に受け取ることのできない一種のブレがあったのに対し、『疏』ではそれを一義的に把握できるように意が払われていることである。拙稿「『注』の「妙本」・『疏』の「妙本」――唐玄宗『老子注疏』への一視点――」（『坂出祥伸先生退休記念論集　中国思想における身体・自然・信仰』東方書店、二〇〇四）参照。

（8）『旧唐書』「玄宗本紀」。

（9）たんに思想の論理的側面のみでなく、政治的な意味での利害をも含む多様な意味においてである。

（10）『全唐文』巻四一。

（11）『礼記』「大学」篇。

（12）ついでにいえば、この『大学八条目』は朱子以前、司馬光・王安石の旧法党・新法党の対立からはじまり、その後道学派対新学派（思想史的には一応、程顥は司馬光派であり、司馬光派の旧法党は道学派となり、王安石の新法党は新学派となったとされる）の対立として宋代一代をめぐる儒教内の内訌的思想闘争が引き続くことになる。なお、道学派が新学派を批判する大きな根拠として、新学派はこの『大学八条目』にみえる「修身」の理念を貴ばない、ということがあった。

（13）楠山春樹「『老子』の思想の形成史的考察」（『東洋の思想と宗教』第二一号、二〇〇三）は『老子』思想の一つの特質を〈柔弱による統治論〉とする（なお、楠山論文は、この〈柔弱による統治論〉は、原本『老子』という想定上のテキストから、郭店本のテキストに至る『老子』説の展開という構想にもとづき、郭店本段階での最新説にあたるとする）。私見では、ただ、その〈柔弱〉の根底にはやはり「実腹・強骨」という前提があるのではないかと考える。なお郭店本には『老子』第三章にあたる部分はない。

(14) 坂出祥伸「『老子河上公注』の身体観」(内藤幹治編『中国的人生観・世界観』東方書店、一九九四)。
(15) 五蔵神を守ることとは、一般にこれら五臓の神をイメージし、それらに思念を集中させることによって、そうした神々を保全するものとされる。なお、こうした思念の集中を「存思」あるいは「存想」という。
(16) 臓器とはいってもそこには五蔵神という神格が想定されていて、たんなる臓器ではないといわれるかもしれないが、しかしまずはさしあたり実質的には臓器そのものの涵養であることは確かである。
(17) この場合、文面的には「五蔵神」という信仰的概念に媒介されているが、だがなぜ五蔵神を守るのかといえば、それは五臓そのものを守り、それによって不老長生を希求するからであって(『老子』第六章、河上公注)、結局それは身体そのものの永遠性の確保を目指しているのである。
(18) いうまでもなく『老子』においても内面・精神への方向性は哲学の根本的部分であったし、『荘子』においても「斉物論」をはじめ精神的な営為側面は重要であった。が、『老子』から「河上公」への解釈の歴史的趨向(それは道教への流れということになるだろうが)において、身体そのものへの興味が重要なものであり続けた点をここでは強調しておきたい(坂出祥伸「『老子河上公注』の身体観」参照)。
(19) 前掲坂出「『老子河上公注』の身体観」にそれが論ぜられている。
(20) 《 》内に補ったのは『老子』の章番号である。
(21) 『道徳真経疏釈題』の記述にしたがって『玄宗注疏』を分析してゆく手法はすでに島一「玄宗の『道徳真経』注疏について―理国と理身―(上)(下)」(『立命館文学』第五二三号・五二六号、一九九二)において採られたものである。本稿はそれとは解釈の視点を異にしているが、手法的には島論文と同様になった。
(22) そしてそれを獲得しうるものは、まさに玄宗自身であったといえよう。
(23) もと「性」字なし。藤原高男「唐・玄宗御製道徳真経注疏校本〈壱〉」(『徳島文理大学紀要』第三九号、一九九〇)によって補った。
(24) 『孟子』には告子の性説およびその他の学者の性説が載せられている。

(25) 孟子の性善論に対する荀子の性悪論の主張は今さら述べるまでもない。
(26) 堀池信夫『漢魏思想史研究』(明治書院、一九八八)参看。
(27) 堀池信夫『漢魏思想史研究』参看。
(28) 漢魏隋唐の性論を通じてもっとも重要な議論は「性三品説」であった。これは天与の性の可換・不可換性をめぐっての論理的処理方法の一環と見なせるものであるが、その詳細については今は触れない。ただ玄宗期の知識人にとっては、その知識は一種の当然の前提として共有されていただろうと考えられる。
(29) 「妙本」についての詳細は、拙稿「「妙本」の位置──唐玄宗老子注の一特質──」(『中国文化』第六〇号、二〇〇二)、拙稿「「妙本」の形成──『老子玄宗注』思想の形成──」(『論集　原典』「古典学の再構築」研究報告集書、二〇〇三)、拙稿「二つの「妙本」──『老子玄宗注』考──」(『宮澤正順博士古稀記念　東洋──比較文化論集──』宮澤正順博士古稀記念論文集刊行会、二〇〇四)、拙稿「『注』の「妙本」・『疏』の「妙本」──唐玄宗『老子注疏』への一視点──」(『坂出祥伸先生退休記念論集　中国思想における身体・自然・信仰』東方書店、二〇〇四)参看。
(30) 哲学的には超越論的理性とか、絶対理性・絶対精神のようなものの設定はありうるが、しかしそれら超越論的理性等々も、根本的には主客の枠組を前提とするものであり、客体をまったく遮断・排除して孤立的にそのもののみがあることが重要とされているわけではない。
(31) さらにいえば魏晋六朝の「言尽意・言不尽意」問題につながるものでもある。
(32) 本稿で後述する「四　王玄覧『玄珠録』の「坐忘行心」」参看。
(33) 拙稿「「妙本」の形成──『老子玄宗注』思想の形成──」参看。
(34) 「文」字、もと「人」に作る。藤原高男「唐・玄宗御製道徳真経注疏校本〈壱〉」により改めた。
(35) もと「且」に作る。藤原によって改めた。
(36) 「悦」字、もと「説」字に作る。藤原によって改めた。
(37) 「重」字、もと「望」字に作る。藤原によって改めた。

(38)「得意忘言」は、『荘子』、王弼『周易略例』、六朝期の「言意の弁」等の歴史的展開があった。

(39)この超絶的知を獲得しうる身体は、玄宗があらゆるものを超絶する「妙本」そのものにみずからをアイデンティファイすることを考えていたことと対応する（拙稿「「妙本」の形成――『老子玄宗注』思想の形成――」参照）。

(40)外丹から内丹への移行はふつう、以上のように了解されている。だが、もう少し細密に見れば、内丹とは梁代の天台僧恵思が禅道修養のために、外丹の力を借りつつ内丹を行おうと述べたところ（「南嶽思大禅師立誓願文」（『大正大蔵』四六巻））に始まる。ただこの場合の「内丹」が、後世にいわゆる「内丹」と同じものかどうかはあまりはっきりとはしない。後世にいう道教の内丹は、隋の道士蘇元朗が、外丹の錬丹技術の行き詰まりから一気に内丹の道を見いだしたといわれており（『古今図書集成』山川典神仙部引、蘇元朗）、外丹の弊害から、ということではないようである（坂出祥伸「隋唐時代における服丹と内観と内丹」（『中国古代養生思想の総合的研究』平河出版社、一九八八））。あわせていえば、こうした段階に於いて、内丹の技法は恐らく外丹における炉鼎での陰陽坎離竜虎鉛汞の交媾をなぞるものではあったろうが、だからといって丹田を中心とする気の体内循環とか、三関逆行などの、後世にオーソドックスとなるような理論ではまだなかったと思われる。

(41)丹を内面において生成するための技術としては、伝統的な身体技法（吐故納新、存思その他多様な方法）も取り入れていたが、それらはあくまでも養生法というべきものの範囲にあるものであり、丹の生成のための内丹としては補完技術的なものであった。内丹における丹の生成は、瞑想を通じての内面操作が決定的なものである。

(42)そのスキルの多くは化学的方法であったと考えられるが、もちろんその方法には口伝などの秘法もあり（しかもいろいろな流派があった）、今日残存する文献からはその実態の完全な復元は、実際のところなしがたい。

(43)先注で示したように吐故納新その他、内丹に取り入れられた伝統技術は、丹の生成のためには補完技術的なものであった。

(44)蘇元朗の方法は、内面において気を運行させることと、その大まかな経路を示しているが、「内面における錬丹」といったような具体的技法、あるいはシステマティックなところにまでは及んでいないし、あるいは内面での錬丹に至る以前の、精神的諸行法や、その理論・実践法をシステム化するところにまで必ずしも及んでいない。

(45) ただし外丹が完全に壊滅してしまったということではなく、その後も内丹と外丹は並行してあり続けた。唐代以降の外丹実践としては、唐の韓愈「故太学博士李君墓誌銘」、宋の葉夢得「避暑録」巻五などに丹薬を服して死亡した人々のことが記されている。一方、内丹と外丹を併用する例もあり、『上洞心丹経訣』(『道蔵』芸文版第四冊)の場合は、外丹を行う前提としての精神浄化のための技法として内丹を位置づけている(坂出祥伸「隋唐時代における服丹と内観と内丹」参照)。なお陳国符「中国外丹黄白法経訣出世朝代考」(『道蔵源流考』所収)によると、『上洞心丹経訣』の成立は、唐代太宗以後、粛宗以前という。

(46) 司馬承禎が『坐忘論』を著したのは晩年であった。彼もその若き時代には、フィジカルな養生・長生法を探求しており、薬物の使用なども志していた。内面的・精神的修養への転換は、彼が仏教思想に触れてから以後のことである(李大華・李剛・何建明『隋唐道家与道教』広東人民出版社、二〇〇三)。そして、『坐忘論』に決定的な影響をあたえた仏教文献は『摩訶止観』であった。司馬承禎『坐忘論』の修養階梯が、じつは『摩訶止観』をなぞったものであるということはよく知られていることである。

(47) 『摩訶止観』になぞらえているということからも、それが本来内丹の書とはいえないものであることは明らかである。

(48) 司馬承禎の伝記資料には、『旧唐書』巻一九二、『新唐書』巻一九六、『歴世真仙体道通鑑』巻二五、『茅山志』、『玄品録』、「王屋山貞一先生伝」(『真系』(『雲笈七籤』巻五))、衛憑「王屋山中巌台正一先生廟碣」(『全唐文』巻三〇六)などがある。今は、今枝二郎「司馬承禎について」(秋月観暎『道教と宗教文化』平河出版社、一九八七)、および神塚淑子「司馬承禎『坐忘論』について——唐代道教における修養論——」(『東洋文化』第六二号、一九八二)などにまとめられた承禎の伝にしたがう。

(49) 『旧唐書』巻一九二「司馬承禎伝」。

(50) 「異端を攻む」は『論語』「為政」。

(51) 同様の話柄が『新唐書』巻一九六「司馬承禎伝」に載るが、文章に若干の差がある。『新唐書』は、『旧唐書』よりも節略されている。
(52) この場合、損することが知的なものであるのは最後の「豈に又……其の智慮を増さんや」から了解できる。
(53)『坐忘論』「序」に、「とき、少しくも留まらず。恨む所は朝菌の年、すでに知命を過ぐるに、帰道の要、なお未だ精通せざるがごときなり。ために、寸陰の速きこと景燭の如くなるを惜しみ、経旨を勉尋す」とあることから、司馬承禎（六四七～七三五）の五十歳を過ぎてからの著作であり、時期は六九七年（則天武后神功元年）よりやや後ということになろう。
(54) くりかえすが、『坐忘論』は決して内丹の書ではなかった。後述するように『坐忘論』中に「丹」に言及するところはあるが、それは『坐忘論』みずからの立場としてではない。また『坐忘論』が、内丹の表徴の一つである気の内的循環をいわないこと、もっと広くは気についての言及が極端に少ないことも、それを補強する。ただ、『坐忘論』付録の『坐忘枢翼』には、後世の三関逆行の内丹技法につながるような記述もあることから、これが後世の内丹に大きな影響を与えることになるのは確かであると思われる。ここで重要なことは、むしろそれがあくまでも内面的修養論であり、加えてそこに一定の修行過程・プロセスというものを示した点である。こうした内的な修行プロセスの確立が、やがて内丹の修行・修養プロセスの整備につながってゆくのであろう。
(55)『全唐文』巻九二四、『雲笈七籤』巻九四。
(56) 注釈を入れるまでもなく、『荘子』「大宗師」篇である。
(57) この「安心」の語を中心にした『坐忘論』の研究に、中嶋隆蔵「『坐忘論』の安心思想とその周辺」（『集刊東洋学』七三号、一九九五）がある。
(58)『坐忘枢翼』のこと。道蔵本『坐忘論』の末尾に付されている。この「序」は『雲笈七籤』本と『全唐文』本に付されているものであるが、実は『雲笈七籤』本と『全唐文』本には『坐忘枢翼』自体は付されていない。
(59)『坐忘論』の次序にしたがっての分析は、すでに神塚淑子「司馬承禎『坐忘論』について——唐代道教における修養論——」で行われている。今はとくに内面・精神面における「修道の深まり」という視点から、各篇の要点を追ってゆく。
(60) ただ、そのみずからが判断する正しさの基準は相対的である。端的にいって、みずからの歴史的・地理的・教育的・生活的経験に依拠するところが大きいのは当然である。

(61) この二句は、『荘子』「大宗師」の「坐忘」の部分への郭象注である。

(62) 唐朝のこの宗教優遇策（に見えるもの）が、じつは国家経済を傷めつけていたのはいうまでもない。この出家・入道への免税・給付の政策は玄宗が始めたものではなかったが、玄宗時代まで引きずられていた、唐朝の大きな失政の一つといってもよいものだった。出家・入道と官界の政策の関係については拙稿「王玄覧の肖像」（『新しい漢字漢文教育』第三八号、二〇〇四）参照。

(63) その限りにおいては「道」とその容器性に入り込む空間表象においてとらえられているといえる。こうした表象の背景には『老子』第四章「道は沖にして之を用う」という「道」自体の空間性が背景にあると思われる。

(64) こうした表現はやや自己言及的である。心は主体そのものともいえるが、それが客体的に表現されざるをえないところにこのような問題は起因する。

(65) ここはいうまでもなく『老子』第十六章にもとづいている。

(66) 「定」とは「泰定」篇に「定とは尽俗の極地、致道の初基」とあるように、俗を離れ、そこから本格的に「道」やその他、修行の最終目的に至らんとする第一歩の境地を意味する。司馬承禎によれば、「定」は「道」に至るのみでなく、その他「道」と比較して低い境地、否定的な境地を目的としていても、日常的世俗的境地を脱する境地は「定」の語によって示されるとする。「収心」篇に、「盲定」「自定」などの語が見えている。「泰定」は泰《おおい》なる「定」であって、ネガティブな意味は少ない。

(67) 以下、王玄覧の伝記的事柄については、王大霄「玄珠録序」（『道蔵』太玄部、また『道蔵精華』第一四集之三）による。

(68) 王大霄「玄珠録序」によると、王玄覧は四川綿竹の人。茅山派道教の修行をしようとしたらしいが、結局果たさず、ついに独学で終わった。四十七歳の時にようやく四川成都至真観に籍を得る。その後七十二歳の頃、その名声が京師に達し、則天武后の神功元年（六九七）に都に召されるが、その上京の途次、羽化してしまった。

(69) 本稿における『坐忘論』の引用文においては、『老子』以外の道典引用部分は、『定志経』に関する一条のみであったが、引用しなかった部分には『西昇経』その他の引用がしばしば見えている。
(70) 張万福については丸山宏『道教儀礼文書の歴史的研究』(汲古書院、二〇〇四) 参看。
(71) 王玄覧の思想においては、仏教的論理が重要な役割を果たしており、道典と同時に仏典も相当読んでいたことが分かる。王大霄「玄珠録序」によると、「二教の経論、悉く遍く披討し、其の玄奥を究む」ということであった。
(72) 王玄覧とその『玄珠録』についてはすでに拙稿「王玄覧の肖像」において一部記した。
(73) この文章についてのより精細な解釈は、拙稿「『玄珠録』の思想」(『福井文雅博士古稀記念論集　アジア文化の思想と儀礼』春秋社、二〇〇五) に示した。参看。
(74) この文は、ひとまず以上のように理解するが、もちろんこれと異なるアプローチも可能である。
(75) 王玄覧の「道」解釈のように、またその他を含めて、玄宗の時代にまで堆積されていた『老子』の「道」解釈は、非常に多様かつまた複雑・深化していた。そうした輻輳した「道」解釈の状況を一気に突破するための、玄宗の理論的試みが「妙本」概念であったといえるが、「妙本」にはまた玄宗の皇帝としての政治的意図も込められており、その意味では以下の理国の議論と深く関係する。拙稿「「妙本」の形成――『老子玄宗注』思想の成立――」参看。
(76) たとえば王弼は『老子』第三十八章に非常に長く、詳細な注釈を加えている。
(77) もと「居らざれば (不居)」の二字なし。藤原によって補う。
(78) もと「則」に作る。藤原によって改めた。
(79) もと「任用」に作るが、藤原にしたがい「用」字を衍字とみて削った。
(80) もと「時」に作る。藤原によって改めた。
(81) もと「及」に作る。藤原によって改めた。
(82) 拙稿「「妙本」の形成――『老子玄宗注』思想の成立――」参看。
(83) そしてこのことを明らかにするものこそが「妙本」の概念であった。拙稿「「妙本」の形成――『老子玄宗注』思想の成立――」はそのことを主題とする。

(84) 唐王朝は李姓である。それゆえ、唐王朝の祖先は老子であるとされた。唐朝老子祖先説の形成の経緯については、拙稿「「妙本」の形成——『老子玄宗注』思想の成立——」はそのことを主題とする。

(85) 儒教の祖先祭祀の論理が、このことを担保する。「「妙本」の形成——『老子玄宗注』思想の成立——」参看。

(86) 玄宗の『老子』解釈は開元二十年（七三二）に行われた。玄宗の超越的審級へのその意志が、現実に露わになってくるのは開元二十七年（七三九）からである。この意志はその後、天宝十二～十三載（七五三～七五四）、安禄山の乱（七五五）の直前まで、長い期間にわたって進められた。具体的には老子の尊号と、玄宗自身の尊号の連動において示された。拙稿「「妙本」の形成——『老子玄宗注』思想の成立」参照。

第三篇　元明清の老子注釈

第一章　呉澄と老荘――朱陸問題と関連して――

はじめに

元代は儒教不振の時代といわれる。主な理由は、元が征服王朝として漢人軽視策をとり、漢人知識人の思想である儒教を、あまり重視しなかったことにある。そうした環境の中、元朝屈指の儒宗呉澄が、『老子』の注釈『道徳真経注』を著したのはよく知られていることである。では、彼がこれを著したのはどういうわけであったのか。本稿は、呉澄の『道徳真経注』著述の背景として、彼の、元代儒教の中での老荘思想観を探ることを目的とする。

一　呉澄略伝

呉澄、字は幼清（後の字を伯清という）、貫籍は撫州崇仁県（江西）、南宋淳祐九年（一二四九）に生まれる。幼時から穎悟で、三歳で祖父から古詩を学んで以来[(1)]、七歳で『論語』『孟子』『五経』をそらんじ[(2)]、十歳の時には朱子の『大学章句』『中庸章句』などを学ぶ[(3)]。初めて朱子学に接した時のことを、彼は後にこう語っている。

　吾れ、幼時に詩賦を習うも、未だことごとくは朱子の書を見ず。蓋し進士を業とすれば、これに力を用うるを知らざればなり。十歳、たまたま故書中に『大学・中庸章句』を得たり。これを読むに喜び甚だし。之《これ》より、清晨に必ず『大学』を誦すること二十過、千余日なり。然る後、『中庸』及び諸経を読めば、則ち破竹の勢いのごとく、ほとんど凝滞なし。（危素『年譜』）

わずか十歳、彼は朱子の徒たるべきを自覚してしまったのである。早熟であった。十五歳の時にはもはや科挙の学に厭き、もっぱら聖賢の学、すなわち朱子学に力を注いでいた。(4) 十六歳の時、祖父の郷試受験に随行して郡城に赴き、この地の臨汝書院において程若庸に出会い、その門に往来するようになる。

程若庸、字は逢原、著には『性理字訓講義』『太極洪範図説』等。彼の学統は二代遡ると朱子の直弟子黄幹に至る。朱子の直系であった。その学問も朱子の正統の一面を伝えていた。彼は非常に謹厳な人物で、その学も人柄に似て精微の極をいっていたといわれるから、この場合の朱子の正統の一面がどういうものかは、およそうかがいしれよう。

呉澄が程若庸に師事したのは、朱子の直系に属したことを意味する。ここで正統的朱子学者呉澄が誕生したといってもよいだろう。しかし、この出発において、彼の眼前にあったものが程若庸の学問だったのは、別の意味で重要なことであった。それは朱子の学本来というよりも、文字訓詁を主とする朱子学学統の一面を大いに知らされることになったからである。呉澄は、この頃から少しずつ文章を草するようになっていたが、その中に、若き朱子学徒としての意気をほとばしらせる一文がある。(5) そしてそこに吐露される心情は、程若庸の学問とは大いに径庭があるのである。

道の大原は天より出づ。聖神これを継ぐ。堯舜より上は道の元なり。堯舜より下は其の亨なり。洙泗魯鄒（孔孟）は其の利なり。濂洛関閩（周程張朱）は其の貞なり。分かちてこれを言えば、上古は、則ち義皇（伏義神農）は其の元にして、堯舜は其の亨なるか。禹湯は其の利にして、文武周公は其の貞なるか。中古の統は、仲尼は其の元、顔曽は其の亨、子思は其の利、孟子は其の貞なるか。近古の統は、周子其の元なり、程張其の亨なり、朱子其の利なり。孰をか今日の貞なると謂わんや。未だこれ有らざるなり。然らば則ちもって終に帰する所無かるべきか。蓋し、得て辞するべからざるもの有り。(『呉文正公集』巻二「雑識」)

「元亨利貞」の『易経』のひそみにならいつつ、みずからを古来の聖人に匹敵させ、朱子を継がんとの志は、実に少年の客気に溢れ、その意気やよし、誠に見るべきものがある。だがこの意気は、実直に祖師の教えを祖述する姿勢とはちょっとちがう。

ただし呉澄は、程若庸の学を承けて、地道な文献学的作業にも習熟していた。この時期には『孝経』を「較定」している(6)し、その後も較定の作業は、彼の生涯を通じて行われ続けたのである。つまり、学問に対する気概と同時に、学者としての技量も着実に蓄えていたのである。

二十二歳の時、郷試に合格するが、同年に「答程教授書」なる一文を草している。この「程教授」とは程若庸のことであるか、あるいは『宋元学案』「草廬学案」に「蓋し草廬また程氏紹開を師とす」とあるところの、程紹開のことであるかである。かりにこれを程紹開のこととすると、それは呉澄の学問にとって二度目の転機となるものと考えられる。程紹開は、「両家(朱・陸)を和会せんことを思う(7)」という傾向の学者であった。朱子学一本槍でなく、陸象山の学問をも重視した人であった。そうであるのなら、呉澄は郷試に受かった年に、朱子学以外の学問、とくに陸学について、目を開く機会をもったということになるのである。

翌年、呉澄は春の省試には不合格となる。ここで彼は科挙の学に決定的に別れを告げることになる。これより以後、彼は出仕の道をみずから見限る。危素の『年譜』によると、省試失敗の翌年には「山中に徒に授く」とあり、その後も表立った活動はない。ただ学者として重要であるのは三十代に諸経の研究を開始していることである。危素『年譜』によると、この時期、『孝経章句』を作り、『易』『書』『詩』『儀礼』『春秋』『大戴・小戴記』の較定・修正を行っている。

『易』『詩』以外は、朱子自身は注釈等に携わっていない経書類であり、一方、呉澄自身は『四書』類にはほとんど興味を見せていない。朱子学を継ぐものとしてみずからを位置づけつつも、たんにエピゴーネンたることを潔しとしない、呉澄の遠大な意図がここに見える。

この間、呉澄の学名は次第に知れ渡るようになり、四十歳前後からは、彼を朝廷に推挽する人々も現れはじめる。そして五十三歳の時、おそらくは断りきれずに、官位を受ける。それ以来、彼は上官、下官をくりかえすことになるが、五十九歳の下官の間、集中的に『老子』『荘子』を較定している。この時期、こうした種類の書物へ取り組んだのは、おそらく上官の間に接した官学（朱子学）のありようと関係がある。呉澄が上官した頃の官学は、まったく固滞し、生気を失ったものだったからである。(8) それは元朝の儒教不振の象徴であった。これに風穴を開け、儒教をより広い視野から見るために、具体的には陸学導入における哲学的武装の一環として、老荘研究に入ったのではなかったろうか。これはこの時、彼の学問がさらなる転機にあったことを示している。

呉澄六十歳の年、彼は国子監丞に任ぜられ、上京して就官する。しかしこの時期の国子監では、彼と末流朱子学に凝り固まった同僚との間には、意見の食い違いが多かった。彼はかつて同僚の学者に次のような言葉を発した。

朱子、道問学の功において多に居る。而して陸子静は尊徳性をもって主となす。問学、徳性を本とせざれば則ち其の敝、必ず言語訓釈の末に偏らん。故に学は必ず徳性をもって本と為さん。（『元史』「呉澄伝」、虞集『行状』）

国子監の学者たちは、これを聞くや、「ついに澄をもって陸氏の学と為し、許氏の、(9) 朱子を尊信するの本意に非ざるなり(10)」と決めつけてしまったのである。この時、確かに呉澄は陸学へ傾斜していたのだが、彼は本質的には朱子学者であった。そして、陸学を許容しつつ、それを朱子学としてとらえかえすというありようこそが、呉澄思想の特質であった。ところが、学官の学者は、そうした彼の立場を洞察もできずにいる。こういう環境は面白くない。六十四歳、病を得たとして彼はまたもや下官してしまう。

さて、この下官後から、呉澄はようやく終生の学問のまとめの時期に入る。朱子の後継たる自負を現実化する著作に着手しはじめるのである。また上官、下官のこともあったが、六十八歳の頃、まず『易纂言』に着手し、『書纂言』『易纂言外翼』を完成、八十四歳の時には『礼記纂言』を完成し、そのほか『春秋纂言』も著した。彼の学問は結果的に、朱子が果たさなかった『五経』への注釈を特色とする。これは彼の意図が朱子の補完にあったことを明らかにしている。彼は、『五経』への注釈によって、朱子の後継としての自己を達成しようとしたのだった、ともいえるだろう。翌年、元の元統元年（一三三三）、家に卒する。八十五歳であった。(11)

二　陸学との関係

ここで呉澄の学問において、もっとも問題となる陸学との関係を見てゆこう。まず、弱冠よりみずから朱子の徒と任じ、晩年も朱子を前提としてその未達成部分を補わんとして著作していた呉澄が、根本的に朱子学者であったことは、動かしがたいことである。ただしこのことをめぐり、その学問形成においては、いくつかの留意すべき点がある。

その一は程若庸への師事である。程若庸の学問は、精緻な訓詁が主であったから、意気盛んな呉澄には物足りなかっただろう。もちろん、彼は程若庸の方法は十分に継承しており、生涯「較定」作業を行い続けていたのは、先に指摘した通りである。もっとも、呉澄の文献操作は必ずしも厳密ではなく、いくぶん恣意的な所もあったが(12)……。とまれ、こうしたことは、彼が訓詁言語が主流だった当時の朱子学の枠組みに、おとなしくはまっていなかったことを示している。

その二は、二十二歳の頃の程紹開との関わりである。程紹開は朱陸折衷の立場に立つ人であったから、彼に学んだのは、程若庸的朱子学から飛躍する契機になったのではないか。そして程紹開との出会い以来、彼は当時の朱子学には主体的な実践倫理の視点が希薄で、陸学にはそれがあることを理解していたであろう。彼は、当時の末流朱子学を越えて、真に朱子の後継たらんとしていた。程紹開との出会いは、呉澄の気概に照応し、陸学導入の背景になったと思われる。

呉澄の陸学への傾斜についてここまで述べてきたが、しかし、彼は陸学者になったのではない。呉澄を陸学者とすることは、清の李紱が『陸子学譜』を著して以来、一つの強力な流れである。(13) しかし、国子監の学者たちのような党派的評価は論外としても、彼を陸学者と決めつけるのはどうであろうか。

ただし陸学を導入したという点をとくに重視して、呉澄を朱陸折衷と見るのは不当ではないだろう。虞集の『行状』は、「時に則ち陸子静氏の若き有り、超然として『孟子』の、先ず其の大なるものを立つ、の旨に得る有り。(14) 其の斯文において互いに発明するもの有り。学者ここにおいてもって其の全体大用の盛を見るべし。而して二家(朱陸)の門人の区区異同して相い勝らんとするの浅見は蓋し論ずるに足るなし」と、その折衷性を強調している。また、呉澄自身、「朱陸二師の教を為すや、一なり。而るに二家の庸劣の門人、各々その標榜を立てて互いに相い詆訾すれば、今に至るまで学者なお惑うがごとし」(15) と折衷的なことをいっている。

しかしこうした朱陸折衷の方向も、実の所は、朱陸折衷という新しい立場を立てるというよりも、あくまでも朱子学の枠内に在りつつ、朱子学と本質を違えぬ陸学を取り入れる、そうした姿勢のもとにある、と考えるべきものであった。しかも先に見たように、彼の生涯にわたる学者としての事績は、とりわけ晩年の著述の傾向は、陸学に迫るというよりも、むしろ朱子の後継としての意識のほうが強烈に流れていたではないか。

ところでその陸学導入であるが、彼は決して良い所取りのつまみ食いをしたわけではない。もちろん当時の末流朱子学に欠けていた主体性の重視、つまり積極的な倫理的実践・人格陶冶こそが、陸学評価の重要契機ではあったが、彼は陸学受容をたんに朱子学の欠を補うための受容とは考えず、結局全体としてはそれは朱子学の体系内に入るものと考えていたのである。それゆえ彼は、朱陸両思想の哲学的根底にまで立ち入り、その間の差異を彼なりに解決するという思想的営為を行っているのである。そして、そうした営為の中に、呉澄における老荘思想の意味も見えてくるのである。

三　無極太極問題と老荘

問題は、常々指摘されているように[16]、朱陸間の違いがもっとも際立つ「無極而太極」の解釈についての、呉澄の対処の仕方である。

周濂渓が『太極図説』において、宇宙の成立を「無極にして太極（無極而太極）」としたことは、その後、宋学における重要なテーシスとなった。周濂渓は「無極」で「無」を、「太極」で「有」を指示し、「無」から「有」が生じてくるという伝統的生成論を踏まえつつ、その「無」から「有」へのプロセスを一つの事態に丸め込もうとした。すなわち「無」と「有」とを、時間的・論理的先後関係のない「無極にして太極」という一つの事態ととらえ、「無極」と「太極」とが相即的なことを示そうとしたのである。これは微妙である。相即といっても、その状態を微分的極限にまで突き詰めたら、そこには何らかの先後的意味が滲み出てくるかもしれないからである。

朱子は相即の状態を「理」「気」の相即ととらえ、それを突き詰めに突き詰めて、敢えてその間の関係をいうなら、「理先気後」であり、「無極」は「理」、「太極」は「気」に属するとした。ただし、朱子によると本当は「無極」も

「太極」も、一応は理である。その間の相違は、まず「無極」は、「無極を言わざれば、則ち太極は一物に同じくして、万化の根と為すに足ら(17)」ざる所となってしまう「太極」を、根拠づけるものとされる。一方、「太極」は、程子にしたがって「一陰一陽する所以」の「道」とされ、「其の一陰一陽する所以の者、これ乃ち道体の為す所を示す所なり。故に道体の至極を語れば、これを太極と謂い、太極の流行を語れば則ちこれを道と謂う(18)」とされる。つまり、「太極」はかく原理的でありつつ、あくまでも陰陽(気)と次元を同じくし、陰陽(気)に連続する。そしてその流行は「道」ともいう。「無極」は実在はするものの、現実的であるというよりも論理的性格が強い。一方、「太極」は実在に連続する。かくて、「無極」と比べると「太極」は現実的実在性は濃厚である。これが、朱子が「太極」を「理」としつつも、究極的に「気」的性格を脱色し得なかった理由である。

これに対して陸象山は、「無極」は不必要な形容であり、「太極」のみで十分とした。その論理は、こうである。儒教は現実を対象とする学問であり、仏教や老荘のように虚妄をこととするものではない。「太極」はそれ自体形而上に通じ、同時に形而下への連続性をも持つ。ゆえに実在の学としての儒教の場合、宇宙の根源たるものとして「太極」こそがふさわしく、いたずらに虚妄を指向しがちな「無極」は蛇足であり、無用とするものである。

そこで、こうした朱陸両者の解釈に対する、呉澄の立場である。呉澄の老荘への態度は、この「太極」をめぐる朱陸間の差異を収拾する過程での所産でもあったのだが、その点を含めて彼の議論を見てゆこう。

呉澄はまず「太極」の概念に関して、世界を有無の存在論から見ようとする古典的立場と、周濂渓以後の宋学の立場の、二つの理解があることを指摘し、この二つを混同すべきではないことを強調する。前者の例は『老子』『荘子』から漢唐に至るまでの「太極」理解である。呉澄は孔穎達の『周易正義』を引きつつ、「太極は、天地未分以前、元気混じて一となる、これ太初・太一なり。故に『老子』に云わく、道、一を生ず、と。即ちこれ太極、是《これ》なり。また謂わく、混元すでに分かれて即ち天地有り、故に太極両儀を生ず、と。即ち『老子』の云う、一、二を生ずるなり。

……『荘子』に云わく、夫れ道は太極の先にして高を為さず[19]……」という。そしてこうした古典的理解に対して、呉澄は、むしろ宋学の系譜において理解すべきことを主張する。

澄按ずるに、『荘子』及び漢唐の諸儒、天地未分の前、混元の気をもって太極と為す。故に孔穎達、『易』に疏してまたこの説を用いたるなり。夫子の所謂太極は、是れ形而上の道を指して言うなり。宋の伊洛より以後、諸儒の方に太極の字を説き得たるは、是れ、邵子の「道を太極と為す」と云い、朱子の『易本義』に「太極は理なり」と云い、蔡（元定）氏の『易解』に「太極は至極の理なり」と云うなり。蔡氏、「易」字において、説き得て未だ是ならざるも、太極の字を解すれば則ち差《たが》わず。澄の「無極太極説」に曰く、「太極は道なり」と。夫子、邵子、朱子、蔡氏の説く所と一同なり。高見、もって然りと為さず。蓋し是れ孔穎達及び荘子諸人の説に依りて、太極をもって混元の気と為すが故なり。然るに混元未判の気は名づけて太一と為し、名づけて太極と為さず。故に『礼記』に曰く、「夫れ礼は太一に本づき、分かれて陰陽となる」と。朱子『易賛』に曰く、「太一、肇《はじ》めて判《わか》れ、陰は降り、陽は升る」と。混元未判の気を名づけて太極と為さざるを知れるが若し。而からば、いわゆる太極なるものは是れ道理を指して言うこと、則ち弁を待たずして明らかなり。（「答田副使第二書」）

呉澄は基本的に宋学の系譜を継承し、「太極」を「道」とし、「理」とする。すなわち先の朱子の立場を承ける。この点は文中に言及する彼自身の「無極太極説[20]」においても同様である。「無極太極説」では、「太極」は「理」であり「道」であることを確言している。だが、それだけでは、呉澄が朱子の根本まで突き詰めて解釈を継承しているかは確定できない。その点について、呉澄の一歩踏み込んだ議論。

周子の、太極動きて陽を生じ、静にして陰を生ずるの説、読者、辞をもって意を害《そこ》ならべからず。蓋し太極は動静なり。動静とは気機なり。気機一たび動けば、則ち太極も亦た動く。気機一たび静なれば、則ち太極も亦た静なり。故に朱子、『太極図』を釈して、太極の動静有るは是れ天命の流行有るなり、と曰う。此は是れ周子のために太極を分け解くなり。太極とこの気とは両物有るに非ず。只だ是れこの気を主宰するもの、便ち是れなり。別に一物の気の中に在りてこれを主宰するものに有るに非ず。(『呉文正公集』巻二「答王参政儀伯問」)

この文の場合、「故に朱子云々」と、「太極」に関して朱子を祖述する形をとるが、その実、内容は朱子とは異なる方向に向かっている。すなわち、「気機」すなわち「気」が動くと「太極」が動くという、「気」の優先に傾く点が一である。次に「気」を主宰するものが別に「気」中にあるのではなく、「気」そのものが主宰する「太極」であるとする。「太極」を「気」とするかのごとき説が二である。こうした「太極」の形而上性の希釈は、陸象山が、「無極」否定の際、儒教とは、仏教や老荘とは異なり、もっぱら現実を取り扱うものだとしていた、そちらの方に合致する。またさらに次のようにもいう。

若し、太極をもって至極の理と為さば、則ち其の上に更に無極の両字を着《つ》く容《べ》からず。故に朱子は周子の忠臣たりて曰く、無極の二字は只だ是れ太極の名状すべきこと無きを称賛するなり。太極の外に復た無極有るに非ざるなり。若し太極をもって一気未分の名と為さば、上頭に却《かえ》って無極両字を着くべし。然らば無よりして有なり。聖賢・吾が儒・知道者の言に非ずして、乃ち老荘の道を言うなり。(「答田副使第二書」)

文面上はあくまでも朱子を表章している。だが、「太極」の上に「無極」を置くべきではないこと、置いたら老荘だとするのは、朱子の立場ではなく、むしろ陸象山の主張である。このあたりを呉澄は、「故に朱子は周子の忠臣たりて曰く、無極の二字は只だ是れ太極の名状すべきこと無きを称賛するなり」と緩和しようとしているが、彼が陸象山寄りに問題を解決しようとしているのは揺るがせない。

ところでここに老荘が現れていることに注意したい。呉澄は、事実としては陸象山寄りの解釈を行っていた。ところが文面上は「故に朱子は周子の忠臣」として、朱子を強調する。これによって朱陸を共通の方向にあるものとし、そのようにとらえこもうとする。そしてそこの所に老荘の異質性が対照されると、朱陸の同質性が際だってくることになる。すなわち、呉澄は陸象山に傾いたみずからの学を、それがあくまでも朱子学であることを担保するために、老荘を持ち込んでいるといえるのである。その意味では、呉澄にとって老荘はきわめて重要な位置を占めていた。また、すでに見たように、呉澄は宋学的「太極」解釈に対比させて、老荘にもとづく古典的な「太極」概念を提示していた。これは、老荘に対して周程朱陸の宋学的解釈を一体のものとして確保する立場を示すものといえる。これもやはり、呉澄において老荘がどんな位置を与えられているかを明らかにするものである。

呉澄の学において、老荘の占める位置の意味はもう一つある。それは「理」と「気」の世界構造の中、「気」の展開としての宇宙生成論に老荘の論理が用いられていることである。宇宙生成論において道家思想が重要な役割を果すのは伝統的なことでもあったが、呉澄はそうした伝統を下敷きにして、次のような宇宙生成論を述べている。

天地の初め、混沌洪濛、清濁未判、莽莽蕩蕩、ただ一気のみ。其の久しきに及ぶや、其の外に運転するものは漸漸《しだいに》と軽清す。其の中に凝集するものは漸漸と重濁す。軽清なるものは気を積み象を成して天と為り、重濁なるものは塊を積み形を成して地と為る。天の成象は日月星辰なり。地の成形は水火土石なり。天は外に包んで旋繞して停まらざれば、則ち地は天内に処りて安静不動なり。天の旋繞、その気の急劲なるが故に、地はその中に浮かび載《の》り、陥《お》ちずして堕《お》ちざるなり。岐伯の所謂大気これを挙ぐと、是れなり。天形は正円にして虚毬のごとし。地はその中に隔《へだ》たれて人物は地上に生ず。地形は正方、搏骰《さいころ》のごとし。日月星辰、その外を旋繞《めぐる》し、左よりして上《うえ》し、上よりして右《みぎ》し、右よりして下《した》し、下より復た左《ひだり》す。（『呉文正公集』巻一「原理」）

生成される宇宙は渾天であり、この時期の構造論としてはごく普通であるが、天が透明な球体（虚毬）であるとするのはうまい表現である。問題は「混沌洪濛、清濁未判、莽莽蕩蕩」たるカオスから、コスモスへのプロセスである。これは明らかに『淮南子』「天文訓」を下敷きにしている。つまり道家思想の系譜を継ぐものである。またこの文において主導するのは「一気」であるが、この「一気」は、「混元太一とは、この気の混じて一たりて、未だ軽清重濁の分有らざるを言うなり[21]」という所の、「太一」に対応する。呉澄はこの「混元の気」「太一」を、「元気混じて一となる、これ太初・太一なり。故に『老子』に云わく、道、一を生ず[22]」と、『老子』に根拠づける。また、

澄、按ずるに、『老子』の所謂「道」、『荘子』の所謂「太初」は、即ち来教の言う所の「無極」なり。所謂「一」は、即ち来教の言う所の「太極」なり。もし来教の解の如くんば、「無極・太極」は是れ『老・荘』此の二章の旨なり。（「答田副使第二書」）

とも述べる。この答書の対論者が理解する「無極太極」は、「無極」を老荘由来の「道」「太初」に当て、同じく老荘由来の「一」を「太極」に当てるもので、呉澄は、これはまちがっているとするのである。呉澄の立場は「混元未判の気は名づけて太一と為し、名づけて太極と為さず[23]」ということであったから、事実的な宇宙生成の根本を示すものは、形而上方面には向かわぬ老荘由来の「一」ないし「太一」である。老荘は、呉澄の宇宙論の事実的側面において、

かくのごとく、重要な支柱となっているのである。

呉澄の思想の形而上的側面は、陸学に傾斜していた。だが彼は、そうした傾斜を含めて、それをまったく朱子学の枠組み内にあるものととらえようとしていた。そのために彼は、異質な老荘思想を援用することによって、みずからの立場は朱子学であって、決して陸学ではないことを鮮明にしようとした。一方、呉澄はその思想の非形而上的な展開においては、宇宙生成論の基本部分を老荘に根拠づけていたのである。

以上、反面教師的な部分もあったが、呉澄における老荘思想の位置が、ひとまずは明らかになったといえるだろう。

注

(1) 危素『年譜』(『呉文正公集』附録)、『元史』「呉澄伝」。
(2) 危素『年譜』。
(3) 危素『年譜』、『元史』「呉澄伝」。
(4) 危素『年譜』。
(5) 虞集『行状』(『呉文正公集』附録)によると、この文は呉澄十九歳の時の作である。
(6) 危素『年譜』。
(7) 『宋元学案』「草廬学案」。
(8) 『元史』「呉澄伝」。
(9) 許衡のこと。許衡(一二〇九～一二八一)、字は仲平、号は魯斎。彼はフビライによって元朝に招聘され、儒教を広宣した。元朝儒学の祖ともいうべき人物である。拙稿「元儒の性情論――許衡を中心に――」(『中国哲学とヨーロッパの哲学者上』明治書院、一九九六、一八三頁以下)参看。
(10) 『元史』「呉澄伝」。

(11) 虞集『行状』。
(12) 狩野直喜は、呉澄が「後世から非難されるのは、余りにも本を改竄した点である。……依拠なくして唯己れの意見でなすべきでないということは言を俟つまでもない」(『中国哲学史』岩波書店、一九五三、四五四頁) という。
(13) 石田和夫「呉草廬と鄭師山——元代陸学の一展開——」(『哲学年報』二九号、一九八〇) および福田殖「呉澄小論」(『文学論集』三二号、九州大学、一九八六) 参看。
(14) 「告子上」。
(15) 『宋元学案』「草廬学案」。
(16) 岩間一雄「陸学の形成——朱子学的思惟展開の起点——」(『法政論集』三一号、名古屋大学、一九六五) および前掲石田和夫「呉草廬と鄭師山——元代陸学の一展開——」、前掲福田殖「呉澄小論」参看。
(17) 『朱子文集』巻三六「答陸子静」。
(18) 『朱子文集』巻三六「答陸子静」。
(19) 「答田副使第二書」(『呉文正公集』巻三)。
(20) 『呉文正公集』巻四。
(21) 「答田副使第二書」。
(22) 「答田副使第二書」。
(23) 「答田副使第二書」。

第二章　呉澄道徳真経注考

一

呉澄、字は幼清（のち伯清）、撫州崇仁県（江西）の人、南宋淳祐九年（一二四九）に生まれた元朝随一の鴻儒である。その呉澄が『老子』の注釈『道徳真経注』を著したことはよく知られている。

朱子学者呉澄にとって老荘思想は基本的には異端であり、決して容認すべきものではなかった。それなのに『道徳真経注』を著したのにはわけがある。そのわけの一つに、当時の朱子学が固滞した不景気なものであったということがある。そこに新しい空気を吹き込むために、彼はさまざまに模索していたが、老荘研究はそうした模索の一環としてとらえられるのである。では呉澄は、老荘思想を具体的にはどのように見ていたのか。

呉澄は、形式に流れていた当時の、官学を中心とする朱子学の沈滞に新たな生命力を吹き込まんと、陸象山の実践思想の導入をはかった。彼はこの導入を、あくまでも朱子学の枠組み内において行おうと考えた(1)。そこで彼は、陸学導入は決して陸学者に宗旨替えするのではないことを明確にしようと、朱陸の間に存する哲学的な問題解決に際して、これを老荘と対比させ、それによって朱陸間には大きな溝がないことを示そうとしたのである。彼の老荘思想観の特質の第一点は、こうした対比のための鏡的役割の重視にあった。また彼は、宇宙生成論における生成の具体的プロセスの解釈を、老荘の生成論の伝統的図式に負っていた。その図式のモデルは、具体的には『淮南子』「天文訓」の生成論であったが、呉澄においては『淮南子』は老荘を根拠とするものとされていた。老荘的生成論の重視、これが彼の老荘観の特質第二点であった(2)。

ところで問題は、『道徳真経注』が、彼のそうした老荘観、とりわけ第一点とまったく同軌上にあるものか、それとももっと別の要素が関与しているものかということにある。もちろん彼の老荘観と『老子』への注釈が、関わりないはずはない。だが、それがただ単純に右の老荘思想観の延長上になされた注釈であるのか、それとももっと別のモメントがあったのかということは、もう少し追求されてよいことである。そして、その注釈中に彼自身の思想がどれほど反映しているのか、素材が彼にとって異端的なものであるがゆえに、これもまた、興味溢れる問題なのである。

二

呉澄は幼児の頃から天才的な才能を発揮し、十歳の時には初めて朱子学の書を読み、朱子学の徒たるを自覚する。そして十六歳の時に朱子の孫弟子に当たる程若庸に師事する。しかし、程若庸の朱子学は訓詁字義の末流的なものであったため、彼の志にはそぐわなかった。二十歳の時に朱陸折中思想をもつ程紹開に出会い、実践性を重んずる陸学への目を開かれる。二十二歳の時、省試に失敗し、それ以後隠遁的な学問生活に入る。そして五十四歳で推挽を断りきれずに出仕するまで、彼は処士でありつづけた。しかし、出仕は意に染まぬことであったため、その後上官・下官をくりかえす。この間、彼の学問的関心(3)は、ずっと朱子の跡を継ぐというその一点にあった。そのため彼の学問作業は、朱子のやり残した仕事である『五経』研究を主とするものとなった。

上官・下官をくりかえしていた五十九歳の時、『老子』『荘子』の較定を行う。彼は上官中に接した官学の狭隘さに風穴を開ける必要を感じ、朱子学への陸学の導入を画るのであるが、後述するように、老荘研究はその哲学的準備であったと思われる。この後、呉澄は国子監丞、国子司業を歴任するが、その間に、同僚の学者たちに対して次のような発言をしている。

朱子、道問学の功において多に居る。而して陸子静は尊徳性をもって主となす。問学、徳性を本とせざれば、則ち其の敝、必ず言語訓釈の末に偏せん。故に学は必ず徳性をもって本と為さん。

（『元史』「呉澄伝」、虞集『行状』）

この発言は国子監の学者たちを大いに刺激した。彼らは呉澄のこの言を聞くや、「ついに澄をもって陸氏の学と為し、許（衡）氏の朱子を尊信するの本意に非ざるなり(4)」と、彼に非難を浴びせかけたのであった。頑迷固陋な官方朱子学に新しい風を吹き込むのは、容易なことではなかった。

この頃より最晩年にかけて、呉澄は『易纂言』『書纂言』『易纂言外翼』『礼記纂言』『春秋纂言』等々、朱子のやり残した『五経』への注釈を次々に完成する。朱子の後継たらんとの彼の夢は、（主観的には）一応達成されたといってよいだろう。元の元統元年（一三三三）、家に卒する。八十五歳であった。

三

呉澄が朱子学に陸学を導入しようとした理由は、陸学には当時の末流朱子学には欠けていた主体性の重視、つまり積極的な倫理的実践・人格陶冶の重視があったからであった。といっても、彼は陸学の表層的受容を画ったのではなかった。彼は、朱陸両思想の哲学的根底にまで立ち入り、その間の差異を彼なりに解決するという思想的営為を経て、これを導入せんとしていたのである。ここでは、そうした彼の思想的営為の内容を見てみる。

具体的な問題は、朱陸の違いがもっとも際立つ、「無極而太極」の解釈である。まず周・朱・陸の解釈を概観する。

周濂渓はその『太極図説』において、「無極」を「無」、「太極」を「有」とし、「無」から「有」へという伝統生成論のプロセスを、時間的・論理的先後関係とはとらえず、「無極にして太極（無極而太極）」という、相即的な一つの事態ととらえようとした。しかしこれは微妙なとらえ方であった。その相即を微分的極限にまで突き詰めたら、そこには何らかの先後的意味が滲み出てくる可能性があったからである。

朱子はこの相即を「理気」の相即ととらえた。そしてその相即関係を突き詰めに突き詰めた結果、あえてその間の関係を「理先気後」、すなわち「無極」は「理」、「太極」は「気」であるとした。しかしこの結論には問題があった。というのは、朱子は本来、「太極は理なり」（『朱子語類』巻九四）というように、「太極」を「理」としていたからである。この場合「無極」は、「太極」を根拠づけるものとされ、一方、「太極」は形而下の陰陽が一陰一陽する所以のものとして、「気」の根源にある「理」とされたのだが、「太極」は、「理」でありつつも「気」に連続するということで、より実在的であるとされたのである。そして実在するものは究極的には「気」である。朱子がこの場合、「太極」を結局「気」としたのには、かなりの留保つきではあったが、こうした論理があったのである。

朱子の苦心の論理に対して、陸象山は簡明に、「無極」は不必要な形容であり、「太極」のみで十分であるとした。すなわち儒教は現実の学であり、仏教や老荘のように虚妄をこととする学ではない。「太極」はそれ自体形而上に通じ、同時に形而下への連続性をもつ。ゆえに儒教の場合、宇宙の根源として設定すべきは「太極」であり、虚妄な仏老の「無」を指向しがちな「無極」は蛇足である。これが陸象山の立場であった。

これら朱陸の解釈に対して、呉澄の解釈はどうであったのか。実はこの「太極」の解釈をめぐって、老荘思想の重要性が浮上してくるのだが、その点にも留意しつつ見てゆこう。

呉澄は「太極」の概念に関して、混同しがちな二つの理解があることに注意を喚起する。その一は、伝統的な有無の存在論からの理解であり、其の二は周濂渓以降展開する宋学の立場からの理解である。前者の例は、『老子』『荘子』から漢唐期に至る「太極」理解である。

孔穎達の『易疏』に云わく、太極は、天地未分以前、元気混じて一となるを謂うなり。これ太初・太一なり。『老子』の、道、一を生ずるは、即ちこれ太極なり。混元すでに分かれて即ち天地有り。故に曰く、太極両儀を生ずるは、即ち『老子』の、一、二を生ずるなり、と。『三五歴記』に云わく、未だ天地有らざるの時、混沌として鶏子の如く溟涬鴻濛たり、と。これを太極の元気、三を函みて一となると謂うなり。『荘子』に云わく、夫れ道は太極の先にして高きをなさず、と。（「答田副使第二書」）[5]

これらの伝統的理解に対して、呉澄自身はむしろ宋学の立場からの理解をとるべきことを主張する。

澄按ずるに、『荘子』及び漢唐の諸儒、天地未分の前、混元の気をもって太極と為す。故に孔穎達、『易』に疏してまたこの説を用うるなり。夫子のいわゆる太極は、是れ形而上の道を指して言うなり。孔疏の説は非なり。宋の伊洛より以後、諸儒、方《まさ》に太極の字を説き得たるは、是れ邵子の、道を太極と為す、と云い、朱子の『易本義』に、太極は理なり、と云い、蔡（元定）氏の『易解』に、太極は至極の理なり、と云うなり。蔡氏、易字において説き得て未だ是ならざるも、太極の字を解するは則ち差《たが》わず。

澄の「無極太極説」に曰く、太極は「道」なり、と。夫子、邵子、朱子、蔡氏の説く所と一同なり。高見、もって然りと為さず。蓋し是れ孔穎達及び荘子諸人の説に依りて、太極をもって混元の気と為すが故なり。然るに混元未判の気は名づけて太一と為し、名づけて太極と為さず。故に『礼記』に曰く、夫れ礼は太一に本づき、分かれて陰陽となる、と。朱子『易賛』に曰く、太一、肇《はじ》めて判《わか》れ、陰は降り、陽は升る、と。混元未判の気を名づけて太極と為さざるを知れるが若し。而らば、いわゆる太極なるものは是れ「道理」を指して言うこと、則ち弁を待たずして明らかなり。(「答田副使第二書」)

かくて呉澄によれば、「太極」は邵康節において「道」、朱子においては「理」、そしてこれらを踏まえて呉澄自身においては「道」であり、また「道理」とされた。これは基本的に朱子学の立場を継承したものであった。ただし右の二文中において注意すべきは、「太初」「太一」等の「混元の気」は「太極」とはしない、と断言しているところである。すなわち呉澄は、これらの概念には「太極」と異なって「理」的性格を認められぬとするのである。なお、上文中に言及されている呉澄の「無極太極説」には、「太極」が「道」であることがさらに詳述され、またそれが「理」であることもあわせ説かれている(6)。

以上のように、呉澄は「太極」解釈について徹頭徹尾朱子の跡を継いでいるかに見える。少なくとも文面上は、朱子に反することはいっていない。しかし概念の深部にわたってまでそうか。

混元太一とは、この「気」の混じて一たりて、未だ軽清重濁の分有らざるを言うなり。其の久しきに及び、則ち陽の軽清なるものは昇りて天となり、陰の重濁なるものは降りて地となる。是れ混元太一の気、分かれて二となると為すなり。今は理気象数、渾じて未分と曰う。夫れ理と気の相い合すること、古今に亘り永く分離の時無し。故に周子これを妙合と謂う。而して先儒これを前に推して其の始めの合を見ず、これを後に引きて其の終りの離を見ざると謂う。太極、理気渾ずと言うは是れなり。また未分と言うは則ち不可なり。蓋し未だ分かれざるとは則ち是れ終に分かるる時有るなり。其の実、則ち理気、豈に時として分かるること有らんや。また象数をもって理気と並べて言うは、象と数と果たして別に一物と為さざるや。其の気の著見にして状すべきもの、これを象と謂う。其の気の次第有りて数うべきもの、これを数という。象数の両字、気の状すべきと数うべきとを言うに過ぎざるのみ。気の外に別に象数有るに非ざるなり。若《も》し、太極をもって至極の理と為さば、則ち其の上に更に無極の両字を着く容《べ》からず。故に朱子は周子の忠臣たりて曰く、無極の二字は只だ是れ太極の名状すべきこと無きを称賛するなり、と。太極の外に復た無極有るに非ざるなり。若し太極をもって一気未分の名と為さば、上頭に却って無極両字を着くべし。然らば無よりして有なり。聖賢吾が儒、知道者の言に非ずして、乃ち老荘の道を言うなり。今、老荘の道の無よりして有の旨、及び朱陸の無極太極を弁ずるの問答の大略を後に録す。細観してまさに自ら了得すべし。(「答田副使第二書」)

ここでも文面上は「故に朱子は周子の忠臣たりて曰く、無極の二字は只だ是れ太極の名状すべきこと無きを称賛するなり、と」として、朱子の立場に沿うものであることが強調されている。あくまでも朱子を出るものではないというのである。だが、「若し太極をもって一気未分の名と為さば、上頭に却って無極両字を着くべし。然らば無よりして有なり。聖賢吾が儒、知道者の言に非ずして、乃ち老荘の道を言うなり」という部分になると、これは朱子の主張を承けるものとはいいにくい。むしろ陸象山の立場に近い。というよりも、これは陸象山の説の導入というべきものである。すなわち、「太極」解釈において、呉澄は結局のところ陸象山に傾斜していたのである。しかし呉澄は、その文面上の強調に示されるように、みずからの学が朱子学であることに、あくまでもこだわっていたのであった。

ただし「太極」解釈においてただ一点、呉澄が確かに朱子を継いでいると思われるところがある。それは彼の「理気」相即的「太極」概念において、「理」的形而上性が比較的重視されていた点である。彼の「無極太極説」に、「太極とは何ぞや。曰く、道なり。……道は大路なり。その条派縷脈の微密なるをもって、則ちこれを名づけて理と曰う」(7) とあるが、この議論はやや粗雑ながらも、その一端を示すものといえるだろう。

かくて朱陸は、呉澄において(内容的には陸寄りの結果ながら)思想的に共通するものとして定立されるのである。この朱陸の共通性の定立において、呉澄は老荘由来の「太極」「太初」等を導入し、また陸学的色彩の濃い老荘観を引用対比させた。これは、朱陸の一体共通性を際だたせようとする、呉澄の鮮やかな手並みであった。すなわち、呉澄は陸象山に傾いていたみずからの学が、あくまでも朱子学であることを確保・強調せんがために、反面教師的に老荘を持ち込んできたのである。そのかぎりにおいて、呉澄の思想にとって老荘はきわめて重要な位置を占めていたといってよい。(8)

以上、呉澄における朱陸間の哲学的問題の解決と、その中に浮上してきた老荘思想観について見てきた。以下、彼の『道徳真経注』を検討してゆくが、右にみたことを念頭に置きつつ、実際具体的に呉澄が『老子』にどのように接していたのかを見てゆこう。

四

さて、呉澄が老荘思想研究に本格的に取り組み始めたのは、元の大徳十一年(一三〇七)、五十九歳の頃からであった。最初は「較定」、すなわち文章の校合編修であったが、これによって今日見る呉澄『道徳真経注』のテキストが作成されたと思われる。この頃、かれはすでに十分経験を積んだ学者であった。たとえば、『道徳真経注』の本文分章が通行の河上公本・王弼本の八十一章と異なり、六十八章の分章になっているところには、呉澄の編修技術の独自性と成熟がうかがわれるところである。また、後に著される『道徳真経注』各条の注釈には、訓詁字義にわたるものが多い。これも彼が当代の朱子学の訓詁技法を自在に使いこなしていたことを示している。

呉澄が実際に『道徳真経注』の注釈作業に入るのは、較定作業からさらに約十五年後の元の至治三年（一三二三）、七十五歳になってからのことである。この年、彼は翰林学士に任ぜられていた。そしてこの官職が問題であった。清の伍崇曜は次のように説明している。翰林に勤務した呉澄は、詔勅により仏典の金字写本への「序」を作ることを命ぜられる。しかし呉澄としては、仏教のような人を惑わす教説のために文を選して後世に示すことなどは、たとえ勅命であろうとも、心に潔しとするところではなかった。それならばと、「虚」をいい「空」をいうものとして中国固有の老荘思想に着目、『老子』を取り上げ、「乃ちこの書に註して老氏の旨を発揮し、清浄玄妙、言わんと欲するところを暢」(9)べたのであった。七十五歳という晩年の著述である。彼の思想はすでに十分に固まっていたであろう。なお、この「序」の執筆拒否は、いささか論議を呼んだようであるが、たまたま帝の崩御に遇い、結局沙汰止みになったという。(10)

さて、『老子』の哲学的概念としては、「道」と「無」が重要である。それに続くのは「徳」である。呉澄においても、「道」ないし「無」と「徳」とが、大きな役割を果たしている。そこで以下、これらの概念を中心に考えてゆく。

まず、張横渠と『老子』を、概念的に対比した文章を取り上げる。

張子曰く、太虚に由りて天の名有り。気化に由りて道の名有り、と。老子は則ち太虚をもって天地の由る所と為す。もって天地を為《つく》る者は而《すなわ》ちこれを道と謂う。気化をもって万物の得る所と為す。もって万物を為る者は而ちこれを徳と謂う。道は形而上の理、気に雑わらざるものを指すなり。而ち荘子のいわゆる無有を言うなり。徳は形而下の気、中にこの理あるものを指すなり。而ち荘子のいわゆる太一なり。故に、その道その徳、虚無自然をもって体と無し、柔弱不盈をもって用と為すなり。（『道徳真経注』第一章章題下注）

ここでは張横渠の「太虚」と「気」、あるいは「天」と「道」との関係が、『老子』の「道」と「徳」との関係に対比される。張横渠の「太虚」は空虚ではなく、本質的に「気」であった。そこで呉澄は、

張子のいわゆる太虚即気とは、その気充塞して間無きなり。(『道徳真経注』第三十四章注)

と、とらえる。空間はすべて「気」で充塞されているので、空虚のように見える、というわけである。また張横渠の場合、天も「気」であるから、すべての事態は「気」において成立している。そして呉澄は、張横渠はその「気」の「気化」、すなわち運動展開をもって「道」としているのだというのである。

これに対して『老子』は、「太虚」を天地の「由る所」として、天の上位に置く。この場合の「太虚」はもちろん横渠の「太虚」ではなく、「道の体は虚なり」(『道徳真経注』第四章注)という意味での「虚」である。また例のふいご、橐籥の「橐」字の解釈において、同じ意味で「太虚」が用いられている。

橐は太虚の周遍を包含するの体に象るなり。(『道徳真経注』第五章注)

つまり、この「太虚」ないし「虚」は、「気」以上の「道」のことなのである。「道」が「虚」であり「無」であることについては、

道の体は虚なり。(『道徳真経注』第四章注)
無物とは道を指して言うなり。……道は無物なり。故に無状無象なり。(『道徳真経注』第十三章注)

道は則ち無なり。(『道徳真経注』第三十五章注)

等々の例を指摘できる。また「道」の語は直接現れぬが、「道」の「無」を示すと見ることができる例。

天下万物、有より生じ、有は無より生ず。『荘子』に曰く、太初に無無有り、無名有りとは、蓋しこの謂《い》いなり。(『道徳真経注』第二十一章注)

これらの「虚」「無」の表現は、おもに「道」の実在性の欠如を強調するものだが、しかし当然「道は形而上の理、気に雑わらざるものを指すなり」であったから、「理」的な「無」性、すなわち形而上性をも含意する。横渠の思想の場合、「太虚」「道」とも、いわば「気」内のものであったが、『老子』の「道」の射程はもっと大きいのである。

ところで呉澄は、「孔穎達の『易疏』に云わく……、天地未分以前、元気混じて一となるを謂うなり。これ太初・太一なり」[11]と、孔穎達の『周易正義』にもとづいて、「太初」と「太一」の「混元の一気」的同義性を認めていた。「太一」はもちろん、「混元未判の気は名づけて太一と為す」[12]のごとく、「混元の一気」である。一方、「太初」は「澄、按ずるに、『老子』のいわゆる道、『荘子』のいわゆる太初は、即ち来教の言う所の無極なり」[13]「太初に無無有り」[14]と、「混元の一気」とは区別される「無」とされる。とすると、二十一章注のように「道」が「太初」とされる場合、それは「無」であるのか、それとも「太一」的な「混元の一気」の可能性をもつものなのかという問題が生ずる。結論的にいうと、呉澄は『老子』の「道」に、「無」でありつつも「混元の一気」的性格があることを認めているのである。「物有り混成す」への注。

物とは道なり。混は渾に通ず。混成とは、不分判にして完全なるを謂うなり。（『道徳真経注』第二十一章注）

以上、呉澄は『道徳真経注』において、「道」を形而上の「理」と規定し、またそれを「無」であるとし、同時に「混元の一気」とも見ていた。呉澄は、「道」をこの三つの内容が複合する概念ととらえていたわけである。

では呉澄自身の思想においてこの『道徳真経注』の「道」概念に近いものはあるだろうか。まったく同じものはもちろんない。だが、彼の「太極」概念にはかなり近いところがある。呉澄自身「太極は道なり」(15)といっているが、この「道」は、本来宋学のカテゴリー内のもので、「理」に通ずる概念であった。また「太極」は「気」の根源として実在に通ずるものとされていた。ただ、呉澄は「太極」自体を「混元の一気」とはいわない。「混元の一気」的なものを主宰するものとして、

開物の前、混沌太始混元のかくの如きものは、太極、これを為すなり。（「答田副使第二書」(16)）

とはいうのであるが。

ところでこの事態について、見方を変えると、「混元の一気」的側面を除外するならば、『道徳真経注』の「道」は「太極」に近似していると見ることもできる。とすると、かなり大胆な言い方になるが、呉澄は朱陸を調整して確立したみずからの「太極」概念の内容を、少し緩めることによって、これを『老子』の「道」に適用していたのではないかと考えることもできるのである。

さて、先に指摘したように、呉澄の『老子』解釈は、「道」につづいて「徳」を重視していた。呉澄によると、まず「道」は、「もって天地を為《つく》る者」(17)であった。

また、

天、亦た道由り生ず。（『道徳真経注』第四章注）

ともいう。天は存在者中最大のものである。

一方「徳」は、天よりも小なる具体的な万物の形成にかかわるものだった。

無名とは道なり。天地も亦たこの道由り生ず。ゆえにこれを始めという。有名とは徳なり。万物皆この徳由り生ず。ゆえに母という。（『道徳真経注』第一章注）

このように「道」と「徳」とは天地の根源・万物の根源として、ともに生成者で有りつつ、概念として上下の関係に置かれる。

徳の上は道なり。（『道徳真経注』第十三章注）
徳は、その源、道より出づ。（『道徳真経注』第十三章注）
道、散じて徳となる。（『道徳真経注』第十三章注）
徳は道の中より出づ。（『道徳真経注』第十八章注）

また生成者としての「徳」をいう例。

万物、皆この徳に由りて生ず。（『道徳真経注』第一章注）

玄徳とは万物の、これに資《よ》りてもって養わるるなり。いわゆる万物の母なり。（『道徳真経注』第十七章注）

容とは、有りて見るべきものを謂うなり。……万有はみな徳に本づく。およそ形気の見るべきものは、徳の容なり。（『道徳真経注』第十八章注）

玄牝（徳）とは万物の母なり。『荘子』のいわゆる太一なるものなり。（『道徳真経注』第五章注）

ところで「徳」は、「道」とは異なり基本的性格は「気」であった。これは呉澄自身の「太極」概念には与えられていない属性であった。

徳は形而下の気、……而《すなわ》ち『荘子』のいわゆる太一なり。（『道徳真経注』第一章章題下注）

物とは、物生じて以後の形なり。象とは、物生ずる以前の気なり。徳、恍惚たり。恍惚は見るべからず。然らば、形の見るべきものは物を成す。気の見るべきものは象を成す。皆徳中の所有なり。（『道徳真経注』第十八章注）

そして、先の「玄牝とは」と「徳は形而下の気」との二つの引用では、いずれも「徳」は『荘子』の「太一」に対応するとされている。「太一」とは「混元未判の気は名づけて太一と為(18)」すもの、すなわち「混元の一気」のことである。とすると、「徳」が「太一」「混元の一気」であるなら、「道」が「太一」とされ、「混元の一気」とされていたことと、重合することになる。上下関係に置かれる概念同士としては、これは矛盾のように見える。だが、呉澄はこれを必ずしも矛盾とはしない。むしろ「道」と「徳」とのいずれにも「混元の一気」「太一」の性質があること、いいかえれば「道」と「徳」には同質性があること、それが彼の『老子』解釈の特徴といってよいのである。両者の同

質性については、

此の両者とは道と徳奥を謂う。同とは、道即徳、徳即道なり。（『道徳真経注』第一章注）

徳も亦た道なり。（『道徳真経注』第四十三章注）

のような例がある。また次のように両者の差異をいいつつも、結局は両者とも一般的実在を越えるという点から、その同質性をいわざるをえなくなっている文例もある。

徳は道中より出でてその名を異にするが故に、これを道と謂わずしてこれを徳と謂う。その名を異にすといえども、しかれども徳と道と同じくこれを玄と謂わば則ち異ならざるなり。（『道徳真経注』第一章注）

かくて「徳」は、「道」より生ずるものであり、「気」であり、万物の母であり、「太一」「混元の一気」であった。単純にいえば「道」と万物の中間にあって、両者を媒介するものであった。だが、この位置づけは明確であるが、その内実は、やはり相当微妙である。そのあたりの微妙さについて、呉澄は次のように説明する。

「其」とは亦た徳を謂うなり。「其」（徳）の上、「其」の下とはなお『易』に形而上形而下と言うがごときなり。……無物とは道を指して言うなり。徳の上は道なり。道は無名、ゆえに皦《あきら》かならず。徳の下は物なり。ゆえに昧からず。徳は有無の間に在り。有名の若きといえども、名づくべからず。その始めに反還すれば則ち無物の道に帰結するなり。『荘子』のいわゆる、徳、至りて初に同ず、と是れなり。道は無物なり。ゆえに状無く、象無し。

徳は有名なり。ゆえに状すべく、象すべきなり。然れども、その状、その象、亦た物の状有り、象有るが如きに非ざるなり。ゆえに無状の状、無象の象と曰う。有に似て、無に似たり。故に（徳を）恍惚という。

（『道徳真経注』第十三章注）

さらに続く説明。

惟だ（徳は）恍惚、名づくべからず。ゆえにこれを前に迎え、後ろに従えて、皆見ざるなり。……徳はその源は道より出で、その流は万物に溥《ひろ》がる。ゆえに古の道を執りてもって今の有を御す、と曰う。

（『道徳真経注』第十三章注）

つまり「徳」は「道」とは異なり、形而上者ではないが単純に形而下の「物」とすることもできない。むしろ「道」と重なっている部分があり、その部分は「道」の異名同体的なものなのである。またその重なるところを機能面で見ると、とくに道家的生成論の伝統を承けた部分で、「混元の一気」として生成をつかさどる部分に当たる。先に、呉澄が『老子』の「道」に「太極」を適用させて理解しているとした際、概念の内容を少し緩めたと述べたが、その緩めた部分がまさにこの「混元の一気」の部分であった。これは呉澄が『老子』の「道」の、「太極」的解釈で覆いきれぬ部分を「徳」に受け持たせて展開しようとしていたことを示している。通常「道」の機能と解釈される生成者の役割が根源的な部分を除いて「徳」に割り当てられていること、通常「道」の属性とされる「無状の状」「無物の象」「恍惚」などがすべて「徳」の属性とされていることなどに、それが現れている。だが、この「道」「徳」が生成のプロセスにおいて同質的連続性をもつという状態、また差異性を論じても結局は同質性に帰してしまうような理解は、最初に設定された両概念間の差異を撥無してしまう可能性がある。要するに論理の破綻につながる可能性がある。ゆえに同質性と差異性の混淆状態は論理的に整理しておく必要がある。そこで呉澄は、同質性の中にも差異性ははっきりしているということを、次のように述べるのである。

徳と道と、同じくこれを玄と謂うといえども、道は則ち玄の亦た玄なるものなり。ゆえに道は迺《すなわ》ち徳の由りてもって出づる所なり。その妙の妙なるは道なり。妙の合して一本と為るものなり。衆妙の妙は徳なり。妙の分かれて万殊と為るものなり。（『道徳真経注』第一章注）

「道」と「徳」は、形而上から形而下へ、あるいは「混元の一気」から万物へと展開する際の、二つの段階である。形而上から形而下への連続は、呉澄が「理気」未分、すなわち相即としていた「太極」理解と同様に考えればよいだろう。(19)生成の筋道としては「混元の一気」の展開として、「道」と「徳」との同質的連続である。しかし同質ではあるが、それらはやはり異なるものとされねばならない。それは、形容的には「玄」と「妙」の深度の差で示されるが、具体的には「道」が単一のものであるのに、「徳」は万物に向けてすでにさまざまなフェイズをもっているという点に示されるのである。そしてこの論理は、明らかに「理一分殊」思想の応用である。同質でありつつ、かつ異なることが可能である論理的根拠として、「理一分殊」の思想をもちいているのである。そしてこれこそが、同質性中の異質性の問題を解く鍵であったといえるだろう。「理一分殊」の論理が用いられている他の例をあげておく。

春、生ずるの時。道は万物に普遍たりて、もって衣《き》するが如し。これを衣せてもって被《き》す。これを被するは、いわゆる元亨の羣品に播するなり。元亨は誠の通なり。而して道は自ずからこれが主とならず。……此れ、一本の散じて万殊となるなり。遹ち道の分かれて小に至るなり。（ところでそれなら）それ、これを小に名づくべけんや。蓋し不可なり。蓋しその名づくべきは、則ち不辞不為主常無欲の道に非ざればなり。

（『道徳真経注』第二十九章注）

冬、蔵するの時。万物は反本復命して一に会帰す。いわゆる利貞の霊根を固むるなり。利貞は誠の復なり。而して物その孰かこれが主となるかを知らず。此れ万殊の合して一本となるなり。遹ち道の総にして大に至るなり。（ところでそれなら）それ、これを大に名づくべけんや。蓋し不可なり。その名づくべきが若きは、則ち不居功不知主の道に非ざればなり。（『道徳真経注』第二十九章注）

呉澄は『老子』の形而上から形而下に至る論理構造として、「道」と「徳」の二つの段階を設定していた。一方、彼自身は「無極」を否定して「太極」の一段階における「理気」相即を考えていた。つまり『老子』の二段階構造は、（呉澄的）朱子学の形而上学とはパラレルではない。「道」と「徳」との分離は、確かに自らの思想と老荘との差異を際だたせるものであり、呉澄が老荘に対して批判的であるという原則に合致するものであった。

だが「道」と「徳」も、生成のプロセスの微妙な部分に立ち入ると、単純に二概念に区別できるともいえず、両概念は一体のものとしてとらえざるをえなくなるところも生じてきた。この一体化は、彼みずからの「理気」の相即に近似した構造をもつと考えられるものであった。しかし「道」と「徳」の間にはやはり厳然とした区別がなければならない。そこで、そうした同一性と差異性の区別に、「理一分殊」の思想が導入され、これによって問題の解決がはかられたのであった。呉澄は、「太極」といい、「理一分殊」といい、みずから奉ずる朱子学思想をアレンジして、『老子』解釈の中に滑り込ませていたといえるのだろう。

しかし彼が朱子学思想を『老子』への注釈に利用していたということは、ある意味で、彼は『老子』に肯定的シンパシーを抱いていたことを示しているといえる。では本来否定的であらねばならぬはずの『老子』に対して、かくシンパシーを抱いたのはなぜであろうか。

この点の理解の鍵は、『道徳真経注』著述の背景にある。先に見たように、この書には、仏教経典へ序文を書けとの勅命に対して、むしろ中国固有思想としての老荘を宣揚しようとの契機が存在した。この契機は、哲学的というよりも、勅命という政治的なものであった。しかしいずれにしろ、『老子』の優位性を示さなければならなかったわけで、そこに、呉澄が『老子』に肯定的シンパシーを抱いて解釈する理由があったといえるだろう。

五

最後に、呉澄は当時『老子』が、老荘思想という古典的枠組みにおいてのみ受容されていたのではなく、道教と、それに沿う養生思想の書としても読まれていたことを承知していた、ということについて簡単に触れておきたい。もちろん彼はすでに述べたような立場から『老子』に対処していたのであって、道教や養生の立場に立っていたのではない。だから『道徳真経注』では、こうした方面について、多くは説かれていない。たとえば道教に対しては、

常無有とは、此れ或いはこれを号して元始先天の祖と為す。（『道徳真経注』第五章注）

玄牝とは万物の母なり。『荘子』のいわゆる太一なるものなり。此れ或いはこれを号して霊宝後天の宗と為す。（『道徳真経注』第五章注）

などの関説があるが、「道」や「徳」が、道教でいうところの諸概念に対応するという以上のものを出ていない。す

なわち道教について知識をもっていることを示す、その程度のものにすぎず、それ以上に深く詮索しようとするものではないのである。

また第九章「営魄を載せ、一を抱き……、気を専らにして柔を致し、能く嬰児たらんや」への注には、「気を内に専らにして、肌骨を薫蒸し、その軟脆を極めること、母腹の嬰児の如し。此れ出世の人の能く気を存するものなり」とあり、同章の「愛民治国、能く無為ならんや」への注では「……此れ住世の人の能く養形するものなり」といい、同じく「天門開闔」への注では呼吸法によって解釈して、「此れ住世の人の能く養気するものなり」という。すべて養生論の立場からの解釈である。

しかしながら呉澄はまた、第三章「是をもって聖人その心を虚しくし、その腹を実《み》たし、その志を弱め、その骨を強くす」への注においては、次のようにいう。

この章、聖人の天下を治むるの道を言うなり。而るに、虚心実腹弱志強骨、後世の養生家、借りてもって説をなす。その説、精なりといえども、『老子』の本旨に非ざるなり。（『道徳真経注』第三章章題下注）

この文において呉澄は、この章を養生論から解釈すべきではないことをいい、それを『老子』の本旨ではないといいきっている。このことを拡大するならば、先に見たように部分的には養生的解釈を許容しつつも、『老子』全体を養生論的立場から解釈してしまうのは間違いである、と彼は考えていたということになる。そこでここからは推測になるが、これはおそらく「河上公注」が、全体にわたって養生論からの解釈と考えられることを意識しているのである。そうであるのなら、これは「河上公注」そのものを批判していることにもなる。そしてそれはさらに、「河上公注」を奉戴する思想（宗教）に対する間接的批判ということでもある。その思想（宗教）とは、もちろん道教である。

注

（1）清の李紱が『陸子学譜』を著して以来、呉澄を陸学者と規定する一つの強力な流れがある。しかし呉澄は実際には終始朱子学者であり続けたのである。拙稿「呉澄と老荘――朱陸問題と関連して――」（『中国文人論集』明治書院、一九九七）を参照。なお呉澄と陸学を論じたものとして、石田和夫「呉草廬と鄭師山――元代陸学の一展開――」（『哲学年報』三九号、一九八〇）および福田殖「呉澄小論」（『文学論集』三二号、一九八六）などがある。

（2）呉澄の老荘思想観についての、より詳しい議論は、拙稿「呉澄と老荘――朱陸問題と関連して――」を参照。

（3）彼の学問的業績については、危素『年譜』（『呉文正公集』附録）、虞集『行状』（『呉文正公集』附録）、『元史』「呉澄伝」、『宋元学案』「草廬学案」等によって著作時期その他の背景を知りうる。また『呉文正公集』一百巻には、彼の著作の大概が収められている。

（4）『元史』「呉澄伝」。「許氏」は、元代儒教の開祖ともいうべき許衡のこと。許衡については、拙稿「元儒の性情論――許衡を中心に――」（『中国哲学とヨーロッパの哲学者 上』明治書院、一九九六）参看。

（5）『呉文正公集』巻三。

（6）「無極太極説」（『呉文正公集』巻四）参看。

（7）『呉文正公集』巻四。

（8）拙稿「呉澄と老荘――朱陸問題と関連して――」参看。

（9）「道徳真経注跋」。

（10）危素『年譜』。

（11）「答田副使第二書」。

（12）「答田副使第二書」。

（13）「答田副使第二書」。

（14）『道徳真経注』第二十一章注。

(15)「無極太極説」。
(16)『呉文正公集』巻三。
(17)『道徳真経注』第一章章題下注。
(18)「答田副使第二書」。
(19)「今は理気象数、渾じて未分と曰う。夫れ理と気の相い合すること、古今に亘り永く分離の時無し。故に周子これを妙合と謂う。……太極、理気渾ずと言うは是れなり」(「答田副使第二書」)。

第三章　李贄老子解考序説――ムスリム知識人としての李贄――

一

明代思想史において李贄（李卓吾）（一五二七～一六〇二）は、王陽明（一四七二～一五二九）や王竜渓（一四九八～一五八三）とならんで人気の高い思想家である。彼の生家がムスリムであったことはよく知られていることであるが、同じムスリムで彼より十歳ほど年長の海瑞（一五一四～一五八七）が儒教的士大夫としてその節をつらぬいたのとは異なり、彼は伝統的文化・思想への異議申し立てをおこなうというスタンスに立っていたと見られている。正史『明史』の彼の伝記についての言及は、「耿定向伝」（巻二二一）の一部に、わずかにつぎのようにあるのみである。「（耿定向は）嘗て晋江の李贄を黄安より招く。後に漸《しだ》いに之《これ》を悪み、贄も亦た屢々《しばしば》定向に短たり。士大夫の禅を好む者、往往、贄に従いて遊ぶ。贄、小《やや》、才有り。機《たく》みに弁ず。定向、勝つこと能わず。贄、姚安の知府と為るに、一旦《(ある日)》、自ら其の髪を去りて冠服して堂皇に坐すれば、上官、勧《とど》めて任を解く。黄安に居るに、日々士人を引きて講学し、雑《まじ》うるに婦女を以てす。専ら釈氏を崇び、孔孟を卑侮す。後に北《きた》して通州に遊ぶに、給事中の張問達の劾する所と為り、逮《とら》われて獄中に死す」と。思想史上重要な思想家と目されているが、『明史』の記述はこれだけであり、否定的、ほとんど無視に近い。「小《やや》、才有り。機《たく》みに弁ず」などは、李贄を相当見下している。その原因は、「髪を去りて冠服して堂皇に坐」し、講学するのに「雑うるに婦女を以て」し、「孔孟を卑侮」するという、不羈なる行動にあったのだろうが、儒教理念を掲げる国家からみるならば、こうした反礼教的行動は、ほとんど叛逆的行動ということになるであろう。[1]

しかし李贄は、思想的な根本においては、儒教を否定していたわけではなかったし、というよりも学問的な面では儒の思想を基底にしていた。(2) ただ、道教も否定していなかったし、(3) 仏教に対しても親近性をもっていた。(4) にもかかわらず彼はそれらに対して言辞としてはかなり強い否定をおこなってもいる。(5) それは、まずはそれら儒仏道の思想・宗教が、明代当時においては、まったく頽廃堕落しており、リゴリスティックな立場からは見るに耐えなかったということが大きな理由なのであろうが、(6) さらにより根本的には、もしかすると彼にとっては、それらすべては絶対的に依拠すべきものではなかった（それらからの美点・優点の摂取・採用は当然ありうべきであった）、あるいはすべてが相対的なものであったのかもしれない、ということが考えられる。

本稿では李贄の『老子解』を論ずるに先立ち、従来から知られていたことではあるが、あらためてムスリムとしての李贄、ムスリムであり儒者であった李贄、についてまとめ、それを『老子解』考察の序としたいと思う。

二

李贄、もとの名は林載贄、字は宏甫（一に宏父に作り、号であるともいう）(7)。号は卓吾、温陵居士、百泉居士その他、多数ある。林載贄が「李贄」と称するのには、若干の事情がある。李贄は福建泉州でムスリム海商の家系に生まれたとはいえ、彼の家は渡来系ではなく、本来は漢人の家系であった。李贄の家系の宗祖は河南光州の人、李閭である。李閭は、元の至元年間に泉州において海外交易に従事し、その地の巨商の一人となった。(8) 李閭には二男があり、兄は李駑、弟は李端といった。兄の李駑は、父の跡を継ぎ、「壮年にして呉に航《わた》り越に泛《うか》び、泉（州）の巨商と為る。洪武十七年（一三八四）、命を奉じて航を西洋に発(9)」して、ホルムズ方面にまで至った。そして「行年三十、遂に其の教に従い、戒を清浄寺教門に受く。順天の民と号し、就きて色目婢人を娶りて家に帰す(10)」と、色目女性と結婚し、みずからイスラームに改宗した。そしてその子孫も、「今、子孫繁衍し、猶お其の異教を去らず[11]」とイスラーム信仰を維持し続けた。李贄はこの李篤の六世の子孫である。林姓はこの李篤（林篤）のときから名乗り始めたようであり、李姓は弟の李端の系統に続いた[12]。こうした林と李の関係の中にあって、林載贄が李贄となったのは、まずは彼が郷試を受けたときに李姓にあらため[13]、そしてのちに載を削ることになるのは隆慶帝（一五六六～一五七二）の諱「載垕」を避けたためと見られる[14]。

泉州の巨商であった李贄の家も、曽祖父ごろからは商売は縮小傾向にあり、交易は日本交易や琉球交易に関与するのみのものとなり、また交易の一方、通詞などにもたずさわるということになっていた（逆にいえば通詞にたずさわって船に乗り[15]、そのついでに個人交易をおこなっていた、というようなことだったのではないだろうか）。そして祖父李（林）宗潔のころには家業は沈滞し、父李（林）鍾秀（白斎[16]）は科挙の受験資格は得ていたらしいが、おそらく合格には至らず、家塾の教師で糊口をしのいでいたようである[17]。

そのような家勢のもと、父白斎は李贄が科挙官僚になることを期待し、教育をおこなった[18]。しかし李贄は、そうした学問と教育にはなじまなかった[19]。結局、郷試にあたっては、「因りて時文[20]の尖新にして愛玩すべき者を取りて、日に数篇を誦し、場《（試験場）》に臨むまでに五百を得たり。題旨下れば、但だ繕写謄録生を作《な》す。即ち高中せり」（『焚書』巻三「卓吾論略」）と、合格してしまった。二十六歳であった。科挙のための学問と教育に違和感をもち、たいして勉強しなかったのに合格してしまうというのは相当な才能であった。

嘉靖三十五年（一五五六、李贄三十歳）、河南輝県教諭に任官し、その後、国子監吏官、礼部司務、南京刑部郎等を経て、万暦五年（一五七七、五十一歳）に雲南姚安府知府となり、万暦八年（一五八〇、五十四歳）には致仕する[21]。その間、礼部に勤めていた四十歳ごろから誘われて王陽明や王竜渓の書を読みはじめ[22]、陽明学に一歩を踏み出す。また礼部から南京刑部郎に遷ったころに焦竑[23]と友人となり、さらに雲南への途次、湖北の黄安に耿定理、耿定向[24]の兄弟を訪ね、そこに娘夫婦を留めて、姚安知府を勤めて蓄えを得たのち、戻ってくることを約していた(25)。

彼は「金陵より已後、撰述せず」（『焚書』巻三「卓吾論略」）と、南京在任後は著述することはなかったが(26)、致仕して黄安に戻ったのちに、本格的に著述をおこないはじめる(27)。万暦十二年（一五八四、五十八歳）に耿氏の兄耿定理が卒したのち、弟の耿定向との仲が思わしくなくなり(28)、妻子を泉州に返し、みずからは友人の周友山の兄周柳塘を頼り、麻城（湖北）の僧院芝仏院に身を寄せる(29)。この芝仏院の生活は李贄には合っていたらしく、「守院の僧に無念なる者有り。……故に余、遂に念僧に依りて以て居る。日夕に唯だ僧、安飽して唯だ僧。覚えずして遂に二十年。其の地の楚たること、身の孤たること、人の老いを為すや、鬚は尽《ことごと》く白く、髪は尽く禿げたるを、全く忘れたり。余、天性、寂静を喜び、書史を愛し(30)、俗人と接することを楽しまざると雖も、然れども僧の輩の、事に服するに唯だ謹み、飲食には時を以てして、子孫の父祖におけるが若《ごと》きには非ざるなり(31)」（『続焚書』巻二「釈子須知序」）と、比較的落ち着いた日々(32)を過ごしていた(33)。麻城居住の間の万暦十八年（一五九〇）、李贄は湖北の公安県に遊び(34)、そこで袁宗道・袁宏道・袁中道に出会う(35)。麻城に帰還したのち、李贄はまた旅に出て黄鶴楼に遊ぶが、そのとき、彼について「左道惑衆」の誹謗がおこなわれていることを知る。彼はそういった非難をかわそうとするが(36)、その非難はなかなか拭い去れない。万暦二十四年（一五九六）に主要論敵であった耿定向が卒し、李贄への非難も薄れるかに思われたが、彼への非難はもはや耿定向とは関わりなく固着化しており、彼への左道非難はあいかわらず付いてまわっていた。

万暦二十六年（一五九八）、焦竑に誘われて南京に至るが、このときマテオリッチと三度会っている(37)。翌万暦二十七（一五九九）年、『蔵書』を上梓、万暦二十九年（一六〇一）にはまた非難が高まり、通州(38)の馬経綸が彼を迎えることとなった(39)。しかし通州は京師の近郊である。京師の近くに左道・非道の輩が居住するのは危険であるとの讒言があり、ついにとらえられ、牢死する(40)。

三

李贄はムスリムであったが、しかし彼の文章には実際のところ、明確にイスラーム色が認められるところはほとんどない。ただ、生前にみずから認《したた》めた「遺書」(41)に指示されている埋葬法はイスラーム的なものと見られ(42)、彼のイスラーム的著作としてはこれが唯一のものかもしれない。とはいうものの彼の著作（とりわけ思想学問的著作）のなかには、直接的にはイスラームのことに言及しなくとも、部分的、あるいは微妙な形でイスラーム的心性・意識が漏出しているところが存在する可能性はあるかもしれない(43)。

ところで先に、李贄は、儒道仏すべてを相対的にとらえていたと指摘した。その点について若干確認的に記しておきたい。彼は中年以降、陽明学（とりわけ陽明左派）を学び、晩年に至るまで陽明学の立場を持していた(44)。万暦二十八年（一六〇〇）には、『陽明先生道学鈔』八巻、『陽明先生年譜』二巻を編んでいる。また晩年、もっとも意を注いだのは『易』であった。万暦二十六年（一五九八）、南京の焦竑のところに滞在した際、「時に方先生伯雨、家に挈《ひ》けば、往きて学に就く。師、因りて与にその間に易を読み、毎《つね》に夜分に至りて始めて徹す。（汪本）鈳は旁《かたわら》に従いて記載を作すの人に過ぎず。而して『易因』梓さる」（『李温陵外紀』巻一、

李卓吾墓（北京市通州区）

汪本鈳「哭李卓吾先師告文」と、易の研究をおこなって『易因』を著した。李贄はこの『易因』をみずから重要なものととらえており、その後も補訂を続け(45)、晩年、馬経綸によって通州に迎えられた後、最終的に訂正を施し、『九正易因』とした(46)。この『九正易因』に対して、馬経綸は「此れ真に孔氏の書なり。他時後日、以て吾が夫子を杏壇の上に就正すべし」(「九正易因序」)と賞賛している。これは李贄が学問の根本において儒家思想家であったことを伝えるものである(48)。また『明史』巻二二一「耿定向伝」に、「専ら釈氏を崇び、孔孟を卑侮す」と非難の根拠とされていたように、彼は仏教思想にも親しんでいた(49)。彼は麻城芝仏院に居住以降は「日夕に唯だ僧、安飽して唯だ僧」(『続焚書』巻二「釈子須知序」)という様子であった。「日夕に唯だ僧、安飽して唯だ僧」は日常生活の、まさにその日常性を喩えていったものだろうが、「唯だ僧」という表現には、日々仏書を読んでいたということも含意されている。道教については、彼は海瑞同様、当然、当時の道教のあり方については批判的であった(50)。実際には、『老子』や『荘子』に対して注釈をおこなっており、それらは全体として『老子』や『荘子』を貶めようとしたものではない(51)。李贄は儒道仏の三教に対して、それぞれに基本的には親近感を抱き、とりわけ儒教については、陽明学者として学問思想の立脚点としていたのであるが、しかしそれを絶対化しきっていたのではなかった(52)。儒者としてそれを中核に据えつつも、儒仏道それぞれにその問題点を見抜いていた、あるいはそれらを相対的にとらえていたといえるだろう。逆に相対化していたからこそ、それらへの批判的言説も生じてきたといえるだろうが、批判ということがおこなわれる場合、徹底したアナキズムかニヒリズムであるのならともかく、ふつうは何らかの思想的立脚点があるはずである。もちろん李贄において基盤的にあったものは陽明学であろうが、ただその一方、陽明学を含む儒教と、そして道仏をも、総体として相対的に見るような視点が彼にはあったのだろう。そういった点は、彼がムスリムであったということに関係があるかもしれない。李贄と同年代で、中国ムスリムの知識人教育を開始した胡登洲(一五二二〜一五九七、李贄より五歳年長)は、「性理を見るに及んで、これを哂《わら》いて曰く、宋時の諸先生の言、亦た傾国の一佳人に似たりといえども、然れども其の粉を傅《つ》け、朱を塗り、但だ徒《いたず》らに土泥の気息を負うのみを怪しむなり。（原注：なお粧《けわい》する美人の活気無きを言うがごとし）。胡《なん》ぞ必ずしも、其の何ぞ巧笑嬌顰の態に乏しきを、問わんや、と」（『経学系伝譜』）と、宋学を批判し、相対化していた。また李贄よりも半世紀ほど後の、中国イスラーム哲学者王岱輿は、朱子学の「太極」「一本万殊」、『老子』の「無名」、仏教の「万法帰一」などの中国の伝統的な根源概念に一定の評価をあたえつつも、しかしそれらは真の根源たる「真一《アッラー》」の下位に定位するもので、二次的ないし相対的な根源であるとしていた（『正教真詮』「真一」）。いいかえるなら、彼らは中国の思想的伝統をまるごと相対化する視点をもっていたのである。

四

李贄は、学問的には陽明学を奉じた儒者であったといえる。ムスリムでありつつ儒教を奉ずるということは、歴史的には別に珍しいことではなかった。唐代にムスリムが入貢して以来、中国官吏たらんとしたムスリムの例は枚挙にいとまない。宋代にはムスリムの側から積極的に官僚候補生を育成する蕃学と呼ばれる学校が組織されもする。[53]そうした背景から育成されて官界に入ったものは、ムスリムであっても儒教的士大夫であった。宋末の蒲寿宬、[54]元の薩都剌や丁鶴年、先に挙げた明の海瑞等々、史上に名を残すムスリム士大夫は数多い。丁鶴年は、通常の漢人士大夫などではたじろいでしまうほどの強烈な儒教意識をもつ人物であったし、海瑞は中国史上屈指の（儒教的規範における）清廉な士大夫であった。したがってムスリムでありつつ儒者であるという立場は、必ずしも李贄の専売特許というわけではなく、むしろ唐宋以降の中国史においてはある程度一般的な事態となっていたといえる。李贄はただ、「朱夫子の深心も契《あ》うこと能わず」（『焚書』巻三「卓吾論略」）と、儒教の中でも朱子の方法に対して違和的なものをもっており、[55]朱子の後継ともいうべき明代当時の士大夫たちに対してきわめて鋭い批判意識をもっていたのである。朱子学に対する違和感は、李贄の感性に、あるいは胡登洲や王岱輿と並行するところがあったということなのかもしれない。

注

（1）顧炎武は、「小人の忌憚無くして聖人に叛《さから》うに敢えてする者なり」（『日知録』巻一八「李贄」）といい、『四庫提要』（『蔵書』）に、「孔子を排撃して褒貶を立つ。……尤も罪、容誅せざると為す」と批評する。

（2）李贄は、「今を以て吾が夫子を観るに、夫れ孰か尊ばざらん。夫れ孰か親しまざらん。……則ち夫子の沢は、遠なるかな、広なるかな。夫子の言の至れること、是れ又符契の若し。故に之を称して至聖と曰うなり。吾以て謂《おも》うに、千古以て至聖と語るべき者は夫子なり」（『道古録』巻下）といっているし、後述するように四十歳ごろから陽明学を学びはじめ、そして陽明学支持の立場は生涯続く。彼は王陽明を「孔聖の統（正統）を継ぐに足る」（『続蔵書』巻一四「新建侯王文成公」）とし、また周濂渓、邵康節、陳惇、王陽明らは彼（李贄）のことを、「吾家の統の子孫」（『道古録』「道古録引」）といってくれるのではないか、ともいっている。李贄の学問意識の基底にあったのはやはり儒教だったといえるであろう。牛鴻恩「我所認識的李贄——李贄尊孔与反孔詩論」（『首都師範大学学報（社会科学版）』二〇〇二年六期）参照。李贄が、みずからが陽明学者であったことを強く意識していたことは晩年の万暦二十八年（一六〇〇）、『陽明先生道学鈔』八巻と『陽明先生年譜』二巻を編んだことにも見てとれる。なお、李贄は「伝注を読むも省（注意深く）せず、朱夫子の深心も契《あ》うこと能わず。自ら怪しむに因りて、棄て置きて事とせざらんと欲す」（『焚書』巻三「卓吾論略」）と、朱子の思想には違和感をもっていたことをいっているが、これは朱子の思想（ないし方法。おそらくは理気論）が、李贄自身の根底的思想、あるいは感覚にとって違和的でそぐわないものがあったのだろうと思う（そしてその違和感を越えて、彼が陽明学に向かったという点については、今後、儒者としての李贄の内的なモチベーション・感性といったもののさらなる追求といったことも必要となるのであろうと思う）。当時としては、朱子学に違和的であったということは、一見儒教そのものに違和的であったと見られただろうが（実際、当時の李贄への批判はそのレベルでのものが通常であったように見える）、今日、陽明学は儒教ではないと見なされないだろうし、陽明学者たる李贄はやはり儒者であったというべきであろう。

（3）李贄には『老子解』『荘子解』という注釈書がある。

（4）先に見たように、『明史』は李贄の落髪を儒教を奉ずるものとしてはあるまじきことと問題視しているが、これはじつは後述するように出家したということではない。しかしそのことはともあれ、「弟は仏を学ぶの人なり」（『焚書』増補一「答李如真」）とみずから宣言している点や、『明史』が「専ら釈氏を崇び」「士大夫の禅を好む者、往往、贄に従いて遊ぶ」としている点、また彼には仏教関係の著として『心経提綱』『観音問』『浄土訣』等があったことは、彼が仏教思想に親しんでいたということを示している。

（5）「陽明先生年譜後語」（『李氏文集』巻一）に、「余、幼きより倔強にして化し難し。学を信ぜず、道を信ぜず、仙釈を信ぜず。故に、道人を見れば則ち悪み、僧を見れば則ち悪み、道学先生を見れば則ち尤も悪む」と。

（6）隆慶・万暦期の官僚上層の動きは、徐階、高拱、張居正等々、権謀・裏切りの連続であった。そうした高級官僚層――つまりは儒教的士大夫である――の腐風は李贄の周囲にも当然吹き降りてきていたであろう。なお、ただし李贄は、そうした権謀の渦の中心にいた張居正の功績自体については、「何公（何心隠）は布衣の傑なり。故に身を殺さるの禍有り。江陵（張居正）は宰相の傑なり。故に身後の辱有り。其の敗を論ぜずして其の成を論じ、其の迹を追わずして其の心を原《たず》ね、其の過を責めずして其の功を賞むれば、則ち二老は皆吾が師なり。世の局鎖して形を取り、埋頭して影を顧み、聖人の名を窃みて、以て自ら其の位を貪り寵を固めるの私を蓋う者の比には、非ざるなり」（『焚書』巻一「答鄧明府」）と高く評価している。

（7）容肇祖『明李卓吾先生贄年譜』（台湾商務印書館、一九八二）一頁。

（8）林其賢『李卓吾事蹟繫年』（文津出版社、一九八八）五頁。

（9）陳清輝『李卓吾生平及其思想研究』（文津出版社、一九九三、五四頁）引『鳳池林李宗譜』。

（10）陳清輝『李卓吾生平及其思想研究』（五四頁）引『鳳池林李宗譜』。

（11）許蘇民『李贄評伝』（南京大学出版社、二〇〇六、七四頁）引『栄山李氏族譜』。

（12）陳清輝『李卓吾生平及其思想研究』（五五～五七頁）は、弟李端の系統は李姓を名乗ったが、弟の系統のなかでも、その時々の人によって林と李を名乗り分けていたとみている。また林其賢『李卓吾事蹟繫年』（文津出版社、一九八八、六頁）は、じつは宗祖である李閭は、李ではなくもともとは林閭であり、弟の方の李端（林端）の曽孫から李姓を名乗りはじめ、また兄の林駑（李駑）の系統も、支脈によって李を名乗るものが出たという（林其賢によれば、いずれも次注に示す林広斎事件にかかわって李にあらためたという）。

(13) 許蘇民『李贄評伝』（南京大学出版社、二〇〇六、七四頁）。陳清輝『李卓吾生平及其思想研究』（文津出版社、一九九三、五七頁）は、李贄の同族の林広斎（李端の息子。林氏を名乗っていた。李贄とは異系統）に謀反事件があり、郷試を受けるにあたってそれへの巻き添えを避けるために林から李へあらためたのではないかという。

(14) 陳清輝『李卓吾生平及其思想研究』五七頁。『鳳池林李宗譜』に、「原姓林、泮学に入るに冊《書類》は林載贄に係る。旋《ま》た姓を李に改む。勝朝の諱を避けて、載字を去る」（林其賢『李卓吾事蹟繫年』（文津出版社、一九八八、五頁引））とある。

(15) 祖父の諱は、林海権『李贄年譜考略』（福建人民出版社、一九九二、二頁）による。

(16) 鍾秀は字、白斎は号である。林海権『李贄年譜考略』二頁。

(17) 林其賢『李卓吾事蹟繫年』（七頁）は、父白斎は、「村塾先生」になっていたのではないかと見ている。

(18) 「父白斎公に随いて書歌詩を読み、礼文を習う」（『焚書』巻三「卓吾論略」）。

(19) 「稍《や》や長ずるに、復た憒《心が乱れ》憒たりて、伝注を読むも省《注意深く》せず、朱夫子の深心も契《あ》うこと能わず。因りて自ら怪しみて、棄て置きて事とせざらんことを欲す。而るに間《ひま》は甚だしく、以て歳日を消する無し。乃ち嘆きて曰く、此直《た》だ戯れなるのみ。但だ剽窃して目を濫《あやま》らするを得れば足らん。主司も豈に一一能く孔聖の精蘊に通ずる者ならんや」（『焚書』巻三「卓吾論略」）。

(20) 科挙受験用の八股文。

(21) この間、李贄には二度ほどの服喪があり、「吾、十年余、南北に奔走し、祇だ家事を為す（『焚書』巻三「卓吾論略」）ことが多かった。一方、勤務ぶりはというと、「惟だ升斗の禄に仮《よ》りて養を為さざるを得ざれば、世俗とは相い接せざる容《べか》らざるのみ。然らば公堂の外に拝揖して、固く戸を閉ざして自若たり」（『李氏文集』巻一「陽明先生年譜後語」）のごとく、いってみれば横着なものであった。

（22）「友人李逢陽・徐用検の誘う所と為りて、我に竜渓先生の語を告げ、我に陽明王先生の書を示す」（『李氏文集』巻一「陽明先生年譜後語」）。

（23）李贄より年少の焦竑は、このころまだ三十代前半だっただろうが、のち万暦十七年（一五八九）には殿試第一位の状元となる大秀才である。「余、京師（北京）に至りて即ち聞く、白下（南京市内）に焦弱侯其の人有り、と。又三年、初めて侯を識る。既にして官、留都（南京）に徙《うつ》りて、始めて侯と朝夕膝を促して、彼此の実際を窮詣す」（『続焚書』巻二「寿焦太史尊翁後渠公八袠華誕序」）。

（24）耿定向は焦竑の師であった（『明史』巻二八八「焦竑伝」）。

（25）「丁丑、滇（雲南）に入るに、道、団風（湖北）を経たり。遂に舟を舎《す》てて岸に登り、直ちに黄安に抵《いた》りて、楚空（耿定理）に見《まみ》え、並びに天台（耿定向）に睹《まみ》ゆ。便ち官を棄てて留住するの意有り」（『焚書』巻四「耿楚空先生伝」）。

（26）とはいうものの、南京刑部郎在任中の万暦二年（一五七四）に、「子由解老序」を著しているので、まったく著述しなかったということではない。

（27）「唯だ朝夕読書し、手は敢えて巻を釈《す》てず、筆は敢えて揮うを停めざること有り。五十六歳より以て今年七十四歳、日々是の如きのみ」（『続焚書』巻一「与焦弱侯」）。

（28）「先生（耿定向）、李卓吾の鼓倡狂禅にして、学ぶ者の靡然として風に従い、毎毎《ことごと》に実地を以て主と為すに因り、口を苦くして匡救す。然れども又泥を抴《ひ》くに水を帯びて、仏学においては半信半不信、終《つい》に以て卓吾を圧服すること無し」（『明儒学案』巻三五「耿定向」）。耿定向との対立は、ふつう耿定向が俗儒であったからと理解されているが、溝口雄三『中国前近代思想の屈折と展開』（東京大学出版会、一九八〇）によれば、耿定向は俗儒というよりも、かなり革新的な思想の持ち主であったという。また、李贄の耿定向に向けた論争も、どちらかというと李贄の一方的な面もあり、耿定向の方がもてあまし気味だったという（六九頁）。ただ耿定向との論争には、李贄の思想の重要な部分が吐露されており、『焚書』の主要な構成要素となっている。

(29) 「隻身、麻城芝仏院に走る」（『続焚書』巻二「釈子須知序」）。

(30) 彼の読書は、つぎのようなものであった。「読書する所、皆抄写して善本と為る。東国の秘語、西方の霊文、離騒、馬・班の篇、陶・謝・柳・杜の詞より、下は稗官小説の奇、宋元名人の曲まで、雪籐丹筆、逐字讐校し、肌襞理分、時に新意を出す」（袁中道「李温陵伝」）。

(31) 彼は麻城の時期に剃髪している（おそらく万暦十七年（一五八九）、李贄六十三歳）。容肇祖『明李卓吾先生贄年譜』（台湾商務印書館、一九八二）参看。この部分の表現は、僧院に寄留し、そこで仏書を読んでいたのではあるが、決して出家して仏僧となっていたわけではないことを示している。『明史』巻二二一「耿定向伝」では、李贄は雲南姚安知府の時期に落髪し、それが致仕の原因になったとするがそれは間違いであろう。袁中道「李温陵伝」は、一日、頭の痒きを悪み、梳櫛に倦みて遂に其の髪を去る」とする。李贄みずからは「其の落髪せる所以は、則ち家中の閑雑人等、時時我の帰去を望み、又時時千里を遠からずして来たりて我に迫り、俗事を以て我に強いれば、故に我剃髪して以て帰らざるを示すなり」（『焚書』巻二「与曽継泉」）と述べている。いずれにしても落髪は出家のためとはいっていない。

(32) この時期、李贄の清潔好き・沐浴好きということが、とくに伝えられている。「読書の外に三嗜有り。地を掃くと、湔《（洗濯）》と、浴なり」（容肇祖『明李卓吾先生贄年譜』（台湾商務印書館、一九八二）一八頁引『麻城県志』巻三四）、「性、地を掃くを愛し、数々《しばしば》、人、帚《ほうき》を縛《しば》りて給《あた》えず。衿裾は浣洗し、其の鮮潔を極む。面を拭い身を払い、水と同《とも》に淫すること有り」（袁中道「李温陵伝」）。ムスリムは日に五回の礼拝をするが、礼拝の前には必ず身体を洗って清潔にするのが基本である。正確な成立時期は不明であるがおそらく李贄と同時期、明代中期に成立したと見られる『省迷真原』という漢文イスラーム書に、日に五度の礼拝の意味が細かく説明され、また沐浴の仕方についても微細な動作まで事細かな説明がなされている。拙稿「『省迷真原』再探——沐浴と礼拝——」（『宋学西漸Ⅱ——中国イスラーム哲学の形成——』平成二一年度科学研究費補助金基盤研究成果報告書、二〇一〇）参看。

(33) ただ耿定向との書簡往復による論争は続いていた。

(34) 袁中道「柞林紀譚」（『李温陵外紀』巻二）には、「柞林叟、何許《いづこ》の人なるかを知らず。天下を遍遊して郢中に至る。常に一鑑を提げて市上に酔游し、語ること、多くは顚狂なり」と、その旅遊の姿を描いている。

(35)　容肇祖『明李卓吾先生贄年譜』（台湾商務印書館、一九八二）二七頁参照。袁宗道・袁宏道・袁中道の兄弟三人は、三袁と称される。彼らは李贄の影響を受け、のちに明代文学の新たな傾向「性霊説」を生み出す。彼らは、その故地公安県にちなんで、「公安派」と呼ばれる。

(36)　このときの彼の言はこうである。「然れども左道の称、弟、実は逃ぐること能わざるなり」（『焚書』巻二「与周友山書」）と、左道であること、あるいは左道と見なされることをいったん認めるような口吻を示すが、「何ぞや。孤居すること日々に久しく、善言は聞くこと罔く、兼ねて衰朽して死を恐るるの念の深きを以て、或いは此を犯すを恐るるのみ」（『焚書』巻二「与周友山書」）といい、あるいは「蓋し一向《ひたすら》、仏を貪るの故を以て自ら其の左道に陥るを知らざるなり。明らかに故を知りて犯す者の比に非ざるなり。既に誤ちて犯すに係れば、則ち情理として恕すべし」（『焚書』巻二「与周友山書」）と、いささか惨めな言い訳をしている（「仏を貪る」とも言っているが、言い訳がましいのは確かである）。この言い訳よりもむしろ、「左道の称、弟、じつは逃ぐること能わざるなり」と、左道であることをいったん開き直るところに、本音が漏れ出ているのかもしれない。

(37)　「我、已に三度の相会を経たり」（『続焚書』巻一「与友人書」）。またリッチの学問思想について、「意《おも》うに、其の学ぶ所を以て吾が周孔の学に易《か》えんと欲するは則ち太《はなは》だ愚なり。恐らくは是《ぜ》に非ざるのみ」（『続焚書』巻一「与友人書」）と、キリスト教宣教に強い危機感を示している。

(38)　現在の北京市東郊。北京近郊の古くからのムスリム街である。中心にあるモスクの通州清真寺は元代の創建という。

(39)　袁中道「李温陵伝」に、「時に又幻語を以て事に当たるを聞く。事に当たる者、誤り信じて之を逐《お》い、其の蘭若に火するなり。而して馬御史経綸、遂に躬《みず》から之を北通州より迎う」という。馬経綸は李贄の『易』研究に感銘をうけていた。「世に梓行さるるところの『易因』及び『道古録』の諸書の若きは、真《まこと》に上は以て義・文・孔・孟の心伝を闡《あき》らかにするに足り、下は以て周・邵・陳・王の嫡統を紹《つ》ぐに足る者なり。弟、三千里を遠きとせず、就《つ》きて易を問うに、惑を弁じ縛を解きて未だ聞かざる所を聞く。四十日間、益を受くること無量なり。弟、此に至らざれば、真《まこと》に虚しく一生を過《あやま》つなり」（容肇祖『明李卓吾先生贄年譜』（台湾商務印書館、一九八二）四四頁引馬経綸「与当道書」）と、李贄の学問と、また易解釈を伏義・文王・孔子・孟子・周惇頤・邵康節・陳北渓・王陽明という儒の嫡統を継ぐものとして高く評価し、それゆえに李贄を保護しようとしたのである。ところで青木隆「李贄――思想言語を獲得したムスリム知識人の先駆――」（『中国のイスラーム思想と文化』勉誠出版、二〇〇九）によると、通州の旧城内の南半分はムスリム街であり、李贄が最終的に身を寄せた馬経綸の別宅は通州城内東南偶にあったという。またその場所は通州清真寺に至近の場所でもあったという。さらに馬経綸は馬姓でもあるし（馬姓は中国ムスリムの姓として最も多いものの一つである）、確実とはいえないがムスリムであった可能性は高いと思われる。

(40) このときの李贄への讒言は、「近ごろ又『蔵書』『焚書』『卓吾大徳』等の書を刻し、海内に流行し、人心を惑乱せしむ。……孔子の是非を以て、拠《よ》るに足らずと為す。狂誕悖戻、燬《や》かざるべからざるなり。尤も恨むべき者は、麻城に寄居して行を肆《ほし》いままにして簡《えら》ばず。無良の輩と庵院に游び、妓女を挟みて白昼に同浴し、士人の妻女を勾引して庵に入りて講法し、衾枕を携えて宿すること有るに至っては、一境の狂の如し。又『観音問』一書を作るに、謂う所の観音とは皆士人の妻女なり、と」（顧炎武『日知録』巻一八「李贄」）というような、ためにするひどいものだった。『明史』巻二二一「耿定向伝」の、「黄安に居りて日々士人を引《みちび》きて講学し、雑《まじ》うるに婦女を以て」したという記事もこうしたことに影響を受けたものだったのだろうが、この婦女を講筵に同席させるという点については、ムスリムの場合「清真の教典は、男女とも学に尋《いた》るを天命と為す」（敬嘉璿「敬録帰真要道小引」（伍遵契『帰真要道訳義』引））ということがあったし、また明代の当時（弘治年間）、山西に蘇明大師という、ムスリム女性で男性教師について学び、学を成就して尊敬を受けていた人物がいたこと（周伝斌『薪火相伝的回族教育』寧夏人民出版社、二〇〇八、一〇〇頁）、さらに経堂では多くの婦女が学んでいて清初には済南で女学が開設されるに至る（周伝斌『薪火相伝的回族教育』一〇〇頁）などの状況があったことは留意しておくべきである。李贄は、柳巷に出入していたことはあったが（「麻城に到りて、然る後に遊戯三昧、日に花街柳巷の間に入る」（『李氏文集』巻四））、士人の妻女問題となると、これは冤罪であろう（「所謂麻城の士女云々とは、梅衡湘の守節の女を指して言うならん……」（容肇祖『明李卓吾先生贄年譜』四四頁引、馬経綸「与当道書」））。

(41) 『続焚書』巻四「李卓吾先生遺書」。
(42) 前掲青木「李贄——思想言語を獲得したムスリム知識人の先駆——」に「李卓吾先生遺書」の翻訳と解説が載る。
(43) 本稿ののち、李贄『老子解』を論ずる予定であるが、その際、そういったスタンスから考えてみたいと思う。
(44) 「余《われ》、旧《もと》より（陽明）先生の年譜を録せり。先生の書は多くして、携持に不便なるを以ての故に、譜の繁なる者を取りて之を刪《けず》り、之を挟《たばさ》みて以て行遊するを庶《ねが》えばなり。其の未だ妥ならざるを知ると雖も、以て先生の書を見るを要《もと》むるのみなり」（「陽明先生道学鈔序」）。
(45) 『易因』はまた彼が、彼自身が陽明学者であり、儒者であることを強く意識していたことを反映する面もあった。「是に於いて乃ち敢えて断ず、（陽明）先生の書を以て夫子の後を足し継ぐと為すは、蓋し、其の『易』を読むことより来るを逆知せり、と。故に余、『易因』の藁《こう》の甫就《ほしゅう》において、即ち汪本鈳をして（陽明）先生全書を校録せしむ」（「陽明先生道学鈔序」）。
(46) 「易因の旧著、存するもの一二なること能わず。改むるものは且に七八に至らんとす」（「九正易因序」）。「是において乃ち復た侍御（馬経綸）に名づくるを乞う。侍御曰く、……夫《そ》れ、楽は必ず九奏して後備わる。丹は必ず九転して後成る。易は必ず九正して後定まる。宜しく旧名易因に仍りて九正二字を加うれば即ち得たるべし、と。予、喜びて之を受け、遂に汪本鈳をして復た一過《ひとたび》読ましめて、其の名を定めて九正易因と曰うなり」（「九正易因序」）。
(47) 孔子の講壇。北宋以後は山東曲阜の孔子廟に杏壇が築かれている。
(48) 馬経綸はムスリムだった可能性があるが（前掲青木「李贄——思想言語を獲得したムスリム知識人の先駆——」）、ここではやはり儒者としての李贄を評価している。
(49) 李贄は、「陽明先生曰く、満街皆聖人なり、と。仏氏亦た曰く、即心即仏、人人是れ仏なり、と」（『焚書』巻一「答耿司寇」）と述べている。
(50) 「仙釈を信ぜず。故に、道人を見れば則ち悪み、僧を見れば則ち悪み……」（『李氏文集』巻一「陽明先生年譜後語」）。
(51) 先注で見たとおり、明末の顧大韶は、「『老荘二解』は清通と謂うべきのみ」（容肇祖『明李卓吾先生贄年譜』六六頁引

『顧仲恭文集続刻』）とこれを好評している。また、李贄が『老子解』中で用いている基本概念「常道」「可道」等は、六朝期以来、道教思想において展開してきたものであった。道教に対する批判も、当時の道教のあり方に対する批判ということになるのであろう。

(52) 完全に絶対視していたとすれば、それに対する批判は不可能だろう。またそうであったなら、それではまさに彼が批判していた当時の儒者たちと同じことになってしまう。

(53)「懐化将軍辛押羅なる者は蕃酋なり。風の興起するを聞きて、亦た資を捐じてもって斎宇を完くし、且つ田を售いて以て之を贈る。後に別舎を置き、以て蕃俗の子弟の学ぶを願う者を来《きた》らしむ」（『広東通志』巻二六九「列伝二」）。

(54) 拙稿「蒲寿宬小攷――中国イスラーム哲学成立以前のムスリム知識人――」（『多元的世界観の共存とその条件』国際高等研究所、二〇一〇）。

(55) 先注（2）参照。

第四章　李贄老子解考

はじめに

李贄の学問的著作、とりわけ古典への注釈には、最晩年の『易』への注釈『九正易因』のほか、『老子解』『荘子解』『孫子参同』『墨子批選』等がある。ここでは『老子解』をとりあげて、彼の思想の一端をうかがってみる。この李贄『老子解』について、明末の顧大韶は、「『老荘二解』は清通と謂うべし」[1]と一応の好評を示している。焦竑は李贄の友人であったが、その『老子翼』「采摭書目」に、「李宏甫解老。載贄は温陵の人、姚安太守なり。著す所、……老子解……有り」とし、『老子翼』中に李贄『老子解』を多数条引用している。

『老子解』の成書について、林海権『李贄年譜考略』[2]は万暦二年（一五七四）冬から三年（一五七五）春にかけてとし、林其賢『李卓吾事蹟繫年』[3]は万暦十年（一五八二）の成書とする。万暦二年から三年にかけての成書とすると、李贄は南京刑部に在任中であった。王陽明の著作を読み始めてから[4]ほぼ十年ほど経ったころであり、また蘇轍の『老子解』を読んでそれへの序文「子由解老序」（『焚書』巻三）を書いた時期でもある。一方、万暦十年（一五八二）の成書とすると、李贄は南京刑部から雲南の姚安知府に遷り、さらにそれを致仕して、麻城において読書生活をはじめたばかりのころということになる。また、生涯の論敵となる耿定向との論難がはじまる以前でもある。いずれにしても李贄の著述としては、比較的初期に属するもので、後年の熟成・錯綜した、ある意味で晦渋化・モンスター化した議論よりも、論調は比較的はっきりしており（とはいうものの、李贄の思索の仕方の本質を示すものであろうか、論理・論旨がかなり折れ曲がり、入り組んでいて読みにくいところは多いのだが）、彼の思想の基底的骨組み・プロトタイプのようなものはうかがえるかに思われる。

一　李贄の『老子』へのスタンス

さて、『老子解』における、李贄の『老子』に対するスタンスは、自序によると、

> 嘗て韓非の「解老」を読むに、未だ始めより非のために惜しまざるに非ず。非の才を以て、卒《つい》に秦に殺さるるは、安《いずく》んぞ其の善く『老』を解するを為すに在《あ》らんや。是れ豈に無為の謂《いい》ならんや。夫れ、彼《かしこ》に柔弱を以てし、此《こなた》に堅強を以てす。此《こなた》に敢えてするに勇にして、彼《かしこ》に敢えてせざるに勇なるなり。固《もとよ》り已《すで》に方円氷炭、若《かくのごと》し。而らば、道徳は申・韓の宗祖なりと謂うは、可ならんや[5]（『老子解』下篇に「孰か道徳は申韓の宗祖と謂わんや」とある）。蘇子瞻（蘇軾）、求むれども得ざれば、強いて之《これ》が説を為《な》して曰く、老子の学は無為に重く、天下国家を治むるに軽し。是を以て仁は愛するに足らず、礼は敬するに足らざるなり。韓非氏、其の天下を軽んずる所以の術を得て、遂に残忍刻薄に至ること疑い無し、と[6]。嗚呼、審《あき》らかに是《かく》の若くなれば、則ち（『老子』は）以て天下国家を治むべからざる者なり。老子の学は果たして是《かく》の如きか。（「老子解序」）

というものであった。李贄のこの観点によると、当時一般には、『老子』は儒教的統治観に対立する法家的統治の祖にあたるものと見なされていた。それゆえ北宋の蘇軾などは、『老子』は、残忍な刑罰をもたらしてしまうことになる非人道的法家思想への道を切り開いたものだとして、儒教倫理にもとづいて政治にあたる儒家的政治家にとっては

非なるものとしていた、という。そこで李贄は、そのような法家を媒介としての儒家的な貶視は、はたしてそうなのだろうかと、そこから『老子』を解き放とうとするのである。

では、その『老子』を儒家的な貶視から解き放つというのは、より具体的にはどういうことなのか。それは端的にいえば、逆に儒家（後述するように孔子の儒教そのものではなく、「仁義の後」としての儒家）を非とするための基点に『老子』を据えようとする試みであったといえる。「老子解序」において、李贄はまたいう。

> 夫《そ》れ『老子』とは、能く之《これ》を治めて治めざるに非ず、乃ち治めずして以て之を治むる者なり。故に善く其の身を愛する者は身を治めず、善く天下を愛する者は天下を治めざるなり。凡そ古の聖王の所謂仁義礼智なる者は、之を治むる所以に非ざるなり。而《しか》るを況《いわ》んや一切の刑名法術なるをや。故に其の著書は専ら道徳を言いて、仁義を言わず。……是の故に、其の道為《た》るや、虚を以て常と為し、因（起こり）を以て綱（枢要）と為し、善く下《くだ》りて争わずして百谷の王と為り、好戦を以て殺人と為し、用兵を以て已《や》むを得《え》ずと為し、勝を以て小美と為し、退を以て進と為し、敗を以て功と為し、福を以て禍と為し、得を以て失と為し、無知を以て知と為し、無欲を欲と為し、無名を名となす。孰か無為は以て天下を治むるに足らざると謂わんや。世は固《まこと》に未だ無為の有益なるを知らざるなり。……学者は察せずして、遂に其の原《おおもと》を疑い、従《よ》りて曰く、道徳の禍は、其の後は申・韓と為るなり、と。[7] 此《か》の如く夫《か》の道徳の後、申・韓と為ること固《たしか》なれば、独《なん》ぞ曰わざるや、仁義の後、其の禍は簒弑と為る、と。（「老子解序」）

すなわち仁義礼智も刑名法術も、それらはいずれも結局は天下を治めんとする意思をそのうちに包存しているものであり、その意味では大同小異である。しかし『老子』はそれらとは論理を異にし、仮に結果的に『老子』の方が天下を治めるのに有効だとしても、『老子』自体は積極的に天下を治める意思を示すものではなく、むしろ逆のことを主張するものである。したがって法家の祖に『老子』を位置づけるのは筋違いだ、とする。そして「此の如く夫の道徳の後、申・韓と為ること固《たしか》なれば、独《なん》ぞ曰わざるや、仁義の後、其の禍は簒弑と為る、と」としている点は、留意するに足る。すなわち、道徳（『老子』の思想）の後が残忍刻薄な法家思想になるという論理がもしも確実なものである（固）としたならば、仁義（孔子ないし儒家の思想）の後も弑逆簒奪の思想になるということになるが、どうしてそうはいわないのか、というのである。嫌みたっぷりである。しかしそこには微妙ではあるが、「仁義」そのものを批判しているのではない、ということも見えてくる。ここでの問題点の一は、論理的に、『老子』の後が残忍刻薄たる法家となるということが「固」であるのかどうかだが、もしも「固」でなかったら、そもそもの立論が無意味ということになるだろう。そしてもう一つの問題は反語部分の「簒弑」となるのが「仁義の後」としているところである。ここでは「仁義」そのものが「簒弑」なのではなく、「仁義の後」が「簒弑」となるとするのである。つまり「仁義」批判ではなく、「仁義の後」批判なのである。これを敷衍するならば、むしろこれは明代当時の現実として「仁義の後」が「簒弑」となってしまっている（と李贄は見た）、そのことを批判しているものと受けとられるものである。文面上「仁義の後」として直接引き合いに出されているのは宋の蘇軾なのであるが、しかしその事実的なターゲットはもちろん彼と同時代の儒者官僚・知識人とみるべきであろう。その構図は、「老子と法家の分離切断↓蘇軾による老子批判への反批判↓当時の儒教知識人批判」ということになる。『老子』を基点に、当時の儒教的知識人批判に至ろうとする意図は、かなりはっきりしたものといえるだろう。李贄『老子解』とは、当代の儒者官僚・知識人を（すなわち当時の政治的上層部から、さらにはおそらくは彼が日常出会っていたところのほとんどの腐敗的官僚知識人までをひっくるめて）批判することを一つの目的とするものであった。

ただ『老子』という書物は、そういった政治的なアレゴリーとして採用可能なものでありつつも、(8) それ自体がもつ哲学性ないし形而上的な性格は、解釈者をしてその哲学性・形而上性への踏み込みを誘わないわけにはゆかないものがある。そしてそこにはやはり解釈者の世界認識が（積極的にであれ消極的にであれ）漏れ出てくるであろう。李贄の『老子解』も、やはりそういった部分をもつものといえるのである。

二　聖人

そこでまず注目したいのが、李贄が『老子』第二章の注においてつぎのようにいっているところである。

蓋し聖人の万物におけるや、実に未だ嘗て之を為し、之を生じ、之を作らず。故に万物並び作りて遜譲して以て美と為し、並び生じて其の我を生ずる所以を有せず。力を竭くして以て之を為し、其の我を為す所以を恃まざるなり。（『老子解』上篇）

李贄はここで、聖人と万物とを相互に切り離されて独立したものとしている。聖人は万物を生成創造するものではないし、一方、万物は自らを作り為した根拠を有せず、またそうした根拠に依拠することもせずに、自生自作しているとするのである。この場合問題は、聖人が創造主の位置を与えられておらず（ということは聖人も被造者ということになる）、また万物の側も創造主的なものにたよることはないという、聖人と万物の両者が相互に別個のものとしてとらえられている点である。これについて李贄は同じ第二章注において、

西施は人の美とする所なるも、魚は之を見て深く入り、鳥は之を見て高く飛び、獣は之を見て決驟す。美なる者は果たして以て美と為すべけんや。盗跖は暴戻なるも、其の徒は義を誦して窮まり無く、夷斉は餓えて死する

も、文武の王たるは損われず。善なる者は果たして以て善と為すべけんや。他の故無し、善悪好醜は両両相形《あら》わるるなり。猶お有無、難易、長短、高下、音声、前後の相待つがごとし。有なれば倶《すべ》て有なり。誰か能く之を去らんや。(『老子解』上篇)

と述べている。これは『老子』第二章の有名な、存在者の相対性を述べる部分に対する注であるが、李贄はこれについて、相対的というよりも(相対的であるのなら相互の間には何らかの関連が存在する)、相互にそれぞれ独立的であり、いってみれば相互不可関のもの、概念としては切り離された独立別個のものであるととらえている。「有なれば倶《すべ》て有なり。誰か能く之を去らんや」との注は、それを端的に示す。あるいはまた第五章注に、

故に天地と万物とは同一の中《うち》(境域・レベル)なるものなるも、万物は天地に求むること無く、天地は自ら万物に施すこと能わず、聖人と万民とは同一の中なるものなるも、聖人は万民に心を容るること無く、万民も亦た自ら聖人に藉《よ》る所無きを知るなり。各々吾の中を守りて以て其の自ずから定まるに待つのみなり。

(『老子解』上篇)

ともいう。この場合、まず「天地と万物とは同一の中」とは、両者はいずれも存在者(被造者)であることをいい、また普通、万物は天地が存在した後に成立するものと理解されているが、そうはいわずに、両者は相互不可関であることを強調している。(9) また、「聖人と万民とは同一の中」というのも、両者がいずれも存在者(被造者)であることを明確にするものであり、そのうえで相互不可関であるとするものである。李贄は、存在者全体という視点をもってはいるのだろうが、しかしどうやら全体は部分の総合であるとみるのではなく、あえて「部分」と「全体」とは、相互

に独立的で、異なるものであるというふ見方をとろうとしているように見える。「各々吾の中を守りて以て其の自ずから定まるに待つのみなり」とは、そうした、いってみれば概念の枠組をそれ自体独立で固有のものと見る立場を、述べているようにみえる。この点については、また第三十九章への注で、

今、夫の輪・輻・蓋・軫・衡・軛・轂・轊を論ずるに、会わせて車を成すなり。人は但だ此の数者有るを見るのみ。曷《なん》ぞ嘗て車有らんや。然るに之に名づけて車と曰いて、輪・輻・蓋・軫・衡・軛・轂・轊と曰わず。此に由りて之を観れば、則ち所謂高下、貴賤なる者は知るべし。人は其の貴有り、賤あり、高有り、下有るのみを見て、其の之を一に致すを知らざるなり。（だから人にとって）曷《なん》ぞ嘗て所謂「高下」「貴賤」なる者有らんや。彼《か》の貴にして賤なること能わず（＝貴のみ）、賤にして貴なること能わざる（＝賤のみ）ものは、吾の見る所に拠れば、之を一に致すこと（全体としての「高下」「貴賤」とすること）能わざる者なり。（『老子解』下篇）

と述べている点に注意したい。これはまずは、人間は車について実際は、いろいろな部品を見ているにすぎないのに、それぞれの部品を呼称せずに、車といってしまっている。しかし、総合的全体としての車というものなどは見てはいない、とするものである。車と部品はいってみれば部分と全体であるが、李贄は、それらは一体としての全体とその部分としてみるのではなく、全体たる車と部分たる部品とは、それぞれ独立的・別個にとらえられるということをいっているのである。

そこで、高下・貴賤ということになるが、これらもそれと同じことで、人は実際は高下・貴賤のそれぞれの部分的なところを見ているにすぎないのだが、その部分的なところを見て、全体的に高下だとか貴賤だとかといってしまっているにすぎない、とするのである。

以上のことは、論理的には概念間の差異問題なのであるが、李贄はそれらの概念間に類種関係をみようとせず、それぞれに独立的な等価の概念であるという見方をしようとしているのである。ただ、この論理ないし把握を、李贄が『老子解』全体にわたって貫徹しているのかというと、じつはそうでもないのであるが(10)、しかし李贄にこのような把握をなそうとする視点が存在していたこと自体が、じつは重要である(11)。

以上、第二章注においては聖人と万物とが切り離されていることを見、また第五章注では聖人と万民とは上下関係ではなく、「同一の中」にありつつ、それぞれに概念として独立的であるとされていることを見た。ところが、第三章注において李贄は、

夫れ民は生まれて欲有り、知無くして則ち已む。聖人は又日々に之を引《みちび》きて知《ち》有らしむ。之を仁義礼学に陳《お》らしめ、之を法制禁令に導き、宮室・衣服・車馬・冠婚・喪祭の事を設為し、以て無涯の知を啓《ひら》き、而る後に無窮の欲を節するなり。是れ猶お氾濫滔天なるに徐《おもむろ》に一葦をもって之を障《ふせ》ぐがごとし。胡《なん》ぞ得べけんや。太上は則ち然らず。常に民をして混混沌沌にして知有ることなく、欲有る事無なからしむ。縦《たと》い聡明知識有る者出でて作為有ることを欲するも、而るに自ら敢えてせざれば、則ち天下皆無為に帰す。夫れ無為は無欲に由る。無欲は無知に由る。夫れ一人は何を以て能く民をして無知ならしめんや。曰く、太上なる者は、固《もとよ》り自ら未だ嘗て知有りと謂《おも》わず、固《もとよ》り以て民を治むべきこと有るを見ざる者なり。而して、吾が心をして之《これ》を欲せしむるなり。

(『老子解』上篇)

と述べている。ここでは李贄はまず、生成した(創造された)万物(万民)には、聖人によって「知」(ないし知識)がもたらされるとしている。つまり、概念として独立的であり相互に不可関であるとされていた両者も、実際には同一

空間上にあり、そうである以上そこでは、事実的存在者として関係接触が生じないわけがない。そしてこの場合、その関係接触は、聖人が万民に「知」をもたらす、あるいは知識を与える（教導する）という形において成り立っている、とするのである。これは先ほどの不可関という点からすると、単純にいえば矛盾である。しかしあえてやや説明的にいうならば、存在論的には概念として相互に不可関・独立してとらえられるべきであるが、存在的には事実的存在者として相互に関係しあっているととらえられる、ということになるだろうか。言葉を変えるならば、相互に関連し関与しあう関係は存在的であって、存在論的には聖人と万物とは相互に独立的なものととらえられる、ということである(12)。

三　太上

一方、これに対して前引第三章注末尾において、李贄は『老子』第十七章「太上、下、之を知ること有り」によって、「太上」という語を提起していた。「太上なる者は、固《もとよ》り自ら未だ嘗て知有り、と謂《おも》わず、固り以て民を治むべきこと有るを見ざる者なり。而して、吾が心をして之を欲せしむるなり」と。李贄によるならば、「太上」はみずから知有ることを知らず、また民を治めるという事態のことを知りもしないから、民とはかかわらないものである。それゆえに、太上はかえって、民心（吾が心）が自ずから発動するようになさしめているのであるとする。また十七章注にいう。

太上は無為にして、其の下《しも》を疑わず。故に下《しも》の上《かみ》におけるや、但だ之《これ》有るを知るのみにして、亦た上の為す所を知らず。（『老子解』上篇）

聖人が万民と同じレベル（境域）にあって、万民に知を与え、教導するのとは異なり、「太上」は下にとってはそれがあることを知るのみ、また下は「太上」が下に対してなんらかの作用を為すのかどうかなども知らない、そのようにして「太上」はある、という。すなわち「太上」と「民」とは、不可関・切り離されてあるものである。したがって「民」とのその切り離され方において、「太上」と聖人とは位置を異にする。より切り離され、より独立的、より不可関的なものは「太上」であるといえるだろう。

ところで李贄は聖人について、第四章注でまたつぎのようにも言っている。

聖人は道を身に体して、淵深静遠、涯涘有ること無く、一《あるい》は万物の宗に似たるも、以て之《これ》を宗とすること有るに非ず。故に（聖人は）常に其の鋭を挫《くじ》きて以て其の不能を示し、其の紛を解きて以て不用を示し、光に和して以て世に游び、塵に同じくして以て俗に諧《なら》び、湛として常に寂たりて、亡ぶに似て、存するが若し。然《し》からば、此《こ》れ果たして伊《こ》れ誰の子ならんや。吾恐らくは、此れ道ならん。（道は）黄帝と雖も未だ之《これ》に当《あ》て易《やす》からざるなり。意《おも》うに、其の帝の先に在らんか。夫れ海は、衆流之《これ》に帰するも、海は有ること無し。但だ其の淵たるを見るのみ。聖人は万物の宗たるも、聖人は有ること無し。但だ其の湛たるを見るのみ。彼《か》の其の能を逞《たくま》しくし、才を挟《たばさ》み、光を露《あらわ》にし、衆を駭《おどろ》かすものは皆自《みずか》ら其の有を以て物に通ぜんことを求むる者なり。万物の宗に非ざるなり。夫れ惟だ其の宗の無き者を、乃ち以て万物の宗と為すなり。而るに其れ誰か之を信ぜんや。（『老子解』上篇）

ここにも、李贄の独特な論理が使われている。『老子』第四章の本文は、「道は沖として……万物の宗に似たり」である。しかし李贄は、道を体した聖人は万物の宗に似たものではあるけれども、じつは「宗」ではないのだとする。（真の）聖人は「万物の宗」などとすべきものではなく、本当は、そのような「宗」などの無いもの、それこそが真の「万物の宗」であるとするのである。真の「万物の宗」とは、「万物の宗」を越えたものである。「万物の宗たる聖人」は、実際には万物のうちにおいて（万物と同レベルの存在者として）機能しているものであって、万物を越えているものではない。「万物の宗たる聖人」は真の聖人ではなく、「真の聖人」は万物を越えた「万物の宗」ではないものである（それこそが「真の万物の宗」である）、とするのである。ここでは「聖人」概念が、いわば、普通の聖人と真の聖人とに、二重化されている。

（ⅰ）《聖人＝「万物の宗」たるもの＝「真の万物の宗」ではないもの》
（ⅱ）《聖人＝「宗」ではないもの＝「真の万物の宗」たるもの＝真の聖人》

である。そして（ⅱ）の聖人（真の聖人）は、先に見た「太上」とほとんどパラレル・同義といえると思う。(13)

ところでこの「真の聖人」について、李贄は「然からば、此れ果たして伊《こ》れ誰の子ならんや。吾恐らくは、此れ道ならん」としていた。聖人（あるいは「太上」）はいってみれば「道の子」である。「聖人は道を身に体」するとしているのも、「聖人」即「道」ではなく、聖人は道の後位に定位するということを示すものである。とすると、この段階において「道」は聖人（真の聖人＝「太上」）を越えて、至高の究極者として定位することになる。だがしかし、そうなのだろうか。

そのまえに、あらゆる存在者（聖人を含む）はすべて至高の位置に定位するものではないことをいう李贄の言を見てみる。第五章注である。

天地をして能く万物を仁ならしむれば、則ち天地は将《は》た誰と与《とも》に仁ならんや。聖人をして万民を仁ならしむれば、則ち聖人は将た誰と与に仁ならんや。橐籥《たくやく》の天地の間に在るを知らざれば、天地聖人と雖も亦た皆其の中《うち》(境域)に死生すること、自ずから知らざるなり。(『老子解』上篇)

聖人であっても天地であっても、いずれも存在者である。天地の間にある橐籥(ふいごの中=空間)、あらゆる存在者はその空間中にある。したがってあらゆる存在者(聖人を含む)はすべて橐籥(空間)に包摂されている。そして橐籥中にあるかぎりそれらすべては最高概念たりえないのである。

とすると、そのようである以上、そこには橐籥を越える、それらよりもより高次の概念たる、存在者を存在者としてあらしめている何者かを想定するという事態も考えられることになる。李贄はおそらくそれを考えていたのであって、そこに「太上」が聖人以上のものとして位置づけられる理由がある。「太上」はすでに述べたとおり「万物の宗」を越えた、「宗」ではない「真の万物の宗」である。万物を越えているという意味においてそれは存在者を越えている(部分をもつ)。そしてこれは、(聖人を含む)あらゆる存在者はすべて至高の位置には定位しないという点とは、必ずしも矛盾するものではない。李贄は、あらゆる存在者はすべて至高の位置に定位するものではないということを確認した上で、それらを越えるものに想到し、言及しているといえるのである。

だが李贄は、そのようにして到達した「真の万物の宗・太上」について、「而るに其れ誰か之を信ぜんや」としていた。これは「そのようなものはないので誰も信じない」のか、「そのようなものは本当はあるのだが、それを信ずるものは誰もいない」のか、文言上は微妙である。ただここまでの流れからすると、後者の方が可能性は高そうに思われる。

四　第一章注をめぐって（Ⅰ）

第四章注において、李贄は「聖人は道を身に体」すると述べていた。この聖人は、「万物の宗」たる方の聖人だと思われるが、「道」はその聖人から見ると、聖人が「体」するものとして、対象として位置づけられるものであり、それゆえ聖人よりもより高位に定位するものととらえられる。以下この「道」について、李贄はさらに具体的にはどのようにとらえようとしていたのかをうかがってゆく。

まず『老子』第一章への李贄注である。

知らずして自ずから之に由る者は常道なり。常道なれば則ち人、之を道とせず。其の必ず道とせざる所を舎《す》てて、而して必ず其の道とする所を道とす。是れ、道とすべきもの（可道）なり。常道に非ざるなり。生有りて自ずから名を別《けつ》する者は常名なり。常名なれば、則ち人、之を名とせざるなり。その必ず名とせざる所を舎てて、而して必ず其の名とすべきところを名とす。是れ、名とすべきもの（可名）なり。常名に非ざるなり。然して、是の常名なるものは、無名に始まるなり。

夫《か》の天地有りて後、名生じ、天地有りて後、万物有るに及んで、万物生生して変化窮まり無し。故に其の無名を知れば則ち以て妙を観るべく、其の有名を知れば則ち以て徼を観るべし。惟だ其の至無は、乃ち至有を為す所以なり。惟だ其の至常は、乃ち至妙を為す所以なり。

夫《そ》れ道を語りて有無に通ずるは、至れるも、然るに、象に徇《したが》う者は有に執《とら》われ、空を蘊《おさ》むる者は無に滞りて、可道可名なる者は衆《おお》し。有無の名異なると雖も、有無の出づるや実は同じきなるを知らざるなり。無は亦た之を無しとするものなれば、何ぞ其れ「玄」ならんや。玄はまた玄を無しとすれば、何ぞ其れ「又玄」ならんや。而らば、孰れか其の常名常道の自《よ》りて出づる所、常無常有の由りて名づくる所の者を、知らんや。（『老子解』上篇）

いささか長い引用であるが、これをパラフレーズしようと思う。まず三段落中、第一段落からである。あらゆる存在者が、まったく知らぬうちにそれによって存在させられているもの、それが「常道」である。しかし「常道」については、人はこれを「道」とすることはしえないのである。（人は）そういった「道」とはしえないもの（「常道」）は捨て置いて、（自分が了解しうるかぎりでの）「道」としうるもののみを「道」としているのである。しかしそれは「可道」にしかすぎない。「常道」ではないのである。

一方、生命を保有する（存在する）ことによって自ずからその名が決まってしまうもの（概念が成り立ってしまっているもの。概念成立はすなわち存在することである）、それが「常名」である。しかし「常名」については、人はこれを名とはなしえない（人間が概念化・存在化しようとしてしえたものではない。非実定的なもの）。（人は）そういった「名」とはなしえないもの（「常名」）は捨て置いて、「名」となしうるもの（人間がみずから概念化しうるもの。実定的なもの）のみを「名」としているのである。しかしそれは「可名」にしかすぎない。「常名」ではないのである。そうしてさらに「常名」は（「名」とするという事態があらわれる以前の）「無名」に始まる、ものである。

以上、一応李贄は『老子』本文を逐語的に解釈してはいるが、そこにはやはりかなり独自の解釈が入っていることがうかがえるだろう。そこでまとめつついうならば、まずは「道」が一様のものではなく、二層に分けて捉えられていることに注意しなければならない。ここでは「常道」が存在者を存在せしめるところの至上の位置にあるものとされ、通常的「道」は「可道」とされて相対化される。(14) また、存在者（この場合被造者といってもよいだろう）は存在せしめられているという事態の本質的意味において、おのずから「常名」なるものであって、通常的「名」は「可名」であるにすぎない。ただ「常名」はそれ自体「名」でもあるのだから、（次の段落で述べられるように）存在者（被造者）であり、それはまた、それが由って起こるべき「無名」から発出するものなのだとされる。「常道―可道」の論理と、「無名―常名―可名」の論理が並行しているが、しかしこの二つには段差があり、まったくの並行ではない。また「可道」は被造者であるのは確かであるが、「常道」はそれとは異なる。が、だからといって非被造者と言い切ってしまってよいかは微妙である。一方「常名」は被造者であり「可名」ももちろん被造者であるが、「無名」は、となると、第一章のかぎりでは微妙である。しかしじつは、十四章注には「然れども無名は名なり。無状は状なり。無象は象なり」（『老子解』上篇）とあり、李贄は「無名」も「名」の内に入るという認識をもっていた。

五　第一章注をめぐって（Ⅱ）

続いて第二段落のパラフレーズである。

さて（存在者たるものは）、天地（宇宙）が存在することになった（創造された）そののちに「名」（概念）というものが生じ、天地が存在したそののちには万物が存在することになる。しかし万物が存在することになると、そこには（天地から万物までの相互の関係連関のもとに）無窮の生々変化がおこる。そこで（ほとんど無限である生々変化の基底となっている）「無名」を了解することによってその妙を把握しうるのであり、そして名づけられた（多様な）「名」（概念）を理解するならばその徼を把握しうるのである。しかしただ、「至無」は「至有」というものが成り立つ根拠にすぎず、また「至常」も「至妙」を成り立たせる根拠にしかすぎない。[15][16]

李贄はここで、天地が創造されることによって、存在者の「名」が生ずることを指摘する。そして存在者の相互連関の中で無窮の運動変化が生ずることを指摘する。しかしその運動変化は無窮・無限であって、その全体はとらえきれないのだから、[17]むしろ運動変化をなさしめている（「名」の基底たる）「無名」をとらえるべきであり、そしてその後に（通常の）「名」というものを了解するならば、それを通ずることによってひとまず全体というものを把握しうることになるだろうという。だが、このような論理によってさらに存在そのものの思索に至ろうとするとき、いわゆる世界・宇宙の根源（存在の根源）とされる「至無（あるいは「無」）」であっても、それはやはり「至有（あるいは「有」）」を成り立たせている、（成り立たせているという意味においては）相対的（ないし論理的）な根拠にしかすぎず、したがって「至無」という何らかの超越的なものは、（「無」という表現をともなうかぎり）想定することはできない、とするのである。また同様に「至常」というものも「至妙」というものを成り立たせる相対的な根拠にしかすぎないともする。すなわち、いわゆる老荘的な「無」の概念などはありえないのだとし、また「常」以上の「至常」も相対的なものにしかすぎないとするのである。[18]

さて引き続き第三段落、最後の部分のパラフレーズである。

したがって「道」のことを論じて「有無」というもの（存在ということについての本質的意味）に通ずるということはすばらしいことにはちがいない。しかし現象について思索を深めることは「有」にとらわれているわけだし、空を悟得することは（至）「無」に渋滞することになる。それゆえ「可道」や「可名」（という境地に至っているもの）は多いのである。それは、「有」と「無」とは（論理的には、ある事実について「ある」か「ない」かの）同一の事態（の表裏）であることを知らないからである。そこで、「無」とはたんに「無い」ということであるから、それを「玄」などといって尊重する必要はないし、尊重される「玄」も、実はそんな「玄」などは「無い」のだから、（『老子』本文のように）「又玄」などということはないのである。とすると、さらに「常道」や「常名」が存在してくるその根拠、あるいは「常無」「常有」が名づけられる（概念化される）その根拠ということになると、それについては誰が了解把握しているのだろうか（そのようなものは誰もいないのである）。

李贄は、「道」のことを論じて「有無」という存在の本質を見極めようとする思索の営為はすぐれたものであると認めつつも、しかしそれが「有」にこだわってしまい、あるいは「無」にこだわってしまうことにおいて、全面的肯定にはいたらず、「可道」にとどまるものとする。とはいえ、それゆえにそういったレベルにまで到達した思索者は多いのであるとする。しかし「有」と「無」とは、同一の事態について「ある」のか「ない」のか、表からいったか裏からいったかにすぎない。したがって「無」というものは（先にも見たように）何かが「無い」ということであるにすぎない。それゆえそれを存在の窮極を指向する「玄」などといって尊重する必要はないし、『老子』が「又玄」などといってさらにそれを強調するのはなおさらおかしい、というのである。そこでかくして、李贄においては「無」ではなく「常道」が、いってみれば最終境域として措定されているものであるかにみえる。しかしすでに見たように「常」という事態は（「常」も「至常」も）相対的なことであると見なされていた。「常道」も「常無」も「常名」もそうであった。[19] ところで、この文章の最後のところでは、「而らば孰れか其の常名・常道為るものの自《よ》りて出づる所、常無・常有の自りて名づくる所を、信ぜんや」といっている。すなわち、「常道」という（そして「常無」「常名」をもひっくるめて）、先に見た時には根源的概念として設定されているかに見えたものを、越えるものはありうるのだろうか、としている。反語であるからその答えは「いや、ない」ということで、「常道」を越えるものはないということで円満解決になりそうである。が、「常」が相対的であるとすると、そんなに簡単に円満解決になっていいのだろうかという気もする。そこでこの文をもう一度よく見てみると、その文意は「常道や常無の根拠を了解把握している（信じている）ものが誰かいるだろうか、いや誰もいない」ということである。その意味をさらに考えてみるに、「常道のさらに根源となるものなどありはしないから、（当然）誰も了解して（信じて）いない」ということなのか、あるいは「常道のさらに根源たるものはあるのにもかかわらず、それを誰も了解して（信じて）いない（普通（の中国の知識人）には誰も知るもの（信じるもの）がいない）」ということなのかは、微妙である。もちろんざっくりと読めば前者の可能性の方が高いのであるが、じっくりと考えてみると後者の可能性もなきにしもあらずである。結局いずれとも断定できかねるのであるが、ただ一点指摘できるのは、李贄はここで反語的にではあるが、「常道」の根拠というものに想到しており、一応それに言及しているという事実である。この点は留意されてよいものではないかと思われる。[20]

以上、『老子』第一章の李贄の解釈を見てきたが、それによると、彼は「常道」や「常名」など、中国（の『老子』解釈史）の伝統的部分については肯定的に評価し、そのかぎりにおいては彼の『老子』解釈は中国の伝統を踏まえるものであったといえる。そしてそれらよりも、より根源的段階については、その中国の伝統的な思索においては「而らば、孰れか其の常名常道の自りて出づる所、常無常有の由りて名づく所の者を、知らんや」（『老子解』上篇）との反語用法によって否定的なものであるとの表現をおこなっていたが、そもそも、「常道」「常無」以上のものについてここで言及しているということが問題となるものであったように思われる（もちろん李贄自身、結局それが何であるのかを明示的には語ってはいないのであるが）。

おわりに

『老子』第一章において李贄は、

知らずして自ずから之に由る者は常道なり。常道なれば則ち人、之を道とせず。其の必ず道とせざる所を含て、而して必ず其の道とする所を道とす。是れ、道とすべきもの（可道）なり。常道に非ざるなり。

（『老子解』上篇）

と注していたが、先に引用した第四章注においては、

聖人は道を身に体して、淵深静遠、涯涘有ること無く、一は万物の宗に似たるも、以て之を宗とすること有るに非ず。（『老子解』上篇）

としていた。この第四章注の「道」は第一章注の「可道」に対応するとみてよいだろうが、その同じ第四章注において、李贄はまた、

夫れ沖漠として盈たざるものは道なり。而して之を用いる者は、或いは其の盈つるを見れば、則ち其の沖漠たる所以の者を失えり。故に淵として常に止まるは、万流之に帰すると雖も、其の盈つるを見ざるなり。

（『老子解』上篇）

と述べており、「道」について「沖漠として盈たざるもの」との定義的記述をしている。この記述は『老子』解釈の伝統上にあるといってよいだろうが、このような「道」解釈を踏まえた上で、第十六章の注を見てみる。

虚なる者は道の常なり。静なる者は道の根なり。学者の虚静を貴ぶ所以なり。然れども虚を致し静を守るに、極まらず篤からざれば、則ち猶お虚静の在ること有るがごときなるも、未だしなり。惟だ虚極静篤を至《いた》すのみなり。然る後に即ち万物の並び作りて能く万物の復命するを観れば、則ち凡そ物の無よりして有なること、知るべきなり。又能く夫《か》の芸芸《うんうん》として生ずる者の仍お根に復帰して静なるを知れば、則ち凡そ物の有よりして無なるこ

と、知るべきなり。

蓋し、静なる者は命の復する所以にして、常道の自りて出づる所なり。此を知る者は是れ明道静極にして光生ずると為すなり。此を知る者は則ち能く万物を容れて皆我に備わること有《い》るなり。此に由りて、而して公、而して王、而して天は、皆物を容るる者の必ず至る所にして、明道とは自然の験なるなり。何ぞ怪しむに足らんや。此に由りて、道は我自り出づれば、則ち天すらも且つ言うに足らざるなり。亦た久しくして且つ安ならざらんや。此れ虚静の極致なり。（『老子解』上篇）

これを簡単にパラフレーズしておく。

虚静は「道」の「常」であり「根」であるので、学者はこれを貴んできた。だが「虚」も「静」も、「致」し「極」まってこその虚静であり、「致極」していなければそれは真の虚静ではない。その虚静を致極したところにおいてこそ、存在のありよう（「有・無」）というものの了解が可能となるのである。ところで「静」は「道の根」であったが、存在するものの存在のありよう（命）は、すべてその「静」にゆきつく（復）。またそれは「常道」がそこから出来《しゅったい》してくるところのものでもある。そこでこのことを知得するものは、「道」を明らめ「静」を極めたものであり、そこには光が生じてくる。このことを知得するものは、万物を引き受けてそのすべてをみずからに具備することが可能となる。このことから、（まずは）公であり、王であり、天であることは、物事を引き受けるものの必ず到達するところであり、「道」を明らかにするものの自然なる験であって、それほど怪しむべきことではない。そして「道」は、そこ（静）からおのずから出来《しゅったい》してくるものであるのだから、（「静」とは）天さえも（比べたら）言うに足りないほどのものである。なんと永遠であり安定したものではないか。これこそが虚静の極致なのである。

虚静なる「道」も、その虚静を「致極」していなければ真のものではない。その致極した虚静の中でも、とりわけ

「静」は「道」の「根」であり、「常道」がそこからあらわれてくるものであるとする。『老子』第十六章本文は、「虚を致すこと極まり、静を守ること篤ければ」であるから、李贄の解釈は『老子』本文をそのまま敷衍しただけのように見える。これは「虚静」の「極致」ということをとくに強調するものとなっているものであるが、[21]それによって「道（常道）」以上のものを隠微に指し示そうとしているのではないかとも見られるところがある。中国の伝統的了解を踏まえつつも、さらにその先をうかがっているのではないかと見られる李贄の姿がここにある、といえるかもしれない。

注

（1）容肇祖『明李卓吾先生贄年譜』（台湾商務印書館、一九八二、六六頁引）『顧仲恭文集続刻』。
（2）福建人民出版社、一九九二、八一頁。
（3）文津出版社、一九八八、二六九頁。
（4）李贄が王陽明を読み始めたのは嘉靖四五年（一五六六）である。林海権『李贄年譜考略』五一頁。
（5）『老子解』下篇に「孰《たれ》か道徳は申韓の宗祖と謂わんや」とある
（6）『東坡文集』巻一〇一「韓非論」。
（7）『東坡文集』巻一〇一「韓非論」。
（8）実際『老子』は、それぞれの時代に、それぞれの政治的意図にもとづいて解釈されてきた歴史をもつ。
（9）われわれの日常的現実としては、存在者間には必ず何らかの関係が存在するのであるが、李贄はそれをあえて概念として独立させ、切り離してとらえようとしているのである。
（10）そもそも先の「老子解序」に見た「老子と法家の分離切断 → 蘇軾（ないし当時の儒教知識人）による老子批判への反批判 → 当時の儒教知識人批判」という構図自体が、概念の類種関係ということを前提としなければ論理として成立しない。

(11) このような、概念を類種関係から切り離して独立的にとらえるという論理、ないし把握の仕方は、われわれの日常的あるいは理性的思考の立場からするとただちには受け入れ難いところがある——誤謬だといってもよい——。だがこれは、中国の歴史において時々あらわれてくる思惟の形でもあった。拙稿「『荘子』に見られる名家の思想について」(『東京教育大学漢文学会会報』第三〇号、一九七一)参照。なお、李贄は儒家的士大夫として官吏の道を歩んでいたが、彼はムスリムの家に生まれている。そのあたりを考慮してみると、たとえば李贄よりもやや後に生まれている中国イスラーム哲学者である王岱輿は、万物(万人)はアッラーによってすでにそれ自体として与えられているとして、

真主《アッラー》は至公なるに、人に在りては富貴貧賤、妍蚩寿夭、一ならざるは何ぞや。曰く、夢中の富貴は本より是れ虚無なり。眼前の貧賤は的《まこと》に真有に非ず。生死の関頭を超越して始めて如如たる常在を得るなり。此れ乃ち幻象空花、本より是れ長途の一寓、豈に実拠と為さんや。若し彼此高低無ければ必ず茲の世界を成さざるなり。(『正教真詮』「前定」)

と述べ、やはり概念の並列的思惟の形を示している。なお、こうした思惟の形を、李贄の政治批判の文脈に置いて見たとき、まず類種関係(概念の上下関係)からいえば「明代の儒教知識人」という概念は、「儒家(ないし儒教)」の概念に包摂されることになり、「明代の儒教的知識人」批判は「儒家(儒教)」全体への批判の一部となってしまう(一部とはいえ儒家(儒教)批判である)。しかし概念独立の立場からいえば、「明代の儒教知識人」と「儒家(儒教)」とは、概念として切り離されて独立なものであり、「明代の儒教知識人」批判が「儒家(儒教)」批判とはならなくなるのである。つまりこの論理でいえば、「明代の儒教知識人」批判は、べつに「儒家(儒教)」批判ではなくなるということになる。

さらに、李贄がムスリムであったということに留意すると、イスラームの立場から見た時、ふつう「実在の秩序を絶対的秩序から切り離して自律的と考えることは、イスラームにおける重大な罪」(S・H・ナスル『イスラームの哲学者たち』黒田寿郎・柏木英彦訳、岩波書店、一九七五、一六五頁)であるとされるのであるが、しかしイブン・アラビーの神

秘主義（スーフィズム）以降のスーフィズムにおいては（もちろんイブン・アラビー以降の神秘主義の展開には多様な側面があるのであるが）、世界は、見かけ上多様であって、それ自体においてさまざまに存在しているように見えるものであり、実際のところ、われわれが見ているものはまさにこの世界自体、すなわち多様に存在している世界・万物そのものであるのだが、それは神が自己を顕現するとき、自己の姿を無数の鏡に写すがごとく、さまざまなあり様を示している。ただ、その世界（存在者）は、神の自己顕現であるのだから、本質的には神の「ウジュード（神自体の本質＝存在）において」、あるいは「ウジュードとして」存在している。だがしかしそのことは、一方で万物の創造はそれ（神＝存在＝ウジュード）の同時的多面的顕現として、一挙になされるということであり（中西竜也「劉智の『天方性理』におけるMirṣād al-ʻIbād の解釈について」（『西南アジア史研究』第六〇号、二〇〇四））、神の顕現という事態の前には、被造的な存在者間相互には、存在者同士の積極的関連は存在しないということになる。神の前には、あらゆる存在者は個別的・独立的に投げ出されていることになるのである（もちろんこうした論理をいかに体系的（論理的）に説明しうるかということがイスラーム神秘主義哲学の歴史的営為であったのだが。中西竜也「劉智の『天方性理』におけるMirṣād al-ʻIbād の解釈について」参照）。

　なお、李贄の育った泉州では、十三世紀から十四世紀にかけてスーフィーのハーンカー（修行場）が開設されていたと見られる。拙稿「蒲寿宬小攷」（『多元的世界観の共存とその条件』国際高等研究所、二〇一〇）参照。

（12）　ただしここで、あるいはこの聖人が「インサーン・アル・カーミル（パーフェクト・マン、完全人間）」に対応する位置にあるものとしたなら、相互に不可関でありつつ人間に知をもたらすという構図は可能である。「インサーン・アル・カーミル（パーフェクト・マン、完全人間）」は、超・超越しているという意味において世界とは不可関である「神（ウジュード）」と、人間・万物との間にあって、両者を媒介し、世界を形成維持してゆく宇宙論的原理（あるいはそれを備えた人）ともいうべきものであり、またウジュードと人間との間にあって、人間に神の霊的かつ知的光をもたらすものであるとされる。「インサーン・アル・カーミル」の一つの範型としてふつう「ムハンマドの神性（霊魂）」があげられる。「ムハンマドの神性」は歴史的に実在したムハンマドではなく、論理的・理念的ないし原理的に設定されたものであるのだが、（中国イスラームの文献においては、特別な注記もなく）しばしば区別なく用いられることがある。李贄の場合、後述する「太上」ないし「真の聖人」の方がより「インサーン・アル・カーミル（ムハンマドの神性）」に近いものがある。

(13) 佐藤錬太郎「蘇轍『老子解』と李贄『老子解』」（『東方学会創立五十周年記念東方学論集』東方学会、一九九七）は、「李贄のいう「聖人」は世俗の君主を意味している時もあれば、「太上」のような道の体得者を意味する場合もある」としている（六八五頁）。あわせて佐藤錬太郎「蘇轍与李贄『老子解』的対比研究」（『首都師範大学学報（社会科学版）』二〇〇二年第六期、一〇〇頁）参照。この見解は正当である。問題は、この二重性が何故生じていたかである。そこで、ここで聖人（真の聖人）が「太上」とパラレルであるとすると、それが「インサーン・アル・カーミル（完全人間）」の位置に対応しているのではないかとも考えられることになる。前注参照。「太上」としての聖人と、人間としての聖人とは、そこのところにおいて重なりあう。

(14) なお「道」を「常道」と「可道」の二層に分別したのは李贄が初めてではなく、その区別はすでに六朝期の道教思想においてはじまっていた。初唐の道士王玄覧の『玄珠録』に、「可道は仮道と為し、常道は真道と為す」とある。拙稿「『玄珠録』の思想」（『福井文雅博士古稀記念論集アジア文化の思想と儀礼』春秋社、二〇〇五）参照。この「可道」と「常道」の区別はその後、唐・宋・元とその区別はずっと引き継がれて、李贄の当時としてはある意味では常識的なものとなっていた。

(15) 根本的、かつ非常に微妙なところ。「妙は要なり」（第一章河上公注）、「妙とは微の極なり」（第一章王弼注）。

(16) 判然たる全体的な帰結。「徼は帰なり」（第一章河上公注）、「徼とは帰終なり」（第一章王弼注）。

(17) それをとらえるのは有限の存在者にとって事実上不可能なことである。

(18) ここで李贄が「至妙」という語を用いているのは、「妙」字に「妙」以上の意、「妙」のさらなる極限的事態の意味、を含ませているのかもしれない。通常、「妙」字は「妙」字の異体であり、意味的にはそれほど相違はないはずであるが、「玄とは物の極なり」（『老子』第十章王弼注）ということもあるので、その可能性はないとはいえないように思われる。

なお、対校資料は明万暦四十三年刊亦政堂重刊本（『無求備斎老子集成初編』）、宝顔堂秘笈本（『百部叢書集成』）、尊経閣文庫蔵抄本（『無求備斎老子集成初編』）である。いずれも「妙」に作る。

(19) 李贄の形而上的論理はいってみれば「聖人―太上―可道―常道」と何層にも重ね込まれる構造をもっている。なぜそのようであるのかという問いに対する答えの一つの可能性としては、先述した「神・アッラー（ないしウジュード）」と、人間・万物との間にあって、両者を媒介し、世界を形成維持してゆく宇宙論的原理である「ムハンマドの神性」の概念が想起される。なお、李贄の後の中国イスラーム哲学者王岱輿における「ムハンマドの神性」（＝「無極・太極」）概念はまさに多重構造をもって構築されていた（拙稿「無極と太極――王岱輿と「ムハンマドの神性」――」（『宋学西漸』平成十九年度科学研究費報告書、二〇〇八）、および拙稿「『清真大学』の三一構造」（『中国伊斯蘭思想研究』第三号、二〇〇七）参照）。

(20) 『老子』解釈史上、「常道」「可道」の区別を採用し、かつ「常道」以上の根源概念を指向したものは、唐玄宗の「妙本」をはじめ、なかったわけではない。ただ李贄の場合、もし万が一、「常道」「可道」の概念があるいは「ムハンマドの神性」に対応するという可能性が残るとすると、そこには「ムハンマドの神性」の上位にあるものが想起されていた可能性もないわけではないことになる。前注参照。

(21) 『老子』本文の方は、「静」は、「守」と「篤」とに関わっている。

第五章　老子衍の風景──自序のスケッチ──

一

平成五年度（一九九三年度）の大学院の演習で王夫之『老子衍』をとりあげた。参加した学生を順番に割り当てて、年度内に全文の訳注を作ろうという目論見だったが、結局平成七年度末（一九九六年三月）まで三年間かかってしまった。訳注を記した演習ノートは三冊になった。参加者は、その間に多少の出入りはあったが菅本大二、井川義次、松崎哲之、辛賢、吉田俊一、天野哲史、大石直孝らが主メンバーだった。ただ参加者の多くはこの演習に関して、最後まで手ごたえがなかったようで、訳注が正しい方向に向いているのかどうか、何か雲の上をふわふわ歩いているような感じだったようだ。私自身も、典故等をきちんと捜求し、言葉を一つずつ探り当てながら訳してゆくという、演習の基本スタンスは維持できているとは思っていたが、しかし王夫之固有のレトリックの壁にぶちあたっていて、どうにも訳文の見当とんぼがあたっているような手応えがなかった。訳注は中途半端なままにとどまってしまい、その後演習ノートは、筐底に置き忘れたままになってしまった。

去年の春、当時の学生たちが集って私の古希の祝いをやってくれた。その流れで、年甲斐もなく夜中すぎまでみんなでわいわいと飲み騒いでしまった。そのときこの『老子衍』演習のことが話題になり、あれは本当によく分からなかったと、そのことで大いに盛り上がった。二十五年も昔なのに、彼らの中ではよほど印象深かったのだろう。ただこちらとしてはどうにも見通しの悪い演習で申し訳なかった、というしかない。

後日、筐底から訳注ノートを取り出してあらためて見直してみた。これはよほど時間をかけて手入れをしないと、とても公にできるようなものではないということが分かった。

そこでここでは、『老子衍』のレトリックの壁をめぐって、その「自序」を中心にスケッチ的な文章を書くことによって、時効ではあろうが当時の演習の見通しの悪さ、手応えのなさへの補完としたいと思う。

二

『老子衍』における王夫之固有のレトリックの壁とは、いくつかの背景的要素からなると考えられる。

『老子衍』が執筆されたのは、南明の永暦九年（一六五五）、すなわち清の順治十二年である。時に王夫之三十七歳であった。これに先立つ南明永暦二年（一六四八）、清の順治五年、王夫之は反満抗清の武力闘争に立ち上がったが敗れ、南明の庇護下に走る。だが南明の一部権力者から疎まれて、朝を離脱・逃走した。一方、反清起義の指導者として清軍からもお尋ねものとされていた。複数の追っ手から逃れるため、衡陽周辺の山深い村里を転々と移住放浪し、短い居住を積み重ね、あるいは、衡陽の周囲にはヤオ族（瑶族）が多数居住していたが、彼らの村に入って衣服はもとより、名前までヤオ風に変えて、潜伏したりしていた（王之春『王夫之年譜』中華書局、一九八九）。明清交迭の際にあって、彼はこうした逆風的位置に置かれていたのであった。

そしてここでまず見るべきは、『老子衍』の執筆が、そうした落ち着かない逃亡の日々の中でなされたものだったということである。『老子衍』の分かりづらさは一つには、おそらくそのような事情にあって、文章の形式的な分かりやすさを追うのとはちがった意識でなされたもの、という点があったと思われる。三十七歳というこの時期、思想家としてのキャリアはまだ初期である。だがこの初期著作について、彼はその十八年後の康熙十一年（一六七二）に見直して、「棄てるに忍びず」（『老子衍』「自序、後記」）、としている。われわれからすれば分かりにくいものではあっても、彼自身はその中にはみずからの思想として筋の通ったものがあるとみていたようである。

次の問題は彼の内面の事情である。なぜ明朝が滅亡してしまったのかという、やりきれない思いである。そしてその思いをぶつけようとする視線の先にあったのは、明朝を滅亡にもたらした連中、行動しない知識人たちであった。宮廷で幅を利かせていた彼ら、それはただ無益に心性を議論するのみの陽明学の徒であり、明朝滅亡を眼前にただ拱手黙視する以外に方法をもたなかった連中である。そして無為洪黙を旨とする『老子』は、王夫之において陽明学者たちと重ねあわせられることになる（李申「王夫之与老庄哲学」（『歴史論叢』第四号、一九八三））。つまり、『老子衍』は一義的には『老子』を批判の対象とするが、その対象の背後には『老子』ではない陽明学や政治問題やあれやこれやが覆い被さっているのである。『老子』について語っているようにみえて、じつは全然別のことを語っているかもしれないということである。もちろんその逆もありうる。その境界ははっきりとした明示的なものではない。だから読む方としてはまずはすなおに、『老子衍』の文章は『老子』を解釈しているものとして読むしかなく、読んで何かもやっとした感じがするときは、そこで立ち止まって考え直してみるもの、ということなのだろう。

三

『老子衍』の分かりにくさ、レトリックの壁の背景には、以上のようなものがあったのだと思う。そして『老子衍』の「自序」には、こうしたことを垣間見せる具体的記述がいくつかあるので確かめてみよう。

昔の老子に註する者は、代々に宗を殊にすること有り、家々に説を異にするを伝う。王輔嗣・何平叔に逮《およ》んでこれを乾坤易簡に合し、鳩摩羅什・梁武帝はこれを事理因果に濫《みだ》し、則ち支補牽会、その誣《し》いること久しきなり。陸希声・蘇子由・董思靖及び近代の焦竑・李贄の流に迄《およ》んでは、益々禅宗を引き、互いに綴合を為し、彼のいわゆる教外別伝なる者を取りて以て相い糅雑せり。是れなお、閩人、霜を見て雪かと疑い、雒人、蟹を食らうを聞きて蟚蜞を剝《む》くがごとし。

かつて『老子』注釈は、世代ごとに、また師承ごとにてんでんばらばらであった。すべての注釈は、さまざまな他の思想に浸食偏奇されて、見当外れになってしまったものばかりであった、とする。そしてこの文中にあって、注目すべきは最後の二人、焦竑と李贄である。焦竑『老子翼』と李贄『老子解』は、その注釈スタイルはだいぶ違う。この二人の生き様が異なっていたごとくに、である。ただ焦竑と李贄は私的には親交があった。だが、だから二人を並べた、ということではなかろう。じつは、二人とも明代の陽明学者として名高かったのである。焦竑に至っては科挙の状元で、王朝中枢で活動していた人である。明朝滅亡に対して不作為であった高官たちの同類である。この二人が並列されているのは、やはり陽明学者だったということが大きかろう。注釈者列挙の最後にこの二人を並べ、陽明学と『老子』との重なり合いを強く暗示しようとしているのである。「益々禅宗を引き」とする部分では、陽明学と禅の親近性が示されて、陽明学の一層の邪悪性が強調されるのである。

ここで、この文章内の「蟚蜞」とはどういったものかという、ちょっと名物的な話題になる。「自序」文中の「蟹」はたぶん海産十脚で食用になるいわゆるカニを指す。一方「蟚蜞」は淡水産（洛水・黄河流域産、あるいは次の蔡謨の例に見るように長江流域産十脚）の甲殻類であると思われるが、ここでは類種同定までは困難である。ただ分かるのはそれがどうやら毒性をもっていて食用には適さないということである。『晋書』「蔡謨伝」に次のようにある。

（蔡）謨、初めて江を渡るに、蟚蜞を見て大いに喜びて曰く、蟹は八足ありて、加うるに二螯《(はさみ)》を以てす、と。これを烹《に》させしむ。既に食らうに、吐下して委頓《(衰弱)》すれば、方《はじ》めて蟹に非ざるを知るなり。

閑話休題。

以上ここまでの「自序」は、直接的には歴代の『老子』解釈への批判であって『老子』それ自体に対する批判ではなかった。王夫之は次に、諸注釈の欠陥の批判の上に、『老子』思想それ自体を直接批判する。

夫之、察するに、その悖《もと》る者、これを久しうすれば、乃ち諸家を廃して以てその意を衍《ひろ》むるなり。蓋し、その塁に入りてその輜を襲い、その恃むを暴《あば》きてその瑕《きず》を見《しめ》すなり。その瑕を見《わか》りたる後、道、復せしむべきなり。夫れ其のいわゆる瑕とは何ぞや。天下の道を言うもの、俗を激《せ》めて故《ことさ》らにこれに反《さか》らうは、則ち公ならず。偶見して楽しみてこれを持するは、則ち経ならず。慧を鑿ちて数《しばし》ばこれを揚ぐるは、則ち不祥なり。三者の失、老子これを兼ねたり。故に、聖道にいわゆるこれを文《かざ》るに礼楽を以てし、以て中和の極を建つる者において、以てその深きに与《あずか》るに未だ足らざるなり。

結局諸家の注釈は当を得たものでないから、一切用いない。『老子』思想それ自体にもとづいて『老子』の本質を敷衍してやるのだ、という。そしてその方法は、敵の砦に入り込み、敵の補給路を断ち、依拠している所の思想的根拠を白日のもとに曝して、『老子』の疵を明らかに示すこと、であるとする。

では『老子』のその疵とは何か。一般的に、世の道を説くものは、ともすると俗世間を攻撃し、それに対してことさらに逆らう言動をとりがちであるが、その態度は「公」とはいえない（むしろ「私」である）。たまたま出会ったにすぎないものを喜んで、それを手放そうとしないのは、規範にそわない態度（不経）である。小賢しい知恵を掘り下げてそれを宣揚するのは、どうにもさいさきがよくない（不祥）。『老子』の思想はこの三つの欠陥をすべて兼ねている。つまり『老子』の思想は天下の思想の中でも、欠陥部分を一手に引き受ける最悪なものであって、聖道（『論語』「憲問」・『中庸』＝儒教）には遠く及ばない、というわけである。

四

ただ、文中の「その瑕を見《わか》りたる後、道、復せしむべきなり」という記述は、単純に『老子』批判に前のめりになっていると見るには、ちょっと引っかかりを感ずる。もちろんこの「道」自体を否定的なものととらえるなら、そのまま『老子』批判ということで意味が通ずるとはいえる。だがしかし、『老子』の思想の瑕疵を了解したのちに、「道」の思想を本来的なものに回復させるということになると、回復される「道」は、文脈上ネガティブなものとはいえないだろう。『老子』を肯定的に見る意識がどこかに存在しているのではないか、ということである。

そして「自序」は、政治的社会的環境の安定の一方策としては、『老子』の思想を積極的に評価することにもなってくる。

然りと雖も、世は移ろいて道は喪われ、覆敗は武を接《きびす》し、文を守るも偽窃に流れ、幾に昧くして禍の先と為る。天下を治むる者は、事を生じ民を擾《みだ》して、以て自ら敝《やぶ》れ、天下を取る者は、力竭き智尽きて、其の民を敝《やぶ》るなり。老子の幾を測りて以て其の自ずから復するを俟たしむれば、則ち瘥有るなり。

世の中は時代を経るにしたがって悪くなってきている。それは政治的社会的安定のための本質（幾）を見失っているからである。天下を治める者も事件などを起こしてしまってみずから失脚するし、天下を奪い取った者は智力ともに尽きてしまって、民を助けることもならず、民は崩壊してしまう。だが『老子』の（おそらく形而上性を含めた）本質（幾）を測りとったうえで天下の安寧が回復してくるのを待つならば、その逸失は小さなものですむだろう、というのである。ここでは「老子の幾」という、いわば〈老子的本質〉ともいうべきものの重視が注目される。つまり「自序」は、『老子』に対する強い批判を示しながら、しかしどうもやはり『老子』を肯定的に見ようとする眼ももっているようなのである。

さらにいう。

> 文・景、踵《きびす》して起こりて昇平に迄《およ》び、張子房・孫仲和、尚ぶを異にするも危殆を遠ざくるは、是の物を用うればなり。これを釈氏の荒遠苛酷、離披を纏棘に究め、物理を一擲に軽んじ、僅かに歓びを光怪に取るに較ぶれば、豈に賢ならざらんや。司馬遷曰く、老聃は無為にして自ずから化し、清浄にして自ずから正しきなり、とは、これに近し。猶竜の嘆の、仲尼の徒に出づると云うが若きは、吾れ何ぞ焉《これ》を取らんや。

歴史上、漢の文帝と景帝、劉邦を助けた張良、六朝の孫登たちは、それぞれに方途は異にしていたものの、歴史的に結果として政治的ないし社会的安定獲得には成功している。抽象的思索としての本質たる「老子の幾」を用いていたからにほかならない。「老子の幾」――〈老子的本質〉は、社会の安定にとってその意味で重要な機能をはたしうるといえるのである。

そのような性質を備える『老子』とは、世の中に現に存在している物事の、その理法（あるいは「理」）という思索の方法をぱっと放りだしてしまって軽んじ、その一方とりとめなく苛烈で奇妙にゆがんで閉塞した論理にはまり込んでしまっている仏教（そしてそこに連続しているとみられているのは陽明学である）などよりも、はるかに賢《まさ》っているのである、と。

ところでここに、「物理――物事の理法」という概念が登場する。この「物」は王夫之にとって、世界を統一的に把握するための基幹的概念である。世界は「物」によって構成されており、物と物との関係性・運動性がこの世界の構造性を明らかにする。そこに何らかの超越者が関与してそれを成し遂げるわけではない。

この思想については、王夫之は張横渠の『正蒙』にヒントを得たのかもしれない。「而れども『正蒙』一書、尤も神契有り。精《くわ》しく繹《しら》べ、之《の》を暢《ひろ》べ衍げて『正蒙注』九巻を為る」（『清史』巻六六「王夫之伝」）、と。そしてその『正蒙注』の「太和」篇において次のように言っている。

陰陽の二気、太虚に充満す。此の外に更に他物無く、亦た間隙も無し。天の象、地の形、皆其の範囲する所なり。

これは王夫之思想の本領をちらりと露呈させているところである。この宇宙は「太虚」であり、「太虚」は物質（気）の充満以外の何物でもない。すべては物質（気）からなる、ということである。これは張横渠の思想を継承する形をとっているとはいいつつも、前近代的社会においてはある意味だいぶ過激な思想であった。そしてそういう思想の対極にあったのは仏教であり、また王夫之のほぼ直接的な憎悪の対象だった陽明学であった。そして『老子』はそういった仏教・陽明学よりも、ややましなものと位置づけられる。つまり『老子』は一部の肯定的評価はあるものの、根本的には（陽明学に近い）否定さるべきものであった。ただ否定されるものの中にあってはややましな思想にすぎない。王夫之にとって『老子』は、実際のところはその程度のものであったということであろう。

五

以上『老子衍』「自序」に示された王夫之の『老子』に対する批評と評価である。結構複雑な『老子』観であったといえるだろう。そしてそれこそが王夫之固有のレトリックの一つの壁だったのだろう。そしてこうした『老子』観からすると、実際の注釈上でじつはそれらのどの部分にあたるのかを見分けるのはそう簡単なことではない。我々の訳注稿は、もちろん「自序」は訳した（本稿で用いた訓読・訳文はそれを基盤においたものである）が、その際、今回検討したようなところまでは立ち入りきれてはいなかったように思う。

また王夫之の注釈を実際に翻訳している段階において、何度ももやっとしたところに突き当たった。そして一応そこで立ち止まって考えてはみた。だがやはり分析の深さが不足していたのだろう、最終的に全体にわたって、何か手応えのない感じになってしまったのであった。

「自序」をスケッチすることを通じて、『老子衍』の風景をうかがってみたが、今回の検討が本当に王夫之の『老子』観を摘出できているかは、やはり注釈本文全体の検討を経た後でなければ、正確には分からない。だが筆者にはそうした大がかりな仕事に費やす時間はもう残されていなさそうだ。王夫之の『老子』観の検討、『老子衍』の風景の描写はここまでとしたいと思う。

付篇

第一章　無（中国）

無と無為自然

〈無〉は老荘思想における基本概念の一つである。思想史上、最初に〈無〉に言及したのは『老子』であった。『老子』は、現実的存在者〈器《き》〉〈有《ゆう》〉を生成・存在せしめている始源・根源を〈道〉と称し、これを〈器〉〈有〉を越えるものとして、〈無〉と規定した。この〈無〉は、一種の有の欠如として表象され、容器の中の中空部分〈無〉が容器の本質的機能を支えているように、〈有〉を生成・存在せしめている。見方を変えると、〈無〉は〈有〉のあるがままの〈無為自然〉に任せつつ、世界を完全に実現している。『老子』によると、人がこの〈無為自然〉を体得したなら、彼は自然の万能を体現して、処世・政治などあらゆる事態に融通無碍に対処しうるという。

『荘子《そうじ》』の場合、〈無為自然〉とは、存在者〈有〉の本来の〈万物斉同〉の相である。〈無〉とは、差異対立する一切の有限的存在者を否定し、否定に否定を重ねた果ての〈万物斉同〉であり、主客を含む一切の融合充足であった。

先秦諸子はそれぞれの立場から、こうした〈無〉〈道〉〈無為自然〉を歓迎した。たとえば申不害《しんふがい》や韓非子《かんぴし》はこれを一種の政治的技法ととらえ、君主が〈無為自然〉であること、いられることこそ統治の要諦と称揚した。かくて戦国末期頃には〈道〉〈無〉は諸子に共通的な哲学的前提となっていった。

漢代の無

前漢の『淮南子《えなんじ》』の〈無〉は、『老子』の〈道〉に内包されていた存在的生成論の性格を背景に存在者〈気〉が秩序をもつ以前の混沌、すなわち「陰陽未だ分かれざる」「気の大通」した無形の状態のこととされた。つまり〈無〉と称しつつも、そこには〈気〉があり、実質的には〈有〉であった。『淮南子』の〈無〉は存在的なものとされた。これを承けた後漢の『淮南子』注釈者高誘《こうゆう》は、〈無〉とは「何もない」ことではなく、「無形」のこととし、表現上は「有（無形）から有への生成」であるとした。この解釈は以後、〈無〉解釈の一つの有力なパターンとなった。

魏晋の無

魏晋期になると、〈無〉は質料（気）に関わることを回避されつつ、純粋に抽象的な論理化の道を歩み始める。魏の何晏《かあん》は『老子』を受けて、〈道〉を〈無〉と規定し、「道はもとより無名」と、言表を越えるものとし、「有の有たるは無を恃《たの》」むものとして、〈無〉を存在論的に位置づけた。

魏の王弼《おうひつ》の〈無〉は、基本的に何晏を承けるものだった。しかし彼は、何晏を一歩進めて、生成論的性格をひきずる〈道〉を、〈無〉とは析別し、さらに〈無〉の属性たる「無い」の意味を深刻に問い詰めた。彼は有の欠如・無形、あるいは繋辞（コプラ）にともなう存在的性格など、「無」につきまとう存在者性を徹底的に殺ぎ落とし、独創的な概念洗練を進めた。彼の〈無〉は、純粋に論理的に存在者を支え、あらしめ、そして存在は〈無〉において全きものたりうるという存在論的探求のもとにあるものだった。

西晋の郭象《かくしょう》はその『荘子注』において、存在論的根源者を一切排除し、世界は存在者〈有〉の自然的な自生自化、すなわち〈独化《どくか》〉によってのみ成立すると唱えた。〈独化〉する〈有〉にとって根源者は必要ない。郭象は、〈無〉とは、そうした根源者などは〈無い〉ことを明らかにするものだとした。これは王弼において進められた属性「無い」の追求が、さらに〈無〉の概念それ自体にまで推し及ぼされた結果の、独自な〈無〉の思想であった。

東晋の張湛《ちょうたん》は、〈有〉の自生自化するという郭象風の〈有〉を説いたが、〈有〉の〈独化〉はいわず、一方〈無〉も否定しなかった。すなわち事実的存在者としての〈有〉は〈有〉においてすべて完結しているが、論理的に導かれる根源者は否定できぬと、いわば王・郭の中間的立場に立ったのである。

非有非無

六朝期には、仏教の般若の〈空〉の思想との相互影響のもと、〈非有非無《ひゆうひむ》〉という独特の〈無〉の思想が展開する。魏晋の〈無〉は概念的洗練を究めたが、常に対極に〈有〉を抱えていた。こうした事実性を前提とする〈無〉を越えて、より高次の抽象的概念を追求しようとしたのである。南斉の道士顧歓《こかん》は、魏晋的〈無〉は〈有〉を前提とする空間性を免れぬものととらえ、〈有無〉を超越する〈非有非無〉を唱えた。この〈非有非無〉の具体的表象は困難であるが、彼は道家的伝統である存在論的性格を引きずりつつ存在を超える真理を〈非有非無〉に求めたのである。魏晋の系譜を承けたこうした〈無〉の議論は、梁の武帝・臧玄静などに引き継がれ、隋唐の道教を経て、禅仏教に影響を与えつつ、やがて宋学の〈理気〉論に流入してゆくのである。

文献

森三樹三郎『「無」の思想』講談社現代新書、一九七三
池田知久『老荘思想』放送大学教育振興会、一九九六

第二章　可道と常道――老子第一章道可道非常道をめぐって――

はじめに

『老子』第一章冒頭の「道可道非常道」をどのように読むかということについては昔から諸説があります。ちょっと古いところですが、遠藤隆吉『老子研究』（明誠館、一九二二）は、「道の道とすべきは常道に非ず」と読んでおります。こういう読み方は、別に遠藤隆吉が創始したのではなく、後に申しあげますように古くからあったものなのですが、ただこの読み方は、我が国近代の『老子』の読みにおいては、いってみれば定番となっておりまして、武内義雄、福永光司、金谷治、麦谷邦夫、神塚淑子、最近の蜂屋邦夫、それに馬王堆本にもとづく池田知久に至るまで、そう読んでいないものを探す方が難しい状態です。ただ、遠藤隆吉『老子研究』の筑波大学図書館に所蔵されているものを見てみますと、そこに「道の道《い》ふべきは常の道に非ず」と、「いうべき」と読む異説が書き込まれております。おそらくこの本がどこかの大学の教科書として使われた時にその講義にもとづいて書き込まれたものか、あるいはこの本をもっていた読者が書き込んだものではないかと思います。この書き込みには、「金原《かなばら》省吾」の説であると記されています。金原省吾とは大正期の東洋美術の泰斗でありまして、帝国美術学校（武蔵野美術大学）の創立者グループのなかの一人です。この「いうべき」と読む説は、じつはこれも広くおこなわれておりまして、たとえば最近の蜂屋本でも、異説として指摘されております。しかし、本文自体の読みとして「いうべき」と読むものは近代になってからは本当に少なく、現在比較的入手しやすいものでは小川環樹『老子』（中公文庫）、任継愈『老子訳注』（坂出祥伸・武田秀夫訳、東方書店、一九九四）ぐらいしかありません。
そこで「道とすべき」と読むか、「いうべき」と読むかについてですが、これは先ほど申しあげましたように、古くから両方の読み方があったものと思います。まず、たとえば『韓非子』「解老」の場合、

凡そ理とは、方円長短、麤靡《そび》堅脆《けんぜい》の分なり。故に理定まりて後、道を得べし。故に、定理に存亡有り、死生有り、盛衰有り。夫れ物の一存一亡、乍《たちま》ち死し乍ち生じ、初め盛んにして後衰うる者は、常と謂うべからず。唯だ夫れ、天地の剖判と倶に生じ、天地の消滅に至るも死せず衰えざる者を常（者）と謂うなり。而して常とは、易わる攸《ところ》無く、定理無きなり。定理無きものは常所に在るに非ず。是を以て不可道（道とすべからざる）なり。聖人其の玄虚を見、其の周行を用い、強《し》いて之《これ》に字《あざな》して道と曰う。然り而《しこう》して論ずべし。故に曰く、道之可道（道の道とすべき）は常道に非ず、と。

とありまして、この場合は「道とすべきは」と読んだ方が通るように思えますし、「いうべき」と読むと、通じないように思いますので、「道とすべき」と読んでいたといえると思います。
一方、次の『淮南子』「道応訓」の場合ですが、この文は、本当のところは言葉では伝えられない、という文脈において「道可道」が引用されておりますので、こちらは「いうべき」と読んだものと思われます（この話柄は『荘子』「天道」篇にもあります）。

桓公、書を堂に読む。輪人、輪を堂下に斲る。其の椎鑿《（つち・のみ）》を釈《す》てて桓公に問いて曰く、君の読む所の書は何の書か、と。桓公曰く、聖人の書なり、と。輪扁曰く、其の人焉《いず》くに在るや、と。桓公曰く、已《すで》に死せり、と。

輪扁曰く、是れ直《た》だ聖人の糟粕《しぼりかす》なるのみなり、と。桓公、悖然として色を作《な》して怒りて曰く、寡人書を読むに、工人焉《な》んぞ得て之を譏《そし》らんや。説有れば則ち可なり。説無ければ則ち死《ころ》さん、と。輪扁曰く、然り。説有り。臣、試みに臣の輪を斬るを以て之を語らん。大いに疾《はや》ければ則ち苦《きつ》くして入らず、大いに徐《おそ》ければ甘《ゆる》くして固からず。甘からず苦からざるは、手に応じ、心に厭《あ》きて以て妙に至るべし。臣、以て臣の子に教うること能わず、而して臣の子も亦た之を臣より得ること能わざるなり。是を以て行年六十、老いて輪を為るなり。今、聖人の言う所の者も、亦た以て其の実を懐《いだ》くも窮まりて死し、独《た》だ其の糟粕在るのみなり、と。故に曰く、道可道（道のいうべき）は常道に非ず。名の名づくべきは常名に非ず、と。

さらに『淮南子』「氾論訓」にも、この第一章「道可道」の解釈がありますが、これも文脈から見て、やはり「いうべき」と読んでいるものと思われます。次のようなものです。

　王道欠《か》けて詩作《おこ》る。周室廃《すた》れ、礼義壊《こわ》れて春秋作《おこ》る。詩春秋は学の美なる者なるも、皆衰世の造なり。儒者は之《これ》に循いて以て世に教導するも、豈に三代の盛に若《し》かんや。詩春秋を以て古の道と為して之《これ》を貴ぶも、又未だ詩春秋の作らざるの時有らん。夫れ道の欠けたるなり。其の全きに若かざるなり。先王の書を誦するは、其の言を聞くに若かず。其の言を聞くは、其の言う所以を得るに若かず。其の言う所以の者を得るも、言の言うこと能わざるなり。故に曰く、道可道（道のいうべき）は常道に非ず、と。

ところで、老子注釈のエースともいうべき魏の王弼は、「可道の道、可名の名は、事を指して形と造すなり。其の常に非ざるなり」としています。この「可道」は次句の「可名」との関係からみて、やはり「いうべき」と読むべきだろうと思います。そして、中国の場合、日本とはちがって今日でも「いうべき」という風に読んでいると思われるものが多いように思うのですが（先の任継愈の翻訳はその一例です）、これは中国では、「いうべき」と読む場合が歴史的に相当多かったということが背景にあるのだと思います。

「道とすべき」と読む場合の標準的な解釈は、「世間一般の学者が、いろいろに定義しているように、これが道だと、しうるような道は恒常不変の道すなわち絶対的な根源の真理ではなく……」（福永）というものだろうと思います。「道とすべき」と読む場合、その解釈はほぼこうした解釈のバリアントであるといってよいと思います。諸研究・諸学説はむしろ「非常道」の方の「常道」の「常」字の解釈、その意味するところ（内容）は何であるかという方向に集中しておりまして、「可道」をどう読むかということはそれほど議論されていないように思います。ついでに申しあげておきますと、「常道」の解釈についても、大きく分けると二つの方向がありまして、一つは（三つの例をあげますが）、

①「物盛則衰、天地之常数也。進退盈縮、与時変化、聖人之常道也」（『史記』巻七十九「蔡沢伝」）
②「是故君臣相配、古今常道、自然之勢也」（『史記』巻七十四「魏相丙吉伝」）
③「三光之常道也」（『史記』巻二十七「天官書」正義）

というようなものです。これらの三例は、それぞれに意味合いは異なってはいますが（遠藤隆吉はこれらのうち②の意味で取っています）、大雑把にまとめてみるなら、現実においてあるべき（ないし行われるべき・行われている）規範・法則、とでもいうようなものになると思います。王弼注と並んで重要な河上公注の「道可道」への注釈は、「経術政教の道なり」とありまして、いってみれば①と②の意味を覆っているようなものになっています。

もう一つは「恒常不変・絶対的」（武内・福永・伊福部隆彦『老子眼蔵』）、つまり現実を超えて、現実の基底に不変＝普遍的・絶対的、あるいは超越的に存在している「あるもの」ととらえるものです。なお木村英一はこれら両説を比較して、後者の恒常不変説に軍配をあげております。以上は「常道」の解釈の方向性についてです。

さて、「可道」の話に戻りまして、「可道」を「いうべき」と読む場合についてです。これは、「道、説明できるものであるとすると、それは恒久の道ではない」（任継愈）というふうに、「ことばにしうる」の意味ととられるのがふつうだろうと思います。「ことばにしうる道は常道ではない」という解釈は、『淮南子』の「道応訓」や「氾論訓」で見ましたように、「道」を言語を越える、すなわち言語的思惟（単純にいえば、言語は理性と等しいのですから、つまりは理性的思惟）を越えるものととらえているということになります。もちろん王弼もその流れの中にある解釈だといえるでしょう（ただ、王弼の場合、道は「言→象→意」という展開を内包し（あるいは「意」を展開の一つの到達点とし）、さらにおそらくはその先のことを考えているようにも思いますが）。

ともかく、「道とすべき」と読むか、「いうべき」と読むか、日本近代においては「道とすべき」と読む方が圧倒的に主流でありまして、「いうべき」の方はほとんど「こういう異説もある」という風に言及されるのみの、廃《すた》れたものになっているといえましょう。

これは、近代になったときに日本に西洋哲学が入ってきて、形而上学とか存在論などという概念が定着してきたということが大きな歴史的背景としてあったと思います。一方「いうべき」と読む場合、「常道はことばを超える真理を指すもの」、というようなことになりますが、これは「以心伝心」とか「不立文字」とかいうようなものと通ずるところが出てきますので（つまり近代的な思惟の視点からは、不合理・非合理の腐臭がしてくると見なされるのでありますが）、近代的な学問解釈においてはそれほど支持されえなかったのだろうし、また読者も当然近代の人間でありますから、おそらく歓迎しなかったのだろうと思います。ただ現代（私は現代は、「近代のなれの果て」と思っていますけれども）から近い未来を見据えた場合、理性を越える知の記述（理性の限界を越えるものは理性（言語）には対応しないがゆえに、語りえないものについては沈黙しなければならないとする方向が、二十世紀の重要な一つの哲学的動向でした）をめざす哲学的立場からすると、「いうべき」という読みには、もしかすると新しい方向性を喚起する契機が含まれているかもしれません。

以上、『老子』の第一章「道可道非常道」について、いってみれば常識的なところを述べてきたわけですが、ここで単純にまとめますと、「道」には、いってみれば「ふつうの道」と、「そうではないより本質的・高度な道」がある、ということが『老子』第一章の冒頭において示されている、という解釈がなされてきたということであります。専門家からすれば何を今さらみたいなお話であります。

ただ一つだけ注意しておきたいことは、この場合「ふつうの道」に対応する語は「道可道」の三字のうちの一字目の「道」であるということです。そして三字目にあたる「可道」の「道」は、「道とする」にしても「いう」にしても、いずれにしても動詞的に読まれてきたということであります。

一　「可道」が熟すること

以上は、まずはお話のとっかかりであります。ただ本日は、とっかかりとしてそれだけではなく、もう一つございます。そのもう一つのとっかかりとは、以上申しあげてきました読みとは別に、歴史的にそれらとは異なる読み方があったということです。そしてその後に、これら二つのとっかかりを踏まえまして、それが思想史的に面白い事態を引きおこしていたという事例を二つほどお話ししたいと思います。

そこで第二のとっかかりとして申しあげたいのは、「道とすべき」と「いうべき」以外に、歴史的には「可《か》道《どう》」を一語に熟して読む読み方（つまり「可道」の「道」を動詞的には読まないわけです）があったということであります。この読み方は今日の日本の『老子』解釈においてはほとんど行われておりませんので、どう訓読していいのか難しいのですが、「道の可道なるは常道に非ざるなり」、あるいは「道は可道にして常道に非ざるなり」というようになるでしょうか。もっと曲芸的に読むなら、「可道を道《い》うは常道に非ざるなり」とも読めるかもしれません（ちょっと無理読みでしょうか）。しかしどちらにしても、何か読みづらいものがあります。

さて「可道」という言い方は、王弼が「可道之道、可名之名」と述べておりますので、そこに「可道」という言い方は出てきているのですが、王弼の場合はやはり「いうべきの道、名づくるべきの名」と読むべきだと思われ、「可道」という一語に熟しているようには思いにくいところがあります。またこのように王弼には確かに「可道」という言い方が現れているのですが、それ以前となりますと、これは文献的に不確実なものとしかいえないのですが、前漢末期の厳遵の『老子指帰』の文に、「可道の道は、道徳彰らかなるも、自然に非ざるなり。今の行く者、昼に燭を操らず。日、明らかなればなり。夫れ日明らかなるは道ならざるの道（不道之道）の常なるなり。燭を操る者は、可道の道の彰らかなるなり」という用例があります。王弼と同じく「可道」という語が出てきておりますが、後文に「道ならざるの道」という語が出てきますので、これは王弼とは異なり、「道とすべき」と読んだもののように思われます。ただこの引用した文の最後のところには「燭を操る者は、可道の道の彰らかなるなり」とありますので、もしかすると、王弼に先立つ厳遵の段階で「可道」は熟していた可能性もあります。ただこの資料は文献的に不確実と申しあげましたが（引用文は宋李霖『道徳真経取善集』、宋陳景元『道徳真経蔵室纂微』等に引かれる）、後世の偽作を疑われているものでして（武内義雄『老子の研究』（『武内義雄全集』第五巻、一一三頁））、その点、断定はしかねるように思います。

この「可道」という言い方がはっきりと熟してくるといえるのは、どうやら六朝期のことなのではないかと思われます。そして資料的に確実に現れてくるのは、隋の初期であります。隋初に「可道」と熟する確実な例があらわれてきているということは、六朝期にその成熟化が進んだということを示していると考えられますので、六朝期に「可道」が熟したというのは確実だろうと思います。その資料は『隋書』巻七七「徐則伝」にあります。

隋代に徐則という人物がおりました。この人は大儒周弘正に学んだれっきとした儒者でしたが、後年隠棲の志をもちまして、縉雲山に入り、道士の修行に入りました。その死にあたって、彼の死骸が「文体柔弱、生きるが如し。停留すること数旬、顔色変わることなし」（『隋書』巻七七「徐則伝」）だったので、晋王（後の煬帝）がそれを異なものとみて書を下すのですが、この晋王の書に柳誓という人物が讃を書きまして「可道は非道なり。常道は無名なり」というふうに言っております（これと同じ話柄が『歴世真仙体道通鑑』（これは『資治通鑑』を道教側が模倣して作った道教史です）巻二九「徐則」に見えます）。

また資料的には微妙なものなのですが（武内義雄『老子の研究』（『武内義雄全集』第五巻二一八頁））、南斉の顧歓『道徳真経注疏』の「疏」に「道は虚通を以て義と為す。常は湛寂を以て名を得るなり。所謂無極大道は衆生の正性なり。而して可道と言う者は即ち是れ名言なり。称すべきの法を謂うなり。復た可道と称すると雖も、宜しく機梜《ききょう》（梜、可也）に随いて当たり、声あり、説有るべし。真常凝寂の道に非ざるなり」とあります。この資料が確かに南斉の顧歓のものならば、六朝南斉期には「可道」が熟成していた一つの資料になろうかと思います。

唐代になりますと、『道教義枢』巻一「道徳義」という資料に次のようにあります。

又、経《『老子』》に常可二道、上下両徳なるものを明らかにす。賈法師云く、応身より已に三清等の法に遷るは皆是れ可道なり。尽く是れ無常なり、と。

これは、唐代には「可道」という形で、確実に熟していた＝概念化していたことがわかる資料といえます。文中の

「賈法師」は誰かは不明です。『老子』注釈者の中に唐の賈大隠（賈至）という人物がおりますが、彼は賈公彦の子で、礼部侍郎になっているので、「法師」というのにはどうもそぐわないように思います。「応身」はもともと仏教用語で衆生教化のために現世に現れた仏のことですが、道教では化現した「道」、あるいは天尊や老子のことであり、神格として現世にあらわれたもののことであります。「三清」は元始天尊と太上道君、太上老君のことであります。これらはいずれも神格として具体的に現世に降臨しているものでありますので、現世を超越した世界のものというよりも、むしろ現世的なものととらえられているのであります。こうした次第で、「応身」も「三清」も、「常道」ではなく「可道」だとされているのであります。これからしまして、「可道」とは相対化された「道」の概念といえるもの、つまり最高次に定位するものというよりも、より下位に定位される概念としてとらえられるものであったことが分かります（先に見た厳遵の「可道」の例もそういう意味では相対化され、下位に定位する概念でした）。そして、『道教義枢』の「応身」という概念にも漏れ出ていましたが、この「可道」「常道」問題は、六朝期に道教が仏教に影響を受けつつ育んできた問題でもあったように思われます。この、「仏教に影響を受けた道教」という点は、後ほど取り上げようと思うのですが、「可道」「常道」という課題において一つの突出した思索をおこなった王玄覧という人物の思想において、重要なポイントとなるものです。ただ、今は先に進まず、次いで唐代初期（玄宗以前）の道士による（「可道」と読む場合の）解釈をいくつか挙げておきたいと思います。

まず、太宗の貞観の時代（六二七〜六四九）に活動しました道士成玄英『老子義疏』の解釈です。それはこうです。

道は虚通を以て義と為す。常は湛寂を以て名を得るなり。所謂無極大道は衆生の正性なり。而して可道と言う者は即ち是れ名言なり。称すべきの法を謂うなり。復た可道と称すると雖も、宜しく機愜（愜、可也）に随いて当たり、声あり、説有るべし。真常凝寂の道に非ざるなり。（成玄英『老子義疏』）

これはどこかで見たような文ですが、じつは先に南斉の顧歓の『道徳真経注疏』として引いた文章と同一であります。これが、顧歓の文章が資料的に微妙であると申しあげた根拠なのですが、一方、これが成玄英の言葉であるのなら、唐初にはこのように「可道」が熟していたこと、それが相対化された「道」という意味になっていたということが、はっきりするものということになると思います。

つぎに高宗の顕慶年間（六五六〜六六一）ごろに活動した、やはり道士であった李栄の解釈です。

可道は体為《た》り。可名は用為《た》り。可道なる者は即ち是れ言名なり。復た可と称すると雖も、物の宜しく機に随いて声あり説有るなり。真常凝寂の道に非ざるなり。（強思斎『道徳真経玄徳纂疏』引）。

道は虚極の理なり。夫れ虚極の理を論ずるに、有無を以て其の象を分かつべからず、上下を以て其の真を格《ただ》すべからず。是れ則ち玄玄にして前識の識る所に非ず、至至にして豈に俗知にして知るを得んや。所謂妙にして思《おも》い難《がた》く、深くして識るべからざるなり。聖人、茲《こ》の玄路を担《にな》いて以て教門を開かんと欲し、円通の名に借り、虚極の理に目《もく》して、以て可名を理《おさ》めて、之を可道と称す。故に吾其の名を知らず、之に字して道と曰う、と曰うなり。常道に非ずとは、是れ人間常俗の道に非ざるなり。人間常俗の道は、之を貴ぶに礼義を以てし、之を尚ぶに浮華を以てし、身を喪《うしな》いて以て名を成し、己《おのれ》を忘れて利に徇《したが》う。道を失い、徳を後《のち》にするなり。此の教（道教）、方《まさ》に行われんとするに、今仁義の華を去り、道徳の実を取り、澆薄《ぎょうはく》の行を息《や》め、淳厚の源に帰り、彼の恒情に反《かえ》るなり。故に曰く、常道に非ず、と。（李栄『道徳真経注』）

以上から、唐初には「可道」の語が成熟し、それが相対的なものとして定位されるようになっていたこと、そしてそれがあるいは一つの標準的見解にもなっていたようである、ということがいえるかと思います。なお、李栄の二つの文章のうち、前のものの後半部は、やはり先に見た顧歓の疏と（そして成玄英とも）一致しています。文献学的にはまことに怪しげなものということになりますが、しかしそれはまたこういった解釈・表現が広く浸透していたということにもなるかもしれません。

ところで「可道」が相対的なものとされ、しかもそれが一つの標準的なものとされることになるにあたって、より大きな契機となったのは、玄宗（七一二～七五六在位）の『老子』解釈であったと思われます。いわゆる『老子玄宗注疏』ですが、その「道可道非常道」への「注」には、「虚極の妙用なり。名とは、物、之を得て称する所なり。用とは物に於いて可なるなり。故に可道と云う。名は用に生ず。故に可名と云う」とあります。ここには「可道」という語が用いられ、それを「物」に属しつつ解した場合の「道」、つまり相対的な「道」であるとしています。一方、「疏」においては、「（道は）虚極妙本の強名なり。由と訓み、径と訓み、法と訓み、常と訓む。首の一字は宗を標《あらわ》す。言うこころは、此の妙本は、通じて万物を生ずるの由径なれば称して道と為すべし。故に道とすべし（可道）と云うなり。称して道と為すに堪うるなり」とありまして、この「疏」の場合は、「道とすべし」とも読めますので、必ずしも「可道」と熟しているとはいえないのですが、「注」においても「疏」においても、「可道」という語は多く用いられているのであります。そして玄宗の『老子』解釈を全体として見るとき、じつは「道」の上位に「妙本」という概念が設定されておりますので、そもそも玄宗の解釈においては「道」全体が「妙本」に対して相対的なものとされるようになっております。そのため、『玄宗注疏』の場合、当然「可道」も相対化された全「道」の一部分（より相対的・より下位）に定位されるものということになります。そしてこの玄宗注疏は玄宗以後、唐代を通じて『老子』解釈の規準的なものとされることになります（玄宗が、『老子』を解釈するには彼の注疏を採用せよと政治的に強制したことが一つの大きな理由です。ただもちろん、玄宗以後もその規準外の解釈はありましたけれど）。そのような次第で、相対的な「道」という意味での「可道」は、以後唐代を通じて一つの規準として継承されてゆきます。その点について、以下にまた資料を引きつつ簡単に述べたいと思います。

二　唐の「可道」

まず玄宗より五十年ほど後、憲宗の元和期（八〇六〜八二〇）の人である李約の『道徳真経新註』は、端的に「可道は至道に非ざるなり」といっております。これはこの時期、「可道」が相対的なものとしてとらえられるのがほぼふつうのことになっていたことを示すものと思います。

同じく元和期の人である王真『道徳経論兵要義述』には、

> 夫れ二気を稟《う》けて生じ、三才の際に居りて万物より霊なる者、之を最霊と謂う。最霊より霊なる者、之を聖人と謂う。聖人は万物に代わりて万物を理《おさ》むる者なり。是《こ》において言に因りて以て道を立て、道に因りて以て名を制す。然らば真常の元に異なるが故に可道と曰うなり。万物の母と為《な》るが故に可名と曰うなり。又天地の道は跡の尋ぬるべき無きが故に常無欲以て其の妙を観ると曰うなり。

とあります。この王真の『道徳経論兵要義述』は、用兵の奥義に『老子』の思想を置こうとする、特異な目的をもつ注釈ですが、具体的用兵術のようなものではなく、より抽象的理念的なところにおいて、やはり一つの『老子』解釈となっているといえると思います。そこでここに引用した部分ですが、万物を統理する「最霊《（もっともすぐれた）》」ものよりももっと「霊《（すぐれた）》」ものを聖人とし、その聖人が言葉を発することにより「道」を樹立し、「道」に沿って「名」を定めていった。しかしこの「道」は「真常の元」ではなく「可道」である、とするものです。聖人と「道」の位置づけ等々興味深いところはありますが、「可道」の相対性はやはり確かなものだといえます。

唐末昭宗期（八八八～九〇四）の陸希声『道徳真経伝』は、

夫れ道は体なり。名は用なり。夫れ用は体に因りて生ずるも、体は本より無用なり。名は道に因りて立つも、道は本より無名なり。体は本より無用なれば則ち用いて可ならざる无し。故に曰く、可道なり、と。可道なる所の者は、体を以て用に当つるのみなり。体を以て用に当つるは是れ物の理にして道の常に非ざるなり。故に曰く、常道に非ず、と。

といっております。「道」と「名」とを体用関係においてとらえ、「道」を「体」とはしていますが、その「体」である「道」が具体的・実体的に機能する限りにおいては「道の常（常道）」ではなく「可道」だとするものです。

また陸希声とほぼ同じ時期に活躍した道士杜光庭の『道徳真経広聖義』（唐天復元年（九〇一）序）は、

宗を標するの一字は、是れ無為無形の道の体なり。可道の二字は是れ有生有化の道の用なり。（これらの）三字の中に自ずから体用を立つるなり。体なれば則ち妙にして極むべからず。用なれば則ち広くして量《はか》るべからず。故に虚極の妙本と為すなり。

といっております。杜光庭も陸希声と同じく「体用」関係をもってとらえようとしていますが、最初の「道」を「体」、「可道」の「道」を「用」としておりますので、陸希声とはちょっと異なります。また杜光庭の場合、玄宗の妙本思想を継受しておりますので、「道可道」を通じて「常道」「可道」両者を包含した（それらを超える）「妙本」を指示しようとしてもおります。

以上、唐代の、玄宗以降の解釈について見てまいりましたが、すべて「可道」を相対的な「道」、より下位に定位される「道」とされていたことが見てとれたと思います。そして「可道」は唐以後も、宋・元・明と、おおむねそのようなものとして、それが一つの規準的なものとして、継承されてゆきます。そのあたりのことについて引き続き資料を示しながら申しあげます。

三　宋元明の「可道」

唐代により接近した時期の解釈から、順次おおむね時代の推移にしたがって見てゆきたいと思います。まず司馬光（一〇一九～一〇八六）です。

世俗の道を談ずる者、皆道体は微妙にして名言すべからずと曰う。老子所為《おもえら》く、然らずと。曰く、道も亦た道《い》うべきのみなりと。然れども常人の所謂道には非ざるなり。名も亦た強いて名づくるのみなり。然らば常人の所謂名には非ざるなり。（司馬光『老子道徳経注』）

この文章だけでは取り立てていうべきことはないのですが、「道」を「体」と見る立場を否定し、「道」も（常人の指示するものとは異なるものとしてではありますが）言語において指示可能のものとしていますが、ここでとくに「可道」「常道」に触れてはいません。

これに対して王安石（一〇二一～一〇八六）は、

常とは荘子に謂ふ無古無今無終無始なり。道は本より可道ならざるなり。若し其の可道なれば則ち是れ其の迹なり。其の迹有れば則ち吾の常道に非ざるなり。道は本より無名なり。可名有れば則ち吾の常名に非ざるなり。蓋し、名は義に生ず。故に有名なるなり。（南宋・彭耜『道徳真経集注』引）

といっております。「道」は「可道」ではない、「可道」は「迹」である、そして「常道」は「吾の常道」という特異なものとしてある、としております。ここだけで司馬光と王安石を比べてもほとんど無意味だとは思いますが、両者のスタンスには相当の違いがあることだけは分かりますし、面白い事態ではある、と思います。

同じく北宋の蘇轍（一〇三九〜一一一二）は、

可道は常なるべからず。惟だ可道ならずして而る後、常なるべきのみ。今、夫の仁義礼智は此の道の可道なる者なり。然り而うして仁は以て義と為すべからず、礼は以て智と為すべからざるなり。可道の常とすべからざること、此の如し。惟だ可道ならずして然る後、仁に在りては仁と為り、義に在りては義と為り、礼に在りては礼と為り、智に在りては智と為る。彼皆、常ならず。而るに道は常に不変なり。可道ならざるの能く常たること此のごとし。道の、可道ならざるに、況や得て之を名づくべけんや。凡そ名は皆其の可道なる者なり。名、既に立てば、則ち円方曲直の不同は常とすべからざるなり。（蘇轍『老子解』）

といっておりますが、「可道」と「常道」とは概念として違うレベルにあるものであり、通常の仁義礼智は「可道」的仁義礼智にすぎず、真の仁義礼智の実現は不可名なる形而上的な「常（道）」のレベルにおいてこそ実現しうるものとしています。仁義礼智にも「可道」的なものと「常道」的なものを見ようとしており、その点、儒教的概念を形而上的にとらえようという指向があるかにも思われます。

北宋熙寧年間（一〇六八〜一〇七七）の道士陳景元（碧虚）は、

今、道を標《あらわ》すは已に是れ強名なれば、便ち可道に属するなり。既に可道と云えば、変有り、遷有り、言有り、説有り。是れ教典と曰うも、何ぞ糟粕に異ならんや。（陳景元『道徳真経蔵室纂微』）

やはり「可道」の相対性をいっているわけですが、とくに「教典」（道教典籍）を絶対至上のものとせずに、「可道」的に相対化しようとする指向が見られるところが興味深いところです。これは魏晋六朝期に、儒教典籍が相対化されてとらえられたという歴史的事実を承けて、それを道教典籍に推し及ぼしたものといえると思います。

やはり北宋期の葉夢得（一〇七七〜一一四八）は、

道は無物なり。得て名づくべからず。聖人は言に意無し。即ち、己《おのれ》、苟くも言わんと欲すれば、之に名づくるに非ざれば則ち以て其の道を顕らかにすること無し。故に其の可道ならず可名ならざる者を存し、以て之が常と為す。而して設《かり》に可道の道、可名の名を為《つく》りて、以てその非常に寄するなり。此れ老氏の書の作らるる所以《ゆえん》なり。（葉夢得『老子解』）

としています。すなわち、聖人は、言語自体にものごとの本質（意）が与えられているとはいっていないが、しかし（道について）説明しようとする時、概念化（言語化）をおこなわなければそれを示すことはできない。そこで「可道」「可名」ではないものは、直接的には示すことはせず（存）、仮に「可道である道」、「可名である名」を示して、「常」

ではないものではあるが、委ねおいておくのであるとします。そしてこのことが『老子』の書が作られた理由であるとするのです。『老子』の「不言の教」「無為の治」などの矛盾的言説を、「可道」「可名」などの概念によって解消しようとしているわけです。

北宋建中靖国年間（一一〇一）の陳象古は、

可道は衆人の知る所の者を謂うなり。可名は衆人の見る所の者を謂うなり。知るべく見るべきと雖も、未だ能く道の妙理を尽くさざるなり。故に衆人の常道は所謂《いわゆる》道に非ざるなり。衆人の常名は所謂名に非ざるなり。道なれば則ち淵として其れ無名なり。名なれば紛として其れ道に非ず。皆強いて之に名づけて道と為し名と為すなり。

（陳象古『道徳真経解』）

とします。これは「可道」「常道」について若干理解を異にします。「可道」が「衆人の知る所」の相対的なものとされているのはいいのですが、ところがその「衆人の知る所」の「道」は即ち「常道」だとされています。この場合、「可道（常道）」の上に定位されるのは「いわゆる道」とされているものとなっています。

時代的にはだいたい北宋末から南宋初にあたるのでありますが、金の趙秉文（一一五九〜一二三二）は次のようにいっております。

道に非ざる莫きなり。可道なる者は常というべからず。今、夫《か》の仁義礼智は此れ道の可道なる者にして道とすべからざるなり。仁は以て義と為すべからず、礼は以て智と為すべからざるなり。可道は常なるべからず。可道ならざれば則ち能く常なるなり。然る後、仁に在りては仁と為《な》り、義に在りては義と為り、礼に在りては礼と為り、智に在りては智と為るなり。可道は常ならず。道は不変にして、可道ならざるの能く常なること、此《かく》の如し。
（趙秉文『道徳真経集解』）

これは一読して、蘇轍の議論を承けているものであることが分かります。北宋末において、蘇轍『老子解』が広く影響を与えていたことがうかがわれるものであります。また明の李贄がその『老子解』を著したとき、しばしば蘇轍『老子解』を引いてそれに異を立てますが（ただし李贄『老子解』の「序」においては、蘇軾（東坡）を批判の矢面に立てています）、それはこうした蘇軾の影響の広さがあったからだということが知られるわけです。

さて南宋に入りまして、紹興年間（一一三一～一一六二）の邵若愚は、

虚無より始まりて一炁(気)に化す。因りて一炁の跡有り。是の故に可道なり。既に可道と云えば則ち常存の道に非ず。（邵若愚『道徳真経直解』）

としております。いわゆる「道→一→二→三」の生成論を「気」によって説明します。「気」による生成論は河上公以来のものですが、「一＝一気」を明確に「可道」としているところが特徴かと思います（今回は触れませんでしたが、道教思想の場合「道＝一（一気）」とする場合がしばしばあります）。

さらに南宋理宗期（一二二四～一二六四）の林希逸は次のようにいいます。

此の章は一書の首に居り。一書の大旨、皆此《ここ》に具《そな》わる。其の意は、蓋し以て道は本より言うべからざると為すなり。纔《はじ》めて言有るに渉《わた》るは皆是れ第二義なり。常は不変不易の謂なり。可道可名なれば則ち変有り易有り。道

うべからず（不可道）名づくべからざれば（不可名）すなわち変無く易無し。（林希逸『道徳真経口義』）

この林希逸の『道徳真経口義』（ふつう『老子口義』、あるいは『老子鬳斎口義』と呼んでいます）は、日本近世江戸時代にもっともよく読まれた『老子』注釈書の一つであります。「可道」の「いうべき」という読みが異読として今日まだ広く伝えられているのは、おそらくこの『鬳斎口義』の影響が強く残っているからだと思います。ところで、この『鬳斎口義』は「いうべき」と読んでいるのは確かなのですが、「可道可名」と熟して用いてもいるわけでして、また「纔《はじ》めて言有るに渉《わた》るは皆是れ第二義なり」としていますので、やはり「可道」を相対的なものだと見ているのは、それまでの解釈者と同様であります。

南宋淳祐六年（一二四六）の序をもつ董思靖『道徳真経集解』には、

道とは万理の総名にして、名とは万物の指す所なり。然らば道の名づくべからざるは言の能く喩《たと》うるに非ざるも、将に言に托《たく》さんとして強いて名づけて道と曰うなり。故に道にして可道なる、名にして可名なるは、則ち常道常名に非ず。常道常名なる者は、即ち経に所謂《いわゆる》、道は常に無名にして古より今に及ぶまで其の名去らざる者、と、是れなり。常の言為《た》るや、自然にして長存し、時として然らざるなく、処として有らざる無きなり。（董思靖『道徳真経集解』）

とあり、やはり「可道」を「いうべき」の意味に取りつつも、「可道」を熟して用いております。同じく南宋の李霖『道徳真経取善集』には、首《はじめ》に道の一字を標《あらわ》すは、大道の道なり。下に可道の字を言うは道の道を言うなり。夫れ大道は虚寂にして玄理幽深なり。道と言うべからずして当に黙契を以てすべし。故に、心困ずるも知ること能わず、口辟《ひら》くも議すること能わず。人の霊（知の在処）府の自ずから悟るのみなり。道の一字も亦た言うべからざるなり。若し黙して言わざれば、衆人之に由るも知らず。故に聖人已むを得ずして強いて名づけて道と曰うなり。既に云いて道と為せば、言有り説有り、代廃代興して真常の道に非ず。其の可道なる者は道に非ざる莫きなるも、道の常に非ざるなり。惟だ其の可道ならずして後、常たるべきのみなり。今、夫《か》の仁義礼智なるものは、可道の、常とすべからざるものなること、此《かく》の如し。惟だ其れ可道ならずして、然る後、仁に在りては仁と為り、義に在りては義と為り、礼に在りては礼と為り、智に在りては智と為るなり。彼、皆常ならずして道変わらず。故に、常にして可道ならざるの、能く常たること、此の如し。常道は自然にして然るなり。感に随い、変に応じ、物に接して窮まらず。言を以て伝うべからず、智を以て索《もと》むべからず。但だ造化に体冥し、光に含《お》りて輝を蔵し、無為にして為さざる無く、其の極に黙通するのみなり。（李霖『道徳真経取善集』）

とありまして、こちらは「いうべき」とは読まずに、「道とすべき」と読んでいるように思いますが、しかし「可道」は明らかに熟語として用いられております。またこの場合も蘇轍の影響が明瞭だといえると思います。

南宋期だとは思われますが、正確な時代は不明な人である劉驥の注に、

道は其の体を言い、名は其の用を言うなり。可道可名は猶お百家の衆技のごときなり。各々長ずる所有り、時として用うる所有るも、該《か》ねず、遍《あまね》からず。真常に非ざるなり。（南宋・彭耜『道徳真経集注』引）

とあります。唐代以来の「体用」関係において「常道」「可道」をとらえているのが明確な注であります。

元代に入りまして、成宗テムルの大徳年間（一二九七～一三〇七）の鄧錡は、

徳とは、之を男女に咸《（一）》つにするに、牝牡未だ合せず、惟だ精、惟だ一にして、久しく厥《そ》の中《ちゅう》を執《と》るなり。道に可道無きは常道に存し、名に可名無きは常名に存す。無名は天地の始めなり。之を夫婦に恒にするに、男女室に居りて、人の大倫は嬰児に抱《いだ》かる。道に可道有るは常道を謂うに非ず。名に可名有るは常名を謂うに非ず。

（鄧錡『道徳真経三解』）

としております。これも「可道」を相対的なものとしていますが、「道に可道有るは常道を謂うに非ず」と「可道」はかなり否定的なニュアンスで用いられるようになっています。

同じ大徳年間の杜道堅は、

可道可名は物を生ずるの天なり。変じて常ならず。後天なり。（杜道堅『道徳玄経原旨』）

と、「可道」を万物生成の根源としてはおりますが、しかし真の「道」である「常道」の後位に定位するということを端的に指摘しております。

至元年間から元統年間まで、ほぼ元代を通じて活動した呉澄（一二四九～一三三三）は、元の儒者としては第一に屈指されるほどの大学者でありますが、彼は、

道は猶お路のごときなり。可道とは践行すべきなり。常は常久不変なり。名は徳を謂うなり。可名とは指定すべきなり。道は本より無名なれば、之に字して道と曰うのみ。若し道路の践行すべきが如くして道と謂えば、則ち此れ常にして不変の道に非ざるなり。（呉澄『道徳真経注』）

と、従来の解釈の流れからするとかなり独特な解釈をしています（「道」を「踏み行う」の意にとる）。しかし実践的「道」は「可道」であると、やはり「可道」を第二義的なものとしているのであります。

さて、元の至治二年（一三二二）に著された張嗣成の注は興味深いものであります。彼は第三十九代の天師でありまして、いってみれば道士中の道士ともいうべき人物でありましたが、彼はこういっております。

道とは何ぞや。理と気なるのみなり。無に因るものは理、有に著《つ》くものは気なり。此の理有りて、道、所以《ゆえ》に名あり。此の気有りて、道、所以《ゆえ》に形《あら》わる。理は無に常にして神たり。故に自然にして性なり。気は有に常にして空たり。故に自然にして命なり。天地万物、能く違《たが》う者なし。諸《これ》を路に譬《たと》うるに、此に造《いた》るに必ず此に由る。故に理有れば必ず気有り。気有れば必ず形有り。形あれば則ち天地万物と為る。所謂可道の道、可名の名なり。理の理為る所以、気の気為る所以なり。又得て道たるべく、得て名たるべきなり。（張嗣成『道徳真経章句訓頌』）

朱子学的理気論を導入して、「常道」「可道」を理気に対応させているのは見やすいことであります。これが道士の中の道士ともいうべき人物の『老子』注釈でありますから、非常に興味深いところがあるといえます（なお、正確には分からないのですが、張嗣成はまた、金丹道の修行者でもあったようです）。

さて、やはり元の劉惟永は、

道君曰く、道可道より非常名に至るまで、無始を道と曰う。言うべからざるなり。言えば非なり、と。又曰く、道は名づくべからず、と。可道可名は、事物の如く、四時の如し。当に可にして応ずべし。代廃代興して真常に非ざるなり。常道常名は自ずから本づき、自ずから根ざして、未だ天地有らざるの古より以て固より存するなり。

（劉惟永『道徳真経集義』）

のごとく、老子の言を「道君曰く」としておりますので、この人物の立場はそこから分かるのですが、これは当時としては林希逸的解釈を承けていたものといえると思います。

明代に入りまして、その初めのころ洪武期（一三六八～一三九八）の危大有は、

可道可名なる者は所謂道術にして天下の裂くるを為《（秩序づける）》し、名を以て表と為す者なり。常道常名は所謂、虚無、自然を生じ、自然、道を生じて縄縄として名づくべからざる者なり。夫れ、道乃ち常道なれば則ち名は乃ち常名なり。可道可名は皆其の暫《かりそめ》なるなり。（危大有『道徳真経集義』）

としておりまして、「道」自体が虚無と比べますと下位に位置づけられておりますが、とりわけ「可道」は「暫《かりそめ》」なるものとされているわけです。

以上、明初の段階まで、「可道」が「常道」に対比的に、むしろ相対的な概念として熟して用いられてきていたということを、資料を羅列することで示しました。このことは、「可道」というとらえ方は、歴史的には、思っていたよりも大きな流れを形成していたことを示すものだったといえると思います。

ただ「可道」は、一語の概念としてこのように熟して使われるようになっていたとはいえ、その語法構造の内部に

はもともと「道とすべき」あるいは「いうべき」と言うニュアンスを内包しておりますので、それをあえて「道とすべき」と読んでも、「いうべき」と読んでも、意味的には通ずる場合が多いとは思います。その場合、引用例から見た場合、「いうべき」というニュアンスを含んでとらえられる場合の方がどちらかといえば多かったように思います。しかし、唐の李栄「可道は体為り。可名は用為り。可道なる者は即ち是れ言名なり。復た可と称すると雖も、物の宜しく機に随いて声あり説有るなり。真常凝寂の道に非ざるなり」（強思斎『道徳真経玄徳纂疏』引）や、唐末（昭宗期・八六八～九〇四）の杜光庭『道徳真経広聖義』の「宗を標するの一字は是れ無為無形の道の体なり。可道の二字は是れ有生有化の道の用なり」、さらにそれからほぼ百年後の北宋建中靖国年間の陳象古『道徳真経解』の「可道は衆人の知る所の者を謂うなり」、同じく宋の李霖『道徳真経取善集』の「今、夫の仁義礼智なるものは、可道の、常とすべからざるものなること、此の如し」等々、あるいは時代不明の人物ですが南宋以前と考えられる劉驥の「道は其の体を言い、名は其の用を言うなり。可道可名は猶お百家の衆技のごときなり」（彭耜『道徳真経集注』引）、また元代の杜道堅『道徳玄経原旨』の「可道可名は物を生ずるの天なり。変じて常ならず。後天なり」、明代初期の危大有『道徳真経集義』の「可道可名なる者は所謂道術にして天下の裂くるを為し、名を以て表と為す者なり」など、とくに「道とすべき」でもなく、「いうべき」でもなく、「可道」そのものとして、つまり「可道」という一つの概念として固定してとらえられている場合もかなり多かったのも確かだと思います（ただし、「可道」がそれ自体一概念としてとらえられているといっても（それが相対的概念とされていたことは共通項といえますが）、概念の具体的内容・方向という面になりますと、それぞれにおいてとらえ方のゆれはばは大きく、それゆえまた問題としては興味深いところがあるわけです）。

以上「道可道非常道」について、「常道」に対して「可道」と熟して読む読み方が、六朝期にあらわれ、それ以降一つの有力な読み方として、ずっと引き続いて展開していたということを申しあげました。

四　王玄覧と李贄

さてここで、この「常道」と「可道」の概念をめぐり、思想史上独特の思想を展開した二人の思想家の思想について、申しあげたいと思います。本日は、実は、このことをお話のメインにしようと思っていたのですが、その前提となる老子第一章の「可道」について、それを一語の熟語としてとらえることや、また「可道」「常道」それ自体の展開等も従来ほとんど取り上げられたことのない問題でしたので、そのあたりをまずは解説しておく必要がありましたので、やや長く申しあげてしまいました。そこで、ここから本題ということになるのですが、こちらについては今回はそれほど時間がありませんので、そう細かくは申しあげられないと思います。そこで要点をざっと簡単に申しあげることにして、もし興味がおありの方は、本日は参考として三種類の資料（参考論文1「王玄覧の肖像」、参考論文2『玄珠録』の思想」、参考論文3「李贄『老子解』攷」）をお配りいたしておりますので、のちほどお読みいただければと存じます。

さて、そのメインとなる思想家二人ですが、一人目は王玄覧といいます。この人は則天武后期の道士ですが、中央で活躍した人ではなく、四川の田舎道士でしたので、じつは道教思想史においてすらもそれほど有名な人ではありません。彼は田舎にいましたので、その時代の中央の道教思想の動向とはある意味隔絶されたところで思索しておりました。そのため彼の思想には相当独特なところがあって、私としては非常に興味深く思う思想家であります。

もう一人は明の李贄（李卓吾）であります。こちらは御存知のスーパースターでありますし、思想史上独特な思想展開ということでは、もはやことさらに取り上げる必要もないのですが、今回はとくに「常道」「可道」という問題をめぐって、彼の特徴をお話したいと思います。

一　王玄覧の『玄珠録』

まず王玄覧の思想についてです。まず彼の著『玄珠録』[1]に、次のようにあります。

可道は仮道と為す。常道は真道となす。（『玄珠録』巻上）

常道は本より可ならず。可道なれば則ち常無し。（常道は）天地を生ずべからず。可道は万物を生ずるなり。（王玄覧『玄珠録』巻下）

但だに可道のみ可ならず、亦た是れ常道も可なり。但だに常道のみ常ならず。亦た是れ可道も常なり。（王玄覧『玄珠録』巻上）

この三つの文のうち、前の二つの文は、「可道」の相対性をいうものでありまして、玄宗直前の時期（武則天期）の道教思想（ないし『老子』解釈）の基本状況を承けているものといえると思います。ところが三つ目の文章は当時の状況からするとかなり独特のものがあるといえるのではないかと思います。つまり、「常道」と「可道」とが相互転位しうるものだとしているわけで、これは「常道」を「真道」だとはしつつも、必ずしも究極的なものとしているわけではないということになります。これは六朝から唐初までの「常道」「可道」の歴史的な経緯からすると、ちょっと特異なことではないかと思います。

このことは、言葉の上だけでしたら、根底の根底とか、究極の究極とか、いくらでもいうことができることですし、そういう考えがあって、考えるだけならいくらでも可能であるということは、すでに『荘子』でいわれていたことであります。その要点を記しておきます。

有なる者有り。無なる者有り。未だ始めより無なる者有らざること有り。未だ始めより夫の未だ始めより無なる者有らざること有らざる有り。俄かにして無有り。（『荘子』「斉物論」）

ただ、王玄覧の場合、「常道」を相対的なものと見るにあたっては、じつはそれなりの根拠といいましょうか、論理的理由がありました。それは、やはり六朝期のいわゆる格義仏教において盛行した非有非無の思想、より具体的にいえば「四句（四句分別）」と呼ばれる、すべての否定によって真理に到達しようという、論証法にもとづくものです。王玄覧の言葉では「道に、常に四是あり（割注：是有、是無、是有無、是非有無）」（王玄覧『玄珠録』巻上）となっています。この「四句（四句分別）」は、またテトラ・レンマともいいます。いわゆる「ジレンマ」「トリレンマ」というときの「レンマ」の四項版といってもよいでしょう。その論理は王玄覧の割注で示されていますように、「有」「無」「有・無」「非有・非無」という構造（構成）をもちます（より抽象的にいえば「テーゼ」「反テーゼ」「テーゼと反テーゼ」「テーゼの否定と反テーゼの否定」、あるいは「肯定」「否定」「肯定であり否定である」「肯定でも否定でもない」（後者は厳密には曖昧性を含む）ということでもよい）。

そこで、この「有」「無」「有・無」「非有・非無」ということについて簡単に説明します。この論理そのものは後ほど申しあげますが、形式論理的には誤謬です。誤謬的論理ですから、これをまともな言葉で、まともに説明するというのはある意味、無茶な話でもありますし、ですからものすごく分かりにくいことになってしまうかとも思います。ですが、とりあえず誤謬ということを念頭に置いてお聞き下さい。

「有」は「ある」「あること」です。「無」は「ない」「ないこと」です。そして「有無」とは、そうすると、「あるとない」「あることとないこと」ということになります。「あることとないこと」とは、要する「一切」「すべて」「全部」ということです。次に「非有非無」ですが、これは「あることでもなく、ないことでもないこと」ということになりますが、もう少しいえばそれは「すべて」以外のもの、「全部」ではないものということになります。ところで、「すべて」「全部」とはどういう意味でしょうか。「すべて」「全部」とは「すべて」「全部」ですから、「すべて」「全部」以外のものごとはありえないこと、まさに「すべて」「全部」ということです。「全部」とは、それ以外のものごとはありえない、考え得ないということであります。したがって「非有非無」は、ありえない、考え得ないことがらを考えるということでありますから、論理的には誤謬ですし無効です。

しかしこのありえないことがらを認めたらどうなるでしょうか。これは実体的具体的には考えられないことですから、現実的合理的に思索する人はこれを認めないでしょうし、われわれの生活においてはこれを認めなくとも何の不都合もありません。むしろ、今日においてはそれを認めない方が、よりすぐれており、また合理的である、頭がいい、と評価されると思います。ですがここでは、よりすぐれていない、頭の悪い方の立場をあえて選んで、「非有非無」を認めることとします。これを認めること自体は論理として可能です。なぜなら私たちは今げんにそれを認めることにするといっていますし、言葉としてそのことを表現しているからです。とはいえ、その実体は、われわれの知では把握不可能であります。いいかえればそれ自体を示しうる言語は存在しないといってもよいでしょう。つまり言葉・言語（理性）を通ずる思索は最終的には虚妄でありますが、一方、言語があるがゆえに言語によって了解される事態が虚妄である（という真理自体）も知られます（私は、それ自体が言語的（理性的）であるというメタ論理が存在しうることは認めます）。

十方諸法、並びに言い得べし。《（すべての存在者は言語にもたらしうる》言える所の諸法は、並びに虚妄なり。《だが言語にもたらされうるものはすべて虚妄である》其の不言の法もまた此れに対して妄なり。《また言語にもたらされえないものも虚妄である）》

言える法は既に妄、言わざる法も亦た妄なり。此等《これら》、既に並びに是れ妄なれば、何処《いずこ》にか是れ真有らんや。即ち此等の法、並びに悉く真なり。此等、既に悉く真なれば、前《さき》の者は何故に妄と言えるや。言を起こすが故に妄を説く所以と為し、言を起こすが故に真を説く所以と為すなり。（王玄覧『玄珠録』巻上）

しかし、そこに「非有非無」が了解され、了解されるがゆえにテトラレンマが有効とされる根拠があることになるといえます。

そうすると、「非有非無」が認められるのなら、「非〈非有非無〉」も可能です。「非非〈非有非無〉」も可能です。「非有非無」は実体としては不可能ですし、理性としてはこれを肯定できませんが、超合理的なものとしてそれを認めるのなら、くりかえしますが、可能です（われわれの現在としては、「超合理的なものとして認める」という事態それ自体が実際のところ理性によっておこなわれていますが、この事態はいってみればメタ理性的な事態とでもいうような事態になっていて、われわれの日常的具体的現実においては実体的には想定できないことがらでもあります）。このことは無限にくり返してゆけることですから、終わりがありません。底なしです。当然のことですが、こういった底なしということについては、ふつう人間の知性はついてゆけませんし、拒否します。いわゆる「因果律の泥沼」と同じことで、まともな人は考えてはいけないことでもあります。先ほどの『荘子』「斉物論」のことばはまさにこれと同じことをいっていましたが、ただし『荘子』の場合は「俄かにして無有り」と突如として終極点があることをいっていました。そうでなかったら人間は安心できませんし、終極点があればこそ（あると考えられるからこそ）、人間はそれに向かって知を働かせ、あるいは悟得のための修行をおこなうのだと思います。ところが王玄覧は『荘子』とは異なり、こうした思索を、無限にくり返しうることを認め、その上でそれを包容した「道」、というようなものを考えているようなのです。「道」は、王玄覧においては「可道」と「常道」とに分別され、それらは相互転位可能のものとされていたわけですが、そのことはそういった問題に関わっているのだと思われます。あらかじめ申しあげておきますが王玄覧においては、「常道」は「真道」と規定されてはいましたが、じつは決定的な最終到達点ではありませんでした。

その道は可も無く不可も無し。所以に道の常は生死して常に非ざるを知るなり。（王玄覧『玄珠録』巻上）

この場合「常」は終極点としてあるのではなく、まだ生死という運動（過程）の中にあるものとされています。次の文はまずは「道」と衆生の関係で説かれていますが、「常」という概念が二つのものの関係において「相因」的に転化しうることをいっているものです。ただ衆生と道とは、「生滅」という存在的レベルでは異なるとしていますが。

道と衆生は、亦た同じく亦た異なるなり。亦た常にして亦た常ならざるなり。何となれば、道と衆生と相い因りて生ずるが所以《ゆえ》に、同じきなり。衆生に生滅有り。その道に生滅無きが故に異なるなり。（王玄覧『玄珠録』巻上）

「道」の「常」は、このようにそれ自体の水準にあってただ「常」であり続ける（常が到達点でそこが終極となる）というものではないように思われます。そこで、「道」という水平から見た場合、その「道」の展開の方向性、動向はどのようなものと考えられているのでしょうか。

「道」は王玄覧において、まず有無のテトラレンマの後にくる「寂」たる世界として与えられます。

至道は常に玄寂たり。（王玄覧『玄珠録』巻上）

そして王玄覧はこの「寂」から（つまり存在者のレベルではなくそこをすでに超越した世界を起点に）出発するテトラレンマを構想します。

大道は玄寂を師とす。其の心に息《終息》すること有る者を、此処に名づけて寂と為す。其の息せざること有る者を此処に非寂と名づく。明らかに知れり、一処中に寂有ることと、不寂有ることとを。其の心に起こること有る者は、是寂是不寂なり。其の起こらざる者は、無寂無不寂なり。此の如き四句、大道は其の中に在り。

（王玄覧『玄珠録』巻下）

この、いわば「道」内のテトラレンマ（「大道」がその内に機能しているテトラレンマ）は、「寂」「不寂」「寂不寂」「無寂無不寂」という構造になっています。この場合、第三番目までの「寂」「不寂」「寂不寂」がいってみれば「可道」に対応するものであり、「無寂無不寂」が「常道」に対応するものといえます。しかしこのテトラレンマは、原理的にくり返し可能なものです。つまりこの場合の「常道」を「寂」に置いてテトラレンマを適用すれば、この場合の「常道」は「可道」に転位し、次の「常道」が導かれえます。「常道」と「可道」の転位可能性はこの側面において明らかに可能ですし、その転位はいってみれば無限にありえます。つまり王玄覧の場合、「常道」と「可道」は、テトラレンマを梃子として相互に転位しつつ、常にその先には次の「常道」が開かれているという、ダイナミックな運動性においてとらえられているといえると思います。ただこの場合（これは私が持っているイメージなのですが）、テトラレンマのキーワードは「寂」ですから、そのダイナミズムはどんどん「寂」の方向に向かっている、いってみれば静謐なる無底の深淵に向けて開かれているといった感じのもののように思います。王玄覧のこの思索は、形而「上」学といっていいのだと思いますが、「上」に向かってゆく動的なイメージではなく、むしろ深底に深まってゆく、沈潜のダイナミズムとでもいうようなイメージだと思います。

王玄覧の、このように無限の深底に深められ、あるいは、永遠の底に向けて開かれ続けている「常道」ですが、先にも申し述べましたように、こういった底なし的発想については、人間の知性はふつう、ついてゆけませんし、そういった底なしの世界は、まさに全き不安でありますので、これを拒否します（あるいは笑ってしまいます）。しかし王玄覧はそれを不安と見るのではなく、そのような無底性にこそ真理の位相が開かれている、そのように見ようとしていたのだと思います。王玄覧の思想の特異性、「常道」「可道」の特色は、そういったところにあったといえると思います。

二　李贄の『老子解』

さて、ついでもう一人、李贄の「常道」「可道」について申しあげたいと思います。が……これについてはもう本当に簡略に述べさせていただきます（詳しくは、お配りした参考論文3を後ほどお読みいただければ幸いです）。ここでは李贄『老子解』第一章への李贄の注の、そのまた一部分を引用して説明させていただきます。

知らずして自ずから之《これ》に由る者は常道なり。常道なれば則ち人、之を道とせず。其の必ず道とせざる所を舍《す》て、而して必ず其の道とする所を道とす。是れ、可道（道とすべきもの）なり。常道に非ざるなり。……（中略）……夫れ道を語りて有無に通ずるは、至れるも、然るに、象に徇《したが》う者は有に執《とら》われ、空を蘊《おさ》むる者は無に滞《とどこお》りて、可道可名なる者は衆《おお》し。有無の名異なると雖も、有無の出づるや実は同じきなるを知らざるなり。無は亦《ま》た之を無しとするものなれば、何ぞ其れ「玄」ならんや。玄はまた玄を無しとすれば、何ぞ其れ「又玄」ならんや。而《しか》らば、孰《た》れか其の常名常道為《た》るものの自《よ》りて出づる所、常無常有の由りて名づく所の者を、信ぜんや。

（李贄『老子解』上篇）

「常道」と「可道」の位置づけについては、これは先に見ましたところからうかがえますように、おおむね明代当時の了解の線に沿っているものといえると思います。ただ気になるのは、この文の最後のところです。つまり「而《しか》らば孰《た》れか其の常名常道為《た》るものの自《よ》りて出づる所、常無常有の由りて名づくる所の者を、信ぜんや」といっているところです。これは「常道」があらわれてくる以前の、いってみれば「常道」を越える（もちろん「常無」「常名」をもひっくるめてですが）なんらかのものはありうるのだろうか、という反語であります。反語ですからその答えは「いや、ない」ということになります。しかしこの「いや、ない」というのはいったい何がないのか、ということには実はちょっとひっかかります。もっとも単純・順調にいえば、「常道」を越えるものはない（つまり「常道」が終極点になる）、ということになろうかと思いますし、それで解釈としては十分円満解決になるとも思います。ただ、反語の文章をおちついて読んでみますと、その文意は「常道や常無の根拠を信じているものが誰かいるだろうか、いや誰もいない」ということで、「いや、ない」とは「常道を越えるものがない」のではなく、「誰もいない」ということなのです。とすると「誰もいない」ということについて、李贄が具体的に指示しようとしていたこととはどういうことだったのでしょうか。

「常道のさらに根源となるものなどはありはしないから、（当然）誰も信じない」ということなのでしょうか。それとも「常道のさらに根源たるものはあるのにもかかわらず、それを誰も信じていない（＝ふつうの人（当時の中国知識人）は誰も信じない）」ということなのでしょうか。これはかなり微妙なことのように思います。ただ一点、指摘可能だと思われますのは、李贄はここで反語的にではありますけれども、「常道」のそのまた根拠というようなものについて、それに想到しているということです。もちろんそれを明示的に語っているわけではありませんが、このことは留意されてよいことなのではないか、と思います（もちろん、玄宗の「妙本」のように、「常道」よりもさらに高次の概念を提起しようとした前例はありました）。李贄の「常道」については、あるいはやや簡略に述べすぎたかもしれませんが、本日は以上にいたしたいと思います。

ありがとうございました。

注

（1）拙稿「『玄珠録』の思想」（『福井文雅博士古稀記念論集　アジア文化の思想と儀礼』春秋社、二〇〇五）参照。なお本稿においては「玄珠録」からの引用文の解釈について、「『玄珠録』の思想」を一、二修正したところがある。

初出一覧

第一篇　魏晋六朝老子注釈史

第一章　王弼考（『筑波大学哲学・思想学系論集』第四号、一九七九。後に相当の補整訂正および追加を施して『漢魏思想史研究』明治書院、一九八八、に収載。今回は初出の形で掲載した）
第二章　王弼再考――亡と非存――（『狩野直禎先生米寿記念　三国志論集』汲古書院、二〇一六）
第三章　大衍小記――王弼の易解釈一斑――（『哲学・思想論集』第九号、一九八四）
第四章　老子道徳経序訣小考――第一段をめぐって――（『筑波中国文化論叢』第八号、一九八八）
第五章　老子河上公注考略（『鎌田正博士八十寿記念　漢文学論集』大修館書店、一九九一）
第六章　生命論としての老子注――老子想爾注小考――（『筑波中国文化論叢』第一〇号、一九九一）
第七章　顧歓老子注の思想（『東方宗教』第七四号、一九八九）

第二篇　老子玄宗注疏の研究

第一章　王玄覧の肖像（『新しい漢字・漢文教育』第三八号、二〇〇四）
第二章　玄珠録の思想（『福井博士古稀記念論集　アジア文化の思想と儀礼』春秋社、二〇〇五）
第三章　妙本の位置――唐玄宗老子注の一特質――（『中国文化』第六〇号、二〇〇二）
第四章　二つの妙本（『宮澤正順博士古稀記念　東洋――比較文化論集――』宮澤正順博士古稀記念論文集刊行会、二〇〇四）
第五章　妙本の形成――老子玄宗注思想の形成――（『論集原典』「古典学の再構築」研究報告書、二〇〇三）
第六章　注の妙本・疏の妙本――唐玄宗老子注疏への一視点――（『坂出祥伸先生退休記念論集　中国思想における身体・自然・信仰』東方書店、二〇〇四）

第七章　老子玄宗注疏の理身と理国（『筑波中国文化論叢』第二四号、二〇〇五）

第三篇　元明清の老子注釈

第一章　呉澄と老荘——朱陸問題と関連して——（『中国文人論集』明治書院、一九九七）

第二章　呉澄道徳真経注考（『中村璋八博士古稀記念 東洋学論集』汲古書院、一九九六）

第三章　李贄老子解考序説——ムスリム知識人としての李贄——（『宋学西漸Ⅲ』平成二十～二十二年度科学研究費報告書、二〇一一。のち『中国イスラーム哲学の形成——王岱輿研究——』（人文書院、二〇一二）に収載）

第四章　李贄老子解考（『知のユーラシア』明治書院、二〇一一。のち『中国イスラーム哲学の形成——王岱輿研究——』（人文書院、二〇一二）に収載）

第五章　老子衍の風景——自序のスケッチ——（書き下ろし）

付篇

第一章　無（中国）（『岩波哲学・思想事典』一九九八）

第二章　可道と常道——老子第一章道可道非常道をめぐって——（『六朝学術学会報』第一二輯、二〇一一）

あとがき

本書を『老子注釈史の研究』と題するのは、実はいささか、というよりも相当気がひける。というのはまず、『老子』の注釈書・解釈書のたぐいは古来、山のようにある、という事実があるからである。「老を解するもの、韓非より下《しも》、千百家」（魏源『老子本義』）というような話どころではない。

今現在、インターネットの中国関係書籍店で『老子』を検索すると、七、八百種類の『老子』関係書が販売されていることが、ただちにわかる。そのことから憶測すると、歴史上において、『老子』注釈書・解釈書のたぐいは、数万種類、あるいはそれ以上も著作されていたかもしれない。もちろん古代以来の歴史的淘汰があるので、今日までに残る書物はそこまでのことはない。

だがたとえば日本においては今もなお、『老子』に関する書物は毎年十冊ほど新刊されている。中国、香港、台湾、シンガポールなどを含めると、毎年々々、相当な数の『老子』関連書が刊行されていると思う。それが積み重なってくると、どれほどのものになっているのだろうか。ともかくそこには確かに、『老子』解釈史の巨大な山塊がそびえているのである。

本書はその山塊から、ほんの数本の木を伐りだしてきただけのものにすぎない。だから『老子注釈史の研究』と銘打つにはあまりにも貧相で、隙間が多すぎる。

一九八五年の厳霊峯『無求備斎老子集成』の刊行、また『道蔵』の影印刊行、さらに各種『四庫全書』の影印刊行等々によって、以前のような訪書探籍の労苦は格段に軽減されて、研究も進めやすくなった。中国ではすでに熊鉄基等『中国老学史』（二〇〇五）などいくつかの『老子』注釈史研究の試みがおこなわれている。そういった状況で、このような貧弱で間隙だらけの書は、本当に気がひけるのである。

さて、本書は『老子』の注釈に関して、かつてあちこちに書いたものを集めて編んだものである。古い文章と新しい文章の間には四十年の時間差がある。だから各文章は、形式・文体、漢字使用・かな使い、注釈の仕方その他、いろいろなところで変化している。内容未熟なものも多い。

またこの分野の研究は、本書中の初期の原稿が書かれた四十年以前からすると、格段に進化してしまっている。だからそうしたものを踏まえて、補訂ぐらいは本来なすべきものだと思う。しかしこのたびは明白な誤り、説明不足のようなところを除いて、できるだけ原形のままにした（ただ章節の形式の部分的統一、注釈番号の形式の統一、および注釈内の書誌情報等は補訂した）。というのは自分自身の年齢からして、補訂を大きなものにすると、体系的・統一的に『老子』注釈史をあらためて編み上げてゆくようなことにもなりかねず、そうなると知力・気力・体力は、とても残っていないと思ったからである。また、かつてのみずからの歩みを（恥をさらすことも含めて）残しておきたいとも思ったからである。

本書が貧弱で間隙が多いことをめぐって、言い訳をもう少ししておきたい。じつは筆者は、学部卒業後、大学院ではもっぱら『老子』注釈史を研究テーマにしたいと考えていた。というのは学部卒業論文『老子試論』にかかわる。卒論執筆はかれこれ半世紀も昔の一九七〇年ごろのことであった。

『老子試論』は二部構成で、第一部は武内義雄氏を青臭くまねた未熟な『老子』校本であった。そして第二部は『老子』解釈史として、まず古いところから『韓非子』「解老」、『韓非子』「喩老」、『淮南子』「道応訓」を検討し、ひるがえって近代の注釈に移り、そこから倒上遡源的に古代方面に向かった。

陳注、厳霊峰、張起鈞、陳澧、魏源、姚鼐、王夫之、沈一貫、釈徳清、李贄、王道、林志堅、呉澄、林希逸、蘇轍、李息斉、呂恵卿、杜光庭、玄宗疏、玄宗注、李栄、王弼、河上公。

これらの注釈を読み、それに対してそれぞれに原稿用紙三～七枚ぐらいの短い論評を付したのである。むろん読みは未熟で不精確なものだったが、ともかく一応、これらすべてに目を通し、自分なりに要点を摘出しまとめたのであった。

この作業は本当に時間がかかるものであった。しかし実は、学部二年生の時に学園封鎖という事件があった。そのためその後二年半ぐらいは、積極的な活動家学生以外は、存外時間があったのである。つまり学部生の時期の後半は、講義や演習に追われるという、通常時の学生だったなら負うべき負担から免れていたのである。

卒論で短く評論した注釈家すべてについて、本書でしっかりと扱えておければよかったと思う。それならもう少し『老子注釈史の研究』というタイトルにふさわしいものとなったような気がするからである。

だが大学院における『老子』注釈史の研究は、現実にはかなわなかった。大学院入学後はやりたいことだけをやっているようなわけにはゆかなかった。いろいろな課題をクリアして技術を習得しなければならなかったし、またみずからの研究の方向性をどのように確立していったらよいのかを考えなければならなかった。いつも何かに追われ、不安な気持ちでうろうろしているような感じだった。

その後、職について、講義や演習の責を果たしつつ、またその一方でその時々に持ち上がってくるテーマに対応して調べごとをし、文章にまとめるという作業をくりかえしていた。そうこうしているうちに、長い年月がすぎてしまった。

もちろん時々のそうしたテーマは、それぞれに興味深いものであったので、私としてはそれらに真剣に取り組んできた。それやこれやで、『老子』注釈史関連の文章はほんのたまにしか書けていなかった。だがその間に、世の中はずいぶんと変化してしまった。『老子』に関しては『馬王堆老子』『郭店老子』の出土など、学問の地殻を揺るがすような大事件も起こった。『老子』注釈史についても、先に述べたとおりずいぶんと進化してしまっていた。四十年は長かった。

二〇一一年三月の定年退官後は、体調のこともあって、あらためての『老子』注釈史の組み上げなどは論外のことであった。駿河の儒者山梨稲川のことを静岡の郷土誌にぽつぽつと書く以外は、研究資料を手にすることなどはもうおしまいにしていた。

二〇一七年の春、本文中の『老子衍』論のなかでも触れたが、かつての教え子たちが舘山寺温泉で古稀の祝を開いてくれた。夜中までつづいた酒宴の場で話題はいろいろと飛び交ったが、その中で誰かから先生は次に何をやるんですかという質問が出た。基本的にはもう隠居を決め込んでいたわけだが、酔いもあったし余り深く考えもせず、反射的に、「『老子』注釈史！」と答えていた。自分の中の深いところで大きなコンプレックスになっていたのだろう。ただ先にも述べたとおり、『老子』注釈史を最初から構築しなおすなどのことは、実際にはもう私には無理だった。手をつかねていたその夏のはじめ、岩本憲司氏から御新著『義から事へ　春秋学小史』（汲古書院）を御恵贈いただいた。

その「はじめに」に、この書は古希を自祝するためのものだと記されていた。

そうだ、『老子』の注釈というテーマに沿って旧稿を集め、古希にはちょっと遅れてしまうが、自祝的な論集を出そう、と思いついた。

ところが旧稿の収集結果は見てのとおり、『老子』注釈史を謳うには、まったく隙間だらけの貧弱なものでしかなかった。だが、その隙間を埋め、不足を補う力はもうない。書物の編成はこの形にとどめておくしかないとあきらめた。ただ『老子』注釈史という主題は、十代の末ころに考えつき、それ以後ずっと思いつづけてきたもので、未練はたらたらである。そこで本当に恥ずかしながら、本書の書名を『老子注釈史の研究』とさせていただくことにしたのである。

ところで、『老子』関係の旧稿を集めていたら、そのついでにその他の旧稿も集まってきてしまった。そこでそれらをひとまとめにして「桜邑文稿」と称することにした。本書の副題を「桜邑文稿1」とするゆえんである。

「桜邑」は、筆者がはじめて赴任した筑波大学が茨城県新治《にいはり》郡桜村に所在したことにちなむ。

「新治」は『古事記』や『日本書紀』に、「新治筑波《にいはりつくば》を過ぎて幾夜か寝つる」とその名があらわれる、由緒ある地名である。筑波大学の所在地名はかつての新治郡桜村から、現在はつくば市に変わったが、「桜邑文稿」の原稿のほとんどは大学の研究室と自宅、つまり旧桜村地域において書かれたものである。

本書の刊行にあたり、明治書院社長三樹蘭氏、同編集部の佐伯正美氏には、諸方面にわたって大きなご配慮を賜った。また同編集部の木南伸生氏からは、刊行の進行手順においてことごとに懇切適切なご注意ご指示をいただいた。記して謝意を表する。

令和元年十月一日

駿府北郊麻機にて　堀池信夫

人名索引

あ行

か行

さ行

た行

な行

は行

ま行

や行

ら行

書名索引

あ行

か行

さ行

た行

な行

は行

ま行

や行

ら行

堀　池　信　夫

昭和22（1947）年　東京都に生まれる。
昭和50（1975）年　東京教育大学大学院博士課程（中国古典学）単位取得退学。
現在，筑波大学名誉教授。

主要編著書
『漢魏思想史研究』（明治書院，1988年，サントリー学芸賞受賞）
『中国哲学とヨーロッパの哲学者 上・下』（明治書院，1996年・2002年）
『道教の生命観と身体論』（共編，雄山閣出版「講座道教　第三巻」，2000年）
『道教研究の最先端』（共編，大河書房，2006年）
『陶淵明　詩と酒と田園』（共編，東方書店，2006年）
『新釈漢文大系63　易経 下』（共著，明治書院，2008年）
『知のユーラシア』（編，明治書院，2011年）
『中国イスラーム哲学の形成──王岱輿研究──』（人文書院，2012年）
『知のユーラシア　1～5』（編，明治書院，2013～2014年）

老子注釈史《ろうしちゆうしやくし》の研究《けんきゆう》　桜邑文稿《おうゆうぶんこう》 1《いち》

令和元年11月10日　初版発行

著　者　堀《ほり》　池《いけ》　信《のぶ》　夫《お》
発行者　株式会社 明　治　書　院
代表者　三樹　蘭
印刷者　大日本法令印刷株式会社
代表者　山上哲生
製本者　大日本法令印刷株式会社
代表者　山上哲生

発行所　株式会社　明　治　書　院
〒169-0072　東京都新宿区大久保１－１－７
電話　03－5292－0117
振替　00130－7－4991

ISBN 978-4-625-46403-4
Printed in Japan